经济法文库（第二辑）

Economic Law Library

经济法前沿问题（2019）

The Economic Law Herald 2019

◎ 顾功耘　罗培新　主编

北京大学出版社
PEKING UNIVERSITY PRESS

图书在版编目(CIP)数据

经济法前沿问题. 2019/顾功耘, 罗培新主编. —北京: 北京大学出版社, 2019. 10
(经济法文库·第2辑)
ISBN 978-7-301-30752-6

Ⅰ. ①经… Ⅱ. ①顾… ②罗… Ⅲ. ①经济法—研究—中国—2019
Ⅳ. ①D922. 290. 4

中国版本图书馆CIP数据核字(2019)第194748号

书　　名	经济法前沿问题(2019) JINGJIFA QIANYAN WENTI(2019)
著作责任者	顾功耘　罗培新　主编
责任编辑	朱梅全　李小舟
标准书号	ISBN 978-7-301-30752-6
出版发行	北京大学出版社
地　　址	北京市海淀区成府路205号　100871
网　　址	http://www.pup.cn　　新浪微博: @北京大学出版社
电子信箱	sdyy_2005@126.com
电　　话	邮购部 010-62752015　发行部 010-62750672　编辑部 021-62071998
印 刷 者	北京虎彩文化传播有限公司
经 销 者	新华书店 730毫米×980毫米　16开本　19印张　351千字 2019年10月第1版　2019年10月第1次印刷
定　　价	59.00元

“经济法文库”总序

我国改革开放以来的经济法制状况，可以用“突飞猛进”这几个字形容。仅从经济立法看，在完善宏观调控方面，我国制定了预算法、中国人民银行法、企业所得税法、价格法等法律，这些法律巩固了国家在财政、金融等方面的改革成果，为进一步转变政府管理经济的职能，保证国民经济健康运行提供了一定的法律依据；在确立市场规则、维护市场秩序方面，我国制定了反不正当竞争法、消费者权益保护法、城市房地产管理法等法律，这些法律体现了市场经济公平、公正、公开、效率的原则，有利于促进全国统一、开放的市场体系的形成。

然而，应该看到，建立与社会主义市场经济相适应的法制体系还是一个全新的课题。我们还有许多东西不熟悉、不清楚，观念也跟不上。尤其是面对逐步建立起的完善的市场经济，我们的法制工作有不少方面明显滞后，执法、司法都还存在着许多亟待解决的问题。

改革开放以来的经济法研究呈现出百家争鸣、百花齐放的良好局面，各种学术观点和派别不断涌现。但是，总体来说，经济法基本理论的研究还相当薄弱，部门法的研究更是分散而不成系统。实践需要我们回答和解释众多的疑难困惑，需要我们投入精力进行艰苦的研究和知识理论的创新。

在政府不断介入经济生活的情况下，我们必须思考一些非常严肃的问题：政府介入的法理依据究竟是什么？介入的深度与广度有没有边界？政府要不要以及是否有能力“主导市场”？我们应如何运用法律制度驾驭市场经济？

在国有企业深化改革过程中，我们不能不认真研究这样一些问题：国有的资本究竟应由谁具体掌握和操作？投资者是否应与监管者实行分离？国有企业应覆盖哪些领域和行业，应通过怎样的途径实现合并和集中？如何使国有企业既能发挥应有的作用，又不影响市场的竞争机制？

加入 WTO 以后，我国经济、政治、社会生活的方方面面发生了重大变化。我们必须研究：市场经济法制建设面临着什么样的挑战和机遇？在经济全球化的背景下,我们的经济法制如何在国际竞争中发挥作用?国外的投资者和贸易伙伴进入我国,我们提供一个什么样的法律环境?我们又如何采取对策维护国家的经济安全和利益?

面对环境日益恶化和资源紧缺的生存条件,循环经济法制建设任务繁重。如何通过立法确定公众的权利义务,引导和促进公众介入和参与循环经济建设?怎样增强主动性和控制能力,以实现经济发展与环境资源保护双赢,实现利益总量增加?如何发挥法律的鼓励、引导、教育等功能,通过受益者补偿机制,平衡个体与社会之间的利益?

在市场规制与监管方面,如何掌握法律规制监管的空间范围、适当时机和适合的力度?在法律上,我们究竟有什么样的有效规制和监管的方式、方法和手段?对各类不同的要素市场,实行法律规制和监管有什么异同?

…………

我们的经济法理论研究应当与经济生活紧密结合,不回避现实经济改革与发展中提出的迫切需要解决的问题,在观念、理论和制度等方面大胆创新。这是每一个从事经济法科学研究的学者和实际工作者应尽的义务和光荣职责。我们编辑出版"经济法文库",就是要为经济法研究者和工作者提供交流平台。

"经济法文库"首批著作汇集的是上海市经济法重点学科和上海市教委经济法重点学科的项目成果,随后我们将陆续推出更多国内外经济法学者的优秀研究成果。我们坚信,这些优秀成果一定会引起社会各方面的广泛关注,一定会对我国的经济法制建设起到推动和促进作用。

期望"经济法文库"在繁花似锦的法学苑中成为一朵奇葩。

华东政法大学　顾功耘

CONTENTS 目　录

第三编　市场秩序规制法律制度

第五编 市场运行监管法律制度

第一编　经济法总论

“脱虚向实”政策的经济法思考

林　益*

近年来,我国经济发展中的“脱实向虚”现象备受关注。[①] 无论是政府、市场还是媒体,都在强调防止资金“脱实向虚”,或引导资金“脱虚向实”。但是,稍作深入分析不难发现,“脱虚向实”中的“虚”“实”概念并不清晰,防止与引导的边界难以把握。本文试从经济法角度入手,界定“脱虚向实”的概念,分析当前“脱虚向实”政策存在的主要问题,并试给出若干建议。

一、“脱虚向实”的概念界定

无论是在日常生活还是在理论活动中,概念都是人们进行清晰思考和准确的对象认知的必要工具,[②]也是界定问题、分析问题和解决问题的基础。“脱虚向实”作为一个集合概念,虽然一直被政府官员、学者和市场人士等广泛引用、讨论,但是对于这一概念的内涵、主体、客体及其手段均没有清晰的讨论。因此,在

---

* 林益,华东政法大学博士研究生。

① 实践中,“防止脱实向虚”和“引导脱虚向实”是两种差异较大的表述,且可衍生出对政府、市场边界的其他讨论。由于篇幅所限,本文不作进一步区分讨论。

② 参见雷磊:《法律概念是重要的吗》,载《法学研究》2017年第4期。

展开关于当前“脱虚向实”政策的讨论前,确有必要对相关概念内涵的具体含义予以解释、界定。

(一)“虚”“实”的概念界定

经济领域早有关于虚实的讨论,并有关于实体经济、虚拟经济的研究。大部分研究认为,“虚拟经济”一词起源于马克思的《资本论》。但事实上,《资本论》通篇没有关于“虚拟经济”的表述,只是提到了“虚拟资本”的概念。[①] 马克思在《资本论》第三卷第二十九章中写道:“即使是对收益的可靠支取凭证(例如国债券),或者是现实资本的所有权证书(例如股票),它们所代表的资本的货币价值也完全是虚拟的,是不以它们至少部分地代表的现实资本的价值为转移的;既然它们只是代表取得收益的要求权,并不是代表资本,那么,取得同一收益的要求权就会表现在不断变动的虚拟货币资本上。”马克思说的“虚拟资本”,实为货币资本投入所代表的未来收益。从目前来看,对于虚实的界定主要有以下几种:

1. 虚拟经济指基于现代网络技术开展的经济活动

这一类经济活动主要是基于数字化、信息化等技术手段而形成的交易活动,具有非面对面、非实物体验的特点,因此被视为“虚拟经济”。20 世纪 90 年代以来,随着互联网的快速推广和运用,网络经济成为各国经济的重要部分。有报告称,我国网络经济的营业收入规模在 2016 年即已达到 1.47 万亿元,比上年增长 28.5%。[②]

在笔者看来,网络经济并不是与实体经济相对立或者截然不同的另一种经济形态。以互联网销售为代表的网络经济更多是改变了消费资料、生产资料的获得渠道,并未使生产、流通等基本经济环节产生质的改变。同时,经过十多年的发展,以淘宝网为代表的互联网销售平台已经成为刺激消费、拉动生产的重要力量。随着网络经济日益成为国民经济的一部分,再以实体经济、虚拟经济作为划分标准,已经不合时宜。

2. 虚拟经济指货币融通等金融经济活动

或许因为马克思的《资本论》给予一些研究者巨大的思想启迪,基于“虚拟资本”而形成了“虚拟金融”,继而拓展为“虚拟经济”的理论提法,在国内学术界已不鲜见。[③] 成思危认为,虚拟经济是指与虚拟资本有关、依托金融体系开展的

---

① 参见张晓朴、朱太辉:《金融体系与实体经济关系的反思》,载《国际金融研究》2014 年第 3 期。

② 参见艾瑞咨询:《2017 年中国网络经济年度监测报告》,http://www.iresearch.com.cn/Detail/report?id=3000&isfree=0,2018 年 2 月 23 日访问。

③ 参见杜云编著:《虚拟经济学》,厦门大学出版社 2015 年版,第 9 页。

"以钱生钱"活动。[①] 王国刚从马克思《资本论》对虚拟资本的论述出发,界定实体经济与虚拟经济。他认为,实体经济是指物质资料生产、销售和相关服务所形成的经济活动及其关系的总和;虚拟经济则是指建立在经济权益基础上、以持有票券来获得未来收益的经济权益交易活动及其关系的总和。[②]

特别是2007年由美国次贷危机引起的全球性金融危机和经济衰退,更是让各界对虚拟经济的界定有了重新认识。越来越多的人认识到,虽然金融有助于实体经济发展,但是金融的过度发展和自我膨胀,反而挤占实体经济的发展空间。金融业往往就是那个"裸泳者",它创造的金融财富仅是"账面富贵"。正是因为这种依附性,金融更是被视作虚拟经济。

3. 虚拟经济并非指涵盖整个金融体系的全部交易活动,而是指信用制度下金融活动与实体经济偏离的那一部分[③]

周小川指出,金融业里头有一些不是虚拟,因为它是直接为实体经济进行融资。比如说银行贷款,比如说一般企业发行债券、股票进行融资,金融部门能够把其他实体包括企业和个人的储蓄动员起来给企业进行融资,这是直接联系到实体经济的流动资金和研发、投资活动的,应该说这些是属于直接为实体经济服务的。[④]

以上对于虚拟经济的定义,其落脚点不在于"虚拟",而在于"虚"。概言之,虚拟经济就是"虚了的经济"。在这一界定下,虚拟经济就不仅包括过度泡沫化的金融业,还包括过热的房地产行业等。但是,这一界定本身具有极大的模糊性:一方面,对于何种程度的偏离泡沫才能算是"虚",没有客观或直观标准予以界定;另一方面,如将相关过热产业或者泡沫化产业认定为虚拟经济,会导致虚拟经济的外延存在很大不确定性,而一个概念的内涵和外延无法确定,则无法作为一个研究对象和立法规制对象。

4. 虚拟经济为金融业及金融属性强的房地产行业,其他行业则为实体经济

除金融业是虚拟经济外,房地产行业无论在项目开发还是后期销售方面均是与金融密切相关的产业,且房地产是常见的金融抵押品,金融属性极强。因此,把房地产行业与金融业一起划入虚拟经济,符合房地产行业的特点。2008年以后,美联储把实体经济笼统地概括为制造业、进出口、经常账户、零售销售等

---

① 参见成思危:《虚拟经济探微》,载《中国科技产业》2004年第2期。

② 参见王国刚:《关于虚拟经济的几个问题》,载《东南学术》2004年第1期。

③ 参见张晓朴、朱太辉:《金融体系与实体经济关系的反思》,载《国际金融研究》2014年第3期。

④ 参见《周小川:目前对实体经济和虚拟经济划分有一些概念不对》,http://kuaixun.stcn.com/2011-12/15/content_4234442.htm,2018年2月1日访问。

行业,而将出现泡沫的房地产行业和快速变化的金融行业排除在外。[①]

笔者认为,“虚”的内涵更多指向金融业和房地产行业,“实”则指向实体经济。界定“虚”“实”的内涵,需要从学理、逻辑结合“脱虚向实”的讨论背景进行。2013年以来,我国经济步入增长速度换挡期、结构调整阵痛期、前期刺激政策消化期“三期叠加”的特定阶段,经济增速下行,资产收益率下行,为获得原有的高收益,就需要加杠杆;同时,为了规避金融监管和高杠杆风险,又得进行多层嵌套,间接导致了资金循环链条变长,形成部分资金在金融领域的沉淀。此外,由于实体经济回报率下降,部分金融资金不愿投入实体经济领域,而在金融领域、房地产行业等赚钱效果明显的领域寻求高收益,以至于出现资金在金融体系内空转和资金“脱实向虚”的现象。因此,除了金融行业和地产行业的本身属性外,从问题讨论语境来看,虚拟经济更多指的是金融行业和房地产行业。

(二)“脱虚向实”政策的实施主体界定

“脱虚向实”政策的主体主要是指制定、实施“脱虚向实”政策的主体。“脱虚向实”作为一种政策导向和监管理念,其落实需要有权机关制定具体的规则予以细化。从立法层面来看,“脱虚向实”政策可以落实为法律、行政法规、部门规章乃至规范性文件等形式,相应的制定主体可以是全国人大、国务院、相关部委等。但从目前来看,“脱虚向实”政策主要为部门规章或部门规范性文件,制定主体主要为国务院的各个部委。

法律制度的实施需要执行者。一般而言,法律规则的执行主体为行政机关、司法机关。“脱虚向实”作为一种政策导向和监管理念,它的执行主体应当与一般的金融监管规则的实施主体一样,均是各级政府机构中从事金融监管的公共机构。例如,李克强在2017年3月所作的《政府工作报告》中提出,“促进金融机构突出主业、下沉重心,增强服务实体经济能力,坚决防止脱实向虚”。中国银监会2017年4月发布的《关于提升银行业服务实体经济质效的指导意见》中要求,“要切实自查自纠参与方过多、结构复杂、链条过长、导致资金脱实向虚的交易业务,确保金融资源流向实体经济”。两者均为行政机关颁布并实施的规定。

此外,还有一些承担特定监管职能的自律监管组织等公共机构,它们虽然不是行政机关,但是根据法律法规或者是协议约定,承担着一定的公共事务管理职能,如证券交易场所、银行间交易商协会等。这些机构在其业务管理中也出台了相关“脱虚向实”的规定。例如,全国中小企业股份转让系统有限责任公司在《关于在全国中小企业股份转让系统挂牌的沪深交易所退市公司重大资产重组监管

---

① 参见蔡则祥、武学强:《金融资源与实体经济优化配置研究》,载《经济问题》2016年第5期。

问答》中指出,"贯彻落实国家'僵尸企业'市场出清的战略部署,抑制炒壳,防止'脱实向虚',加强对退市公司重大资产重组监管"。

因此,"脱虚向实"政策的主体以行政机关,特别是金融监管机构为主,此外还包括部分承担公共管理职能的社会团体或自律组织等。

(三)"脱虚向实"政策的作用客体界定

在哲学的认知论中,客体是指作为主体认识对象和实践对象的客观事物。法律关系的客体是指法律关系主体的权利义务所指向的对象。[①] 作为监管意义上的客体,主要是指有权主体制定规则所针对或者作用于的事物。例如,2017年11月中国人民银行、银监会、证监会、保监会、外汇局发布的《关于规范金融机构资产管理业务的指导意见(征求意见稿)》(以下简称《资管新规》)提出,"为规范金融机构资产管理业务,统一同类资产管理产品监管标准,有效防范和控制金融风险,引导社会资金流向实体经济,更好地支持经济结构调整和转型升级……","脱虚向实"政策的客体或者作用对象是社会资金。

社会资金,主要指居民、企业未用于消费或者扩大再生产的货币资金。2008年全球金融危机爆发以来,我国经济面临着较大的下行压力,部分产业产能过剩问题严重。经济增长放缓和产能过剩进一步压低了实体经济的投资回报率。[②] 加之实体经济投资周期长、变现能力弱,而金融投资流动性好、变现能力强,相对于实业投资,居民更有意愿进行金融投资。企业面对实体经济低回报率、高风险的现状,往往也不会将资金用于扩大再生产,而用于购买理财等金融投资。据报道,2017年前11个月,A股市场共有1048家上市公司购买理财产品,累计购买规模达9629.95亿元。[③] 同时,越来越多的上市公司也开始投资证券、认购投资基金等。[④]

(四)小结

根据前述分析,我们可以得出结论:"脱虚向实"是指各级政府及相关公共机构根据自身职能,引导资金从金融业、房地产行业等虚拟经济领域流向实体经济领域,或者防止资金从实体经济领域流入金融业、房地产行业等虚拟经济领域。

---

① 参见孙春伟:《法律关系客体新论》,载《上海师范大学学报(哲学社会科学版)》2005年第6期。

② 参见李若愚:《当前金融运行特点、问题及对策》,载《发展研究》2016年第8期。

③ 参见《A股公司购买理财近万亿背后:理财收益率创逾两年新高!》,https://m.hexun.com/hz/qtt/2017-11-17/191677185.html,2018年2月3日访问。

④ 参见《上市公司"花样"炒股:举牌、炒港股、买私募基金》,http://finance.eastmoney.com/news/1353,20180125825889047.html,2018年2月3日访问。

二、当前主要“脱虚向实”政策梳理

如上文所述,现有法律法规等规范中明确规定“脱虚向实”的较少。笔者结合“脱虚向实”含义及相关规则的起草说明、答记者问等材料,对当前“脱虚向实”政策进行梳理分类,分析引导资金进入实体经济、发挥金融服务实体经济功能的具体措施。

(一)控制金融资产、金融产品规模

近年来,金融自由化使得金融改革速度、力度均有提高,金融体系快速扩张。金融的过度创新拉长了金融链条,增加了嵌套环节,也为规避金融监管、防止资金在金融系统内空转提供了便利,其中较为典型的就是银行同业、银行理财等业务。以银行同业业务为例,这本来是金融机构之间资金往来的业务。根据2014年5月中国人民银行、银监会、证监会、保监会、外汇局联合发布的《关于规范金融机构同业业务的通知》,同业业务包括“同业拆借、同业存款、同业借款、同业代付、买入返售(卖出回购)等同业融资业务和同业投资业务”。同业业务主要是发挥短期调剂资金余缺的功能。但是,随着同业业务的发展,部分银行通过长短期错配等方式获取额外收益(同时也增加了额外风险),从而导致部分资金在银行同业市场空转。①

对于这类过度发展、对实体经济支持有限、放大风险的金融业务,监管机构的基本思路是控制相关业务规模。例如,《关于规范金融机构同业业务的通知》规定,单家商业银行同业融入资金余额不得超过该银行负债总额的1/3。此外,2017年8月31日,央行发布公告修订《同业存单管理暂行办法》,自2017年9月1日起,同业存单的期限明确为不超过1年,取消2年和3年期同业存单。同样,自2017年第一季度起,中国人民银行将银行表外理财归入广义信贷范围,纳入宏观审慎评估体系。② 银行理财规模增长过快,势必影响中国人民银行的宏观审慎评估。通过将银行理财规模的增长情况纳入考核,可以约束银行理财规模的无序扩张。

---

① 参见王剑:《商业银行同业业务逻辑与演进》,载《清华金融评论》2018年第2期。

② 宏观审慎评估,是中国人民银行从防范系统性风险角度,从资本和杠杆情况、资产负债情况、流动性等七个方面对银行业金融机构进行考核,考核结果分三档:优秀、正常和不达标。对于考核优秀的,将执行最优档奖励;不达标的,则执行适当约束。

(二)限制资金投资领域,限制特定领域的融资

防止资金"脱实向虚"或是引导资金"脱虚向实",最直接的方法就是控制资金投向,或者限制被视为虚拟经济的一些特定领域的融资资格。例如,2017年3月,银监会办公厅下发《关于开展银行业"监管套利、空转套利、关联套利"专项治理工作的通知》(以下简称46号文),针对银行业金融机构通过多种业务使资金在金融体系内流转而未流向实体经济,或通过拉长融资链条后再流向实体经济来获取收益的"空转套利"行为,要求各银行经营机构自查和抽查,并由各银监局进行督导。

根据46号文的规定,具体的"空转套利"行为包括信贷空转、票据空转、理财空转和同业空转等。例如,以理财资金购买理财产品;利用同业理财购买本行同业存单;通过大量发行同业存单,甚至通过自发自购、同业存单互换等方式进行同业理财投资、委外投资、债市投资;信贷资金被挪用于委托贷款、理财、信托、证券市场等。虽然现有规则未明确禁止"以理财资金购买理财产品""利用同业理财购买本行同业存单"等资金空转行为,但是银监会将相关资金空转行为纳入专项整治的规定,在加强金融监管、加强问责的背景下,势必对银行金融机构的业务开展产生直接影响。同时,银监会2018年1月再次发布《关于进一步深化整治银行业市场乱象的通知》,要求对于2017年已开展的"三三四十"①等专项治理工作即查即改。

此外,2016年10月以来实施的房地产调控,其重点就是控制房地产融资渠道及融资规模。例如,房地产上市公司的非公开发行等再融资一度中断,房地产企业的公司债发行也放缓审批节奏。各地银监局对于房企贷款也作了不同的限制。例如,2018年1月上海银监局下发《关于规范开展并购贷款业务的通知》,要求辖内商业银行严格遵守房地产开发大类贷款的监管要求,对"四证不全"房地产项目不得发放任何形式的贷款,并购贷款不得投向未足额缴付土地出让金项目,不得用于变相置换土地出让金等。又如,证监会在2015年年底即已暂停PE管理机构在新三板挂牌和融资。②

---

① "三三四十"系指2017年银监会开展的以整治银行业市场乱象为目标的系列活动,具体包括:三违反(违反金融法律、违反监管规则、违反内部规章)、三套利(监管套利、空转套利、关联套利)、四不当(不当创新、不当交易、不当激励、不当收费)、银行业存在的十个方面问题(股权和对外投资方面、机构及高管方面、规章制度方面、业务方面、产品方面、人员行为方面、行业廉洁风险方面、监管履职方面、内外勾结违法方面、涉及非法金融活动方面)。

② 参见储芸:《证监会确认暂停PE挂牌新三板》,http://www.p5w.net/stock/news/zonghe/201512/t20151225_1308036.htm,2018年2月6日访问。

(三)打破刚性兑付,促使金融产品风险暴露

实践中,银行理财、信托产品等金融产品普遍设置预期收益率,并采取保本保收益的方式揽客。这种保本保收益的方式属刚性兑付。从危害来看,刚性兑付主要是抬高了无风险利率,扭曲了金融资源配置,还造成了金融风险的积聚。因此,对金融产品的刚性兑付的规制,更多是从其对金融体系、经济体系带来的系统性风险角度考虑。同时,从"脱虚向实"和引导资金进入实体经济的角度看,刚性兑付掩盖了金融产品的实际风险和可能带来的系统性风险,美化了金融产品的收益率,进一步推高了企业的融资成本,加剧了资金"脱实向虚"的问题。

《资管新规》规定,金融机构开展资产管理业务时,不得承诺保本保收益;出现兑付困难时,金融机构不得以任何形式垫资兑付。同时,对资管产品实行净值化管理,包括银行理财在内的全部资管产品将向净值型产品转型,不设定预期收益率,按净值申购、赎回,从根本上打破刚性兑付。

此外,"脱虚向实"政策还包括利用税收政策抑制过度的金融交易和房地产交易。例如,在证券投资领域,征收交易税,抑制频繁的证券交易活动,减少资金在证券二级市场的大进大出。

三、当前"脱虚向实"政策存在的问题分析

资金在虚拟经济领域的自我循环,影响了金融服务实体经济能力,也挤占了实体经济的发展空间,最终将影响整个国民经济的可持续健康发展。因此,"引导资金脱虚向实""防止资金进一步脱实向虚"是我国政府宏观调控的重要内容,有充分的合理性和必要性。但是,我们也应该看到,由于种种原因,当前"脱虚向实"政策仍存在着若干问题,有待进一步分析。

(一)"虚""实"概念的泛化运用可能误伤部分重要产业

上文对"脱虚向实"内涵作了具体分析,并试着对"脱虚向实"概念中最为重要的两项子概念"虚""实"作出限定。但是,"脱虚向实"作为一项公共政策或者说是经济政策,是一系列谋略、法令、办法、方法、条例等的总称,[①]现有规则规范并没有对"虚""实"的范围作出具体限定,而实践中对于"虚""实"概念的泛化运用可能影响部分产业的正常发展。例如,有观点认为,游戏产业、娱乐产业乃至一般的服务业均是虚拟经济,实体经济仅限于制造业。因此,从最早对互联网购

① 参见曾纪茂、周晶主编:《公共政策导论》,四川人民出版社2001年版。

物不利于经济发展的质疑,到上市公司跨界并购游戏、影视行业资产乃至上市公司不分红,都被视为脱虚向实的表现。时至今日,网络经济已经是我国国民经济的重要部分。

(二) 防止和引导的边界未能有效界定

笔者在"北大法宝"数据库上,以"脱虚向实"为关键字进行全文搜索,仅找到一篇部门规范性文件——《中国银监会关于进一步深化整治银行业市场乱象的通知》。该通知提出:"各银行业金融机构和各级监管机构要通过深化整治银行业市场乱象……使促进资金脱虚向实、回归服务实体经济本源的基础得到切实巩固。"以"脱实向虚"为关键词进行全文搜索,则找到全国人大决议一份(《第十二届全国人民代表大会第五次会议关于 2016 年国民经济和社会发展计划执行情况与 2017 年国民经济和社会发展计划的决议》)、国务院指导意见一份(《国务院关于落实〈政府工作报告〉重点工作部门分工的意见》)、部门规范性文件 13 份,主要的措辞均为"防止脱实向虚",人大决议为"着力防控资金脱实向虚和房地产波动风险"。此外,还有 3 份法规的征求意见稿、6 份各部委的答记者问等。"脱实向虚"出现的次数远远高于"脱虚向实"。

虽然本文对"防止资金脱实向虚"和"引导资金脱虚向实"未作区分,而是一并讨论,但是两者有着深刻的区别,背后体现的是政府与市场的不同关系。一是两者内涵不同。"防止""防控"的措辞更偏向严厉限制,直接、主动予以监管规范的色彩更浓,如限制金融资产、金融产品规模,禁止资金投向领域等;而"引导"相对柔和些,如对于投入实体经济领域的资金在税收上予以一定的优惠,对于支持实体经济的融资品种予以优先审核等。二是两者体现的政府、市场关系不同。防止资金"脱实向虚"体现的是政府"堵偏门",主动限制资金流向,是政府对资金流向的直接介入和干预;而引导资金"脱虚向实"体现的是"政府开正门","引导"不是说"必须怎么做",而是鼓励或者创造条件让市场主体去做。"防止脱实向虚"和"引导脱实向虚"的差异,将直接导致"脱虚向实"政策在具体实施方式、手段方面的差异。从现有"脱虚向实"政策的具体措施来看,监管机构更多的是采取行政强制性、限制性手段,如禁止某类业务的范围、规模等。

(三) "脱虚向实"不当反而可能影响金融服务实体经济的能力

"脱虚向实"的目的在于减少资金在金融体系里的空转,引导资金流向实体经济。但是,有观点指出,从资金运行的角度来看,金融机构的每一笔资金,无论背后经历了多么复杂的产品化,最终还是要流向实体经济。如果没有采取充足的救助措施,势必会打击实体经济,最终更可能走向“脱虚脱实”。[①] 以银行理财为例,2016 年,国债、地方政府债、央票、政府支持机构债券和政策性金融债占理财投资资产余额的 8.69%,商业性金融债、企业债券、公司债券、企业债务融资工具、资产支持证券、外国债券和其他债券占理财投资资产余额的 35.07%。截至 2016 年年底,有 19.65 万亿元的理财资金通过配置债券、非标准化债权类资产、权益类资产等方式投向了实体经济,占理财资金投资各类资产余额的 67.41%。[②]

可以看出,银行理财资金中再投资理财产品的比例不高;银行理财资金即使投资理财产品,下一层理财产品的大部分资金也将投入实体经济领域。正如任何一项资产组合均由风险权重不同的资产组成,债券基金、股票基金等资产组合都会在特定时期持有较高比例的现金,风险配比、流动性配比是资产管理的基本要求。因此,不能因为理财资金投资理财产品就认为这是“脱实向虚”,进而一概否定。

(四) 运动式“脱虚向实”的痕迹明显,有待常态化和规范化

通过在“北大法宝”上全文搜索包含“脱虚向实”或“脱实向虚”字段的法律法规、规范性文件、立法说明等,可以发现绝大部分的法律文件均在 2017 年后制定。[③] 这并不是因为 2017 年之前资金“脱实向虚”问题不突出,而更多是因为金融业从严监管的氛围和理念发生变化。这种氛围和理念的转变以及规则、监管措施的集中出台,往往缺少系统性的统筹安排,在相关手段或措施的常态化、规范化适用上将会逐渐显现出不足。

四、运用经济法推进“脱虚向实”的建议

当前“脱虚向实”政策在具体落实、执行中出现问题,既因为资金“脱实向虚”现象严重,“矫枉必须过正”带来副作用问题,在更深层次上,还因为现有“脱虚向实”政策在具体落地、执行中缺乏法治思维和法制约束。立足实体经济逐渐成为国家发展的共识,“脱虚向实”,将“金融更好地服务实体经济”作为一项持续性的政策予以落实,需要运用经济法思维和经济法手段。

---

① 参见杨盼盼、唐雪坤:《两次危机的“脱实向虚”与“脱虚向实”》,载《中国外汇》2017 年第 13 期。

② 参见《银行业理财登记托管中心发布〈中国银行业理财市场年度报告(2016)〉》,https://www.chinawealth.com.cn/zzlc/sjfx/lcbg/20170519/961636.shtml,2018 年 2 月 6 日访问。

③ 全部 26 份文件中,仅《金融业发展和改革“十二五”规划》《中国银监会办公厅关于集团客户授信风险提示的通知》等 5 份文件的制定时间早于 2017 年。

(一)"脱虚向实"政策的实施需转化为具体的经济法规

学界普遍认为,经济法无论是作为一个整体,还是仅作为某一具体经济法规,都是国家借以实现既定经济政策的法律手段,或者说是经济政策的法律化。[①] 经济政策和相应经济理论的变化(体现为不同学派和不同学说)直接导致相应经济法的变化,经济法完全是在相应经济政策和经济理论的指导下产生并运作的。经济法作为法律,首先是实现经济政策的工具,其次才具有"法"的性质。[②] 在实践中,政府法规制定、监管执法均在一定的经济政策的指导下进行,并受其影响。但是,在经济政策与经济法的关系中,有两个重要问题需要注意:一是经济政策是否可以直接适用,二是经济法是否仅是经济政策的工具。在笔者看来,经济政策作为一种监管理念,应仅在抽象层面指导行政机关、政府机构的立法执法工作,它对市场主体形成强制性的约束力应当通过经济立法的形式实现,而不应当在实践中予以直接适用。同时,经济法不仅是实施经济政策的工具。无论是起源还是本意,经济法都不仅仅是赋权法,更是限权法和护权法。经济法作为赋权法,赋予行政机关进行市场规制和监管的权力;作为限权法和护权法,限制政府权力的运用范围和方式,保护市场主体的合法权益不受侵害。在政府全面干预经济的背景下,对经济法之赋权法和护权法属性的重视尤为重要。

"脱虚向实"作为一项宏观的经济政策和指导原则,在现有的监管实践中,通过政府文件等形式直接成为限制市场行为的监管要求,不符合经济法治原则。在法治社会中,对于市场主体的限制,应当以法律或者行政法规的形式予以确定。通过各个部委以通知、纪要等方式形成的限制缺乏必要的法律审查,其正当性存在缺失,效力存在疑问。如果规则的执行者同时又是规则的制定者,那么制定出来的规则更可能是对监管对象的"限权规定"和对自身的"赋权规定",缺乏有效的权力约束。

2017年11月,经党中央、国务院批准,国务院金融稳定发展委员会成立,其定位是统筹协调金融稳定和改革发展等重大问题的议事协调机构。"脱实向虚"问题主要是金融问题,特别是资金在银行业、证券业等金融分业之间空转的问题,更需要金融稳定发展委员会予以协调和解决。对此,建议金融稳定发展委员会提出关于"脱虚向实"的指导意见,明确"脱虚向实"的相关事项,以指导"一行三会"具体工作的开展。

---

① 参见梁慧星:《西方经济法与国家干预经济》,载《法学研究》1984年第1期。

② 参见徐强胜:《经济法和经济秩序的建构》,北京大学出版社2008年版,第41页。

(二)发挥政府作用与保障市场主体充分自主性的平衡

经济法的具体制定过程在根本上是对政府规制和市场自治的“划界”过程,划分政府规制和市场自治的各自范围。划分政府和市场的边界,一直是理论界、实务界研究和探索的基础领域。随着市场经济理念的深入人心,政府应在市场失灵时进行干预已成为多数人的共识。在我国,政府与市场的关系经历了从政府全面主导到政府主导市场参与,再到市场发挥基础性作用等阶段。2013年《中共中央关于全面深化改革若干重大问题的决定》提出的“使市场在资源配置中起决定性作用”和“更好发挥政府作用”,是我国关于市场地位、政府与市场关系最新、最权威的阐述,对于处理各个领域内政府与市场的关系有着普遍的指导意义。“使市场在资源配置中起决定性作用”意味着政府对经济的有限介入,以及对市场参与者自主性和自主选择权的尊重。

当前,国内资源配置、资金流动存在一定的市场失灵,进而形成资金“脱实向虚”等问题,需要发挥政府的能动作用。例如,对于热钱集中涌入房地产行业,急速推高房价,进而影响居民的基本居住需求的问题,政府有必要采取加大土地供应、优先保障自住需求乃至推出政府指导定价等方式予以规制;对于资金在不同金融部门之间空转的问题,政府应当采取统一监管要求、杜绝监管套利等手段予以规制。但是,资金作为一种最重要的资源,其配置应当发挥市场的决定性作用,由市场参与者和资金所有者来决定资金的具体投向领域。虽然“金融服务实体经济”,但是不能强制市场参与者以资金去服务实体经济,而应当通过使市场参与者个体利益最大化,进而促进社会福利最大化。此外,流动性、波动性乃是市场经济不可剥离的属性,如果从观念上接受市场在资源配置中的决定性作用,则应当接受市场的波动性和流动性风险。“脱虚向实”问题也是如此,如对此矫枉过正,可能导致“脱虚向虚”,金融的发展会受到压制,实体经济也得不到有效的资金支持。因此,在“脱虚向实”的过程中,要谨守金融服务实体经济、不发生系统性风险的底线,同时也应充分保障市场主体的自主性。

因此,“脱虚向实”的具体规定应当以引导性规定为主。以预防为主的“脱虚向实”政策,是在当前“脱实向虚”现象突出,可能引起一定区域风险乃至系统性风险情况下的应对之策。从长效机制来看,更应该建立一种以引导为主的“脱虚向实”政策。一是多措并举,提升实体经济回报率,吸引资金回归实体领域。具体措施包括:通过减少事前管制、精简审批流程、探索负面清单等政府改革,进一步降低企业的运营成本和公关成本;通过财政税收措施,降低经营企业的税负,或者通过征收相应的交易税,抑制频繁的证券产品交易,引导资金投向;通过适当的产业政策,引导社会资本进入国家鼓励发展的行业产业。二是打破刚性兑付,促使无风险利率回归正常水平。三是统一金融产品的监管规则,避免监管套利。现有部分资金空转的原因在于,不同金融监管领域的管理机构、监管规则不一,从而形成"监管洼地",吸引资金流入。统一同类金融产品的监管规则,填平"监管洼地",将有效减少监管套利和资金空转的现象。

(三) 注重微观规制行为与宏观调控效果的衔接

在经济法理论中,宏观调控与市场规制是有重要区别的。例如,宏观调控以间接调控为主,[①]不直接作用于市场主体,而市场规制以直接对市场主体及其行为进行监督管理;宏观调控对国民经济的影响是全面的,而市场规制作用于特定对象;宏观调控作用力度轻柔,而市场规制作用力度强硬……但是,宏观调控与市场规制并不是截然相反的。微观的市场规制行为往往具有其宏观调控的目标,宏观调控也常常借助微观的市场规制行为"落地"。

"脱虚向实"并不是着眼于个别资金的具体流向等微观效果,而是追求资金在虚拟经济领域与实体经济领域的有效配置以实现两者平衡发展,它不过分集中于虚拟经济而推高系统性风险的宏观效果。但是,从具体的手段来看,"脱虚向实"需要注重微观规制手段与宏观调控目标的衔接。首先,要借助金融监管机构的市场监管职权,规范市场主体行为,对于资金交易违规、资金套利等行为予以及时规制。其次,微观的市场规制应当以宏观调控目标为参照,不能为监管而监管、为规制而规制,要更加注重监管行为的实质目的和实质影响。例如,某些金融业务可能从单项业务本身来看是合规且合理的,但是从整体来看,放大了整体的系统性风险。因此,要在制定具体规则时考虑其产生的宏观效果,做到有的放矢。

---

① 参见王全兴:《经济法基础理论专题研究》,中国检察出版社 2002 年版,第 620—622 页。

第二编　宏观调控法律制度

我国地方政府性债务的法律规制研究

于　萍*

地方政府作为我国地方经济发展的驱动器，为刺激当地经济社会发展，存在着大量的融资需求。但是，由于当前我国财税体制方面存在的弊端，地方政府较难通过统一、规范的融资渠道满足自身的融资需要。于是，长期以来，地方政府通过绕道设立地方融资平台公司、为其他企业或个人债务提供担保等形式变相举债，导致我国地方政府性债务呈现出举借主体和形式多样化的乱象。加之我国对地方政府性债务长期疏于管理，造成地方政府性债务难识别、难管理以及风险难防范、难化解等问题，隐性债务风险积聚。特别是近年来我国经济下行压力加大，许多地方政府呈现出财政吃紧的状态，国家开始意识到，我国地方政府性债务问题越来越突出和紧迫，必须改变过去监管缺位的状态。2013 年中央经济工作会议明确提出，防范和化解地方政府性债务风险是当前我国经济发展的重大任务。这标志着我国中央政府首次将地方政府性债务问题上升到影响国家经济社会发展全局的战略高度。以此为指导，全国人大常委会、国务院、财政部等陆续制定出台了一系列化解整治地方政府性债务问题的规则文件，其中以 2014 年修正的《预算法》和《国务院关于加强地方政府性债务管理的意见》（以下简称

* 于萍，华东政法大学博士研究生。

国务院43号文)为起点和依据,初步构建起了以"借、用、还"为一体的地方政府债务管理框架体系,终极目标是妥善化解存量债务风险、规范新增债务管理,使我国地方政府债务朝着规范统一、风险可控的方向发展。然而,要实现这一目标,仅靠加强地方债务管理本身是远远不够的,应当从根本上解决地方政府财政资金供不应求、捉襟见肘的难题,这涉及我国财税体制改革、地方政府职能转型升级等一系列问题,因此也要考虑到现存的大量融资平台公司在被剥离地方政府投融资职能之后如何妥善安置的问题。

一、问题的提出

党的十八大以来,以习近平同志为核心的党中央、国务院高度重视地方政府债务管理和风险防控工作。2013年12月,在党的十八大顺利闭幕之后的中央经济工作会议上,习总书记指出了2014年我国经济发展的六大任务,排在第三位的便是着力防范债务风险。会议指出:"要把控制和化解地方政府性债务风险作为经济工作的重要任务,把短期应对措施和长期制度建设结合起来,做好化解地方政府性债务风险各项工作。加强源头规范,把地方政府性债务分门别类纳入全口径预算管理,严格政府举债程序。"这是中央政府首次将防控债务风险列为经济工作的主要任务之一。以此为基调,2014年8月,第十二届全国人大常委会第十次会议审议通过了《关于修改〈中华人民共和国预算法〉的决定》,其中一项重要修改内容是从法律上明确赋予地方政府发债权。同年10月,国务院出台了国务院43号文。以上两部文件正式拉开了我国地方政府债务风险法律规制的序幕。此后,财政部等陆续牵头出台了一系列文件,分层次、分步骤对地方政府债务风险的管理和防范予以落实。

党的十九大以来,防范地方政府债务风险更加成为当前我国经济发展的重中之重。习总书记在十九大报告中强调:"要更加自觉地防范各种风险,坚决战胜一切在政治、经济、文化、社会等领域和自然界出现的困难和挑战,特别是要坚决打好防范化解重大风险、精准扶贫、污染防治的攻坚战。"地方政府性债务问题作为当前我国金融体系中关键性、基础性的一环,具有系统重要性,对于整个国家经济金融体系安全甚至社会稳定都有重大影响。一方面,目前我国地方政府债务的债权人以银行为主,一旦地方政府债务出现风险,将可能传导至银行等金融机构,从而引发系统性风险。审计署发布的《2013年第32号公告:全国政府性债务审计结果》显示,银行贷款、BT、发行债券是政府负有偿还责任债务的主要来源,其中银行贷款占78.07%,BT模式占11.16%,发行债券占10.71%。

从2014年开始,银行贷款在地方政府性债务中占比明显下降,但仍占主导地位。[1] 对于银行而言,地方政府债务信用风险极低,是不可多得的优良资产。但是,一旦地方政府发生违约,地方政府债务将变成金融机构的不良资产无法收回,造成金融机构的资产负债表两端失衡,对居民、企业的负债发生负面影响,进而产生一系列的连锁反应,引发金融风险。另一方面,地方政府债务一直被认为是金边债务,社会公众始终对其抱有刚性兑付的预期,一旦发生违约,更会引发全社会对政府的信任危机,进而引发社会信用风险等。因此,防范和化解地方政府债务风险是"牢牢守住不发生系统性金融风险的底线"中的关键环节,值得高度重视。

从目前我国专家学者对地方政府债务的理论研究情况来看,对地方政府债务的法律规制研究才刚刚起步。当前中国知网收录的有关"地方政府债务"的研究成果主要呈现两个特点:一是从发表时间来看,该方面研究成果从2013年开始进入高峰;二是从学科分布来看,研究成果主要集中在财政、金融学科,从法律角度出发的较少。上述特征表明,地方政府债务问题已经进入我国专家学者的研究视野,确有相当的理论研究价值。但是,与此同时,对地方政府债务的法律规制研究较少。2014年及以前的相关法律研究主要集中在探讨《预算法》是否应当赋予我国地方政府发债权上,但自2014年修正的《预算法》将此问题予以立法明确,并且以国务院43号文为首的一系列配套文件进一步对落实《预算法》提出的地方政府债务管理法律体系予以细化规定后,相关法律研究便更少了。虽然2014年修正的《预算法》和国务院43号文两部文件初步构建起了一套地方政府债务风险防范的法制框架体系,但是制度的具体落实还需要坚持市场化、法制化思维,并涉及进一步深化财税体制改革、政府职能转型升级、转变地方政府债券监管思考和地方政府融资平台公司转型升级等一系列问题,有必要予以深入研究。

二、我国地方政府性债务的现状、主要问题及其成因

(一)我国地方政府性债务现状

由于我国财税体制的弊端和1994年《预算法》对发行地方政府债券的限制,

[1] 参见郑洁:《地方政府性债务管理与风险治理——基于新〈预算法〉施行的背景》,载《宏观经济研究》2015年第12期。

我国地方政府在各地经济发展建设过程中，大量的融资需求难以通过统一、规范、透明的融资方式得到满足，导致实践中我国地方政府债务呈现出多头举借、底数不清的乱象，这属于具有中国特色的历史遗留问题。在2014年《预算法》修正前，地方政府难以通过直接发行债券的方式融资。为了满足地方经济建设的需要，许多地方政府选择通过设立融资平台公司或为企业和个人提供隐性担保等方式变相举债。虽然此类债务的债务人在法律关系上并非政府，但资金的实际使用主体、偿还主体和风险承担者均为地方政府，从实质上来看与地方政府举债无异，在清理甄别和防范化解地方政府债务风险时也应当将此方面一并考虑。因此，本文的研究范围不仅限于形式规范、明确由地方政府负有偿还责任的债务，也包括地方政府通过融资平台等其他主体绕道举借的、可能负有担保责任和救助义务的隐性债务。本文将这些债务统称为“地方政府性债务”。

关于“地方政府性债务”的范围，国务院分别在2011年和2013年组织清理甄别地方政府债务的文件[①]中予以明确，主要包括三类：一是地方政府负有偿还责任的债务，即确定由财政资金偿还的债务；二是地方政府负有担保责任的债务，即虽然债务本身非以财政资金偿还，但地方政府提供直接或间接担保，当债务人无法偿还债务时，地方政府负有连带清偿责任；三是地方政府可能承担一定救助责任的其他相关债务，通常指为公益性项目举借的债务，地方政府虽然既无偿债责任也无担保责任，但当债务人出现债务危机时，政府可能需要履行一定的救助义务。除上述三类债务范围之外，还有通过新的举债主体和举债方式形成的地方政府性债务，如融资平台公司、事业单位等主体通过融资租赁、集资、回购(BT)、垫资施工、延期付款或拖欠等方式形成，用于非市场化方式运营的公益性项目，由非财政资金偿还的债务。按此口径清理甄别认定，截至2014年年底，我国地方政府性债务总规模为24万亿元，其中政府负有偿还责任的债务为15.4万亿元，相比2013年6月增长约为41.3%，或有债务8.6万亿元，增长22.9%。总体来看，当前我国地方政府性债务呈现出规模较大、增速较快的特点。

（二）我国地方政府性债务存在的主要问题

目前，我国地方政府性债务问题主要表现为举债主体和举债形式混乱多样，有相当规模的债务游离于监管之外，且中央对地方政府债务怎么借、怎么用、怎么还的问题缺乏统一规划和有效管理，尚未形成一套规范合理的地方政府债务管理体系，导致地方政府举债不规范、不合理、不透明，主体责任不够明确，债务

---

① 《国务院办公厅关于做好地方政府性债务审计工作的通知》和《国务院办公厅关于做好全国政府性债务审计工作的通知》。

风险底数不清。在当前我国多数地方政府财力并不宽裕的情况下,这种现象背后隐藏着一定债务风险。此外,各种形式的变相举债融资成本较高,进一步加剧了地方政府债务偿还压力。

如前文所述,当前我国地方政府性债务除了明确由地方政府承担偿还责任、由财政资金偿还债务之外,还存在一定规模的游离在地方政府资产负债表之外的隐性债务。防控风险的前提在于识别风险、摸清底数,我国地方政府债务存在风险的根源不在于规模庞大,而在于隐性债务暗藏的风险。一般来说,对于地方政府债务的偿还应当在政府当年财政预算中提前作出规划,留备出充足的财政资金用于偿还当年到期的债务本息。即便当年到期债务数额较大,地方政府财政资金存在暂时性的紧张难以偿付当年的到期债务,也可以通过提前规划调配资金予以解决,如调整财政支出结构、出售资产变现、提前沟通债权人展期、借新还旧等方式。最大的风险来自实质上应当由地方政府承担偿还义务,但由于形式上未明确为地方政府债务,导致政府未能提前做出规划,债务即将到期时才临时发现资金周转困难造成的债务违约,即隐性债务风险。

2014 年修正的《预算法》自 2015 年 1 月 1 日起实施,修正前的《预算法》规定,中央预算中必需的建设投资的部分资金,可以通过举借国内和国外债务等方式筹措,但地方政府不得发行地方政府债券,除非法律和国务院另有规定。实践中,地方政府为了满足本地经济建设的资金需求,在《预算法》对发行地方政府债券的禁止性规定下,探索通过多种方式变相举债融资,主要方式有:一是通过设立地方政府投融资平台、国有独资或控股企业、事业单位等方式变相举债。虽然此类债务从法律关系上看,债务人不是地方政府,但从资金实际使用、偿还责任、风险承担等方面来看,与地方政府债务无实质差异。另外,地方融资平台公司、地方国企发行的企业债券、公司债券等,较之一般民营企业发行的信用债券,享受着地方政府信用背书带来的低利率、高评级等优势,在市场上更受投资者欢迎。就此来看,该类债务也有别于一般的信用类债券,属于隐性地方政府债务。二是地方政府通过为其他主体融资、提供担保等方式变相举债,承诺当债务人到期无力偿还债务时,由地方政府承担连带偿债责任。对于此类债务而言,虽然地方政府在形式上不承担偿债责任,但由于地方政府提供了承担兜底责任的信用背书,存在代偿风险,所以也属于地方政府的隐性债务。三是随着国家对地方政府性债务管理的加强,银行等金融机构纷纷收紧对地方政府及其融资平台公司的信贷投放,一些地方政府及其融资平台公司转而通过信托贷款、融资租赁、售后回租、发行理财产品、建设—移交(BT)、垫资施工和违规集资等方式变相举债融资,尽管套着各种市场化经营模式的外衣,但本质上都是行举借地方政府债务之实,即相关主体打着各种名义将资金借予地方政府使用,由地方政府负责到期还本并支付一定的资金使用成本。

由上可见，我国地方政府债务举借主体和举借形式均复杂多样，整体上呈现出缺乏管理的无序状态，由此造成的后果是：前端对发行规模既无额度限制也无程序控制，对地方政府举债行为管理缺位。有的政府为了实现政绩目的，建设不必要的项目而过度融资，甚至出现多个主体以建设同一项目为由重复举债的现象。当项目产生的收益无法覆盖多头债务时，债务风险就此出现。存续端对资金使用缺乏有效监管，出现地方政府债务资金被挪用占用等现象；后端主体偿还责任不明确，如地方政府为企业融资提供担保的行为存在法律瑕疵；①各方主体责任划分不够明确，而且中央对地方债务规模和风险底数缺乏准确掌握，难以采取有效的风险防范和应急处置措施。此外，这些明目繁杂的变相融资方式隐蔽性强，不易监管，融资成本普遍高于同期银行贷款利率，如 BT 融资年利率最高达 20%、集资年利率最高达 17.5%，②无形中进一步加大了地方政府性债务的治理难度和信用风险。

（三）我国地方政府性债务问题的主要成因

我国地方政府债务之所以会出现上述问题，究其根本，主要是由于以下体制机制弊端造成的：

1. 财政体制的弊端导致地方政府融资需求旺盛

当前我国的财政管理体制主要是 1994 年分税制改革的结果。1994 年分税制改革在中央政府与地方政府之间进行了事权与财权的重新划分，把中央与地方的预算严格分开，实行自收自支、自求平衡的“一级财政、一级事权、一级预算”的财政管理体制，③中央与地方财力的划分清楚明确。按照分税制改革方案，中央与地方分别享受税收收入，中央将税收体制变为生产性的税收体制，通过征收增值税，将 75%的增值税收归中央，而地方只能获得 25%的收益。正是由于这个原因，分税制改革后，我国中央与地方政府的财政实力格局发生了改变。分税制改革虽然在一定程度上缓解了 20 世纪 80 年代末 90 年代初中央财政的严重危机，中央政府财政收入得到大幅度提高，中央财政重获活力，却导致地方政府财政收入急剧下降。分税制改革在上收税收收入权的同时没能理顺地方事权与

① 《担保法》第 8 条规定，国家机关不得为保证人，但经国务院批准为使用外国政府或者国际经济组织贷款进行转贷的除外。第 5 条规定，担保合同被确认无效后，债务人、担保人、债权人有过错的，应当根据其过错各自承担相应的民事责任。

② 参见刘世昕、李松涛：《审计署建议试点政府财务报告制度》，载《中国青年报》2013 年 8 月 1 日第 8 版。

③ 参见杨志勇：《分税制改革中的中央和地方事权划分研究》，载《经济社会体制比较》2015 年第 2 期。

财权的关系,地方政府承担的事权未相应减少,财政支出责任与自身财政实力严重不匹配。楼继伟曾主持“中国政府间财政关系研究”项目,他指出,中央财政支出只占全国财政支出的20%,地方财政支出占比超过80%;若考虑地方政府行政性收费及相应支出,地方财政支出占比可能超过85%。①

从目前我国的实践来看,由中央或地方单独一方行使事权的比例较低,大部分事权(如产业发展、市场监管、环境保护等)都需要中央与地方双方共同行使。我国中央与地方的事权合作方式主要有两种:一种是“并联”式,即对同一类事权先依据特定标准分成不同级别,然后由中央和地方业务主管部门分别管理,如对公立学校和医院的分级管理,交通、能源、电信、金融等领域的重点企业由中央相关部门直接行使监管权;第二种是“串联”式,即在事权的运行流程中,中央和地方在同一过程的不同阶段行使事权并发挥不同的作用,中央主要发挥决策和监督作用。② 由此可见,在中央和地方的事权合作中,中央主要起牵头、示范、决策和监督作用,地方政府才是真正行使事权的主体,需要投入大量的人力、物力、财力资源,这显然与分税制改革下的央地税收收入分配格局不匹配。

总体来看,分税制改革并没有实现中央政府和地方政府在事权与财权上的合理分配、科学统一。在中央与地方的税收收入分配中,中央政府享受税收收入的比重过高,地方政府却缺乏可持续发展的财政汲取能力,且地方政府承担了与其财政收入实力严重不匹配的事权和支出责任。③ 分税制改革最大的弊端在于,划分中央与地方税收收入分配比例时,没有统筹考虑合理分配公共产品和提供公共服务时的支出责任,这就导致我国地方政府在公共产品配置和公共服务提供方面出现了严重的权利义务不对称现象。

另外,当前我国尚未建立起一套规范统一、公正透明的政府转移支付制度,这也是导致地方政府陷入财政困境的一个重要原因。转移支付的制度初衷主要是为了实现基本公共服务均等化,解决外溢性问题,实现中央政府的国家治理和宏观调控目标等多项功能。然而,目前我国中央对地方的转移支付建立在税收返还的基础之上,导致中西部地区与东部地区的财政收入差距越来越大,这与实现基本公共服务均等化的目标严重背离。④ 同时,我国转移支付的具体标准、额度、程序等尚未有法律法规明确规范,导致实践中随意性较大,缺乏透明度,从而导致政府间转移支付的公平公正性难以保证,无法发挥为地方政府财力提供输

① 参见周潇枭:《地方官员谈央地财政事权划分:大部制改革或推进》,http://money.163.com/16/0826/05/BVCEVQLA002580S6.html,2018年3月1日访问。

② 参见韩旭:《调整事权划分:央地关系思辨及其改善路径》,载《党政干部参考》2017年第4期。

③ 参见张千帆、〔美〕葛维宝编:《中央与地方关系的法治化》,译林出版社2009年版,第311页。

④ 参见杨之刚等:《财政分权理论与基层公共财政改革》,经济科学出版社2006年版,第296页。

血供能的作用,这也是驱使地方政府举债融资的重要原因。

在当前我国经济高速发展阶段,地方经济正是国家经济发展的力量之源,要满足大量的地方基础设施建设、公共产品提供等发展需求,地方政府必然有强烈的资金需求。但是,由于分税制改革和政府转移支付制度的体制机制弊端,长期以来,我国地方财政面临着入不敷出、捉襟见肘的困境。在此种情况下,地方政府通过多种形式变相举债也是无奈之选。

2. 地方政府职能定位不明确导致过度融资现象严重

近40年来我国市场化改革进展显著,政府不断在实践中探索与市场在资源配置中的合理定位与边界,并在简政放权、刺激释放经济活力等方面取得了丰硕成果。但是,总体来看,现阶段我国的市场化改革并不彻底,政府与市场在资源配置中的边界仍不清晰,中央与地方之间的事权划分也不明确。这主要表现为:政府的“有形之手”伸得过长,管了很多不该管、管不了、管不好的事,对经济发展干预“越位”;地方政府职能不断扩大,大包大揽了很多没有必要由政府来操办的事情。与此同时,在需要政府的“有形之手”发挥重要作用的方面政府却未能挑起大梁,在基础设施提供和市场秩序维护方面存在监管缺位。这种政府职能定位的混乱将会直接导致地方政府的收支不合理,在可以由市场机制发挥作用的投融资领域和其他要素市场方面过度投资,挤占了本应投资到政府发挥主导作用的公共产品和服务领域的财政资源,没能把有限而宝贵的财政资金用到关键地方,财政资金使用效率低下,导致政府财政资金紧张、入不敷出,从而产生了大量的过度融资需求。

现阶段,我国地方政府仍未能完全摆脱过去计划经济下的思路定位,发展经济功能过强,弱化了社会服务功能,导致经济增长驱动功能“越位”,社会服务管理缺位与不到位等现象同时严重存在。[①] 政府经济功能的“越位”突出表现为:政府通过设立地方政府融资平台等主体直接参与项目投资与建设,并且仍然通过行政手段对企业的市场准入、经营方式等予以干预。尽管近几年政府推进职能改革,从中央到地方在诸多领域废除了若干审批事项,由重视事前审批的行政管理思维转向注重事中、事后监管的市场化思维,加快推动地方国企混合所有制改革等市场化进程,但依然存在许多改革不到位的现象。首先,在可以由市场主导配置资源的一般性领域,仍存在大量政府过度干预的情况。例如,由地方政府设立的融资平台公司依然是地方基础设施建设、土地资源开发的主体。但是,事实上,这些工程绝大多数完全可以由市场主体来完成,由政府主导建设既无必要也未必适合。这些平台公司由地方政府全额出资控股,实质上等同于地方政府

① 参见徐永德:《新常态下转变经济发展方式的制度因素和路径研究》,载《探索》2014年第5期。

直接包揽项目投资与建设,挤占了本可以由市场机制发挥作用的空间。其次,政府与国有企业依然政企难分,政府通过人事控制和行政干预变相经营企业,承担应当属于企业的经营管理责任。地方政府还过度介入社会中介组织,通过挂靠、主管、指导等方式直接介入各种协会、社团、居民自治组织和村民自治组织的内部管理与运作事务,使它们直接或间接处于政府组织的附属地位,甚至成为"寻租设租"的渠道。最后,地方政府的官员考核机制仍然以经济建设为重要参考,使得部分地方政府官员为了政绩考核的需要盲目进行投资建设决策,而非为了满足当地经济发展需要,直接造成地方政府的融资需求扩张与经济建设需要和当地财政实力并不匹配。上述地方政府发展经济职能"越位"的后果是,地方政府为制造经济增长业绩而透支财政支出,导致债台高筑;为获得财政收入和招商引资而过度开发和出卖土地,导致各地产能严重过剩、房地产严重超前开发、债务融资需求过度扩张等,最终地方政府依靠自身财政实力难以偿还到期债务。

3. 地方政府融资需求无法通过正规的举债渠道满足

1994年《预算法》明确了中央政府可以通过举借国内和国外债务等方式筹措必需的建设投资的部分资金,但地方政府不得发行地方政府债券。同时,《担保法》明确禁止国家机关及其附属机构向有关企事业单位提供担保。1994年《预算法》基本切断了地方政府通过直接或间接方式发行债券融资的途径,中央政府作为发债主体的法律地位得到确认,地方政府发债却无法律依据。对于承担地方经济建设主要责任的地方政府而言,一边是无法可依,另一边是巨大的投资需求。面对城镇化、工业化快速推进所产生的巨大基础设施和公共服务投资需求,地方政府绕过《预算法》和《担保法》等的约束,创设了五花八门的融资平台和融资手段变相举债,虽然在一定程度上缓解了地方政府的资金压力,但没有明确法律规范和制度依据的各类投融资平台背后隐藏的是巨大债务风险。

如前文所述,目前我国存在事权与财权分配不合理、财政转移支付制度不健全、政府职能定位不明确等问题,导致地方政府融资需求旺盛,但长期以来受制于1994年《预算法》的约束无法正大光明地举债融资才是更大问题。事实上,为解决地方政府财力捉襟见肘的问题,我国也在现有法律框架体系下寻求一定的探索与突破。例如,2009年以前,中央政府通过"国债转贷"的方式资助地方政府投资公共基础设施和公益性项目;2009年和2010年,国务院连续两年授权财政部代理地方发行2000亿元地方债券;2011年,国务院又授权上海、浙江、广东和深圳四省市试点自主发行地方债券,但仍由财政部代办还本付息。然而,通过上述途径获得的资金非常有限,仍然无法满足地方政府巨大的融资需求。特别是2008年为应对经济危机而出台的"四万亿经济刺激计划",使地方政府承担了大量的资金支出压力。由此可见,强烈的融资需求驱动着地方政府通过多种主体和形式,绕道《预算法》和《担保法》等法律法规的限制,变相举债融资。①

4. 对地方政府债务监督管理约束长期缺位

2014 年《预算法》修正前,我国地方政府债务基本上处于管理缺位的状态。修正前的《预算法》禁止了地方政府的发债权,从法律上否定了地方政府债券这一融资形式。尽管实践中也存在国务院通过授权财政部代理地方政府发行债券、授权个别省份试点自主发行债券的情况,但地方政府债务主要还是以银行贷款、建设—回购(BT)等形式分散存在,并未被纳入地方政府债务体系予以统一管理、系统规划,而对于地方政府通过设立地方融资平台公司等主体变相举借的债务更是难以识别、无从监管。由于缺乏对地方政府债务的系统管理和监管约束,地方政府债务无序增长,反过来进一步加剧了对地方政府债务的管理难度,形成恶性循环,地方政府债务问题越来越严重,风险日益积聚。我国直到意识到地方政府债务问题的严重性和紧迫性后,才开始重视对地方政府债务进行风险管理与防范。2014 年修正的《预算法》在认可地方政府债券这一融资方式的同时,规定应当配套建立起涵盖审批主体、额度管理、偿还计划、风险防范、监督主体等方面的地方政府债务管理体系,并分别由国务院和财政部负责监督实施,由此拉开了我国对地方政府债务予以监督管理的大幕,但具体的制度建设与执行目前仍在探索落实中。

纵观世界上发达国家地方政府债务的发展经验,发达国家无一例外地建立起较为系统完善的地方政府债务管理体系。国外的市政债券(Municipal Bonds)类似于我国的地方政府债券,是指一国的地方政府或者其他合格发行人发行的,向债权人承诺偿还本金并按时支付利息的债务凭证,通常分为一般责任债券和收益债券。② 鉴于美国是市政债券的发源地,也是目前世界上市政债券发行规模最大和最为发达的国家,本文重点研究美国市政债券市场的管理和发展经验。总结起来,美国市政债券在监管约束方面可供我国参考借鉴的地方主要包括:第一,统一规范的融资渠道。美国宪法赋予各级政府明确的财权和事权,允许州及州以下地方政府发行债券来筹措财政资金。市政债券是美国地方政府融资的主要来源,美国地方政府债务基本上都以市政债券的形式存在。其他政府融资渠道,如债券银行、循环基金、税收增额融资等,主要是为规模较小的

① 参见冉富强:《我国地方政府性债务困境解决的法治机制》,载《当代法学》2014 年第 3 期。

② 参见张亚秋、赵英杰:《美国市政债券监管体系及其对我国地方政府自主发债监管的启示》,载《金融监管研究》2014 年第 6 期。

地方政府提供财政资金支持。[①] 规模小、非主流,仅仅是对市政债券融资方式的一种补充。第二,严格的发行程序。以美国洛杉矶市为例,地方政府发行市政债券要经过至少三层把关,洛杉矶市政府必须先经过本级最高行政长官和本级议会的初核,审核通过后会邀请美国的金融专家和政府的金融顾问进行更为专业的审核,之后专家团审核通过后才能进入最后一步,即地方政府需要提交发行债券的具体方案,再由本级最高行政长官和议会进行审批,通过后才可以发行市政债券。第三,明确的限额管理。尽管美国州和地方政府具有独立的财政体系和市政债券发行权,但不意味着可以随意发行市政债券。针对州政府发行的一般责任债券,有宪法对债务规模的总量限制、比例限制、发行期限等明文规定,州政府同样对地方政府发行市政债券设置了一定举债限额。[②] 第四,成熟的增信制度。为了防止市政债券违约的情况,美国建立了市政债券保险制度,指由私营保险公司签发并担保的、在违约时承担市政债券偿还责任的保险。在美国,这些私营保险公司专门从事财务担保相关的业务,专为地方政府发行的市政债券保驾护航。如果地方政府发生债券到期违约,这些保险公司将会全额支付债券发行的本金及利息。[③] 第五,完备的监管体系。证券交易委员会(SEC)是美国市政债券市场的最高监管机构,负责集中统一监管;金融业监管局(FINRA)作为自律监管机构,在 SEC 的领导下发挥一线监管职能;市政债券规则制定委员会(MSRB)专门负责市政债券的监管规则制定及投资者教育,最后以州政府的监管为补充。[④] 第六,完善的信息披露制度。美国市政债券发行上市后,根据 MSRB 监管规则,发行人需要及时、定期、免费地向投资者提供年度财务信息和经营数据及其他重大信息。MSRB 主持建立的市政债券电子信息平台(EMMA)是信息披露的重要平台。[⑤] 美国市政债券市场之所以如此发达、有序,与其成熟完备的管理体系密不可分,而这正是我国地方政府债务管理的薄弱之处,十分值得我们学习借鉴。

---

① 参见王珊珊:《美国、加拿大、澳大利亚地方政府债务融资国际比较研究》,载《经济研究参考》2017 年第 44 期。

② 参见鲁政委、郭草敏、陈天翔:《美国市政债:市场概况、运作机制与监管》,载《金融发展评论》2014 年第 9 期。

③ 参见李松梁:《美国市政债保险制度的经验及启示》,载《债券》2014 年第 8 期。

④ See U. S. Securities and Exchange Commission, Report on the Municipal Securities Market, July, 2012.

⑤ See Municipal Securities Rulemaking Board, Self-Regulation and the Municipal Securities Market, January, 2018.

三、当前我国对地方政府性债务的法律规制探索

事实上，即便是在市政债券发展最为成熟的美国，也并非自始就建立了一套成熟完善的市政债券配套管理体系。美国市政债券起源于19世纪20年代，而市政债券市场监管体系是自20世纪30年代才开始由法律确立并逐渐完善的。《1933年证券法》和《1934年证券交易法》允许美国市政债券及其承销商豁免注册，规定了相应的信息披露和定期报告义务，并要求市政债券交易不得违反法律有关反欺诈的相关规定，奠定了市政债券市场监管的法律基础。在美国国会看来，在当时的经济和市场发展条件下，此种监管是足够且适当的。到了20世纪70年代，随着市政债券市场规模和交易量越来越大，个人投资者参与逐渐增多，越来越多的证据表明市场上存在销售和交易腐败现象。这些因素造成了纽约市的财政危机，险些引发美国历史上最大的一笔市政债券违约。于是，国会决定从联邦层面加强对市政债券市场的监管。1975年《证券法修正案》主要通过两种方式完善了市政债券管理体系，一是MSRB专门负责制定市政债券监管规则，二是增加市政债券承销商的注册义务。随着市政债券市场的不断发展和市场环境的日益复杂，2010年颁布的《多德—弗兰克法案》进一步扩大了MSRB的职能，并要求MSRB董事会成员中来自社会公众的代表数量应当超过来自监管机构和承销商的代表数量。

我国对地方政府债务的管理路径与美国市政债券市场有些类似，在2013年之前疏于管理，导致地方政府债务呈现出多主体、多形式举借的乱象。随着风险的逐渐暴露，我国开始意识到加强地方政府债务管理的必要性和紧迫性。从2013年中央经济工作会议将防范地方政府性债务风险上升到国家经济发展的战略高度开始，以2014年修正的《预算法》和国务院43号文为起点，我国逐步探索构建符合国情的地方政府性债务法律规制管理体系。

党的十八大以来我国加强地方政府性债务管理的相关会议及文件梳理

序号	颁布时间	颁布主体	文件或会议名称	主要内容	作用及意义
1	2013.12	党中央	中央经济工作会议	将“着力防控债务风险”确定为2014年六大工作任务之一。加强源头规范，把地方政府性债务分门别类纳入全口径预算管理，严格政府举债程序。明确责任落实，省区市政府要对本地区地方政府性债务负责任。	将防范地方政府性债务风险上升到国家经济发展的战略高度，定基调、明方向。

(续表)

序号	颁布时间	颁布主体	文件或会议名称	主要内容	作用及意义
2	2014.8	全国人大常委会	《预算法》(2014 年修正)	允许地方政府通过发行地方政府债券的方式举借债务、筹措建设资金,不得以其他任何方式举债,也不得为任何单位或个人债务提供担保。举借债务的规模由国务院报全国人民代表大会或其常委会批准,并应有偿还计划和稳定的偿还资金来源,只能用于公益性资本支出,不得用于经常性支出。建立地方政府债务风险评估和预警机制、应急处置机制以及责任追究制度。国务院财政部门对地方政府债务实施监督。	从法律层面明确允许地方政府发行债券,并配套建立起涵盖审批主体、额度管理、偿还计划、风险防范、监督主体等方面的地方政府债务管理体系。
3	2014.10	国务院	《国务院关于加强地方政府性债务管理的意见》(国务院 43 号文)	建立"借、用、还"相统一的地方政府性债务管理机制。 一是加快建立规范的地方政府举债融资机制(赋予地方政府依法适度举债权限、建立规范的地方政府举债融资机制、推广使用政府与社会资本合作模式、加强政府或有债务监管)。 二是对地方政府债务实行规模控制和预算管理(对地方政府债务实行规模控制、严格限定地方政府举债程序和资金用途、把地方政府债务分门别类纳入全口径预算管理)。 三是控制和化解地方政府性债务风险(建立地方政府性债务风险预警机制、建立债务风险应急处置机制、严肃财经纪律)。 四是完善配套制度(完善债务报告和公开制度、建立考核问责机制、强化债权人约束)。 五是妥善处理存量债务和在建项目后续融资(抓紧将存量债务纳入预算管理、积极降低存量债务利息负担、妥善偿还存量债务、确保在建项目后续融资)。	根据《预算法》(2014 年修正)确立的地方政府债务管理体系,提出具体明确的要求予以落实。

（续表）

序号	颁布时间	颁布主体	文件或会议名称	主要内容	作用及意义
4	2014.10	财政部	《地方政府存量债务纳入预算管理清理甄别办法》	清理甄别的范围是截至2014年12月31日尚未清偿完毕的存量债务，目的是为下一步将政府债务分门别类纳入全口径预算管理奠定基础。实施主体为地方政府统一领导、财政部门具体牵头。甄别为政府债务的，应当进一步明确为是一般政府债务还是专项政府债务。原则是甄别筛选融资平台公司存量项目，对适宜开展政府与社会资本合作（PPP）模式的项目，要大力推广PPP模式，达到既鼓励社会资本参与提供公共产品和公共服务并获取合理回报，又减轻政府公共财政举债压力、腾出更多资金用于重点民生项目建设的目的。	贯彻落实《预算法》（2014年修正）、国务院43号文关于做好地方政府存量债务纳入预算管理清理甄别工作的要求。
5	2015.12	财政部	《关于对地方政府债务实行限额管理的实施意见》	一是合理确定地方政府债务总限额。对地方政府债务余额实行年度限额管理，债务总限额由国务院根据国家宏观经济形势等因素确定，并报全国人民代表大会批准。 二是逐级下达分地区地方政府债务限额，各省、自治区、直辖市政府债务限额，由财政部在全国人大或其常委会批准的总限额内，根据债务风险、财力状况等因素统筹考虑国家宏观调控政策、各地区建设投资等需求后提出方案，报国务院批准后下达各省级财政部门。 三是严格按照限额举借地方政府债务，中央和省级财政部门每半年向本级人大有关专门委员会书面报告地方政府债券发行和兑付等情况。 四是将地方政府债务分类纳入预算管理，一般债务纳入一般公共预算管理，专项债务纳入政府性基金预算管理。	贯彻落实《预算法》（2014年修正）、国务院43号文关于做好地方政府债务存量限额管理的要求。

(续表)

序号	颁布时间	颁布主体	文件或会议名称	主要内容	作用及意义
6	2016.1	国务院	《地方政府性债务风险应急处置预案》	从工作原则、组织指挥体系及职责、预警和预防机制、应急响应、后期处置和保障措施等方面建立起地方政府性债务风险应急处置预案。地方政府性债务风险的应急处置以分级负责为原则,省级政府对本地区政府性债务风险应急处置负总责,省以下地方各级政府按照“属地原则”各负其责,并成立专门的政府性债务管理领导小组。通过预警监测和信息报告制度提前做好识别和发现风险,并视情况将政府风险事件级别分为Ⅰ级(特大)、Ⅱ级(重大)、Ⅲ级(较大)、Ⅳ级(一般)四个等级,分级响应并实施应急处置。	贯彻落实《预算法》(2014年修正)、国务院43号文关于做好地方政府性债务风险应急处置的要求。
7	2016.11	财政部	《地方政府性债务风险分类处置指南》	分别明确对地方政府性债务中的地方政府债券、银行贷款、建设—移交(BT)类债务、企业债券类债务、信托类债务、个人借款类债务的分类处置方案,包括债务范围、偿债责任界定和偿债责任履行。分类处置的基本原则是: 一是对地方政府债券,地方政府依法承担全部偿还责任。 二是对非政府债券形式的存量政府债务,债权人同意在规定期限内置换为政府债券的,政府承担全部偿还责任;债权人不同意在规定期限内置换为政府债券的,仍由原债务人依法承担偿债责任。 三是对清理甄别认定的存量或有债务,不属于政府债务,政府不承担偿债责任。属于政府出具无效担保合同的,政府仅依法承担适当民事赔偿责任,但最多不应超过债务人不能清偿部分的1/2;属于政府可能承担救助责任的,地方政府可以根据具体情况实施一定救助,但保留对债务人的追偿权。	根据国务院《地方政府性债务风险应急处置预案》的要求,地方政府性债务风险分类处置的具体办法由财政部另行制定,据此落实。

（续表）

序号	颁布时间	颁布主体	文件或会议名称	主要内容	作用及意义
8	2016.11	财政部	《地方政府一般债务预算管理办法》	明确地方政府债务中一般债务的限额和余额管理、预算编制和批复、预算执行和决算、非债券形式一般债务纳入预算管理的具体方案。	贯彻落实《预算法》(2014年修正)和国务院43号文关于做好地方政府性债务风险分类管理的要求。
9	2016.11	财政部	《地方政府专项债务预算管理办法》	明确地方政府债务中专项债务的限额和余额管理、预算编制和批复、预算执行和决算、非债券形式专项债务纳入预算管理的具体方案。	贯彻落实《预算法》(2014年修正)和国务院43号文关于做好地方政府性债务风险分类管理的要求。
10	2017.4	财政部、发展改革委、司法部、中国人民银行、银监会、证监会	《关于进一步规范地方政府举债融资行为的通知》	一是全面组织开展地方政府融资担保清理整改工作，督促相关部门、市县政府加强与社会资本方的平等协商，依法完善合同条款，分类妥善处置，全面改正地方政府不规范的融资担保行为。 二是切实加强融资平台公司融资管理，加快政府职能转变，处理好政府和市场的关系，进一步规范融资平台公司融资行为管理，推动融资平台公司尽快转型为市场化运营的国有企业、依法合规开展市场化融资，地方政府及其所属部门不得干预融资平台公司日常运营和市场化融资。 三是规范政府与社会资本方的合作行为，地方政府不得以借贷资金出资设立各类投资基金，严禁地方政府利用PPP、政府出资的各类投资基金等方式违法违规变相举债。 四是进一步健全规范的地方政府举债融资机制，地方政府举债一律采取在国务院批准的限额内发行地方政府债券方式，除此以外地方政府及其所属部门不得以任何方式举借债务。	针对个别地区违法违规举债担保时有发生的现象予以规范。

(续表)

序号	颁布时间	颁布主体	文件或会议名称	主要内容	作用及意义
11	2017.5	财政部	《关于坚决制止地方以政府购买服务名义违法违规融资的通知》	严禁利用或虚构政府购买服务合同违法违规融资。地方政府及其部门不得利用或虚构政府购买服务合同为建设工程变相举债,不得通过政府购买服务向金融机构、融资租赁公司等非金融机构进行融资,不得以任何方式虚构或超越权限签订应付(收)账款合同帮助融资平台公司等企业融资。	针对一些地区存在违法违规扩大政府购买服务范围、超越管理权限、延长购买服务期限的现象予以规范。
12	2018.2	发展改革委、财政部	《关于进一步增强企业债券服务实体经济能力严格防范地方债务风险的通知》	从企业债券申报主体的公司内部治理结构、披露的财务信息和项目信息、募投项目、运营模式、资金还款来源等方面,防范变相举借地方政府债务。	针对融资平台公司等主体通过发行企业债券的方式变相举借地方政府债务的问题予以规范。

由上可见,目前我国已在法律规则层面初步构建起一套以2014年修正的《预算法》和国务院43号文为核心、以财政部等部委牵头出台的各类通知文件为主要内容的地方政府债务管理制度框架,内容涵盖地方政府债务的"借、用、还"。首先是怎么借的问题。一是要建立以地方政府债券为主体的地方政府债务融资体系,开好地方政府规范举债的"前门",遏制隐形债务增量。在抓紧清理存量地方政府性债务、对甄别属于地方政府偿还责任的债务尽快置换为形式规范的地方政府债券的同时,防止未来新增除地方政府债券形式以外的地方政府债务,便于统一规范管理。二是实行规模控制和预算管理,地方政府举债规模须由国务院报全国人民代表大会或其常委会批准,省、自治区、直辖市依照国务院下达的限额举借的债务,列入本级预算调整方案并报本级人大常委会批准,相应债务分门别类纳入全口径预算管理。三是严格限定举债程序,即便是在额度限制内的地方政府债券发行,也应当履行严格的决策和审批流程。其次是怎么用的问题。地方政府债券募集资金只能用于公益性资本支出,不得用于经常性支出,并建立地方政府债务日常监督机制,授予专员办就地查处的权力,实现对地方政府债务常态化监督。最后是怎么还的问题。具体而言,除了前端在举债阶段应当把政

府债务分门别类纳入预算管理、制定明确可行的偿还计划，还要在后端建立债务风险评估和预警机制、应急处置机制，将政府债务风险事件分为Ⅰ级（特大）、Ⅱ级（重大）、Ⅲ级（较大）、Ⅳ级（一般）四个等级，分级妥善做好风险事件的应急处理，并明确各级政府对本地区政府性债务风险处置负责。

四、我国地方政府性债务法律规制的完善建议

自2014年修正《预算法》以来，我国在探索管理地方政府性债务方面取得了突破性进展，迈出了对地方政府性债务进行法律规制的关键一步，具有里程碑意义。但是，同时也应当看到，当前我国初步构建起的地方政府债务管理体系尚且停留在对地方政府举债行为的外力约束层面，要想从源头上规范政府举债行为，最根本的是要解决地方政府在发挥政府职能时面临的财力入不敷出的困境，只有引导地方政府建立合理的融资需求并允许其通过规范的渠道融资，才能打消地方政府违规举债的主观动机，这才是检验一套债务管理体系是否能够行之有效的核心和关键所在。以此检视，当前我国地方政府债务管理体系尚存在两大漏洞：一是目前的地方政府债务管理体系仍然局限于管理债务本身的问题，没能解决如何引导地方政府建立合理融资需求的问题，即在自身财政实力可承受的范围内举借债务。这才是解决地方政府债务问题的根本，关涉到我国财税体制的完善和地方政府职能转型升级等一系列问题，是一项系统性工程。二是对于地方政府债券的管理仍依照传统的财政管理思路进行，未能建立债券管理思维。地方政府债券归根结底是一种债券产品，具备债券的根本属性。我国可借鉴美国市政债券的管理思路，对地方政府债券的管理参照一般信用类债券的监管方式，并根据地方政府债券自身的特点予以适当调整。因此，本文建议从以下几方面继续完善我国地方政府性债务法律规制体系：

（一）深化财税体制改革，实现地方政府事权与财权的平衡

解决地方政府事权与财权分配不合理的问题，可通过扩大财权或缩减事权的方式。关于扩大财权，一方面，要尽快调整中央与地方政府之间的收入分配格局，重点培育地方政府的主体税种，建立健全以财产税为主的地方税体系，进一步深化资源税和环境保护税等税制改革，加快推进征收房地产税；中央应当结合“营改增”的全面覆盖，适当下放税收收入权给地方。① 另一方面，要规范转移支

---

① 参见于长革：《化解地方政府债务风险重在深化改革》，载《中国财经报》2017年10月10日第7版。

付制度,认识到实现地方政府事权与财权的科学统一是一项长期性的系统工程,难以在短期内实现;对于事权范围较大、支出责任较多的地方政府,可通过财政转移支付的方式为其提供资金支持,缓解财政压力。建议尽快从法律层面完善转移支付制度,明确财政转移支付的决策主体和执行主体、权利义务安排、程序规范和违法责任等,约束和规范财政转移支付行为,保障财政转移支付资金运行的公正透明,使其有效发挥平衡中央与地方政府以及地方政府之间利益关系的作用。[①] 关于缩减事权,建议适当扩大由中央与地方共同行使事权的领域,并进一步明确划分中央与地方各自的支出责任与分担方式,以防止中央政府在央地合作中仅仅作为决策者和监督者,而将执行中的财政支出压力推诿给地方政府,变相加重地方政府的负担。

目前,我国在合理划分中央和地方事权改革方面已经取得一定进展。2016年8月,国务院发布《关于推进中央与地方财政事权和支出责任划分改革的指导意见》,明确了2016年至2020年中央与地方财政事权和支出责任改革路线图,总体方向是明确划分中央与地方支出责任、适度加强中央财政事权,以解决分税制改革带来的地方事权财权不匹配的问题。2017年10月,党的十九大报告把“建立权责清晰、财力协调、区域均衡的中央和地方财政关系”列为财税体制改革三大任务之首。2018年2月,国务院办公厅印发《基本公共服务领域中央与地方共同财政事权和支出责任划分改革方案》,将义务教育、学生资助、基本就业服务、基本养老保险、基本医疗保障、基本卫生计生、基本生活救助、基本住房保障等八大类共18个事项纳入中央与地方共同财政事权范围,并规范支出责任分担方式。此举既扩大了中央与地方共同财政事权的范围,将部分原本应当由地方政府承担主要支出责任的领域明确列为中央与地方共同负责的领域,同时也在此基础上具体规定了中央与地方各自的承担比例,减少模糊性与不确定性,防止二者在实践中互相推诿,使改革流于形式。应当注意的是,在推进事权改革的同时,也要注意避免影响地方的自主性和积极性。因为事权改革的根本目的不是简单的收权和放权,而是明确责任,做到权责相当,以促进地方政府更好地履职,为当地经济建设和社会发展提供更高水平、更高质量的公共产品和服务。

(二)继续推进市场化改革,合理划定地方政府职能边界

尽管近年来我国政府在推进市场化改革、探索政府职能转型升级的道路上取得了重大进展,但仍然无法适应如今经济“新常态”下的发展需要。应当继续从“全能政府”到“有限政府”角度转换观念和进行制度设计,坚持树立政府干预

① 参见王鹏:《财政转移支付制度改革研究》,吉林大学2012年博士论文。

作为弥补市场失灵的补充性原则，牢牢守住不发生系统性风险的底线思维，[①]严格限定政府发挥作用的领域并选择适当的干预方式和干预手段。要进一步划清政府和市场的边界，凡属市场能发挥作用的，政府要简政放权，要松绑支持，不要去干预；凡属市场不能有效发挥作用的，政府应当主动补位，该管的坚决管、管到位、管出水平，避免出问题。换言之，就是要在理论上找准市场功能和政府行为的最佳结合点，在思想上更加尊重市场决定资源配置的作用，在行动上大幅减少政府对资源的直接配置，推动资源配置依据市场规则、市场价格、市场竞争，努力实现资源配置效率最优化和效益最大化，使政府和市场"两只手"相得益彰，更加协调。[②] 具体而言，地方政府应当逐渐从可以通过市场化方式运营的一般领域中退出，节约宝贵的财政资源，将其用到必须由地方政府提供公共产品和服务的领域，如教育、医疗、卫生、交通等领域。地方政府在参与此类公共产品和服务的供给时，建议采用混合所有制、政府—社会资本合作(PPP)等多种方式进行，争取以最少的财政支出成本撬动更多的社会资源参与建设，在节约地方政府开支的同时刺激地方经济活力。

(三) 树立债券管理思维，引入市场约束方式规制地方政府债券

按照2014年修正的《预算法》和国务院43号文确立的地方政府性债务管理体系，未来我国地方政府债务将主要以地方政府债券的形式存在。但是，目前无论从审批、发行、存续还是监管、风险处置等方面来看，我国对地方政府债券的管理仍然坚持传统的行政化管理思维，缺乏市场化约束。地方政府债券作为一个债券品种，具备债券融资的本质属性，一旦地方政府作为债务人发行了地方政府债券，就成为普通的民商事主体，与作为债权人的商业银行等金融机构之间建立起平等的契约关系。在市场化环境中，银行等金融机构作为投资者，在决定是否购买地方政府债券时，出于风险控制的需要，会全面、客观评估地方政府的财力能否覆盖债券本息，再根据风险评估结果作出是否购买的决定并给债券合理定价。地方政府为了能够以更低的利率顺利获得融资，会尽可能地提高政府信用水平、为投资者披露更多有用的信息、为债券提供增信措施等，由此形成良性约束。可见，由发行人、承销机构、投资者(主要为个人投资者)、评级机构等多方主体共同参与构成的地方政府债券市场，其本身即存在一种自发的约束机制。在市场利益的驱使下，各参与主体的行为之间虽然构成一定监督制约，但目前我国建立的债务管理体系未能体现这种市场约束机制并加以利用。美国是市场约束

① 参见杨建顺：《论政府职能转变的目标及其制度支撑》，载《中国法学》2006年第6期。

② 参见徐永德：《新常态下转变经济发展方式的制度因素和路径研究》，载《探索》2014年第5期。

性地方债务管理模式的代表,即在市场约束条件下,地方政府的举债行为不受联邦控制,主要受金融市场约束。在发生债务危机时,中央政府不实施财政救助。地方政府为了提高其在市场上的信用度,会设立一定的法律法规来约束自身的举债行为。因此,建立合理的管理机制,让市场本身来约束地方政府的融资行为,应当是治理地方政府性债务风险的根本之策。

要建立一套体现市场化约束机制的地方政府性债务管理体系,至少还应当从以下三方面进行完善:一是引入地方政府债务评级制度,鼓励地方政府在发行债券时聘请评级机构,为投资者审慎评估发行人的财务能力和还款来源提供参考。同时,投资者也应当破除对地方政府债券的"刚兑"预期,严格规范融资管理,切实加强风险识别和防范。二是建立地方政府债券信息披露制度。县级以上地方各级政府在发行债券时,应当披露本地区政府债务的限额、余额以及本次发行债券的规模、种类、利率、期限、资金使用计划、偿还计划等内容,为各类市场主体作出理性的投资选择和债券市场定价提供重要参考。在债券存续期间,也应当要求地方政府就可能影响本次债券偿付的重大信息作出披露。考虑到地方政府债券的交易规模不大、流动性不强、市场并不活跃,多数投资者购买地方政府债券后通常会持有至到期。加之地方政府本身信用水平高、信息敏感度高,对地方政府债券的信息披露要求可以比照一般信用类债券适当降低,仅要求其就特定重大事项作出信息披露。但是,应当明确信息披露不得有虚假记载、误导性陈述和重大遗漏等欺诈行为,保证信息披露质量是规范地方政府债券市场的基础和关键。三是进一步完善地方政府债券监管体系,将地方政府债券纳入证券监督管理部门的监管范围,由地方政府和证监会共同管理。地方政府债券具有双重属性:一方面,它作为政府财政资金来源的一种,对地方政府履行行政管理职能具有重要意义。从这个层面上看,理应由当地财政部门将地方政府债券列入政府财政预算予以统一规划,并由本级政府对资金使用偿还负责。另一方面,地方政府债券也是一种市场化融资产品,由发行人、投资者(主要是个人投资者)、承销机构、评级机构等多方主体共同参与,可能存在欺诈发行、虚假信息披露、违规交易等市场乱象,应当比照一般信用类债券,由证券监管部门参与管理。美国市政债券的监管由地方政府和证券监管部门共同负责,从而保证市政债券市场的平稳有序运行。

(四)推动地方政府融资平台公司转型升级

根据目前地方政府性债务管理体系,未来地方政府不得通过设立融资平台公司的方式变相融资,这否定了融资平台公司代替政府实现投融资功能的设立目的,融资平台公司的未来业务前景和发展空间将受到极大限制,尤其是对于那些实力较弱的平台公司而言更是一种致命“打击”。如果这些平台公司不及时进行转型升级,完善自身的“造血机制”,力争在地方政府重塑投融资模式的过程中占据有利地位,势必将面临被淘汰的风险。在地方政府债务逐渐走向规范化的过程中,应当如何妥善安置我国现存的大量政府融资平台公司,使其在剥离政府投融资功能后实现平稳过渡和顺利转型,是规范地方政府性债务的一项重要任务。

具体来看,我国现存的地方政府融资平台公司主要可以通过以下三种途径建立市场化运营模式,实现转型升级:一是以现有业务为基础和依托,同时拓展多元化市场经营业务,做大做强企业。我国融资平台公司按照主营业务类型,大致可以分为城市基础设施投资类、土地开发储备类、交通运输类、园区建设类和国有资产管理类等。过去,融资平台公司主要利用政府注入的优质资产(如土地使用权、海域使用权、高速公路收费权等)获得较为稳定的经营性现金流,并以此进行对外融资。未来,融资平台公司可在充分利用原先在土地开发和基础设施建设等方面积累的技术经验的基础上,结合城市发展需要,进一步拓展城市市政管理服务、城市配套管理服务等方面的业务,推动经营性业务多元化发展,打造具有品牌优势的城市运营商。二是创新融资模式,积极引入社会资本,打造投资控股型集团。地方融资平台公司从事的基础设施建设等业务大多具有公共产品属性,前期投入大、回报周期长、资金周转慢,在完成市场化转型的过程中,其运营将面临较大的资金压力。因此,建议融资平台公司创新融资模式,通过开展融资租赁、资产证券化、PPP 等多种方式拓宽融资来源,引入社会资本,缓解资金压力,并适时从以项目为导向的建设经营性平台向投资控股型的集团化企业转型。三是理顺与地方政府的关系,推动地方政府由管理者向监督者转型。过去,融资平台公司开展的业务离不开当地政府的大力支持,在融资平台公司转型过程中,地方政府应当继续在提供优惠政策、支持资本运作、处理存量债务等方面予以扶持,帮助融资平台公司平稳实现转型。之后,政府应当逐渐从融资平台公司的业务运营与公司治理等方面全面退出,利用市场手段而非行政手段引导融资平台公司的发展,由管理者转变为监管者。

五、结　　语

如前文所述,我国地方政府性债务问题是长期以来财税体制不完善、中央与地方事权划分不合理等原因形成的积弊,是具有我国经济社会发展特色的一个历史性问题。解决这一问题是一项系统工程,不能抱着“毕其功于一役”的想法,更不能简单粗暴地采用“一刀切”的方式。从地方政府债务本身来看,要妥善处理好存量债务存在的问题,识别隐性债务风险并将其分门别类地予以化解,尽可能将不良影响降到最低。同时,要尽快建立一套能够体现地方政府债券双重属性、由财政部门和证券监管部门共同管理的地方政府债务监管体系,引导未来新增的地方政府债务沿着一条规范化、透明化、市场化、法制化的道路平稳有序运行,使其真正地为满足我国地方政府融资需求服务,为地方政府职能的有效实现提供坚实的财力支持。从地方政府举债融资的动机来看,要通过加快我国财税体制改革、推动地方政府职能转型升级等方式,引导地方政府建立合理的融资需求,从根本上遏制其过度融资需求。此外,过去我国地方政府为解决融资举债问题设立的大量融资平台公司,已成为地方经济建设的主力军,而地方政府债务管理体系的改革将对此类公司的业务开展造成重大影响。因此,在剥离此类公司具有的政府投融资功能的同时,更要处理好其与地方政府的关系,政府应当由管理者转变为监管者,并适当扶持融资平台公司实现向市场化转型的平稳过渡。

机构化住房租赁市场中的政府职能及政策制定

贺锐骁*

党的十九大报告指出，坚持房子是用来住的、不是用来炒的定位，加快建立多主体供给、多渠道保障、租购并举的住房制度，让全体人民住有所居。加快住房租赁市场的发展是改善民生的重要举措，也是解决当前人民日益增长的美好生活需要和不平衡不充分的发展之间的矛盾的重要途径之一。2017 年 12 月召开的中央经济工作会议特别强调，要围绕推动高质量发展，支持专业化、机构化住房租赁经营机构发展，完善促进房地产市场平稳健康发展的长效机制。

机构化住房租赁市场是指由专业化的住房租赁经营机构（以下简称住房租赁企业）进行建设、管理和运营的住房租赁市场。根据国外市场的成熟经验，推动机构化住房租赁市场的发展是加快住房租赁市场发展的重要手段。政府在推动机构化住房租赁市场发展过程中的职能定位是什么？国务院有关部门及各地方政府如何制定出合理有效的政策，加快住房租赁企业的发展速度和投资动力？如何提升机构化建设和管理的租赁住房比重？以上都是从政府宏观调控角度落实党中央、国务院制定的租购并举国策的重要问题。本文拟从经济法的视角，分析国内外机构化住房租赁市场发展现状和国外成熟市场的政策制定经验，力图找到目前我国市场存在的主要问题，并在此基础上对政府在发展机构化住房租赁市场的职能定位及政策制定方面提出相关建议。

一、国内外机构化住房租赁市场发展现状

根据历史数据统计，成熟的住房租赁市场的机构化渗透率普遍较高。例如，

* 贺锐骁，华东政法大学博士研究生。

2016 年美国住房租赁市场的机构化渗透率[①]为 30%,日本超过 80%。以私营企业为主的住房租赁企业的发展为当地的住房租赁市场提供了专业化的管理运营经验,在带来更好的租户体验的同时也促进了国家人才和人口的流动。反观我国,当前的租赁住房供给市场以私人自行对外出租为主,机构化住房租赁市场发展较为滞后,专业化管理、运营的租赁住房供给严重不足。据统计,截至 2017 年上半年,我国住房租赁市场的机构化渗透率不足 5%,专门从事住房租赁的企业数量较少。缺乏专业化的租赁资源开发、运营和管理导致我国住房租赁市场房源供给不足,存在诸多缺陷和痛点。以私人出租为主的传统租赁市场大多面临着中介服务不规范、租期不稳定及错配、承租体验差等各种问题。[②] 不仅如此,供需双方在租赁活动中的不对等也制约着租赁市场发展。一方面,房东面临装修费时费力、租客频繁更换、房屋空置期长、房屋维修保洁等问题;另一方面,在消费升级的背景下,居民对居住体验有更高需求。

表 1　机构化住房租赁市场与传统的个人对外租赁市场比较

	机构化住房租赁市场	传统的个人对外租赁市场
租户入住体验	统一管理,有较好的房屋质量及装修品质以及专业的保洁服务。集中式长租公寓还有良好的社区理念和配套设施,租户体验较好。租金缴纳一般通过线上 App 渠道,操作便捷。	房屋质量和装修品质参差不齐,房东不负责日常保洁。租户体验较差。同时房东也面临租户解约风险。租金缴纳渠道不一,操作烦琐。
租赁期限稳定性与租金透明度	可以锁定长期租约和租金价格,明码标价。不用担心房东解约和租金随意涨价。	存在房东临时解约风险、租金价格随意上涨风险。
房源供给与需求的匹配	根据租赁人口需求建设或改建,房屋面积及设施符合租赁需求	往往是自住房屋出租,房屋面积及设施不一定与租户需求匹配。
中介费用负担	长租公寓自行进行出租管理,无中介费用。	往往存在中介费用,存在租户与中介信息不对称的问题。

据研究,国际上的住房租赁企业与国内同类机构虽然经营方式相似,但不同之处更多,主要体现在三个方面:

---

① 所谓机构化渗透率,是指在住房租赁市场供给中,由机构提供管理和出租的房屋占整个市场规模的比例。

② 参见夏磊:《住房租赁市场:政策与未来》,载《发展研究》2017 年第 10 期。

一是机构理念不同。国际上多数住房租赁企业的运作理念是为社会边缘群体提供住房保障;而国内同类机构的运作理念是商业盈利,目标群体不局限于低收入群体,而是社会上一切有住房租赁需求的人。

二是运作主体不同。国际上多数住房租赁企业的运作主体是政府或是致力于服务无家可归者的非政府组织,而国内同类机构的运作主体多是企业。

三是提供产品不同。国际上多数住房租赁企业为社会边缘群体提供的是租金可承受的租赁房,市场租金和服务对象可承受租金上限之间的差额由机构来承担,类似于我国的公租房产品,而国内同类机构提供的则是市场化的出租房。

住房租赁企业在我国住房租赁市场上长期存在,但因其盈利方式的特殊性而一直处于法律和市场边缘,较少得到政府和社会的关注。《住房城乡建设部关于加快培育和发展住房租赁市场的指导意见》和《国务院办公厅关于加快培育和发展住房租赁市场的若干意见》(以下简称国发办〔2016〕39 号文)引入了住房租赁企业的概念,明确指出要通过培育扶持这类机构,以实现租赁规模化、集约化,进而实现城镇居民"住有所居"目标。由此,培育扶持住房租赁企业,发展机构化住房租赁市场已上升为国家战略,成为我国新一轮住房制度改革的重要内容。机构化住房租赁市场以企业作为新的市场供应主体,从房屋品质到日常管理,提供更加契合市场需求的房源。该举措有利于规模化经营,盘活闲置土地及资产,将成为住房租赁市场的重要组成部分。

表 2 国务院及有关部委关于发展机构化住房租赁市场的政策汇总
(截至 2017 年年底)

日期	文件	发布部门	发展机构化住房租赁市场政策要点
2015.1.6	《住房城乡建设部关于加快培育和发展住房租赁市场的指导意见》	住房城乡建设部	发挥市场在资源配置中的决定性作用和更好发挥政府作用,积极推进租赁服务平台建设,大力发展住房租赁企业。
2015.12.21	中央经济工作会议		鼓励发展以住房租赁为主营业务的专业化企业。
2016.5.4	国务院常务会议		李克强总理主持召开,会议指出实行购租并举、发展住房租赁市场是深化住房制度改革的重要内容。会议确定发展住房租赁企业。

(续表)

日期	文件	发布部门	发展机构化住房租赁市场政策要点
2016.6.3	《国务院办公厅关于加快培育和发展住房租赁市场的若干意见》	国务院办公厅	发展住房租赁企业。充分发挥市场作用,调动企业积极性,通过租赁、购买等方式多渠道筹集房源,提高住房租赁企业规模化、集约化、专业化水平,形成大、中、小住房租赁企业协同发展的格局,满足不断增长的住房租赁需求。鼓励房地产开发企业开展住房租赁业务,制定税收优惠政策、租赁用地鼓励政策等,推进REITs试点等。
2016.12.16	中央经济工作会议		加快住房租赁市场立法,加快机构化、规模化租赁企业发展。
2017.7.18	《关于在人口净流入的大中城市加快发展住房租赁市场的通知》	住建部、发改委等9部委	培训机构化、规模化住房租赁企业,建设住房租赁交易服务平台,增加租赁住房有效供应。

然而,目前机构化住房租赁市场及企业的发展面临着诸多挑战,需要政府从立法、政策制定、市场监管等多个层面积极推动扶持,才能加快机构化住房租赁市场的培育和发展。本文的研究目的就是在上述背景下,发现机构化住房租赁市场发展存在的问题及障碍,探讨政府的职能定位,进而提出相关政策建议。

二、我国机构化住房租赁市场发展存在的障碍及问题

当前,机构化住房租赁市场发展面临着诸多问题和挑战,影响了住房租赁企业进入市场的信心,降低了前期投入意愿,进而影响了机构化住房租赁市场发展的进程。现将主要问题概括如下:

(一) 缺乏完善的租赁市场监管法规,企业进入市场信心不足

建立明确的市场规范是发展住房租赁市场的第一步,是增强住房租赁企业信心、推动企业进入住房租赁市场开展专业化运营管理的必要条件。我国目前涉及住房租赁市场的法规主要有《城市房地产管理法》(1995年1月实施)、《合同法》(1999年10月实施)、《商品房屋租赁管理办法》(2011年2月实施)、《公共租赁住房管理办法》(2012年7月实施)以及一些地方性政策法规。其中,《城市房地产管理法》规定城市房屋租赁实行登记备案制度;《合同法》对房屋租赁确定

了两项有针对性的规定：一是“买卖不破租赁”，二是“优先购买权”；[①]《商品房屋租赁管理办法》是当前关于房屋租赁较为完备的一部法规。

根据经济法理论，市场监管的意义主要表现为维护市场运行的安全稳定，保护市场主体的合法权益。市场监管法是调整市场运行过程中，监管主体对市场活动主体及其行为进行制约所产生的经济法律关系的总称。每个具体市场都有各自的市场分类监管法。市场监管法的内容应包括市场监管体制、市场准入与禁入、市场运行与风险控制、危机处理与退出、中介机构监管等。[②] 对比上述理论与我国现有的住房租赁市场监管法规，不难发现我国住房租赁市场法律法规建设整体上较为滞后，缺少专门针对住房租赁的立法，虽然规范租赁法律关系及租赁双方权利义务等的基本租赁法规制度散布于相关部委发布的部门规章中，但未成体系，无法适用于公共租赁房及商品房之外的其他新型租赁房源。具体而言，问题主要体现在以下几个方面：

一是缺乏对房屋租赁法律关系、租赁双方及相关利益方权责利的明确界定和规范。《合同法》中并没有专门针对住房租赁合同的条款，住房租赁合同缺乏明确统一的范本，不规范的租赁合同使得法律纠纷产生时，租赁双方权利义务严重不对等；[③]《商品房屋租赁管理办法》中对租赁双方权责利的内容界定模糊。

二是住房租赁市场监管的法律依据不足，住房租赁市场的准入、安全管理及租后管理制度缺失。市场的准入、运行风险控制与禁入是市场监管的重要内容，但我国现有住房租赁法规制度对租赁住房进入租赁市场的准入监管、住户安全管理均较为薄弱。例如，在《城市房地产管理法》中规定的城市房屋租赁实行登记备案制度并非强制性规定，因此未经房屋管理部门允许或登记注册的房屋租赁现象普遍存在而没有主管部门进行强制性管理，中介机构无序竞争，租房人的合法权益得不到保护。再如，《公共租赁住房管理办法》仅适用于公共租赁住房的管理且仅针对住房保障对象，相关法规依据无法适用于商品房的租赁管理。

三是缺乏对承租人的充分保护。市场监管的重要意义在于维护市场主体的合法权益，而住房租赁中一个突出的问题是租购同权得不到保证。租购同权是扩大住房租赁市场需求的重要条件。租购同权 2017 年开始试点，12 个试点城市尚未全部公布具体细则，租赁群体是否能够或者在多大程度上与拥有商品住房的城镇居民平等地享受城市公共服务仍不得而知。

---

① 参见庞元：《发展住房租赁市场的若干法律问题研究》，载《上海房地》2017 年第 12 期。

② 参见顾功耘主编：《经济法教程》（第三版），上海人民出版社、北京大学出版社 2013 年版，第 698—699、701、704—705 页。

③ 参见黄燕芬、王淳熙、张超、陈翔云：《建立我国住房租赁市场发展的长效机制——以“租购同权”促“租售并举”》，载《价格理论与实践》2017 年第 10 期。

四是住房租赁市场竞争不公平。公正监管原则是市场监管中的基本要求,要求市场公开、环境公平。[①] 但是,我国现有住房租赁法规对不同的出租人群体、租赁住房形态存在监管要求不公平的现象。首先是住房租赁企业与个人之间竞争的不公平。住房租赁企业要承担相关税费,也要接受消防安全等方面检查,相对于个人,额外增加了经营成本,这就使得它们在市场竞争中处于不利地位。其次是购买商品住房用于出租的出租户和自建、租赁、购买违法违章房屋的出租户之间竞争的不公平。目前,政府对于违规进入市场的租赁房屋并无较好的管制策略,存在对于土地用途及规划变更缺乏配套政策的问题。

上述问题导致承租人合法权益得不到保证,住房租赁企业进入市场可能面临不公平竞争、需求不足、投资回报率堪忧等问题。

(二) 对机构化住房租赁市场发展缺乏明确配套政策支持

如上文所述,虽然国务院和住建部的多个政策文件均提及扶持住房租赁企业、发展机构化住房租赁市场,但迄今为止并未对住房租赁市场的内涵和外延、住房租赁企业及其经营范围作明确界定。国办发〔2016〕39 号文要求住房租赁企业进行注册或备案登记后,方可享受相关配套政策。因此,在没有明确界定的情况下,政府很难推出有针对性的扶持配套政策。[②]

一是对专业化住房租赁机构的经营缺乏明确的支持政策。住房租赁企业目前面临土地供应不足、融资渠道受限、无法确保租户明确享受租金补贴等问题。虽然在国办发〔2016〕39 号文中明确提出要培育市场主体、支持住房租赁建设,加大政策支持力度,但尚未有明确的配套政策出台。

二是对商品住房进入住房租赁市场缺乏明确的配套政策支持。国办发〔2016〕39 号文虽然提出"鼓励房地产开发企业开展住房租赁业务",但既没有对配套政策做出安排,没有明确商品住房如何进入住房租赁市场,享受什么政策,也没有具体的鼓励措施。在这样的政策之下,让商品住房进入租赁市场几乎是不可能的。

三是商业办公用地、工业厂房改建租赁住房的相关配套政策尚不明确。住房租赁企业希望盘活存量闲置土地进行租赁住房建设,但存在土地性质与用途不一致、相关消防及规划验收政策不明确等诸多障碍,利用商业办公用地、工业厂房建设或改建租赁住房面临合规性风险。虽然国办发〔2016〕39 号文中明确

---

① 参见顾功耘主编:《经济法教程》(第三版),上海人民出版社、北京大学出版社 2013 年版,第 702 页。

② 国办发〔2016〕39 号文提到,按照《国务院办公厅关于加快发展生活性服务业促进消费结构升级的指导意见》有关规定,住房租赁企业享受生活性服务业的相关支持政策。

了“商业办公用房用于住房租赁，土地用途应变更为居住用地，调整后用水、用电、用气价格应当按照居民标准执行”，但各地“商改住”的土地性质变更等配套落地政策尚不健全。在具体执行中，土地用途变更因涉及土地出让金补缴、诸多审批程序等问题而很难落地，规划变更也存在程序不明确、审批流程长的障碍。在实践中，不少住房租赁企业将办公楼改造成租赁住房使用，但并未变更土地用途，也未到规划部门履行规划用途变更程序，水电费仍按照工业、商业水电费标准收取，增加了承租人签署租约的违规风险和实际租赁成本。

（三）盈利难度大，住房租赁企业开展业务的意愿较弱

由于国内人口净流入城市的土地价格、商品房销售价格高，住房租赁企业在前期建造或收购住房方面投资金额巨大。在我国大多数重点城市，住宅租金回报率往往不足2%，与国际上5%的平均水平相去甚远。住房租赁企业长期面临盈利难题，其背后有诸多深层次原因：

一是高企的土地价格。地方政府，特别是三四线城市地方政府的财政收入高度依赖于土地出让收入，土地财政使得地方政府需要通过高价出让土地来维持财政收支平衡，没有动力主动降低土地价格以提升当地的租金回报水平。据统计，目前的房地产销售价格中，各地的建设成本没有太大差别，造成一二线城市和三四线城市住宅销售价格存在巨大差异的主要因素是土地出让价格。

二是我国居民的住房消费习惯造成租金水平仅反映了广大中低收入家庭的收入和消费水平，较低的租金水平使得以房地产开发商为主的住房租赁企业不愿转型发展住房租赁业务。由于高收入群体通常愿意购买自有住房，主要的住房租赁需求集中于刚毕业的年轻人、经济困难群体，而他们无法承担较高的租金。

三是住房租赁业务的税收成本压缩了住房租赁企业的盈利空间。按照目前的房地产税收政策，出租自有房屋需要缴纳增值税、房产税、所得税和城镇土地使用税等，累积超过租金收入的20%。加上其他成本支出，一线城市平均净租金收益率只有2%左右，远低于住房租赁企业的融资成本，导致无利可图。① 再者，国内无风险收益率较高，导致住房租赁企业投资建设租赁住房的投资回报无法与融资成本匹配或与其他投资项目的收益率竞争。

综上所述，国内住房租赁企业尚未找到好的盈利模式，使得其进入市场投资的意愿不强。特别是作为机构化住房租赁市场供应主体的房地产开发企业，在习惯了快速开发、销售的高周转、高毛利率经营模式后，对于专业化运营管理要

---

① 参见尹伯成、尹晨：《略论我国住房租赁市场发展问题》，载《上海房地》2016年第8期。

求高、投资回报周期长的住房租赁市场更缺乏主动投资的兴趣。

三、国外发展成熟住房租赁市场的政府职能定位及政策制定借鉴

住房具有消费品和准公共品的双重特征,如完全依赖市场自主调节,必将导致“市场失灵”。国外拥有成熟住房租赁市场的政府在对住房租赁市场进行管理时,往往充分发挥政府“有形之手”的作用。本文选取了目前几个公认的拥有较为成熟住房租赁市场的国家——德国、美国和日本,开展比较分析研究,着重就上述几个国家政府在发展机构化住房租赁市场中的职能定位及出台的有效政策进行分析,为我国政府在发展机构化住房租赁市场中的职能定位及政策制定提供借鉴及依据。

(一) 增加租赁用地及住房供给的宏观调控措施

政府促进机构化住房租赁市场发展最直接的调控措施就是,通过多种政策直接主导或参与租赁住房的建设及运营。例如,美国纽约等城市要求开发商依据购买商品房用地面积的一定比例配建租赁住房,在土地出让环节开发商参与机构化住房租赁市场。[①] 在德国,无论是新房开发销售还是新房建设用于租赁经营,开发企业或住房租赁运营企业要获得土地、贷款,须在一定期限内把新房让渡给政府出租,或按接受补贴的低租金出租,过了限售期后才能对外销售或按市场化租金出租。因此,德国自第二次世界大战以来的租赁房源始终充沛,且主要由政府或专业的住房租赁企业建设并运营管理。[②]

(二) 完善的住房租赁税收优惠体系

几国政府均出台了针对住房租赁企业的税收减免政策,从而降低了住房租赁企业的经营成本,提升了其盈利能力,进而促进了机构化住房租赁市场的发展。住房租赁管理中运用的税收政策主要包括税收减免、税收抵扣额度等。美国于 1981 年颁布了《经济复苏税法》,将此前 30—40 年的出租住房折旧期缩短为 15 年,这使出租房屋者可获得更大的减税优惠。[③] 此外,美国目前实行低收

---

① 参见施继元、李涛、李婧骅:《国外住房租赁管理经验及对我国的启示》,载《软科学》2013 年第 1 期。

② 参见李宇嘉:《借鉴国际经验促进住房租赁市场发展》,载《中国房地产估价与经纪》2017 年第 5 期。

③ 参见刘增锋:《美国住房租赁市场运行机制探讨及借鉴》,载《中国房地产》2011 年第 12 期。

入住房税收返还政策，即房地产开发企业建设的住宅如有一定比例租赁给低收入群体居住，则能获得税收返还额度。德国对住房租赁企业实行企业所得税免税政策，即那些纯粹从事住房租赁业务的企业可以免缴企业所得税。①

（三）多元化的住房租赁补贴制度

成熟国家往往通过租房补贴来鼓励住房租赁企业加大对于租赁住房建设的投资。住房租赁补贴是指政府对住房租赁企业和承租人提供资金或补助，分别称为“贴砖头”和“贴人头”。② 就发展机构化住房租赁市场而言，政府通过对建设租赁住房进行中央或地方财政补贴，以降低租赁住房的建设和运营成本，提升住房租赁企业的盈利水平，促进机构化住房租赁市场发展。例如，在美国，政府设计了多种住房租赁补贴项目，具体手段包括直接投资建设廉租房、购买已建成公寓及私人住房等。在日本，为了稳定雇佣关系，提高员工对企业的归属感和忠诚度，政府建立了完善的社会福利制度，其中就包括企业为职工建设宿舍，或租赁住房并提供租金补贴。根据 2007 年的调查，提供租金补贴的企业占比达 48.4%。③

（四）较为完善的不动产税制

几国政府在通过税收减免以及财政补贴政策促进住房租赁企业以及机构化住房租赁市场发展的同时，也通过较为完善的不动产税制扩充税收收入来源，以平衡日益沉重的住房租赁财政支出，引导将存量房屋用于租赁住房。美国拥有一套完善的不动产税制，对房屋所有者征收不动产保有税。就住宅地产而言，居民一旦购买房产，将面临较高的保有税。这激励居民将自有空置房屋出租以获得稳定的租金收入，从而抵销部分持有成本。完善的不动产税制既是减弱住房购买冲动、增加租赁需求的因素，又能使房东尽量出租多余房屋，而这些房屋往往会委托专业化的住房租赁企业进行管理，从而成为发展机构化住房租赁市场的重要推动因素。日本政府也出台了相应的不动产保有税减免政策，鼓励居民将自有住房用于出租。在日本，土地或建筑物等房地产持有者要缴纳固定资产税。固定资产税是根据市、区、镇、村发表的土地和建筑物的固定资产税评价额以及对象房地产利用状况，决定征税标准额，税率一般为 1.4%。日本的相关政

① 参见杨现领：《我国住房租赁立法之国际借鉴》，载《中国房地产估价与经纪》2017 年第 3 期。

② 参见施继元、李涛、李婧骅：《国外住房租赁管理经验及对我国的启示》，载《软科学》2013 年第 1 期。

③ 参见李宇嘉：《借鉴国际经验促进住房租赁市场发展》，载《中国房地产估价与经纪》2017 年第 5 期。

策规定,如果在持有土地上建造租赁住宅,可根据房屋占地面积及居室面积大小,对固定资产税进行一定的减免。

(五)丰富的资本市场融资渠道

租赁住房是具有稳定租金收益的不动产财产,在成熟资本市场有着发达的金融工具为其提供投融资渠道,从而能够降低住房租赁企业的融资难度,提升其资产周转率及盈利水平。其中,境外租赁住房 REITs(房地产投资信托基金)是住房租赁市场的重要供应主体和住房租赁企业的重要变现渠道。以住房租赁行业和 REITs 均很发达的美国为例,据统计,美国房屋租赁行业收入占房地产业总收入的 31.97%,居房地产业各行业之首。机构持有租赁房屋数量的比重达 30%以上,发挥着重要作用。租赁住房 REITs 是美国租赁行业重要的机构参与者。截至 2017 年 9 月末,美国 REITs 总市值达 1.11 万亿美元,其中 21 家租赁住房 REITs 总市值为 1468 亿美元,占 REITs 总体市值的 13.2%,远远超过住宅开发商总市值(约 400 亿美元)。租赁住房 REITs 有 3 家百亿级市值公司,包括 AVB(市值 256 亿美元,持有公寓 8.4 万套)、EQR(市值 254 亿美元,持有公寓 7.8 万套)、MAA(市值 116 亿美元,持有公寓 9.9 万套),以房间数量计,在美国重资产型机构中分别排在第一、三和四位。可见,租赁住房 REITs 作为主要供应主体,在住房租赁市场发挥着重要的引领作用。此外,20 世纪 70、80 年代后,私有化浪潮使各国政府更多地利用各种经济手段鼓励市场化机构积极参与住房租赁建设及运营。例如,为住房租赁运营企业提供低利率开发贷款或贷款利息偿还补助,提高住房租赁运营企业建设租赁住房的积极性。

四、我国政府在发展机构化住房租赁市场中的职能定位分析

我们可以依据经济法的基本理论,探究政府在发展机构化住房租赁市场中的职能定位。经济法是在市场经济运行过程中,现代民主政治国家及其政府为了修正市场缺陷、实现社会整体效益的可持续发展而履行各种现代经济管理职能,与各市场主体发生的社会关系的法律规范的总称。[①] 政府在房地产市场中的基本职能包括:制定和实施公平的交易和竞争规则,建立和维护公平交易和公平竞争的房地产经济秩序,形成有序的房地产市场;弥补房地产市场的不足,提

① 参见顾功耘主编:《经济法教程》(第三版),上海人民出版社、北京大学出版社 2013 年版,第 31—32 页。

供或者鼓励非政府力量提供市场供应不足的、属于私人物品性质的房地产；矫正房地产市场的失衡，维护房地产市场的平衡，平抑房地产经济的波动，促进房地产经济的稳步发展。[①] 结合对经济法的定义和政府在房地产市场中的基本职能的分析，笔者认为，政府在发展机构化住房租赁市场中的职能定位应该是：以修正市场缺陷为出发点，通过各种现代经济管理职能，促进机构化住房租赁市场的规范发展，优化住房租赁市场的供给主体结构，形成公平的住房租赁市场运行环境，实现住房租赁市场整体效益可持续发展。

根据国家经济管理法律关系理论，国家及政府在经济法上的经济管理行为包括宏观调控行为、市场秩序规制行为、国有经济参与行为、涉外经济行为和市场监管行为。根据前文对我国机构化住房租赁市场发展存在的问题以及国外政策经验的分析，与规范发展机构化住房租赁市场相关的政府经济管理行为主要是宏观调控行为、市场秩序规制行为和市场监管行为。

从成熟住房租赁市场所在国家政府的职能定位以及出台的政策来看，政府在发展机构化住房租赁市场中的核心作用是，通过立法、宏观调控政策制定及市场监管等多种职能及手段，引导和促进住房租赁企业加大对住房租赁建设及运营的投资力度，增加机构建设或管理的租赁住房的绝对数量以及在租赁住房供给中的占比，从而为国内的住房租赁市场提供专业化的管理运营经验，带来更好的租户体验，发挥规模化优势，降低住房租赁的建设及运营成本。因此，我国政府在推动租购并举制度和培育机构化住房租赁市场中，应该从以下三个层面履行主要职能：

一是作为住房租赁市场法律法规制定者，为发展机构化住房租赁市场提供根本制度保障。在立法层面，尽快建立和完善住房租赁市场的法律法规，明确住房租赁企业的法律主体地位和界定标准，明确租赁法律关系以及租赁双方的权责利，细化租赁格式合同条款，落实保护承租人合法权益的制度，加快“租购同权”立法进程，为住房租赁市场提供法律保障。

二是作为住房租赁市场宏观调控政策制定者，通过金融、财政、税收、产业等宏观调控手段的协调配合，修正目前住房租赁市场中存在的缺陷，最大限度地防范“市场失灵”，为培育住房租赁企业、发展机构化住房租赁市场提供具体配套政策措施。同时，政府在实施宏观调控政策时，也必须时刻关注并严守宏观调控权限，遵循公平、公正原则，避免政策向国有企业倾斜，注重私有财产的产权保护，最大限度地避免“政府失灵”现象的发生。

三是作为住房租赁市场监管者，为机构化租赁市场发展提供公平、良好的市

---

① 参见史珊珊：《我国政府职能在房地产市场中的合理定位》，载《北方经贸》2007 年第 10 期。

场竞争环境。具体方式上,可以考虑立法“大步先行”,而执法根据实际情况“小步慢行”。政府应加快健全和完善住房租赁市场管理法规,逐步推进住房租赁市场监管法规的实施;建立一套完整的住房租赁市场监管法律体系,逐步明确对于住房租赁企业的准入及监管制度。政府既要规范房东行为,限制住房租金的不合理上涨,保障承租人权利,又要对租赁市场运行进行规定,进一步规范房地产中介市场监管,维持良好的市场运行秩序。目前住建部牵头起草的《住房租赁和销售管理条例》尚处于征求意见阶段,国家应该加快立法进程,继续丰富和完善住房租赁市场法律体系。

五、发展我国机构化住房租赁市场的法律法规及政策制定建议

基于目前我国发展机构化住房租赁市场中存在的上述问题,并结合国际成熟住房租赁市场的成功经验,笔者认为,从中短期来看,我国政府在发展机构化住房租赁市场中履行的三种职能中,住房租赁市场法律法规制定者和宏观调控政策制定者的职能相较于市场监管者的职能而言更为重要,也更为迫切。因此,本文最后重点从发展机构化住房租赁市场的角度,对我国政府如何制定住房租赁市场法律法规及相关配套政策提出具体建议。

(一)机构化住房租赁市场的法律法规及宏观调控政策制定现状

开展本研究期间,国务院层面及部分地方政府密集出台了一系列鼓励机构化住房租赁市场发展的引导性政策。《国务院办公厅关于加快培育和发展住房租赁市场的若干意见》从住房租赁市场的供给和市场秩序维度提出了多个政策方向:

一是培育市场供应主体,包括发展住房租赁企业,鼓励房地产开发企业开展住房租赁业务等;

二是支持租赁住房建设,包括鼓励新建租赁住房,允许改建房屋用于租赁等;

三是加大政策支持力度,包括给予住房租赁企业税收优惠,提供金融支持,完善土地供应等;

四是加强住房租赁监管,包括健全法规制度,落实地方责任,加强行业管理等。

此外,住建部等九部委在2017年7月印发《关于在人口净流入的大中城市加快发展住房租赁市场的通知》,并选取12个城市作为首批开展住房租赁试点的单位。住建部明确表示目前正在加快研究和制定《住房租赁管理条例》。同

时，相关文件也从财税、土地、金融等层面提出了部分具体配套政策。

在财税政策层面，财政部明确把公寓业所在的生活服务业纳入营改增试点；国税总局明确纳税人以长(短)租形式出租酒店式公寓并提供配套服务的，按照住宿服务缴纳增值税。

在土地政策层面，国土部、住建部于2017年8月联合发布《利用集体建设用地建设租赁住房试点方案》，确定在13个城市进行集体建设用地建设租赁住房试点，鼓励房产企业参与工业厂房改造。

在金融政策层面，住建部、证监会联合发布文件，支持符合条件的住房租赁企业发行债券、不动产证券化产品。

此外，2017年7月以来，多地地方政府频频出台细则，从改善租赁住房供给结构、试点租购同权、鼓励扶持租赁企业等多个角度加强对租赁行业的政策扶持，激发地方租赁行业活力。例如，在租赁用地供应政策方面，北京市规定企业自持商品住房应全部用于对外租赁，不得销售。企业持有年限与土地出让年限一致，对外出租单次租期不得超过10年。[①] 上海市规定租赁住房受让人应在土地出让年限内持有租赁住房物业。租赁住房物业应全部用于社会化租赁，不得销售。[②]

(二) 机构化住房租赁市场的法律法规及政策制定建议

虽然国务院及地方政府制定了一系列发展机构化住房租赁市场的引导性政策，但整体而言，具体配套政策仍然较少，住房租赁企业在土地获取、建设运营租赁住房、确认盈利模式、公平参与市场竞争等方面仍然存在诸多政策障碍，落地难度较大，需要政府尽快明确机构化住房租赁市场的财税、金融、土地及住房供给等配套政策细则。

1. 明确租赁住房的界定标准

目前出台的法规政策中，未对租赁住房进行定义。政府主管部门及市场参与者虽然对发展住房租赁市场有较为统一的看法，但在诸如酒店式公寓是否属于租赁住房、“商改住”需要达到哪些标准才符合租赁住房认定要求等问题上存在较大争议。建议住建部及国务院相关部门在《住房租赁管理条例》或相关政策文件中明确租赁住房的界定标准以及须符合的土地用途、规划用途及消防验收等审批、核准或备案程序，为后续提出具体的租赁住房税收优惠及补贴政策提供制度基础。

---

① 参见《关于本市企业自持商品住房租赁管理有关问题的通知》。

② 参见《关于加快培育和发展本市住房租赁市场的实施意见》。

笔者根据相关法规及政策,分析租赁住房的内涵和外延。从内涵上看,租赁住房应具备三方面的属性:一是涉及对象的具体形态为具有居住功能的房屋;二是该房屋仅用于租赁而不用于销售;三是房屋所在的土地用途为住宅用地。从外延上看,租赁住房主要包含三类:一是企业及个人自持存量住房以及住房租赁企业建设的租赁住房;二是公租房,《公共租赁住房管理办法》规定该类住房为面向符合规定条件的城镇中等偏下收入住房困难家庭、新就业无房职工和在城镇稳定就业的外来务工人员出租的保障性住房;[①]三是廉租房,《廉租住房保障办法》规定该类住房面向城市低收入住房困难家庭。[②] 针对酒店式公寓是否属于租赁住房的问题,虽然《住房租赁和销售管理条例(征求意见稿)》尚未正式发布,但该征求意见稿应鼓励三年以上的长期租赁。[③] 因此,从严格意义上看,酒店(含酒店式公寓)并不属于租赁住房的范畴。但是,经询住建部并综合市场主流观点,酒店式公寓中与承租人签订的租约超过三个月的,可以认定为实现了为没有购房意愿的常住人口提供租赁住房居住的作用,也可视作扩大了有效住房租赁供给。若酒店式公寓主要为日租形式,不与承租人之间签署租赁合同,则不属于租赁住房的范畴。

此外,由于目前"商改住"土地性质变更等配套落地政策尚不健全,虽然国办发〔2016〕39 号文中明确商业办公用房用于住房租赁时,土地用途应变更为居住用地,但在地方具体执行中很难落地。经询住建部,目前正在推动地方试点的商业办公用房在满足规划用途的前提下,可暂不变更土地用途。

结合上述政策及市场主流观点,笔者建议将住房租赁定义为"将不用于销售的新建或改建房屋用于长期租赁的相关业务"。租赁住房具体包括但不限于公租房、廉租房、市场化新建或改建的长租公寓、签署长期租赁合同(超过三个月)的酒店式公寓以及其他能够增加有效住房租赁供给的租赁物业。

2. 明确住房租赁企业的法律主体地位

综合相关政策文件,可以将住房租赁企业的定义总结为:通过租赁、收购、自建等方式筹集社会房源,对房屋进行必要的装修或改造,面向住房租赁市场,提供较长租约及专业化管理服务的商业性经营机构。机构化住房租赁市场则是由

---

① 《公共租赁住房管理办法》第 3 条规定,本办法所称公共租赁住房,是指限定建设标准和租金水平,面向符合规定条件的城镇中等偏下收入住房困难家庭、新就业无房职工和在城镇稳定就业的外来务工人员出租的保障性住房。

② 《廉租住房保障方法》第 2 条规定,城市低收入住房困难家庭的廉租住房保障及其监督管理,适用本办法。本办法所称城市低收入住房困难家庭,是指城市和县政府所在地的镇范围内,家庭收入、住房状况等符合市、县人民政府规定条件的家庭。

③ 《住房租赁和销售管理条例(征求意见稿)》第 11 条第 3 款规定,住房租赁企业出租自有住房的,除承租人另有要求外,租赁期限不得低于三年。

住房租赁企业作为参与主体，为住房租赁市场提供租赁住房的市场。建议住建部及国务院相关部门在《住房租赁和销售管理条例》或相关政策文件中，明确住房租赁企业的界定标准及认定程序，为后续推出扶持住房租赁企业、发展机构化住房租赁市场的优惠政策提供政策依据。建议在发展住房租赁市场初期，适当放宽租赁住房和住房租赁企业的界定范围，允许将开展住房租赁业务的机构纳入住房租赁企业的范畴，从管理房间数、备案合同数量、经营收入等方面设置将相关企业认定为住房租赁企业的最低业务经营指标，并通过企业自主申请备案登记或达到经营指标即认定为住房租赁企业的方式，避免涉及前置行政审批，吸引更多社会机构参与住房租赁业务。

3. 完善租赁土地及住房供应配套政策

增加土地供应、降低土地出让价格是吸引住房租赁企业增加投入、积极参与租赁住房建设的重要手段。借鉴成熟国家经验并结合我国国情，建议从如下三方面完善住房租赁土地供给配套政策：

一是明确"商改住"等非住宅类用地改建租赁住房的审批标准及监管细则。建议住建部及各住房租赁试点城市尽快出台与"商改住"相关的土地用途、建设规划变更、后续消防验收及市场监管的配套细则，优化相关审批、核准或备案的快速通道或便捷程序，给予住房租赁企业明确的政策预期，减少其将商业办公用房、工业厂房改建成租赁住房的合规性风险和政策不确定性。

二是平衡租赁住房土地供应与住房开发及销售土地的供应需求，全面推广租赁用地试点。根据美国及德国的经验，建议通过从供给端要求开发企业在土地竞拍环节出具住房租赁建设及运营承诺，增加机构化建设及运营的租赁住房供给。目前，国内部分住房租赁试点城市已经逐步开展住房租赁用地试点，主要有三种模式：其一，推出租赁用地，楼面价显著低于市场价，竞得者为当地国企，典型例子为上海、南京和合肥；其二，"限地价、竞自持"，即土地价格未达到设置溢价率时，价高者得，土地价格达到设置的溢价率时，自持比例最高的房地产企业获得该地块，典型例子为北京、杭州和广州；其三，推出100%自持用地，无偿移交人才住房面积最大的房地产企业获得该地块，典型例子为深圳。建议住房租赁试点城市因地制宜，全面推广上述模式，增加租赁住房建设用地供给。政府在出台住房租赁土地配套政策时，要特别注意确保营造公平、公正的市场竞争环境，给予国有企业和民营主体同等的政策待遇，避免出现"国家队"利用住房租赁的倾斜政策获得低价的优质土地资源，从而影响民营资本参与机构化住房租赁市场建设的积极性。

三是明确集体建设用地改造为租赁住房的土地使用权和房屋用途变更具体细则。盘活人口净流入城市的集体建设用地，是增加租赁住房用地供给的重要手段。国土部、住建部于2017年8月联合印发的《利用集体建设用地建设租赁住房试点方案》要求,集体建设用地改建租赁住房项目用地应当符合城乡规划、土地利用总体规划以及村土地利用规划。除北京、上海外,由省级国土资源主管部门和住房城乡建设主管部门汇总本辖区计划开展试点城市的试点实施方案,报国土资源部和住建部批复后方可启动试点。试点城市应当梳理项目报批、项目竣工验收、项目运营管理等规范性程序,建立快速审批通道。同时,健全集体建设用地规划许可制度。目前,上述政策规定中提及的试点城市实施方案、试点城市开展集体建设用地改建租赁住房的具体规范性程序均在制定过程中,建议采取边试点、边立法的思路,在积累试点经验的同时逐步完善相关配套政策。

4. 完善财税具体配套政策

根据境外成熟市场经验,税收优惠和财政补贴是发展机构化住房租赁市场的重要宏观调控手段。根据成熟市场成功的政策经验并结合我国当前的财政税收国情,建议从如下三方面完善发展机构化住房租赁市场的财税配套政策:

一是研究制定针对住房租赁企业建设、运营租赁住房的税收优惠政策。国税总局和财政部可以研究针对合格租赁住房折旧年限的差异化要求,出台缩短合格租赁住房折旧年限的会计准则解释,使住房租赁企业获得更大的减税优惠。

二是研究推出针对住房租赁企业的税收返还及减免政策。国税总局和财政部可以研究针对企业建设或运营租赁住房所产生的相关增值税、房产税、所得税和城镇土地使用税等返还政策,根据租赁住房的建设或运营规模进行适当税收返还,增强专业机构建设、运营租赁住房的积极性,减轻企业税收负担。同时,可以考虑针对完全从事住房租赁业务的企业实行税收减免政策。此外,还可以借鉴德国的经验,针对完全从事住房租赁业务的企业给予所得税减免,以鼓励房地产开发企业、国有企业将业务重心转向住房租赁市场。

三是在房产税政策落地后,出台与房产税相结合的租赁住房税收政策,允许住房租赁企业选择按租金收入比例缴税,并提供税收抵扣优惠。同时,还可以借鉴国外经验,规范和推广针对住房租赁企业合法出租住房的多种租金补贴方案,吸引企业开展专业化的租赁住房运营与管理,促进住房租赁市场的公平竞争和规范发展。

政府与房地产之间最直接的利益关系就是:政府可以从土地出让以及房地产交易中获得财政收入,而这种利益关系的确立又与现行的土地、财税制度密切相关。[①] 上述政策的出台在本质上都需要政府通过积极的财政政策,引导住房

---

① 参见张道航:《找准政府在房价调控中的角色及职能定位》,载《中共云南省委党校学报》2010年第1期。

租赁企业进入住房租赁市场，而这势必将大幅增加政府在住房租赁领域的财政支出，需要强有力的财政实力作为后盾。政府在增加租赁用地供给的同时，也将减少土地出让收入，这一增一减将给中央及地方政府带来较为沉重的财政负担。因此，建议中央及地方政府在政策出台前，审慎评估相关财政支出金额及收入来源、政策出台的投入产出比，通过对存量房屋(特别是空置住房)征收房产税等方式扩充财政收入来源，做好机构化住房租赁市场发展和财政可承受能力的平衡。

5. 完善金融具体配套政策

完善的金融市场和工具是促进住房租赁企业降低融资成本、提升盈利水平的重要基础。在目前国内人口净流入城市住宅价格高企、租售比较低的情况下，唯有通过金融市场降低住房租赁企业的融资成本，拓宽住房租赁企业建设租赁住房的投资回收渠道，才能真正解决住房租赁企业盈利难的问题。笔者结合国外成熟市场经验和我国目前金融市场及工具的发展情况，提出以下两点政策建议：

一是加快推动住房租赁 REITs 的政策落地和项目试点。如上文所述，REITs 在美国的住房租赁市场供给和住房租赁企业融资方面起到了举足轻重的作用，加上其持有型商业逻辑和专业化资产管理水平，成为引领住房租赁市场的重要力量，具有积极意义。目前，我国房地产行业正进入存量时代，住房租赁市场方兴未艾，REITs 可优化住房租赁企业资本结构，有效降低住房租赁企业的资产负债率。对于以开发建设为主的住房租赁企业，REITs 有助于住房租赁企业由“开发—持有”的重资产经营模式向“开发—转让”的轻资产模式转型。同时，REITs 可以通过专业化运营管理，为住房租赁企业建立起有效的资本循环和全面的资产管理体系，成为住房市场长期健康发展的稳定器和重要支撑。

二是明确针对住房租赁企业开发及经营贷款的利率优惠政策。目前，我国的金融体系仍以国有银行为主体，在推动信贷政策支持实体经济方面有着强大的执行力。政府应充分运用国有银行执行信贷政策的优势，出台针对住房租赁企业开发及经营贷款的利率优惠政策，降低住房租赁企业的融资成本，提升住房租赁企业的盈利能力，进而增强其进入住房租赁市场的投资信心。具体而言，在目前银行对于一般房地产开发贷款政策收紧的背景下，可以考虑针对租赁住房建设出台相对宽松的信贷准入政策，并对重点支持的住房租赁企业、租赁住房建设区域辅以优惠的贷款利率，以鼓励住房租赁企业将资源集中于租赁住房的开发建设。此外，建议各试点城市尽快明确针对已建成的租赁住房的抵押、登记、办理程序，并出台针对合格租赁住房办理抵押贷款的利率优惠政策，通过要求贷款募集资金用于租赁住房的建设、改建和运营，引导资金投入机构化住房租赁市场。

六、结　语

我国机构化住房租赁市场的发展较为滞后,需要政府履行好作为住房租赁市场立法者、宏观调控政策制定者和市场监管者的职能。政府应通过建立公平的租赁市场经营环境、明确住房租赁企业的法律地位等立法举措,增强住房租赁企业进入市场的信心;通过利用土地、财税及金融等多方面的配套政策,在市场发展初期帮助住房租赁企业获得盈利,并在市场发展中逐步培育住房租赁企业的市场化盈利能力,最终进入由市场作为资源配置之决定性因素的良性循环。同时,政府也应在市场发展到一定程度后,逐步加强和完善市场监管职能,促进机构化住房租赁市场的持续健康发展,改善租赁住房供给结构,加快建立租购并举的住房租赁制度。

第三编　市场秩序规制法律制度

公平竞争审查制度中自我审查的完善路径探索

龚家慧*

2016年6月，国务院印发《关于在市场体系建设中建立公平竞争审查制度的意见》(以下简称《意见》)。至此，我国的公平竞争审查制度正式建立。事实上，从2013年11月起，我国就开始对市场的公平竞争问题予以极大的重视。近些年来，我国陆续出台了一些意见类文件。2015年3月，中共中央、国务院印发《关于深化体制机制改革加快实施创新驱动发展战略的若干意见》，率先提出了探索实施公平竞争审查制度，并指出要“强化竞争政策和产业政策对创新的引导”。2015年6月，国务院印发《关于大力推进大众创业万众创新若干政策措施的意见》，明确提出由国家发展改革委牵头，加快出台公平竞争审查制度。2015年10月，中共中央、国务院发布《关于推进价格机制改革的若干意见》，明确提出逐步确立竞争政策的基础性地位。针对制度实施后出现的一些漏洞，国家发展改革委等五部门于2017年10月，出台了《公平竞争审查制度实施细则(暂行)》(以下简称《细则》)，针对《意见》进行细化。尽管大部分国家的政府都已经致力于市场经济的发展，但是削弱竞争的公共政策仍然不胜枚举。我国作为转型经济国家，在现实生活中仍然存在较为普遍的损害竞争的政府干预行为。政府干

* 龚家慧，华东政法大学博士研究生。

预不合理地影响公平竞争,很大程度上是因为根本未考虑干预行为对竞争的影响。我国近年出台的这些政策都着重针对市场的不公平竞争进行细致解读。由此可见,中央对于公平竞争审查制度的确立早有决心并迅速予以落实。

《细则》共有 6 章,总计 26 条,分别从审查机制和程序、审查标准、例外规定、社会监督和责任追究等方面予以细化。《细则》在审查机制中提出:"自我审查可以由政策制定机关的具体业务机构负责,或者由政策制定机关指定特定机构统一负责,也可以采取其他方式实施。"这意味着,首先要判断政策制定机关作为审查机构审查是否具有影响市场公平合理竞争的影响,再根据审查的结果作出准予出台或不予出台的决策。审查机制中明确了目前我国实行以政策制定机关为主,针对公共政策进行内部审查的自我审查制度。这种自我审查机制在实践中是否能够真正落实以及如何让它发挥应有的作用是本文主要探讨的问题。

一、公平竞争审查制度中自我审查的合理性及意义

放眼我国改革开放以来的经济发展,政府无疑在其中起到了相当关键的作用。在社会主义初级阶段,为了完成我国从计划经济体制向社会主义市场经济体制的过渡,为了使改革开放顺利进行,政府这只有形的手的存在变得合理。然而,随着经济发展的深入,政府干预逐渐偏离原有的轨道。尽管政府的初衷在于扶助一些企业的发展,帮助市场焕发活力,但是长时间不被有效监督后,容易滋生腐败并对市场做出不理性的干预。政府在长时间的行政管理中受到较为传统的观念和思想的影响,因此在行政措施中也较为明显地看到"长官意识"、地方保护主义等有失市场公平痕迹的行为。政府仅仅着眼于在任期间的政绩而实施的部分地区保护和行业垄断行为,事实上破坏了市场竞争的公平性和平衡性。从长远角度而言,这些行为均潜在并根深蒂固地影响着我国市场的健康发展。2016 年年底,国家发展改革委公布了约 15 起行政垄断案件及处理结果。例如,深圳市教育局在 2011 年、2014 年学生装招标中,为了限制投标人资格和评审条款而预先设定最低价格;上海市交通委在对游船行业秩序进行管理时,引导经营者形成价格统一联盟,并强制性要求企业加入公共平台,规定统一票价,完全排除了这一价格领域的市场竞争;辽宁、吉林、黑龙江、江西、广西、重庆、贵州、甘肃、青海等 12 个省市指定供电企业,统一建设新建居民住宅小区供配电设施并统一收费,涉嫌滥用行政权力,排除限制竞争。这些现实问题的存在更进一步引发了当局对于确立公平竞争审查制度的迫切心情。所以,我国目前实行公平竞

争审查制度的自我审查是合理并具有现实意义的。[①]

(一) 从源头抑制行政垄断

目前,我国部分地区政府的“官本位”思想仍然较为严重,一些官员为求任职期间业绩出彩,不惜出台一系列不符合我国市场经济平稳发展的政策,如地区封锁、地方保护、行业壁垒等。与此同时,权力没有被及时约束,权力欲望的扩张也导致了腐败的滋生,政府部门可能存在为一己私利而利用公权力帮助某些企业打压同行的现象。从市场公平竞争的角度来看,政府作为政策制定机关,是影响市场竞争公平性的源头。因此,我国现行的公平竞争审查制度中的自我审查首先对这些政策制定机关提出要求,希望能够从源头纠正和抑制这种行政垄断。

(二) 国情所需

《细则》中提出,对于目前已有政策的自我审查要做到“谁制定,谁清理”,对于将出台的政策要做到审查合格才能出台。事实上,无论从存量还是增量而言,这都是一项浩大的工程。根据不完整数据统计,在存量方面,法律、行政法规、规章、行业政策等有几十万项,如果这些政策文件都交由非政策制定机关来审查,那么将会存在以下几个问题:第一,审查机关对政策文件的了解程度必定不如政策制定机关,因此需要花费相当多的时间去了解政策的实质内容,并根据市场情况来作出决定。第二,可能存在因工作人员专业性不够而对现有政策调整不准确的问题。因此,从信息了解程度和效率方面考虑,另择其他方作为审查机关是不具有优势的。从增量方面考虑,从中央到地方,各级政府的大小文件数目较大,由作为非制定机关的审查机构来完成这些审查并最终出台政策,确实是一件费时费力的事。可见,按照《细则》中的要求,针对市场准入、招标投标、政府采购、产业发展等进行审查,由特定机构进行审查将不能适应如今快速发展的市场经济的要求,因此目前推行的自我审查也是符合我国国情的。同时,《意见》的出台弥补了《反垄断法》对由政府部门造成的竞争机制的破坏之规制的不足,从根源上对政府部门制定的政策或措施对竞争所产生的影响程度进行评估和审查,其内涵和外延比《反垄断法》所列举的行为表现要广泛和深远。

(三) 协调竞争政策和产业政策

竞争政策和产业政策各有其侧重点。产业政策目前分为选择性产业政策和

---

① 参见汪改丽:《对公平竞争审查“内部审查制”的思考》,载《广西政法管理干部学院学报》2016 年第 5 期。

功能型产业政策,我国较多使用的是选择性产业政策。竞争政策的实施目的在于确保市场竞争充满活力,提升经济涨幅及福利。尽管学界对竞争政策与产业政策存在不同的理解与争议,但毫无疑问的是,竞争政策和产业政策各自在不同的经济环境中发挥着其优势与特色。总体而言,竞争政策时效长,直接有效改善市场竞争的自由与秩序;而产业政策时效较短,作用于实现特定的发展目标或经济目标,使之能够快速见效。如今是经济转型的重要时期,我们更应当提升竞争政策的地位,营造公平竞争的市场环境。但是,这并不意味着我们要忽视产业政策,而是遵循以竞争政策为先、兼顾产业政策的监管模式,用限制政府的权力来换取市场活力的增加。因此,构建公平竞争审查制度能够有效协调竞争政策与产业政策的矛盾与冲突。自我审查要求中规定了政策措施的例外适用,即涉及国家安全、社会保障目的、保护生态环境等社会公共利益的政策措施不适用公平竞争审查制度。这些例外情况的提出均有效调和了竞争政策与产业政策的冲突。在遵循竞争政策优先的条件下,国家可以基于特殊的发展目标或者经济因素的考量制定相应的产业政策,与竞争政策一起共同致力于经济的发展。

二、我国现行自我审查制度存在的不足

尽管自我审查是基于我国目前的国情提出的,但是它的有效实施是该制度的首要任务,也是制度设计的初衷。目前,很多地方性法规和规章还未对公平竞争审查制度中“自我审查”这个核心机制进行细化规定,亦未建立更为具体的实施机制和保障措施。2017 年 12 月,就现阶段较为热门的网约车问题,全国律师协会反垄断专业委员会秘书长黄伟指出,限制网约车竞争会损害共享经济发展。对搭乘进入网约车平台的车的收费,很多城市直接作了限制,有的直接规定收费为当地巡游出租车的 1.5 倍,最高的甚至已经规定到 2.5 倍。这么规定的目的就是区分出租车和网约车不同的竞争平台。有的城市规定轴距,目的也是通过限制轴距提高车价门槛。关于车龄,有很多城市规定必须在三年以内。这样的规定实际上与发展共享经济的要求是相冲突的,客观上限制了很多社会闲置车辆进入网约车平台。公平竞争审查制度建立之后,也存在着不能真正起到审查作用的风险,容易产生落实不到位的问题。

(一) 自我审查的程序形式化

公共利益理论是 20 世纪 60 年代以前主流的监管经济理论。该理论认为,政府的监管是对市场过程不适合或低效率的一种反应,监管发生的原因是存在着市场失灵,包括自然垄断、外部性、信息不对称等。在这些情况下,政府对市场

的监管被看作政府对公共利益和公共需要的反映,它包括这样一个理论假设,即市场是脆弱的,如果放任自流,就会导致不公正和低效率。所以,监管是针对私人行为的公共行政政策,是从公共利益出发而制定的规则,目的是防止和控制受监管企业对价格进行垄断或对消费者滥用权力。在这样的理论诠释中,监管者本身是“无私”的,其所追求的利益是社会公共利益,其所采取的手段是公正的,其行为后果不但应符合市场的需要,而且应符合社会公平原则的要求。然而,事实上,政府监管是一种“公共产品”,存在着“自然垄断”现象。在资本市场上,与整个市场运行相关的法律、法规、规则、制度以及证券监管机构等均可被视为公共产品,这些公共产品具有供给弹性不足、排他性和非竞争性的特点。[①] 资本市场监管部门的职能在很大程度上是划定的、不可替代的,这意味着监管部门提供的公共服务具有垄断性。这样,政府的监管行为被垄断后,它提供的“服务产品”就自然失去“竞争性”,被监管者只能被动地接受,没有其他选择。因此,政策制定机关或出于部门利益考虑,或由于识别和预见能力不足,消极应对、滥用(如多部门联合出台政策)自我审查和欠缺自我审查能力(无力审查),都会造成自我审查困境。

从我国的行政制度来看,现在推行的自我审查制度即使符合国情,也无法完全防止经济发展中各种不公平现象的发生。究其本质,自我审查制度仍然是用一种权力去制约另一种权力,权力机关作为经济人,极有可能站在自己的立场上考虑利益分配,从而使审查无法真正落实。换言之,用一种权力去纠正另一种权力的做法也并非十分稳妥,因为只要有权力就有可能滋生腐败、权力滥用、不作为等。为了保证权力的正常使用,就需要另一方实施监督。但是,如果这种监督仍采用权力监督权力的方式,就会构成一个循环往复的链条:A 权力纠正 B 权力,而为了保证 A 权力的清廉实施,需要有 C 权力对 A 权力进行监督,这时 C 权力又如同回到 A 权力监督 B 权力的流程里,整个链条无止境地延伸。典型的例子有:国有企业与其他市场竞争者在同一市场内竞争时,政策制定机关由于考虑到本地经济发展等情况,会干预市场公平竞争或难以做到在竞争中保持中立状态,因而政策制定机关的自我审查也需要被其他机关监督纠正。

日本针对市场竞争采取了竞争评价制度。该制度采取的是各省厅各部门自我审查,由总务省与竞争执法机关监督并向国会汇报的审查方式。日本《独占禁止法》第 44 条第 2 款规定,公正交易委员会对实现本法目的的相关事项,可以经由内阁总理大臣向国会提出意见。此条规定从法律层面保障了竞争执法机关具有相对独立且较宽泛的管辖权限。在竞争评价制度的具体实施中,虽然各省厅

① 参见张金梅、马广奇:《资本市场:对监管者的监管》,载《金融教学与研究》2003 年第 5 期。

(部委)实行自我审查的评价模式,但是各省厅在自我审查并填写完成竞争评价Checklist后,须连同“政策事前评价书”提交给总务省。总务省会将竞争评价Checklist交给公正交易委员会,由公正交易委员会对政策法规对竞争状况的影响进行审查和监督,并提出改正意见。据统计,2015年,日本公正交易委员会共收到总务省88件竞争评价Checklist,并进行了精细审查。《政策评价法》第3条第1项规定,行政机关对政策实施情况及效果从必要性、效率性、有效性的角度进行自我评价,由各省厅各部门的政策评价担当机构进行汇总,向大臣等省厅领导报告后制作成评价书,并在政府官网全部公开。在评价过程中,各省厅可以积极听取外部有识之士的意见,也可以向广大国民公开征求意见。同时,总务省的行政评价局对政府整体的政策评价落实情况进行监督检查,并听取公正交易委员会的审查意见,每年以政府名义将一年来各省厅实施的政策评价情况向国会报告,将全部内容在网上公开。[①] 从《意见》的规定来看,无论是针对政策制定机关还是行政法规和国务院制定的其他政策措施、地方性法规的起草部门,现有内容都没有对自我审查方式所应当采取的操作流程作出必要的说明。这在客观上容易导致以下三个潜在问题:一是审查责任主体不知道如何进行操作,进而可能影响到公平竞争审查工作的有效落实;二是审查责任主体进行了公平竞争审查工作,但是缺乏有效的外化流程,使得其在被质疑或者问责过程中无法进行有效的“脱责”证明;三是在没有操作流程的框架约束下,审查责任主体特别是地方组织可能基于特定的利益保护而使得公平竞争审查工作流于形式化。因此,除了强化审查责任主体应当听取利害关系人的意见或者向社会公开征求意见并依法进行信息公开的流程外,《意见》自身还应当对公平竞争审查的基本操作流程进行合理规定,至少应当强调各类审查责任主体的程序设置要求。

(二)自我审查的思路困局

当今社会,各项利益交错,市场环境纷繁复杂。《反垄断法》实施至今,取得了不小的成绩,但是仍然有部分地方行政机构通过制定地方规章文件等方式抑制地区市场的公平竞争,因而公平竞争审查制度一出台即被寄予解决以往问题的期待。[②] 仔细分析公平竞争审查制度中的自我审查办法,其实不难发现这套办法还没有完全跳脱出原有的思路框架设定。事实上,在《反垄断法》中已有相关条文明确指出行政机构的行为不能干涉市场的公平竞争。这意味着行政机构

① 参见李慧敏:《日本竞争评价制度考察及对我国公平竞争审查制度的相关建议》,载《经济法论丛》2017年第2期。

② 参见郑和园:《公平竞争审查制度中自我审查的理论逻辑及实践路径》,载《价格理论与实践》2017年第12期。

无论是出台政策文件还是在进行其他干预行为之前，都应先自我审查该行为是否符合《反垄断法》中提到的要求。同时，《反垄断法》中暗含上级会监督纠正下级机关行政行为的内容。相比于现在公平竞争制度中的自我审查，从某种意义上来说，或许这种层级监督比自我审查纠正更能落到实处。在实践中，政策制定机关的自我审查最主要还是依赖已有的行政经验，这在一定程度上限制了自我审查真正想要起到的功效。自我审查中提到的听取当事人意见、重要决策将向社会公开等方法看似能够有效规制政策制定机关的行为，但在操作中这些办法都较“软”，即没有明确的或者硬性的规定来针对行政机关的措施，所以很容易在现实生活中被规避，从而变成一纸空文。同时，自我审查中提到的程序、标准等也仍然照搬了原有的制度。从制度创新角度来说，自我审查并没有开辟出崭新的实践模式。这些都将严重影响自我审查的平稳运行。

（三）专业化配置不足

为了使审查的成效最大化，大到审查机构，小到审查人员，其专业性都很重要。但是，从政策制定机关着眼，自我审查的问题还有以下几点：一是审查机构及人员的专业性有待加强；二是政策制定机构的审查程序不受约束；三是审查机构的后续跟进机制不足。相比于其他国家成熟的公平竞争制度，我国在其他相关配置还不成熟的条件下优先提出了自我审查制度，从而造成了制度的推进缺乏相关法律保障的局面。将如此重要的权力集中交于政策制定机关，等同于将所有的筹码压在其是否能作出正确抉择之上，风险较大。

在我国，行政机构的专业级别可分为：无知或不作为型、用力过猛型、兼容型。从字面理解，无知型即政策制定机关对于该采取怎样的方式审查，优先存量还是优先增量审查，以什么标准进行审查等，都没有根据实际情况进行具体分析。最常见的是政策制定机关因为不清楚该如何处理，会参照以往经验或其他地方作过的决策，决定政策文件的出台或是决策的作出。在这种情况下，自我审查形同虚设，因为政策制定机关无法为其注入新活力，公平竞争审查也就变成换汤不换药的一纸空文。不会因地制宜，不能具体问题具体分析，对如何规范市场竞争缺乏准确认知，这样的政策制定机关其实只是一个空壳，对于推进自我审查毫无帮助。同时，也存在另一种和无知型差不多的模式，即不作为型。政策制定机关在明知有违反公平竞争行为存在的情况下听之任之，究其原因，可分为以下两类：一是怕承担风险，只求无功无过类；二是官商勾结，睁一只眼闭一只眼类。这种类型比无知型更加恶劣，因为它更易滋生腐败。因此，不作为型是我们在自我审查道路上应首先排除的。

用力过猛型即政策制定机关在推出自我审查制度时虽抱有一颗将其贯彻落

实的心,但为求功绩,在实践过程中遇到问题容易“一刀切”。简单来说,政策制定机关在自我审查存量时为防止出现任何有违公平竞争的问题,针对以往出台的政策文件中对公平竞争有模糊倾向的,进行整份文件全盘否定,或直接将已出台的政策文件全部统一回收。这一类政策制定机关“一刀切”的做法会产生很多遗留问题,比如竞争的当事人在提出异议时可能查不到该政策,或被告知该政策已被废除。这就导致当时针对当事人竞争的处理结果是否正确、该依照什么标准来定性等问题,都无法有根据地予以解决。因此,在实践操作中,我们期盼出现的是兼容型政策制定机关。

兼容型政策制定机关能够根据本地的实际情况,将市场竞争划层级来管理。在面对可能出现问题的政策文件时,兼容型政策制定机关并不会直接否定,而是通过整合与衔接部门内部的制度规则,如制定审查、前置审查等,想办法将有问题的政策修改成可用的文件。同时,兼容型政策制定机关会在内部构建一套崭新的审查体系,既做到不让任何可能导致不公平竞争的行为漏网,也做到弥补这些不公平竞争行为引发的弊端。这样的政策制定机关才是我们目前所需要的,但在现实中能够真正做到的仍然太少。除了政策制定机关本身,机关人员的专业性也令人担忧。虽然这项制度赋予政策制定机关实质性的权力,但由于存在专业性不足等问题,很可能导致权限分散,执法权被弱化。

一些政策制定机关在审查的过程中缺乏对程序的严格把控。《意见》中虽然针对审查程序、对象、标准有一定的要求,但实际上这些规定并不细致、具体,而在第四章提出的例外规定使政策制定机关得到极大的自主权,政策制定机关在自我审查的过程中可以随意利用例外规定来解释。有学者指出,自我审查机制面临着多重悖论式的困局:如果某个行政机构认为实施反竞争行为符合其最大化利益,那么它的自我审查就是不真诚的;反之,如果某个行政机关认为维系竞争对其有利,那么它自然会主动寻求合规,命令其开展自我审查似乎就是不必要的。这就意味着,政策制定机关依照自身利益进行自我审查,得出的仅仅是它想不想查、想查什么、怎么查的结果。没有专业的程序规范与标准,如何保障政策制定机关最终得出的自我审查结果的公平性与有效性?

自我审查过程中另一个较为严重的问题是:《意见》中只提审查对象、标准以及可能出现的例外情况,但没有提到政策制定机关的自我审查行为是否会有考核、奖惩等激励机制。事实上,这个问题也被较多学者提到。《意见》中仅仅提到对失职渎职等需要追究有关人员党纪政纪责任的,要及时将有关情况通报给纪检监察机关,但并没有明确这样的失职渎职具体在哪些情况下适用。因此,虽然提到了追究责任,但实质上考核机制的规范标准还是太粗糙,甚至有点偏离中心。缺乏配套的内部促进机制会带来政策制定机关审查结果久拖不决的问题。

同时，在外部监督也不明确的情况下，政策制定机关及其工作人员都缺乏实质的约束和主动性。这样，政策制定机关的自我审查可能会偏离设立自我审查制度的初衷，演变为为追求利益而忽视制度存在的意义。审查得出的结论要转化为修改或者废止法律政策的实际行动，尤其是当一国法律政策体系中缺乏可供利用的制度，还需要专门立法来推动时，意味着面临更高的时间成本以及来自既得利益群体的阻力。没有奖惩机制，政策制定机关容易走上“得过且过”的道路。面对巨大的社会风险时，在权衡自身利益后，装糊涂式的不作为也许是他们最好的选择。

（四）自我审查中信息透明度及监督不足

自我审查中强化与反垄断相关部门的协调需要机制保障。发达国家的实践经验也表明，实施公平竞争审查制度离不开反垄断相关部门的积极配合甚至主导。由于我国公平竞争审查制度中规定了自我审查的方式，政策制定机关负责审理拟出台的政策措施，除了需要社会监督，更需要反垄断相关部门提供更多的竞争政策角度的专业意见，以保障审查的科学、公正和透明。《意见》中也强调反垄断相关部门对公平竞争审查的保障作用。但是，使反垄断相关部门真正参与到政策制定部门实施的审查程序中并不是一件容易的事情，尤其要使产业政策制定部门在每一项政策出台之前主动邀请竞争执法部门参与，其难度可想而知。

《细则》第五章专门针对社会监督和责任追究提出要求。其中，第 24 条规定，政策制定机关未进行公平竞争审查或者违反审查标准出台政策措施的，由上级机关责令改正；拒不改正或者不及时改正的，对直接负责的主管人员和其他直接责任人员依据《公务员法》《行政机关公务员处分条例》等法律法规给予处分。违反《反垄断法》的，反垄断执法机构可以向政策制定机关或者其上级机关提出停止执行或者调整政策措施的建议。相关处理决定和建议依据法律法规向社会公开。这样的规定看似已经对政策制定机关责任落实有一个确切的规定，但实际上属软性条文，完全可以被政策制定机关规避。外部监督不足其实在公平竞争审查制度刚推出之时就是一个众多学者担忧的问题。任何权力的使用都需要外部监督作为辅助，同一主体不能既当“运动员”又当“裁判员”。说到底，公平竞争审查制度中的自我审查并不能让人忽视政策制定机关的“经济人”角色，而作为一个理性的“经济人”，其目标必然是自身利益的最大化。当前，我国政策制定机关还广泛干预市场竞争，保持以规划和监管为核心的权力运行机制，“经济人”角色决定了其具有逐利性，而我们所期待的是通过构建完善的自我审查机制，在一定程度上将此问题较好地解决。

如上文所提到的，竞争审查制度中的自我审查并没有制度上的创新，《反垄断法》中提出行政机关不得有不正当竞争行为,在出台政策之前需要进行自我审查,但这种自上而下的信息流动模式并没有被现今的自我审查突破。同时,自我审查中的信息流动机制也存在一定的问题,导致信息的不公开化和不透明化。假设一桩案子的信息能够以较快速度全面为大众所知,那么社会将对这桩案子给予足够的关注。政策制定机关在了解到社会舆论的情况下,会产生处理案件的主动性,使案件处理过程尽可能迅速、高效且科学。但是,在实际操作中,大多数案件的信息被掌控在极少数人手中,即政策制定机关手中。由于没有受到外界的压力与监督,一些政策制定机关对于案件中的竞争主体、缘由、证据、处理办法、标准、进度采取听之任之的态度。因为信息在公众之间得不到有效的流动,所以民众对于有违公平竞争的案件审理不能进行有效的监督。一般而言,信息在举报人、被举报人、政策制定机关、竞争执法机构之间传递。但是,由于举报人或被举报人通常为公司企业,政策制定机关可以以相关信息涉及商业机密或隐私等为由拒绝公开审理或拖延审理。同时,信息流动的滞涩也体现在不同层级的不同行政机关之间。若行政机关对于公开信息没有主动性,则容易造成不同执法机关之间不能很好地配合与监督,上下级之间不能很好地进行指导与传达意见。我国目前没有较为专业且完整的信息传递系统,一些信息零散、闭塞、无规章,远不如理想中的系统、透明、全面。信息的不公开、不透明直接影响到公众的知情权,而要实现公众的参与和监督,就要保障公众有足够的知情权。公众只有知晓公平竞争审查情况,才有机会和动力去监督。我国执法机构尽管有过一些信息公开的尝试,但在内容、方式上还远无法达到全面、准确、客观。信息传递机制的空白为行政机关的滥权、懒政提供了“良好”的外部环境,行政机关更加肆无忌惮地实施或放纵垄断行为,长此以往,针对行政垄断的行政监管也近乎失效。

在进行外部监督时,自我审查中的相关内容还不够具体和详细,有很多地方需要加以更加精细的解读。比如,《细则》第 7 条提到审查需要征求利害关系人的意见。那么,利害关系人具体指哪些人?如果人数众多,该采取怎样的方式听取他们的意见以达到公平公正?这些问题其实在《细则》中均没有得到解决。同时,《细则》是从 18 个“不得”的角度考虑公平竞争的合理性的。但是,在现实的经济生活中存在的不只有市场准入和退出等条件,当市场参与者出现属于垄断但符合这 18 个“不得”的条件且不属于兜底性条款的情况时,政策制定机关该怎样处理仍是未知数。此外,当群众行使监督的权利不能实现和被保障之时,暂时没有相关法律条文针对如何保障群众的监督权给出行政、司法解决方案。尽管《细则》中也提到会加入第三方监督评估,但第三方评估如何真正有效实现仍需进一步详细确定。

（五）自我审查的对象混乱

《意见》将审查对象分为增量政策措施和存量政策措施两类。从《意见》第三部分中审查对象的规定以及第四部分中有序清理存量的规定来看，当前我国的公平审查对象似乎主要就是存量政策措施。结合实际情况来看，目前对内部驱动的自我审查制度之效能影响最大的确实是如何处理库存措施。库存措施就是存量措施，是过去出台、至今还在起作用的政策或措施。它们数量庞大，往往没有经过公平竞争审查就已经出台，若审查出问题，算“前任”还是“现任”的问题？这涉及一系列与政府绩效评估相关的东西，往往最后就变成了“烫手山芋”。对于增量政策措施，《意见》只是原则性地提出了按照“谁制定、谁清理”的原则，各级人民政府及所属部门要对照公平竞争审查标准，对现行政策措施区分不同情况，稳妥把握节奏，有序清理和废除妨碍全国统一市场和公平竞争的各种规定和做法。在现实经济生活中，大量的政策已经出台并实施，而《意见》的规定不溯及既往，这样现实中对公平竞争产生巨大损害的制度怎么处理的问题仍然没有得到解决。同时，非市场主体，包括政府、行会、协会等，虽不直接参与市场竞争，不是市场主体，但是也处于市场体系之内。它们出台的政策措施无时无刻不在影响市场主体的行为，从而影响或扭曲资源配置。那么，一些经由政府默许的行会或中介机构的行业垄断文件是否会被审查？这是一个困惑点。另外，《意见》第三部分提到政策制定机关对规章、规范性文件、其他政策措施进行审查，这看起来似乎是从宏观政策角度去考虑的，而政府在实践中针对具体的行业或某一企业制定的非宏观性的具体性指导或政策文件是否也会被审查则暂无定论。由此可见，虽然自我审查中对增量和存量均提出了相关要求，但是在具体操作中究竟更侧重于哪方面是值得思考的。因此，在自我审查的过程中究竟优先考虑存量还是增量，在存量堆积而增量仍同步增长的困境中如何权衡两者之间的关系，都是目前需要思考的问题。

三、域外自我审查的模式探索及对我国的启示

现行国家公平竞争审查模式基本可划分为政策竞争执法机构审查、制定机关自我审查、政策制定机关与竞争执法机构共同审查、第三方专业机构审查等。目前我国公平竞争审查制度采用的是内部审查模式，即政策制定机关自我审查。这样的选择是考虑到我国国情发展需要，既顺应了时代的潮流，也是最切合我国现状的一种模式。理想的公平竞争审查模式或许是将专业资源及力量进行整合，从而设立一个具有独立性和权威性的专门机构，并由它单独负责公平竞争审

查。这样的专门机构将独立行使审查权,不受其他机构干扰。然而,制度的建立需要脚踏实地,结合实际情况,考虑包括人力、物力、精力及成本等在内的多方因素。因此,以下将对其他国家的公平竞争制度进行简要介绍,以期能从其中找到可资我国公平竞争审查制度借鉴的经验。

(一)日本

日本在1947年颁布了《反垄断法》,又称《独占禁止法》。但是,事实上,日本在2010年才真正开始试用竞争评价制度。如今,日本实施的竞争评价制度已经是政策的事前评价制度中一项重要的评估内容。

日本竞争评价制度主要从市场主体的竞争手段、经济活动、竞争目的、产品种类、市场结构等受政策影响的角度对政策进行评估。评估的实施分为两个步骤。第一步:判断将要出台的政策是否会对企业等竞争主体有影响。若认为将要出台的政策会对经营者有影响,则开始第二步:核查该政策会对竞争状况产生怎样具体的影响。同时,需要通过这样的判断来详细分析比较由此带来的成本与收益。此后,竞争评价制度进入试行阶段。日本的政策评价由政府下属各部门进行自我审查,各部门在针对该政策进行评价时填写竞争影响Checklist。所以,日本的竞争评价又可称为"Checklist型竞争评价"。在填写Checklist时,可以征求公正交易委员会的意见,以寻求支持。填写后的Checklist与评价书一并提交给总务省的行政评价局,并由行政评价局提交到公正交易委员会。① 制度试行期间,各政府部门可以自主决定是否将对竞争状况的影响确认结果写入评价书。

由上述内容可见,日本的竞争评价制度采取与各省厅各部门自我审查等类似的审查方式,且该制度还有法律层面的制度确认和保障。该制度确立并实施之后,后续跟进的一整套实施指导手册具有一定的先进性。事实上,日本在正式实施规制的事前评价制度和竞争评价制度前,分别设计了三年和一年的试行阶段作为过渡期。一项改革和创新制度的落实从来不是能够一蹴而就的,需要不断地进行路径探索和加以实践证明。这样的设置可以为政府出台新的方针政策提供充足的实践经验,由此证明该制度的设计及具体操作是否适合本国国情,需要落实的部门能否切实落实,在操作过程中出现的问题将怎样尽快完善等。这些政策出台时的考量均体现了日本谨慎、务实的改革理念。

---

① 参见李慧敏:《日本竞争评价制度考察及对我国公平竞争审查制度的相关建议》,载《经济法论丛》2017年第2期。

（二）美国

美国目前通过反垄断机构进行竞争倡导。该制度中有诸多项目，如竞争评估、提倡发布真实信息、发布竞争影响报告书等，被用作竞争倡导工具。竞争评估是竞争倡导的一项重要根据，它在美国竞争政策的推进、市场竞争机制的维护方面有着举足轻重的地位。美国进行竞争评估的机构有两个：联邦贸易委员会(FTC)和司法部(DOJ)。这样的设置实质上贯彻了美国一直以来的权力分立和制约的法律精神。依据《美国联邦贸易委员会法》，FTC 拥有竞争倡导的权力。反托拉斯法规定的条款则授予 DOJ 一定的管辖权，即 DOJ 可以在市场自由竞争的情况下自觉搜索出信息，同时依据这些信息给出相应的评估性意见。部分管制产业的制度规定，如限制或管制行动前必须先获得司法部部长的建议，也赋予 DOJ 相关权力。FTC 的大部分行动其实是对立法机构、州或联邦政府等针对市场主体进入市场设置障碍的法律法规提出意见。相比较而言，DOJ 的绝大部分行为则是针对其他联邦机构和部门的。毫无疑问，二者在竞争评估过程中，由于权力制约，肯定会存在一定纷争。为此，美国制订了一套对应的措施来解决这一难题，同时提高效率。具体而言，就是二者都可根据在自己领域内熟悉的情况以及获得的经验，来决定由哪个机构先负责管辖。一般情况下，另一方的授权会较为迅速高效。如果一方对管辖权存在争议，则需向对方列出自己近五年来在专有领域内所获取的经验，以此比较判断究竟哪个机构更为合适。竞争评估的整个过程中需先进行初始评估，初始评估一般可以在合理的时间内完成对潜在竞争问题的估计，从而对相关法律法规作一个初步评估。只有在确定管理制度对竞争有潜在损害时，相关机构才会进一步实施全面评估。[①]

（三）澳大利亚

澳大利亚的竞争政策模式被视为世界上最系统、最有效的行政性垄断规制模式，该模式被称为“国家竞争政策模式”。这套有效、完整且高效的政策使澳大利亚的市场高度竞争化，体制不断完善，同时使澳大利亚在经合组织中的经济位次显著升高。其中，竞争支付制度是澳大利亚公平竞争审查制度的核心内容。竞争支付是联邦政府为贯彻落实国家竞争政策，推动公平竞争审查制度的顺利实施，而向各地方政府实施的一种转移支付。这种转移支付与一般的财政援助

① 参见王贵：《论我国公平竞争审查制度构建的基准与进路》，载《政治与法律》2017 年第 11 期。

有明确的区分,它有独立的资金池,由联邦拨款委员会单独管理。[①] 考虑到公平竞争审查影响部门及地区之间的利益,澳大利亚政府为安抚各方,根据现实情况并结合各方的担忧,提出了竞争支付制度。该制度并非通过惩罚来强制市场竞争,而是通过适当的奖励来刺激市场竞争,从而希望能够最大限度地调动各方的积极性并减小相关阻力。

为了落实竞争支付制度,澳大利亚在 1995 年成立了国家竞争委员会(NCC)。NCC 是一个独立于任何行政机关的机构,在竞争支付制度的全面推行过程中起到了特殊作用。NCC 以竞争支付款发放条件为标准,对各级政府执行竞争政策改革的效果予以评估。根据评估结果,NCC 向联邦财政部部长提出竞争支付款拨付建议。该建议能够决定地方政府是否应该得到全部的竞争支付款。[②] 因为自身具有独立性,NCC 十分注重其评估过程以及评估结果的透明度。每次评估结束,NCC 都十分自觉、主动且及时地在其官方网站、报刊等媒体上公布评估结果,并表示愿意接受社会各界的监督。NCC 希望通过这样高质量、高透明化的报告让各地方政府明白究竟是哪些因素影响竞争支付款拨付。NCC 同时表示,当它与地方政府对这样的改革在涉及公共利益的问题上存在不同意见时,它将尽可能将报告做得更加公开透明而使人信服。

(四)韩国

政策制定机构和公平贸易委员会(KFTC)进行的竞争评估制度是目前韩国使用的竞争审查制度。根据韩国《规制垄断与公平交易法》第 63 条的规定,如果制定限制竞争的法令,应事先与 KFTC 协商或者向其进行通报;KFTC 认为该制定或者修改的惯例规则、告示包含限制竞争事项的,可以向有关行政机关的长官提出纠正限制竞争事项的意见。[③] 韩国政府政策协调办公室发行的《法律法规影响评估报告指南》中对 KFTC 有明确要求,即要求其依据指导的方针对各级政府拟定的管制政策进行竞争评估,以此建立专有的竞争评估制度。KFTC 是属于部级中央行政机关和准司法机关的竞争执法机构,它不受任何外在机构的阻挠,独立地行使职权。韩国将 KFTC 颁布过的竞争评估指南作为范本,在此基础上根据实际情况制定符合国情的竞争评估计划。韩国的竞争评估制度的具体运作步骤如下:由政策制定机构进行初步评估,经过评估认为该政策会对竞争机制有不利影响的,直接经由 KFTC 进行深入评估;如果评估的初次结果显

---

① 参见周丽霞:《澳大利亚竞争政策及其审查机制给我国带来的启示》,载《价格理论与实践》2016 年第 9 期。

② 同上。

③ 参见王贵:《论我国公平竞争审查制度构建的基准与进路》,载《政治与法律》2017 年第 11 期。

示该政策不会对竞争机制产生不利影响,则 KFTC 将对评估结果进行审核,来决定深入评估是否需要。经过这些步骤后,KFTC 将得出两种结果:若 KFTC 觉得“不需要”,则评估程序终止,同时预示着政策基本可以通过或者出台;若 KFTC 觉得还不够确定,需要作进一步的深入评估,则它与该政策制定机构将共同再次进行评估。在这些步骤的实施中,韩国的竞争评估显得卓有成效。

(五)对我国的启示

从上述内容可知,这些国家的竞争评估制度各有特色,其中评估主体分为如下三类:政策制定机构、竞争机构和独立的专责竞争评估机构。从制度构建的角度来看,日本和澳大利亚等国均建立了较为完整系统的竞争评价制度,只是在操作过程中各个国家对于 Checklist 的设置和定位有所不同。实际上,这样的设置有较大的科学性和合理性。事先对将要出台的政策等进行评估是为了检测这些政策会对市场造成怎样的影响,分析这些影响对于市场竞争的利弊,明白一旦出现问题政府将怎样及时修补漏洞。从我国目前的制度构建来看,公平竞争审查制度虽很早就被提及,但于近年才真正落实。同时,不难看出,构建的过程中为了使整治市场的效果尽早体现,制度构建相当不完善,有些急功近利。竞争评价作为竞争审查制度中极为重要的一环,不应被忽视或割裂。科学的竞争评价制度对于后期建立完备的公平竞争审查制度起到了重要的奠基作用。

从实施角度来看,其实这些制度在这些国家都施行得比较合理。例如,尽管澳大利亚的竞争审查和竞争评估是针对现行的国家、州级以及地方性的妨碍竞争的法律法规,但其在如何提高实施该项制度的积极性等方面有值得我国学习借鉴的地方。澳大利亚在注重市场竞争的同时也没有忽略公共利益的保障,并且没有采取强制性的手段。因此,竞争支付这样的措施在实行过程中得到了各方的通力协作,操作积极性相当高。相比较而言,我国也因历史等原因,各个地区之间有较大的经济差距。因此,在实施公平竞争审查的时候,应当吸取澳大利亚竞争支付制度的收益共享长处。中西部地区本身的经济实力较弱,施行公平竞争审查制度,一方面可能存在效果不明显的问题,另一方面也可能因为自身经济不算发达而导致竞争力较弱。因此,政府若能针对这些地区适当进行一些竞争审查制度方面的补助,可能会更利于整个市场的均衡。美国由于历史原因,更为注重权力之间的制衡,并希望这样的牵制能达到科学、高效的效果。确实,由哪个机关作为竞争审查的主体来主导措施的进行也尤为关键。一个机关若没有外界的监督,将很容易产生滥权行为。因此,我国在构建制度的过程中,也应该着力于保障执行机关的举措科学、高效且公正。

从后续保障角度来看,这些国家无一不是制度健全完备,后续措施不断跟进。一项制度的施行离不开相关法律法规的保障。同时,从以上介绍可见,这些国家的制度设立均经过长期的实践检验,一些附随性措施也在不断实践的过程中被添加进去,从而使得整个制度更加“丰满”。我国的公平竞争审查制度推行时日尚短,尽管秉持着良好的推行初衷,但是整个制度的构建还没有经过较长时间的检验。近期的实践显示,制度本身不够翔实,相关法律法规的制定也没有完全跟上。这些问题若不被重视,将来会成为公平竞争审查制度全面推行的绊脚石。因此,我国仍处于“摸着石头过河”阶段,需要一步一步地试验。

总而言之,以上国家的竞争审查制度确实各有各的特点和长处,但是无论哪个国家,都根据自身国情制定出适合本国适用的制度。各国经验固然有需要我们吸取精华的地方,但最重要的是,我国应结合国情需要,将能够吸收的部分转化成中国特色,对不能吸收的部分根据我国市场竞争情况进行调整,极力做到不浪费多年积累的竞争执法经验,保障整个审查能公平、公正、科学、合理。

四、完善我国自我审查制度的具体措施

政策制定机关的自我审查模式是我国今后相当长一段时间内的一种兼具合理性与可操作性的制度选择。自我审查符合制约政府的内部权力和控制审查的内部流程的政策目标,有利于契合政府角色转换的政治逻辑。从目前的推行情况来看,公平竞争的自我审查受到诸多因素钳制,如因专业性的不足而审查不能、因信息机制的空白而监督不足、因奖惩机制的缺失而不愿审查。这些因素无一不在“腐蚀”自我审查的生命力。但是,即便现有的约束条件——行政机构具有扭曲竞争的冲动,中央政府的反垄断执法力量不足以查处全国各地的行政垄断案件,行政垄断法律责任的追究继续沿用现有制度——不发生重大改观,只要找准问题的关键症结而且对症下药,仍然有可能突破重重困局,“激活”自我审查机制。因此,为打破目前这样的困局,确保公平竞争审查的顺利推行,应考虑建立一套较为完善、科学、系统的公平竞争审查信息处理机制。完善政策制定机关的自我审查需实现以下几个方面的转变:

(一) 政策制定机关内部分权

同一主体不能同时既当“运动员”又当“裁判员”。虽然《意见》确立了公平竞争审查实行自我审查制度,但是如果同一批人既制定公共政策又对其享有最终审查权,则实质上审查起不到作用,公平竞争审查制度也终将无效。[①] 我国竞争

① 参见陈灿祁:《完善公平竞争的自我审查制度》,载《中国社会科学报》2017年11月8日第5版。

审查中的主要问题在于,权力倾向于合并与集中。所以,权力需受到必要的制约与制衡。在自我审查模式下,实行政策制定机关"内部分权"有利于权力的相互制约与制衡。所谓政策制定机关"内部分权",是指对政策措施进行自我审查时,将制定主体和审查主体作出区分,即两个主体不能是同一拨人。在此,我们可以将这两拨人确定为:专门的审查机构和反垄断机构。审查机构针对市场出现的不公平竞争或垄断现象进行调查,而反垄断机构则针对审查机构的审查行为进行监督并提出建议。因此,反垄断机构必须被赋予一定的权力,即监督权。在一桩案子的审查过程中,一般是审查机关按照既定的步骤进行审查,反垄断机构则全程监督审查机关的审查行为。如果在案件将近结束之时,反垄断机构并未对该案有异议,或提出异议后审查机关及时修改了,则相关政策文件可以顺利出台;如果反垄断机构对该案提出异议,但审查机关拒不修改,则该文件政策暂不能出台,还需进一步协商调解。也就是说,一般情况下,当事人先向审查机关提出申请,如果审查机关的审查结果不尽如人意,还可向反垄断委员会进行申请,请求进行进一步的审查。

在现实生活中,跨区域的垄断行为屡屡发生。这样的跨区域垄断案不仅给审查机关的审查增加了难度,还引发了一系列的问题。假设一个企业在两个不同省份均有垄断行为发生且均被相关当事人提交要求审查,然而两个省份均有各自的审查机关,审查的结果也截然不同。此时,当事人该如何保障自己的权益?相比较而言,较为稳妥的做法是在全国设立一个较为权威的机构,当跨地域的垄断审查结果在两个地方不能得到调和之时,由该权威机构作出最终裁决。

(二)建立奖惩机制

政绩考核体系一直是官员治理地方的一项指标。十八届四中全会召开以后,中央提出将法治建设成效纳入领导干部政绩考核体系,为将公平竞争审查成效作为领导干部考核指标提供了法律基础。但是,在实际操作中,我国公平竞争审查制度还没有设置相关的激励机制,再加上现行的地方政府政绩考核体系中地方机关过分关注经济发展而忽视市场竞争环境,政府缺少激励它们主动进行审查并做好审查的动力。为破解这一难题,我国应当将建立有效的激励机制作为完善公平竞争审查制度的重要途径。在官员政绩激励方面,改进现行官员晋升模式,将官员是否认真贯彻了公平竞争审查中自我审查的要求以落实好资源的公平配置作为主要的评价标准,并依此制定详细的政绩考核指标体系。如果官员在此方面政绩优秀,则在地区内进行表扬并以其为模范,可适当进行破格提拔。反之,如果官员一味盲目追求所谓的经济效益,而致市场竞争环境恶化或资源配置不公等现象频发,则相关官员要受到行政处罚,严重者革职。在分享红利方面,我们可以借鉴澳大利亚的竞争支付制度的经验,根据各个地方政府对制度的执行情况,给予地方政府不同的红利与津贴,让地方政府享受到这样的"优惠"后更有动力进行审理。

(三)建立信息处理机制

信息的不联通、不全面往往会影响一个案件的审理结果。因此,构建一个完整系统的信息处理机制迫在眉睫。这样的机制应当保证信息能够在全国流通,公民能够普遍了解,不同主体之间能够频繁互动。全国流通要求信息数据齐全完整且所涉及机构都达到"顶层建筑",因此较为稳妥的是由中央政府指定的组织机构负责将各级行政机关的审理机制接入并将数据完全录入。公众能够普遍了解说明这样的机制不是内供型机制,而是一个公开的政府型网站形式,民众能够较为方便快捷地进入该系统获取相关信息、了解相关案情以及审理流程和结果。不同主体之间的交互往来指的不仅仅是行政机构上下级、平级之间的相互监督,还是不平等主体之间的交流,即当事人与行政机构之间的联系。①

以上这种信息处理机制应该类似于一个公众型官方网站,这样的网站需要包括以下几个小程序:信息录入或举报系统、信息整合系统、申诉反馈渠道、公示程序。首先,各个地方的审查机构需要将每次审查的信息全部录入系统,作为档案并备份。同时,审查机构有任何违背公平竞争审查制度的行为的,他人也可以通过举报使其受到处理。其次,针对多方汇集的信息进行定期整合,并根据月、季、年整理出审查信息汇总表。申诉反馈意味着当事人或利益第三方可在发现录入信息有误或不完整等情况时向网站进行反映,或可在对审查结果不满意时向其提出申诉。当形成这样的机制后,政策制定机关、上级机关、竞争执法机关能够及时整合以上信息并定期进行社会公众审查情况的信息公开。这原本是为了使自我审查制度顺利推行,我们对于信息公开的设想也是政策制定机关欲对某项或者某些政策措施开展公平竞争审查前把相关信息公开示众,广泛征求社会公众,尤其是利害关系人的意见,并且将征求意见的结果及采纳反馈情况作为审查结果的一部分一并形成书面审查报告。

信息的流通保障了民众的知情权与参与权。在知情权得到保障的情况下,公众和利害关系人即可监察审理过程中的每一个步骤,同时可通过意见征求发表对某项政策措施的意见。在审查之后,如果民众认为审查结果仍然存在排除、限制竞争效果的情况,可以通过网络平台即信息系统向政策制定机关、上级机关和竞争执法机关反映和举报,先由涉事机关向举报人作出反馈处理结果及理由

① 参见李俊峰:《公平竞争自我审查的困局及其破解》,载《华东政法大学学报》2017年第1期。

陈述,后将反馈的结果汇报给上级机关请求指示或意见。举报人如果不服此结果,可向上级机关申请复审或直接在平台上请求竞争执法机关复审,并及时反馈复审处理结果。如果仍然不满意,相关当事人可以向法院提请行政诉讼以谋求司法保障。

(四)深化第三方评估

《细则》指出,在自我审查的实施过程中,主要是以政府自我审查为主,第三方评估为辅。因此,政府部门应该积极委托第三方评估机构对政府行为进行评估,以此加强外部监督效果。在推行自我审查的过程中,第三方评估的委托合作模式充分调动了我国部分地区和领域的社会资源,缓解了政府执法压力,释放了大量的效益空间,也更好地完善了事前、事中和事后监督体制。但是,实践中的第三方评估往往具有趋利性,即摆脱不了利益的诱惑。因此,让第三方评估机构直接参与对法律法规和政策的审查,很难确保其能发挥本身的职能与作用。①

第三方应该具备专业能力、独立性、权威性。从本质上来讲,第三方仍然是一个公众监督的扮演人。一般而言,这样的第三方最好由有专业素养和资金源充足、不易受物质影响的团体组成,这样能够保证审查的科学性和客观性。同时,第三方评估应该在全国范围内有一个统一的程序、模式、标准。当评估有误时,要确保责任的落实;当结果出来时,要保证信息的公开透明。当然,总体而言,第三方评估是审查机关的参考项,是软性的,但至少能在一定程度上起到辅助自我审查顺利进行的作用。

(五)审查机构及人员专业化培训

审查机构要担起审查不公平竞争的重责,首要的一点是需要具备专业的知识和素养。如果审查机构本身对于哪些情况属于不公平竞争不了解,或无固定标准划分竞争类别,就不能保证其审查的结果科学正确,自我审查制度也无法正常推行。因此,审查机构及其内部人员需要进行系统的专业训练。审查机构可以定期抽一定的时间去高校针对公平竞争这部分内容进行进修学习;机构内部也要组织不定期的专业素养调查审核,如小型知识赛考核等,以保证组内的工作人员对于工作有一个清楚的定位并具备相应的工作能力。同时,在条件允许的情况下,鼓励工作人员向社会进行知识普及教育。我国长期处于计划经济体制下,相当多的企业、个体都不能很准确地认识到垄断现象的发生,因此专业普及

---

① 参见徐则林:《论第三方评估在公平竞争审查制度中的引入》,载《广西政法管理干部学院学报》2017年第6期。

教育显得尤为重要。针对这种涉及面较广的群体,最简捷有效的方法是通过媒体定期向公众普及相关政策,让更多人了解公平竞争审查的含义和目的。

(六) 存量与增量并重

目前,自我审查面临逻辑上的困局:审查的侧重及其标准似乎倾向于存量,但现实中增量不断增加,而存量的审查停滞不前。其实,《细则》对于很多政策文件并没有很明确的规定标准,即很多文件不确定该不该被审查。在审查增量之时,对所涉及的上位存量政策法规应该采取一并进行竞争审查的态度。与此同时,审查标准应不受制于既有存量政策法规。为了从源头上解决影响市场公平竞争的问题,还应该对存量政策法规及时进行清理整顿,以此打破增量政策对上游政策法规的依赖。

我国目前的情况是:存量大量积压,而增量也在同步增长。有意见指出,应当优先解决存量,因为在数量上考虑存量比增量所需的审查更迫切。但是,实际情况是:只抓存量而忽视增量将造成今日的增量变成明日的存量,如此反复,存量越积越多,而自我审查无尽头。因此,不能因目前存量巨大而放弃或忽视对增量的同步审查要求,两者要均衡,务必做到在自我审查过程中齐头并进。①

五、结　　语

在社会主义市场经济转型的背景下,政府在管理经济、调节市场的过程中过度干预、不当干预市场的行为仍较为普遍,直接利用行政手段分配资源乃至垄断资源的情况屡见不鲜,这不利于社会主义市场经济体制的完善和经济的有序协调发展,严重制约了市场在资源配置中决定性作用的发挥。因此,在深化改革的浪潮中,权力制约的重点是对政府经济权力的制约和控制。公平竞争审查制度应当是实现这种制约的"良药",这也能从行政立法的扩张与限缩、国外规制影响评估的拓展、我国法治评估和行政立法评估的实践以及经济法控权理念的宣导等角度得以印证。在权利本位论的映照下,公平竞争审查的根本目的是保障权利,包含但不限于宪法视野下的经济权利、公平竞争权、消费者权等。

2016 年 6 月,国务院印发了《意见》。2017 年 10 月,针对意见进行细化,国务院出台了《细则》。这意味着公平竞争审查制度在操作上走向具体化、明确化。毫无疑问的是,自我审查从推行至今已经卓有成效,如之前的网约车、大型企业

---

① 参见李慧敏:《日本竞争评价制度考察及对我国公平竞争审查制度的相关建议》,载《经济法论丛》2017 年第 2 期。

垄断市场、政府盲目治理等顽疾陆陆续续被逐渐细化的自我审查制度解决。不过,仍需在理论基础上深入探索自我审查的理论逻辑,以期进一步探索自我审查的路径。自我审查是公平竞争审查制度中至关重要的部分,是保证审查质量的主要环节。但是,在实践操作中,自我审查还存在部分思虑不全、内容不细致、配套措施跟不上等问题。只有限制或彻底排除具有排除、限制竞争的政策措施出台,或将不符合要求的政策调整至符合相关要求后出台,才能确保自我审查发挥其真正的作用,整个审查过程也才是系统完整并具有长久生命力的。早已出台的《反垄断法》针对行政权力的滥用以及排除、限制竞争的法律责任作出规定,公平竞争审查制度以此为基石,逐步推进《反垄断法》的实施。同时,自我审查需要注重把审查机制与最终具有实质内容且能保障市场公平竞争的政策措施有机对接起来。因此,我国应当在自我审查这一薄弱环节花足力气,构建具有及时性、系统性、针对性和有效性的规制路径,从而为推动《反垄断法》实施、健全竞争政策体系发挥应有的作用。

互联网平台企业滥用市场支配地位的反垄断问题研究

王　贺[*]

近年来，随着移动网络、大数据、云计算等信息技术的快速发展，互联网行业中出现了以微软、谷歌、腾讯、阿里巴巴等为代表的一批经营双边甚至多边市场的互联网平台企业。在以数字经济为主要特征的互联网领域，此类企业不仅是经营手段较传统企业发生了重大改变，更为重要的是经营模式及经营理念的革新。互联网平台企业规模近年来呈指数级增长，构建了庞大而多元的产业生态圈。在此背景下，反垄断问题也不断凸显，主要集中于滥用市场支配地位行为，其中较为著名的有美国微软搭售 IE 浏览器案以及我国的奇虎诉腾讯滥用市场支配地位案等。面对互联网平台企业的滥用市场支配地位行为，国内外反垄断理论界及实务界都存有较大争议，争议主要集中于依据传统行业特点制定的反垄断制度体系能否直接适用于互联网行业；如果不能直接适用，那么应该如何对互联网平台企业滥用市场支配地位行为的反垄断规制体系进行调整与完善。本文围绕上述问题，从互联网平台企业所处的经济环境特点及其经营模式着手，详细分析反垄断法在对互联网平台企业进行规制过程中对相关市场、市场支配地位及滥用行为等要素的认定困境，进而提出有针对性的完善建议。

一、互联网平台企业适用反垄断规制的特点分析

随着互联网技术的发展，科技不仅改变了人们生产生活的样态，更为重要的是革新了人们的行为方式及思维理念。面对互联网行业反垄断规制的困境，需

* 王贺，华东政法大学博士研究生。

要深刻理解与把握互联网行业较传统行业的特点，以及互联网平台企业相较于传统行业的经营模式差异。只有全面客观了解互联网平台企业在当前互联网行业中的经营目标、经营模式等内在机理，才能准确按照反垄断法的立法理念及目标，正确调整互联网平台企业的相关垄断行为。

（一）网络效应

网络效应是互联网行业快速成长及盈利的关键，也是互联网行业区别于其他传统行业最重要的特征，同时也是互联网行业垄断市场结构形成的基础性条件。

1. 梅特卡夫法则

关于网络效应最经典的表述是梅特卡夫法则（Metcalfe's Law）。该法则认为，网络效益随着网络用户的增加而呈指数增长，网络对每个人的价值与网络中其他人的数量成正比。[①] 梅特卡夫法则是从市场主体中消费者的层面来认识网络效应的含义，即当一种产品对用户的价值随着采用相同产品或可兼容产品的用户数量增加而增大时，就会产生网络效应。换言之，由于用户数量的增加，在网络效应的影响下，原有用户将免费获得产品中所蕴含的新增价值，且无需对这一部分的价值增值作相应的补偿。[②] 以购买办公软件 Office 为例，随着使用该软件用户的人数增加，该办公软件对于原有用户的价值也随之增大，究其原因在于：当有更多的用户使用 Office 软件时，用户群体间的信息兼容与共享程度将得到提高，进而促进了整体工作效率的提升。

2. 直接/间接网络效应

互联网行业中的网络效应可分为直接网络效应与间接网络效应。直接网络效应系指用户对某产品的消费直接对其他用户产生影响，用户本身也是产品或服务的部件之一。例如，在网络用户与网站建设的关系中，伴随着连接网络用户人数的增加，互联网的价值逐渐增大，从而吸引更多的经营者投入到网站建设中，进一步提高网站质量、降低网络使用费用，网络用户在此过程中也获得了新的价值。还如，在通信网络用户与移动通信市场中，如果只有一名用户使用电话，安装电话是没有任何价值的；当使用电话的用户人数越多，那么安装电话的价值就越大，此时，任何使用电话的用户都是移动通信服务市场中的组成部件之一，都会对其他电话用户及整个通信网络产生直接影响。间接网络效应则是指用户对某项产品的消费间接对其他用户产生影响，此时，用户是产品或服务的消

① 参见〔以〕奥兹·谢伊：《网络产业经济学》，张磊等译，上海财经大学出版社 2002 年版，第 24 页。

② 参见张铭洪主编：《网络经济学》，高等教育出版社 2007 年版，第 36 页。

费方,对其他用户的影响由市场造成。这类现象多发生在拥有兼容或互补产品的用户之间。[①]

3. 网络正反馈效应

在网络效应的作用下,网络价值由于连接网络人数的增多而不断提升,网络内用户数量越多,网络价值就越大,网络价值与用户数量之间形成一种正相关关系,从而吸引更多的用户使用该产品或服务,进而形成一种网络正反馈效应。因此,互联网企业经营策略的核心就在于构建网络正反馈效应。以即时通信工具腾讯 QQ 为例,腾讯公司于 1999 年发布 QQ,该即时通信工具支持用户将信息发送给好友并可以共享信息于软件空间当中,增进了人们之间沟通的便捷性,加强了人际间的交流。正是由于 QQ 准确定位并利用了人际关系的网络效应,它很快就成为国内即时通信市场中主要的软件工具。网络效应借助互联网技术帮助互联网平台企业实现指数级增长,财富积累的速度也是各传统产业所无法比拟的。

(二) 双边市场

双边市场(Two-Sided Market)又被称为"双边网络",是相对于单边市场或单边网络而言的,系指存在两个互相提供网络收益的独立用户群体的经济网络。双边市场的经营模式正是互联网平台企业与传统企业的最大区别。

1. 多元平台市场

传统市场中,企业一般根据消费者的需求来确定产品价格并赚取利润,需求弹性大则会降低定价,需求弹性小则相应提高定价。在此类市场中,不同客户群体之间不会产生影响,因而称为单边市场。随着社会分工的细化、服务技术的提高、网络技术的发展及交易的频繁化,经济活动中产生了一种新的经营环境,诸多交易需要借助于一定的中间场所和平台才能达成,这些平台,如网上交易平台、电子商务平台等,可以称为双边市场。[②] 一般认为双边市场包括以下三个要素:一是存在双边或者多边用户群;二是存在网络效应,不同类型用户群因相互交易而各自成长;三是存在平台外部效应。双边市场也即多元平台市场。

2. 非对称性定价结构

在互联网行业中,绝大多数产品或服务都涉及互联网平台企业及双边市场。互联网平台企业在经营双边市场过程中,经营重点在于不断提高用户使用量至

---

① 参见张小强:《网络经济的反垄断法规制》,法律出版社 2007 年版,第 36 页。

② 参见李剑:《双边市场下的反垄断法相关市场界定——"百度案"中的法与经济学》,载《中国检察官》2010 年第 23 期。

产生网络效应的临界点。因此，互联网平台企业在市场进入阶段需要对一边（通常是消费者群体）采取免费或者高额补贴方式。例如，在搜索引擎市场中，谷歌、百度等网络服务商为消费者群体提供免费的网址搜寻服务，由此培养足量的用户群体，而其收入则主要从另一边的网络广告业务中获取。非对称性的定价结构正是源自互联网平台企业所经营的双边市场性质。

3. 交叉网络效应

对于双边市场而言，任何一方的加入和退出都会对互联网平台企业及其盈利模式产生实质性的影响。如果互联网行业的双边市场特性与网络效应相结合，就会出现“交叉网络效应”，即双边市场的两边会因各自的增长或减少而互相影响。例如，苹果公司的 App Store 在获得稳定的苹果手机用户群体之后，吸引了大量的软件制作商加入 App Store 以获取市场机会。面对大量而多元的消费者需求，软件制作商能够量体裁衣式地提供各类软件供应服务。软件消费者群体的增长同时又激发了网络效应，进一步推进双边市场的良性循环。苹果公司也由此成为关联手机软件供需双边市场的平台经营者。

（三）锁定效应

锁定效应在经济学中又称为路径依赖。[①] 在经济学中，锁定是指各种原因导致从一个系统（可能是一种技术、产品或是标准）转换到另一个系统的转移成本较大，从而使经济系统达到某个状态之后就很难退出，系统逐渐适应和强化这种状态，进而形成一种“选择优势”，把系统锁定在这个均衡状态中。[②]

1. 锁定原因

在互联网行业中，特定产品或服务的用户主要基于以下原因被锁定：一是设备成本。对于特定互联网产品或服务的消费，需要依赖符合要求的设施设备。如果消费者想从现有的网络产品或服务转向其他网络，配套设施设备的更新就是前提条件；如果消费者不愿意支付该项成本，则只能选择放弃。二是学习成本。互联网产品或服务的消费使用需要具有一定的网络知识及操作技能，如果消费者打算更换相关产品或服务，则必须付出学习新知识、技术及操作方式等学习成本。面对此项成本，消费者通常不会轻易更换既有产品或服务。三是预期风险。即使消费者发现其他经营者的产品或服务具有性能或价格优势，但对于未实际使用过的新网络来说，普通消费者较难对其产品产生良好的预期。消费者担心接受新网络产品之后难以获得与现有网络产品相同的收益，甚至可能增

① 参见卢现祥：《西方新制度经济学》，中国发展出版社 1996 年版，第 6 页。

② 参见王晔、张铭洪主编：《网络经济学》（第二版），高等教育出版社 2013 年版，第 59 页。

加更多的成本,因此不敢轻易放弃现有产品而进入新产品的网络系统。

2. 用户黏度

在互联网行业中,如果消费者接受习惯了某项互联网产品或服务,在价格及便捷性没有太大差异的情况下,就不会轻易转向其他类似产品。此时,就会产生锁定效应。在互联网行业中,锁定效应实际上是消费者对于最初进入市场的互联网产品及服务产生的路径依赖,即便后续产品或服务更具优势,消费者也倾向于最先使用的产品或服务。在此过程中,消费者对于先进入市场的产品或服务所产生的依赖性通常被称作用户黏度。在锁定效应作用下,通常会产生比较强的用户黏度。加之网络效应的作用,一旦形成锁定效应,用户黏度将在网络效应的力量基础上,进一步增强互联网平台企业的市场支配地位。例如,网络消费者在最初接受某一项网络产品或服务时,通常会支出必要的时间精力来学习操作,进而形成使用习惯;同时,逐渐对该产品或服务形成路径依赖,产生锁定效应。这种效应增强了用户对特定网络产品或服务的依赖,促使了"马太效应"中"强者愈强,弱者愈弱"现象的出现,使得先进入市场的互联网平台企业获得先入优势。

(四) 市场壁垒

1. 由网络效应导致的进入壁垒

由于网络效应及锁定效应的存在,具有市场支配地位的互联网平台企业往往拥有非常高的用户群体规模,并且占有较大的市场份额。一个新进入互联网行业的企业如果要求得生存发展,必须扩大用户群体谋求网络效应。但是,此过程必然损害先入企业,尤其是具有市场支配地位的互联网平台企业。在位的平台企业必将采取各种措施进一步增强用户黏性,提高用户转换成本,将用户锁定在自己的产品或服务体系中。网络效应在事实上构筑了较高的市场进入壁垒。

2. 由知识产权导致的进入壁垒

由于互联网平台企业的产品或服务主要是知识型产品,平台企业要想在竞争中获得先发优势,必然需要在产品研发的同时申请知识产权保护。因此,互联网平台企业通常对关键设施掌握知识产权。在知识产权法的保护下,掌握关键设施知识产权的互联网平台企业自然合法拥有相关市场的支配地位。关键设施的知识产权保护也自然造就了部分平台企业的市场支配地位,从而形成对其他欲进入市场企业的重要壁垒。

3. 由标准化导致的进入壁垒

在互联网行业中,标准化提升了各类产品或服务的规范性及协同性程度,对于行业的发展起到了十分重要的作用。但是,如果某公司能够掌握某一行业标准,这个标准也可能形成重要的市场进入壁垒。标准虽能够增强产品及服务间的兼容性功能，扩大网络效应，并在此过程中为用户带来更多的价值与福利，但在标准形成后，掌握或者控制标准的互联网平台企业就可以借助标准化过程获得相关市场的支配地位，并可以利用该标准阻止其他主体进入市场。

（五）竞争特点

1. 创新性竞争

互联网平台企业的经营模式主要通过捕捉双边市场间的网络效应满足不同群体对彼此的需求。互联网平台企业间的竞争不是关于市场份额的竞争，而是新旧技术能力的竞争，是创新性的竞争。在竞争中获胜的企业不只是能取得一定的市场份额，而是能控制整个市场，达到"赢者通吃"的状态。以微软Windows操作系统为例，作为典型的平台经营者，它有效连接了消费者与软件开发商的双边市场。个人电脑消费者越多，就会吸引越多的软件开发商进入Windows操作系统以开发与微软操作系统兼容的软件，进而吸引更多的消费者，实现网络正反馈效应。微软Windows操作系统曾一度占据全球95%的市场份额。

2. 动态性竞争

网络效应的存在不仅造就了"赢者通吃"，而且造成了互联网行业市场结构的动态性。注重创新能力竞争的互联网市场，其竞争格局具有动态性，即任何占据市场支配地位的平台企业都会在短期内丧失其所处的优势地位。腾讯公司在研发即时通信工具QQ之初，MSN是占国内市场份额最大的即时通信工具。但是，腾讯QQ依靠特色的产品及优质的服务得以迅速扩大规模，最终在较短时间内超过MSN市场份额。2014年10月，MSN退出中国市场，至此，曾经用户量超过3亿，被誉为世界最大的即时通信工具软件成为历史。

二、互联网平台企业滥用市场支配地位的反垄断规制困境

当前我国《反垄断法》关于滥用市场支配地位行为的规范较为原则，操作性也较差。同时，互联网行业经营模式较传统行业具有网络效应、双边市场及用户黏性等特点，基于传统行业经营特点所制定的反垄断法律法规在适用于互联网平台企业时存在诸多困境。

（一）相关市场的认定困境

相关市场（Relevant Market）是反垄断法的基本概念，系指与具体案件有关

系的市场,或者是具体案件中竞争或限制竞争所影响的范围。[①] 根据我国《反垄断法》第12条第2款的规定,相关市场是指经营者在一定时期内就特定商品或者服务进行竞争的商品范围和地域范围。该条款对相关市场的概念进行了概括性表述,明确了界定相关市场需要考虑的三个因素,即时间、产品及地域,但对于如何系统地界定相关市场却没有给出具体的指引。2009年5月24日,就相关市场问题出台的《国务院反垄断委员会关于相关市场界定的指南》(以下简称《指南》)第3条第1款规定:"相关市场是指经营者在一定时期内就特定商品或者服务进行竞争的商品范围和地域范围。在反垄断执法实践中,通常需要界定相关商品市场和相关地域市场。"因此,在界定相关市场时需主要考虑两个因素,即相关产品市场及地域市场。

相关市场的界定是反垄断法实施中的起始点和关键点。在整个反垄断法的适用过程中,相关市场的界定处于最基础、最核心、最关键的地位。[②] 在反垄断案件中,执法机关及法院所关注的核心内容就是:涉案企业的行为是否对相关市场的竞争产生了实质性的损害或者限制了竞争的效果。同时,由于受政治利益、市场环境、利益博弈等的影响,在反垄断法实施过程中,对于相关市场的界定往往存在不同程度的不确定性,这种不确定性也直接反映了当时反垄断执法政策的宽严,具有一定程度的政策性。在美国和欧盟的反垄断执法实践中,因为相关市场的界定而影响案件最终判决的案例非常多。例如,1956年美国政府指控杜邦公司垄断玻璃纸生产一案中,政府认定杜邦公司在玻璃纸产品市场上占有100%的市场份额,进而认定杜邦公司滥用了市场势力,违反了《谢尔曼法》第2条的规定。但是,美国最高法院在该案中将玻璃纸看作为包装材料中的一种,不是一个有着市场支配力的企业,因而也不会滥用市场支配力,没有违反《谢尔曼法》第2条的规定。[③]

界定相关市场是一个实践的问题,而且主要是一个经济学的问题。[④] 根据《指南》第7条第1款的规定,界定相关市场的方法不是唯一的。一般规则是可以基于商品的特征、用途、价格等因素进行需求替代分析,必要时进行供给替代分析。在经营者经营的市场范围不够清晰或不易确定时,可以按照"假定垄断者测试"的分析思路来界定相关市场。《指南》强调要根据案件的具体情况运用客

---

① 参见王晓晔:《反垄断法》,法律出版社2011年版,第85页。

② 参见李虹:《相关市场理论与实践——反垄断中相关市场界定的经济学分析》,商务印书馆2011年版,第1页。

③ 参见〔美〕马歇尔·C.霍华德:《美国反托拉斯法与贸易法规——典型问题与案例分析》,孙南申译,中国社会科学出版社1991年版,第25页。

④ 参见王晓晔:《反垄断法》,法律出版社2011年版,第85页。

观真实的数据并借助经济学分析方法来界定相关市场,同时指出要将商品满足消费者需求的基本属性作为校正相关市场界定的依据。

1. 相关产品市场

相关产品市场是相关市场中的核心内容,任何国家或者地区的反垄断执法机关或者法院在对个案中涉及的相关市场进行界定时,通常首先从相关产品市场着手。[①] 界定相关产品市场所要解决是认定哪些产品在市场上进行相互竞争,这也是在反垄断法实施过程中既基础又复杂的工作。具体来讲,对于产品市场的界定主要分为以下两个阶段:

一是替代性分析。在初期,主要通过考察产品或服务之间的可替代性来界定不同的市场。此种分析以定性分析为主导,通过产品特征、产品价格、产品用途以及消费者的消费习惯等因素来考察不同产品之间是否存在合理的可替代性,通常情况下是从需求者角度进行审查。目标产品之间的可替代性越高,相互间的竞争关系就越强,从而就越可能属于同一相关产品市场。该种方法在适用于互联网平台企业的相关产品市场界定时主要面临如下障碍:首先,该种分析方法注重对于价格因素的考察,即考察目标产品在价格变动时消费者的选择动向。但是,在平台经济模式下,消费者对于平台产品关注度更高的是其创新因素,包括便捷性、实用性、共享性等用户使用体验。相较于传统产品,互联网平台企业经营产品或服务的可替代性更强,功能性特征逐渐模糊,原本看似关联度不高的产品有可能实现相互替代。其次,该种分析方法在面对平台经济的双边市场时存在不足。由于平台企业所经营的是双边市场,有消费端也有供给端,如果只将视角限定在消费端的需求性分析,则会导致对平台企业所经营的相关市场的认定过于狭窄。尤其是随着平台经济的不断发展,经营策略的不断多元化,互联网平台企业不单是专注于某项服务的经营,而是呈现出场景化特征。以滴滴打车等交通出行平台为例,这些平台不仅包含专车市场,而且不断拓展出代驾、出租车、顺风车等多种与出行相关的整合化需求。

二是假定垄断者测试法(SSNIP 测试法)。1982 年美国司法部在《合并指南》中提出 SSNIP 测试法,即小幅度但很显著而且是非临时性的价格上涨(Small but Significant and Non-transitory Increase in Price),后为其他国家所采用以界定相关市场。[②] 该测试法借助经济学的需求交叉弹性原理,总体分为两个步骤:首先假定产品垄断者,其次假定该产品存在小幅度但很显著而且是非

① 参见丁茂中:《反垄断法实施中的相关市场界定研究》,复旦大学出版社 2011 年版,第 70 页。

② 参见王晓晔:《反垄断法》,法律出版社 2011 年版,第 91 页。

临时性的价格上涨(SSNIP)情形。[①] 如果产品用户转向其他相关产品,此时用户所转向的其他产品就同该产品属于相关产品市场。该种方法在适用于互联网平台企业的相关产品市场界定时主要有以下两个障碍:

(1) SSNIP测试较难适用于双边市场。互联网平台企业所经营的是双边市场,其主要特点一是具有交叉网络效应,即双边市场会相互产生影响;二是互联网平台企业采取非对称价格结构,即平台企业针对市场两边采取不同的价格策略,通常情况下是对一边市场采取低收费甚至免费策略,而从另一边市场中获取利润收益。例如,百度针对用户端提供免费的搜索引擎服务,360软件向用户提供免费的计算机病毒查杀服务,微信提供给用户免费的即时通信服务等;但是,另一端的广告市场则是互联网平台企业的主要利润来源。因此,SSNIP测试法面对此种经营模式很难直接适用。在奇虎公司诉腾讯公司滥用市场支配地位的纠纷案中,广东省高院在界定该案相关产品市场时采用了基于相对价格上涨的假定垄断者测试的方法。但是,最高人民法院在终审中则认为,即使通信服务长期采取的是对用户免费策略,并且该策略已成为通行的商业模式,但因为用户具有极高的价格敏感度,改变免费策略转而收取哪怕是较小数额的费用都可能导致用户的大量流失,所以在此种情况下,采取基于相对价格上涨的假定垄断者测试,很可能将不具有替代关系的商品纳入相关市场中,导致相关市场的界定过宽。因此,最高人民法院最终认为基于相对价格上涨的假定垄断者测试不宜在该案中适用。

(2) SSNIP测试数据较难获取。SSNIP测试对案涉公司的相关市场数据有着非常高的要求。通常情况下就产品的功能、用途及其他可替代产品的相关数据较为容易获取,对于涉案公司的价格数据则难以获取。在缺乏足够可靠数据支撑的情况下,SSNIP测试的结果就很难体现客观性与科学性。面对互联网平台企业间竞争的动态性,此种困境就更为凸显。一方面,由于互联网平台企业采取双边市场的经营模式,针对用户端多采用免费或者补贴策略,因而缺乏相应的价格数据基础。另一方面,由于互联网行业竞争具有很强的动态性,产品迭代升级时间快,使得对于SSNIP测试中"非暂时(一般为一年)"的条件很难满足;同时,竞争的动态性也使得SSNIP测试所需的数据很难收集,即使收集到相关数据,数据的真实性与全面性也难以保证。在此状态下,传统的SSNIP测试法在适用于互联网平台企业时面临着数据采集困难的障碍。

---

① 根据《指南》第10条的规定,假定垄断者能否持久地(一般为1年)小幅(一般为5%—10%)提高目标商品的价格。

2. 相关地域市场

任何商业竞争都是发生在一定的地域范围内,反垄断法意义上的相关地域市场主要是从地域空间成本方面对相关市场予以界分。通常而言,相关地域市场是指通过一定的方法,确定消费者可以实际选择替代产品来源涉及的地理区域以及反垄断被告面临竞争的地理区域。在某产品的相关地域市场内,其竞争条件往往具有相似性,并且竞争条件区别于其他相邻地区。① 相关地域市场与相关产品市场不同,相关产品市场只是考虑相互竞争的产品,而相关地域市场则是考虑这些相互竞争产品所在的地域场所。从反垄断执法实践来看,相关地域市场范围可能是案涉企业国内某个或某些区域,也可能遍及全国乃至全球。根据《指南》的规定,相关地域市场的考量因素主要有运输成本及运输特征等因素。在对互联网平台企业的相关地域市场界定的过程中主要存在以下两个困境:

一是全球性与国别性交织。互联网平台的产品服务以数据信息为主要内容,以互联网为传播媒介,具有虚拟性和非地域性。它在交易流转过程中几乎不耗费运输成本,作为生产要素的知识信息可以通过互联网实现全球化的配置,如电子商务平台实现的全球买与全球卖。但是,关于互联网产品及服务的地域界定,无论是在理论界还是在实务界,都具有很大争议。

在理论界,有观点认为,在不同国家、地区及城市中注册的互联网平台企业可以在全球范围内提供商品和服务,相互间竞争没有明确的地域划分,因而其相关地域市场应界定为全球范围。但是,另有观点认为,互联网用户在语言习惯、文化传统、消费习惯等方面仍存在较大差异,并且案涉互联网平台企业所在国家的法律政策也有较大差别。因此,即便在互联网领域,平台企业间的竞争仍具有地域性,不能将互联网行业的相关地域市场界定为全球市场。

在实务界,奇虎公司诉腾讯公司垄断纠纷案中,一审法院和二审法院关于相关地域市场的界定也暴露出在我国反垄断法中就相关地域市场认定的困境。该案一审中,原告奇虎公司认为该案的相关地域市场为中国大陆。被告腾讯公司认为就原告所主张的即时通信服务市场而言,该案的相关地域市场应为全球市场。一审广东省高院判决认为该案的相关地域市场为全球市场,理由是:首先,即时通信服务的经营者及用户并不局限于中国大陆。由于互联网的开放性和互通性,经营者和用户均无国界,本案证据显示境外经营者可向中国大陆地区用户提供即时通信服务,被告也同时向世界各地的用户提供服务。其次,用户的语言偏好和产品使用习惯不能作为划分地域市场的唯一依据。经营者通常都会提供多个语言版本的即时通信软件来满足不同语言需求的使用者,中国大陆用户也

① 参见郑鹏程:《反垄断法专题研究》,法律出版社 2008 年版,第 57 页。

经常会选择境外经营者提供的即时通信服务(如 MSN、Skype 等),用户的语言偏好不会导致国外即时通信服务的经营者无法与中国大陆经营者进行竞争。最后,即时通信产品和服务的市场参与者在全球范围内提供和使用即时通信服务时,并无额外的运输成本、价格成本或者其他成本。目前也尚未出现法律或技术上的标准来限制这些服务在全球范围内的提供和使用。① 二审最高人民法院认为该案相关地域市场应为中国大陆地区市场,所持的理由是:首先,中国大陆地区境内绝大多数用户均选择使用中国大陆地区范围内的经营者提供的即时通信服务。其次,我国有关互联网的行政法规规章等对经营即时通信服务规定了明确的要求和条件。根据我国《电信条例》等行政法规、规章的相关规定,我国对即时通信等增值电信业务实行行政许可制度,外国经营者通常不能直接进入我国大陆境内经营,需要以中外合资经营企业的方式进入并取得相应的行政许可。再次,位于境外的即时通信服务经营者的实际情况。在本案被诉垄断行为发生前,多数主要国际即时通信经营者,如 MSN、Skype、谷歌等,均已经通过合资的方式进入中国大陆地区市场。因此,在被诉垄断行为发生时,尚未进入我国大陆境内的主要国际即时通信服务经营者已经很少。如果我国大陆境内的即时通信服务质量小幅下降,已没有多少境外即时通信服务经营者可供境内用户选择。最后,境外即时通信服务经营者在较短的时间内(例如一年)及时进入中国大陆地区并发展到足以制约境内经营者的规模存在较大困难。境外即时通信服务经营者首先需要通过合资方式建立企业、满足一系列许可条件并取得相应的行政许可,这在相当程度上延缓了境外经营者的进入时间。②

二是线上性与线下性交织。线上性是互联网行业区别于传统行业的显著特征。在互联网行业中,大多数商品或服务都是信息化产品,一般通过线上化的形态予以呈现。线上性可以表现为交易内容的虚拟性,如互联网广告、网络搜索引擎、互联网游戏等各类产品及服务,也可以表现为交易方式的线上性,如网络银行、网络支付、网络拍卖等。互联网的产品及服务不仅具有线上性的特征,而且存在着对于实体有替代性的特征。以网络购物为例,线上商城与实体商店往往是并行经营,由于实体商店会对互联网产品构成替代威胁,因此在界定相关地域市场时需要考虑实体商店。在地域市场的具体界定中,应当首先界定相关产品市场,然后界定相关地域市场。如果互联网平台企业所涉相关产品市场存在实体商店,那么相关地域市场的认定也必须包含这些产品或服务所在的地域。此时,可以运用传统的相关地域市场的界定方法,以界定互联网平台企业的相关地

① 参见广东省高级人民法院(2011)粤高法民三初字第 2 号民事判决书。

② 参见最高人民法院(2013)民三终字第 4 号民事判决书。

域市场。如果相关产品或服务只能在互联网上才能获得,那么相关地域市场的界定就可以只限于互联网区域。但是,仍然要明确具体边界,不能以互联网本身作为相关地域市场范围。

(二) 市场支配地位的认定困境

市场支配地位的概念最初来自德国《反限制竞争法》,欧盟竞争法对滥用市场支配地位的相关规制直接来自该法。德国《反限制竞争法》将市场支配地位定义为控制市场的企业,即在相关市场上具有控制力或者支配能力,占有市场优势的企业,并列举了控制市场企业的几种具体情形地位。① 我国《反垄断法》第 17 条对市场支配地位进行了规定,市场支配地位主要是指经营者在相关市场内具有能够控制商品价格、数量或者其他交易条件,或者能够阻碍、影响其他经营者进入相关市场能力的市场地位;第 18 条规定了认定市场支配地位时应考量市场份额、相关市场的竞争状况,经营者控制销售市场或者原材料采购市场的能力、财力和技术条件,其他经营者对该经营者在交易上的依赖程度、进入相关市场的难易程度等因素;第 19 条规定了可以推定经营者具有市场支配地位的几种情形,大多是从市场份额的角度来进行衡量。市场支配地位的传统认定方法在适用于互联网平台企业时主要有以下两种困境:

1. 市场份额不等同于市场控制力

在市场支配地位的认定过程中,传统方法主要将企业的市场份额大小作为认定其是否具有市场支配地位的指标,各国在立法和判例法中也大都采用此种方法。例如,根据美国法规定,一家公司如果其市场份额超过 60%,即被认为具有垄断力量;根据欧盟法规定,一家公司如果其市场份额超过 40%,则可以被认为是具有市场支配地位;我国《反垄断法》也明确规定,如果一家公司在相关市场中的市场份额达到 1/2,即被推定为具有市场支配地位。但是,在互联网平台企业所处的市场环境中,依靠市场份额据以认定是否具有市场支配地位的方法将面临很多困境。在互联网行业中,由于受网络效应的影响,高市场份额并不一定意味着互联网平台企业一定具有市场支配地位。即使高市场份额的平台企业,拥有的市场支配力量也是暂时的。由于受高新技术快速创新的影响,暂时的垄断往往不只是技术创新的结果,也是新一轮更为激烈的技术创新竞争的开始。② 技术的快速变化意味着市场的霸权仅仅是暂时的霸权。③ 快速创新使得互联网

① 参见〔美〕戴维·J. 格伯尔:《二十世纪欧洲的法律与竞争》,冯克利、魏志梅译,中国社会科学出版社 2004 年版,第 428 页。

② 参见朱宏文、王健:《反垄断法——转变中的法律》,社会科学文献出版社 2006 年版,第 221 页。

③ 参见张小强:《网络经济的反垄断法规制》,法律出版社 2007 年版,第 36 页。

平台企业不管是否拥有市场支配地位都不敢高枕无忧,不断变化的竞争环境让平台企业时刻保持着忧患意识。事实上,在互联网行业中,并不拥有市场支配地位的经营者通过创新,尤其是通过掌握行业标准或者拥有专利,可以很快基于标准的强制性和专利的排他性取得相关市场的支配地位。因此,在推定互联网平台企业的市场支配地位时,不能单独以市场份额据以认定互联网平台企业是否具有市场支配地位。

2. 免费经营模式下的适用障碍

互联网平台企业具有双边市场的经营策略,针对消费者端一般采用免费或高额补贴的模式,以培育用户群体,增强用户黏度。例如,即时通信软件 QQ、百度搜索引擎、微信、微博等互联网产品均对用户群体实行免费策略,而滴滴、摩拜单车等出行软件则在进入市场之初实行高价补贴模式。互联网平台企业通过对消费者端的不断培育,从而激发网络广告、网络营销等营利端的"成长"。在免费经营模式下,互联网企业在该相关市场上并没有销售额,在高价补贴的经营模式下,互联网企业不仅不赚钱还"烧钱"。因此,互联网企业免费或高额补贴的经营模式使得以销售额为基础的市场占有率的计算方法无法适用。

(三) 滥用市场支配地位行为的认定困境

占有市场支配地位的企业因为不受竞争的约束,非常可能会向其交易对手索取不公平的价格。另外,为了维护或者加强市场支配地位,这些企业还往往凭借其市场优势地位,排挤竞争对手或者阻止潜在的竞争者进入市场。我国《反垄断法》第 17 条列举了不公平的交易价格等六种滥用行为。针对互联网平台企业的滥用行为,主要在价格滥用、搭售行为以及拒绝交易中存在认定困境。

1. 价格滥用

价格滥用行为是指具有市场支配地位的企业通过使用价格手段排除或限制竞争的价格垄断行为。由于互联网行业的双边市场特性,平台企业的价格手段更加多元,从中区分出有利于竞争的行为以及反竞争的价格滥用行为,成为规制互联网平台价格滥用行为的难点,主要表现在以下两个方面:

一是掠夺性定价认定难。掠夺性定价在反垄断法中主要是指以低于成本的价格销售商品。在传统执法实践中,掠夺性定价并不多见。因为企业通过低价销售策略排除竞争对手时,需要长期处于亏损状态,即使将竞争对手挤出市场,之后企业也未必能够通过抬高价格来弥补先前低价销售的损失。但是,在互联网双边市场环境中,情况却大有不同。互联网平台企业在进入市场之初,需要在双边市场中的一端,通常是消费者端,提供免费甚至奖励性服务,以培育用户群体,激活交叉网络效应。例如,奇虎 360 免费提供杀毒软件的经营策略,直接导致原来金山毒霸等各类收费软件退出相关市场。对于此种行为，不能简单地认定为通过掠夺性定价来排挤竞争。结合互联网企业的双边市场特点，在掠夺性定价的反竞争效果的分析中，还要考虑其对动态创新效率的影响。虽然互联网平台企业可能是故意挤压竞争对手，但这也可能是合法定价和互联网平台经营模式的“天然副产品”。互联网平台企业为了吸引用户，往往提供更多免费的功能和服务，以此挤压对此收取费用的公司。例如，谷歌用广告收入补贴软件研发费用，对收取软件费用的微软及其他软件公司构成了严重威胁，微软唯有快速进入在线广告市场，才能与其关键的竞争对手谷歌具有同样的收入来源。掠夺性定价行为看似是排除竞争的滥用市场支配地位行为，但是在互联网行业中，竞争对手经营模式的创新也可以避免掠夺性定价的损害。在互联网行业中，当只关注多边市场的一边市场时，有可能导致对掠夺性定价行为反竞争性的误判。因此，在判断某价格行为是否构成违反反垄断法的掠夺性定价行为时，应当考虑双边市场中的各边市场，而不能仅孤立地考察多边市场的一边。通常情况下，只要低价销售存在正当理由，符合正当商业目的并对消费者有利，就不应视为违反反垄断法。如果一个低价销售行为被错误地认定为掠夺性定价行为，往往会阻碍正常的价格竞争，降低互联网行业的创新效率。

二是价格歧视认定难。在互联网行业中，传统反垄断法规则对互联网平台企业的价格歧视行为认定存在困境，从传统的差别定价行为中区分价格歧视行为非常困难。互联网平台企业同传统企业一样，通常也存在差别定价行为。虽然价格歧视行为的表现之一是差别定价，但并不是所有的差别定价都属于价格歧视行为。以计算机操作系统为例，常见的价格歧视行为是操作系统开发商针对不同群体确定不同的销售价格。例如，微软 Windows 系统中通常都设置有家庭版和企业版，并制定不同的销售价格，分别适用于家庭用户和企业用户，家庭版 Windows 系统按照边际成本定价，远低于企业版 Windows 系统的价格。如果按照传统反垄断法中价格歧视行为的规则，这种行为应受到规制，但在互联网行业，此种价格歧视具有一定的效率价值，即有利于互联网平台企业快速收回前期开发操作系统的成本投入，从而投入新一轮产品研发及系统升级中，进而促进产品和行业的创新升级。但是，互联网行业中的价格歧视行为同样具有限制排除竞争的一面。相较于传统行业而言，互联网平台企业具有较强的纵向一体化及垂直联合的能力，加之网络效应和锁定效应的作用，如果互联网平台企业从事价格歧视行为，它所带来的反竞争效果将会更强。

2. 搭售行为

互联网平台企业的搭售行为也称捆绑销售，是指具有市场支配地位的互联网企业在缺乏正当理由的情况下，利用其市场力量要求交易相对人购买一个产品或服务的同时,必须接受另一产品或服务的不合理条件。具有市场支配地位的经营者实施搭售行为,旨在将其在一个相关市场中的市场力量传导到另一个相邻的相关市场中,拒绝竞争者自由进入被搭售商品市场,排除竞争对手在被搭售商品市场上的竞争。美国对微软公司在 Windows 操作系统中搭售 IE 浏览器的反垄断案件调查时,网景浏览器对 Windows 操作系统构成实质性竞争威胁是微软公司实施搭售行为的主要原因。虽然微软公司当时在计算机操作系统中占有绝对优势的市场份额,但网景公司于 1994 年推出了基于 Java 语言的“导航者(Navigator)”浏览器,该浏览器可以作为应用程序运行平台,软件开发者可以转向该平台研发软件,而无须只选择微软公司。因此,网景公司就构成了对微软公司 Windows 操作系统平台的实质性威胁。在网景浏览器已居于市场主导地位的情况下,微软投入巨资研发出了 IE 浏览器,并在操作系统中强行搭售,用户只要安装使用 Windows 操作系统就必须保留 IE,无法自行卸载。该策略最终使微软在计算机操作系统中的控制力转移到网络浏览器市场中,并直接导致网景浏览器市场份额的迅速下降。

3. 拒绝交易

互联网平台企业拒绝交易也是滥用市场支配地位的典型形式。在互联网行业中拒绝交易行为主要有三种:一是在产品市场中的一般性拒绝交易行为;二是拒绝交易对方接入访问必要设施或者使产品不兼容等;三是拥有知识产权的权利人拒绝许可的行为。大部分互联网平台企业的拒绝交易行为属于第二类。例如,苹果公司的 iTunes/iPod 采取封闭式平台经营模式,拒绝兼容其他音乐商店制作的适用于 iPod 的音乐格式,并且阻止其他设备制造商制造可以播放 iTunes 音乐的播放器。该种经营模式也引起了欧盟对苹果公司的反垄断调查。还如,Facebook 作为一种社交网络平台,用户在该网络平台中制造或分享了大量网络信息,但 Facebook 公司拒绝其他用户借助搜索引擎访问其网站以及分享网站内容。

三、互联网平台企业滥用市场支配地位的反垄断规制建议

(一)互联网平台企业滥用市场支配地位的反垄断规制原则

1. 审慎谦抑原则

互联网平台企业较传统企业最大的经营特点在于其所经营的是双边市场,经营核心在于通过提高用户使用量,催生规模经济,进而激发网络效应,以达到

平台企业指数级增长的目标。在此过程中，平台企业需要集中规模经营，该种模式不一定产生限制排除竞争的后果。同时，互联网行业注重创新能力的竞争。互联网行业发展动态性强，在进行反垄断法规制过程中，存在着对相关市场、市场支配地位以及滥用市场支配地位行为等诸多要素的认定困境，规制效果不确定。此外，关于反垄断法对于互联网行业进行规制的效果是否符合经济发展规律，仍存有诸多争议。因此，在对互联网平台企业进行反垄断规制过程中，应坚持审慎谦抑原则。“执法谦抑应当是互联网行业反垄断执法方式的理性选择，执法谦抑不仅是一种执法方式，也是一种执法态度、执法原则。”①换言之，“执法谦抑应该成为反垄断执法机构对于互联网企业滥用市场支配地位行为的一项首要执法原则。”②在审慎谦抑原则适用过程中，需要注重以下三方面：

一是充分发挥行业监管职能。在互联网平台企业反垄断规制活动中，存在一定程度上的反垄断执法机构与互联网行业主管部门职责交叉与冲突。在传统行业中，一般情况下行业监管部门会尽量避免涉及反垄断问题。但是，由于互联网行业具有专业性强、发展速度快等特点，反垄断执法机构很难在准确把握真实案情的前提下做出最有利于市场的决策。同时，行业监管部门则具有专业性强、手段灵活等特点，在实践中也显现出较好的执法效果。例如，在 2011 年奇虎诉腾讯滥用市场支配地位案中，工信部作为行业主管部门迅速做出反应，积极调解双方矛盾，使腾讯公司恢复对 360 软件的兼容，迅速解决了双方之间的纠纷，有效维护了消费者利益。但是，作为反垄断执法机构的国家工商总局则由于欠缺对互联网领域的专业反垄断执法能力，未能有效解决腾讯 QQ 与 360 软件的兼容性问题。因此，在对互联网平台企业执法过程中，应优先发挥行业主管部门的监管作用。具体来讲，应加强两个层面的合作：首先在立法层面。反垄断法为对互联网平台企业进行反垄断规制的“一般法”，而在行业监管法中涉及对相关行为的规制则为“特别法”。在特别法不悖于一般法规定的前提下，遵循“特别法优于一般法”的原则，优先适用相关行业监管法来处理互联网平台企业滥用市场支配地位的行为。其次在执法层面。应通过法律明确授予行业监管部门在规制互联网平台企业滥用市场支配地位等垄断行为方面的权限。基于充分发挥行业监管部门专业性强的特点，建议将其权限限定在事实认定及专业问题解释部分；对于反垄断程序及法律适用，则由反垄断执法机构负责，从而合理划分双方权限，促进双方高效合作。

---

① 焦海涛：《论互联网行业反垄断执法的谦抑性——以市场支配地位滥用行为规制为中心》，载《交大法学》2013 年第 2 期。

② 同上。

二是采用温和执法方式。由于反垄断法规则体系较为原则,互联网行业的网络效应、双边市场等特点又加大了反垄断规制的不确定性。因此,在对互联网平台企业滥用市场支配地位行为进行规制时宜采用温和的执法方式,以降低反垄断法执法效果的不确定性,并将可能的损害降到最低。首先,应依赖经济分析进行分析判断。在对互联网平台企业滥用市场支配地位行为进行反垄断规制过程中,相关市场、支配地位以及滥用行为的认定都需要以客观科学的经济分析为基础,如果简单依靠法条规则进行分析,很容易导致反垄断规制体系的滥用或者弃用,造成反垄断体制机制的失灵。因此,必须依赖经济分析的方法而非简单的反垄断法规来判断互联网平台企业的行为是否构成滥用行为。其次,注重规律性结果的把握。由于互联网行业发展动态性较强,平台企业间的竞争主要是创新竞争,而非传统行业的价格竞争,互联网行业市场结构虽具有寡头垄断的外观但具有强变动性。因此,对于是否构成滥用市场支配地位的垄断行为,应从市场长期发展规律进行把握,如果通过有效创新竞争行业格局能够不断动态变更,就不应该适用反垄断措施进行规制。

三是加强替代性执法。在对滥用市场支配地位的违法行为认定后,就执法方式的选择方面也应坚持审慎谦抑原则,多采用和解等执法方式。根据《反垄断案件经营者承诺指南》对《反垄断法》第 45 条的补充,在反垄断执法机构对互联网平台企业涉嫌滥用市场支配地位的行为进行调查期间,互联网企业可以书面形式提出中止调查的申请,承诺采取消除行为后的具体措施、时限等事项;若该承诺得到反垄断执法机构认可,那么反垄断执法机构就可以决定终止调查;如果平台企业未履行承诺,那么反垄断执法机构可以恢复调查。和解制度可以省去反垄断执法结构复杂烦琐的取证调查工作,尽快解决涉嫌垄断行为,节约执法资源;对于经营者来说,和解制度也免去了其被进一步调查所带来的经营损失;此外,通过和解也可以减少不当反垄断规制对市场的不利影响。

2. 违法认定采用合理原则

关于垄断行为的认定原则,反垄断法中主要有本身违法原则与合理原则。本身违法原则产生于美国 1890 年《谢尔曼法》颁布后的初期。在 1897 年泛密苏里案中,贝克哈姆法官采取了严格字面解释,对《谢尔曼法》第 1 条的解释是,任何限制交易的行为都是违法的,没有任何例外。该案也标志着本身违法原则思想的产生。在 1899 年 Addyston Pipe 案中,美国最高法院基本确立了本身违法原则的含义,即竞争者之间的市场安排不论其效率如何都本身违法。① 经过一

① See Addyston Pipe and Steel Co. v. United States, 175 U. S. 211 (1899).

系列具有重大历史意义的案件，如美国诉特伦敦陶瓷公司案[①]等，本身违法原则在1940年美国诉索科尼真空油公司案中予以确立，美国最高法院最终确定对固定价格、划分市场、限制产量、联合抵制以及转售价格适用本身违法原则。合理原则正式确立于1911年标准石油公司诉美国案。[②] 该案中美国最高法院怀特法官认为，只有对贸易产生了不合理的限制，才违反《谢尔曼法》。怀特法官对于合理原则的观点源自法理中的合理性思想，该原则突破了美国泛密苏里案中贝克哈姆法官的本身违法原则，即对限制竞争的行为采取严格的字面解释。合理原则区分了行为的合理性与不合理性，而法律只对不合理行为予以禁止。微软反垄断案正是采用了合理原则的典型判例。尽管微软在计算机操作系统市场中占据了近90%的份额，但美国法院并没有直接依据微软的市场份额影响了相关市场结构这一说法而认定其违法，而是主要分析了微软所实施的搭售行为是否对网景等竞争对手造成了损害，以及该行为是否对消费者的利益造成损害。

"在理论上，反垄断法的实施对新兴领域来说究竟是敌是友，一度不乏争论。"[③]互联网行业的网络效应、双边市场等特点给反垄断执法机构带了诸多挑战，而与之相应的反垄断法学理论及制度体系还不够成熟发达。执法机构在执法活动中应坚持审慎谦抑原则，避免产生由于错误规制互联网市场失灵而导致的规制失灵。因此，在对互联网平台滥用市场支配地位的反垄断规制中，宜采用合理原则认定行为的违法性。例如，互联网平台企业基于双边市场的经营策略，通常会对市场一边实行免费或者高额补贴策略，如果以传统行业的规制原则进行审视，该行为属于掠夺性定价行为，但该种经营策略正是适应互联网平台发展规律并能促进市场竞争的正当行为。"如果反垄断法的目标是经济效率，经济效率最终指向消费者福利，则对所谓的互联网垄断现象就不能过于严厉，也不能将其与传统经济领域的垄断现象等量齐观。"[④]"对案件的分析应针对具体经济环境按照合理原则进行判断。"[⑤]因此，鉴于本身违法原则在面对互联网市场特点的适用困境，以及基于审慎谦抑的执法原则，对于互联网平台滥用市场支配地位行为的认定宜采用合理原则。

---

① United States v. Trenton Potteries Co.，237 U. S. 392 (1927).

② See Standard Oil Co. of New Jersey v. United States，221 U. S. 1(1911).

③ Peggy J. Hoyt, Developing Antitrust Policy on the Internet: Lessons from the Airline Industry, 28 *Transportation Law Journal* 2(2001).

④ 焦海涛：《论互联网行业反垄断执法的谦抑性——以市场支配地位滥用行为规制为中心》，载《交大法学》2013年第2期。

⑤ 蒋岩波：《互联网企业排他性交易行为的反垄断规制》，载《电子知识产权》2013年第10期。

(二) 互联网平台企业市场支配地位认定的完善建议

互联网平台企业市场支配地位的认定包括相关市场界定与支配地位认定两个步骤,由于互联网行业网络效应及双边市场的经营特点,建议从以下两个方面对反垄断法相关规则予以完善:

1. 相关市场界定的完善

相关市场的界定是对互联网平台滥用市场支配地位进行反垄断规制的起点,鉴于平台企业的双边市场经营策略,相关市场的界定在互联网行业面临诸多困境,建议通过以下三种方式予以修正完善:

一是合理区分互联网平台企业类型。现有相关市场的界定方法主要基于传统行业的经营模式。因此,在对互联网平台相关市场界定前,应对其类型尤其是经营模式进行合理区分。由于互联网平台企业相较于传统企业最主要的特征是经营双边市场、注重激活网络效应及交叉网络效应、发展规模化经济,所以在对涉案平台企业进行审查时,如果其业务特点仍是单边市场模式,或者虽然采用双边市场模式,但不同群体间的交叉网络效应较小时,可以适用传统相关市场的界定方法予以认定;对于双边市场经营模式明显且具有较强交叉网络效应的平台企业,则需要对原有相关市场界定方法进行完善后适用,否则将会导致相关市场的界定范围过大或者过小的错误。

二是完善既有相关市场界定方法。相关市场的界定方法主要有定性的功能替代性方法及定量的 SSNIP 测试法。广东省高院在"3Q"案中根据《指南》的相关规定同时运用了定性及定量方法,但对于具有较强交叉网络效应的互联网平台企业腾讯公司,照搬上述方法将使相关市场的界定缺乏准确性。最高人民法院在"3Q"案终审中提出,对于相关市场的界定可以采用 SSNDQ 方法进行定性分析,但是由于相关数据较难全面准确收集,此种方法的科学性也存有质疑。根据互联网行业特点,对于相关市场的界定应借鉴经济学分析手段对现有方法进行完善修正。在定量分析方面,建议提高价格水平等以完善 SSNIP 测试法;在定性分析方面,主要包括需求替代性及供给替代性分析方法。传统行业中,由于行业市场结构较为稳定,通常采用需求替代性分析,较少使用供给替代性分析法。但是,在互联网行业的相关市场界定中,应着重考虑互联网产品及服务的供给替代性。由于互联网平台企业的主要成本投入发生在市场进入阶段,以软件行业为例,一旦成品设计产出后,其复制成本几乎为零,加之行业硬件设置趋同性较强,因而互联网平台企业间的竞争主要是创新力的竞争,并且动态性强。因此,在互联网平台企业的相关市场界定过程中,应更多考虑互联网产品及服务的供给替代性。

三是完善既有相关市场界定因素。鉴于互联网平台企业的特殊经营策略，在相关市场界定过程中需要对考量因素予以修正转变。例如，在界定传统企业的相关市场时主要考虑产品间的价格因素，但由于双边市场经营模式存在一边免费或者高额补贴的状态，价格因素在相关市场界定中就存在失灵。与之相对的是，互联网平台企业间更为注重产品及服务的创新性，行业竞争及发展速度快。例如，微信与QQ、手机与相机等原本功能差异较大但相关性不大的产品，后期经过不断创新与发展，实现了前者对后者的替代。因此，建议在完善相关市场界定因素时，纳入产品或服务的创新性等因素。

2．市场支配地位认定的完善

由于互联网平台企业间的竞争主要是创新竞争，市场结构动态性较强，加之网络效应的影响，因此传统行业中以市场份额作为认定是否具有支配地位的方法不能直接套用于互联网行业。在认定互联网平台企业是否具有支配地位时，应从以下三个层面予以分析：

一是测算整体市场份额。在测算互联网平台企业市场份额时，应当测算其整体份额。例如，随着智能手机使用率的提高及移动通信技术的提升，手机所承载的服务与产品已经大于计算机PC端，所以对于网络软件、网络广告等内容市场份额的计算应当综合手机、电脑端份额。同样，对于新的服务终端及应用平台，也要及时纳入目标产品及服务的市场份额。

二是注重用户使用量因素。互联网平台企业所经营的双边市场中，最常见的是用户市场和广告市场。广告市场虽然是互联网平台企业的主要利润来源，但由于广告市场具有线上与线下交织性，相关市场不易确定，不易作为认定市场支配地位的考量范围。相较于广告市场，用户市场是互联网平台企业的经营基础，是平台企业构建网络效应、产生营利的关键一端，也是平台间竞争的关键。从用户角度来讲，由于网络效应的存在也更倾向于选择用户数量大而非销售额高的产品或服务，因此在认定互联网平台企业是否具有市场支配地位时应当充分考虑用户使用量因素。具体可以从用户注册量及网页浏览量等方面予以量化计算。

三是注重市场壁垒因素。正如前文所分析，互联网行业较传统行业具有更高的市场进入壁垒，主要包括因网络效应等因素产生的用户黏度，因用户锁定效应所形成的市场壁垒，因知识产权所导致的市场壁垒，因标准及兼容性问题所带来的市场壁垒。因此，在认定市场支配地位过程中，还需对相关市场壁垒因素予以考虑，并借鉴采用各类经济学分析方法，准确量化市场壁垒状况。

（三）互联网平台企业滥用市场支配地位行为的规制完善

1．价格歧视行为的规制完善

根据我国《反垄断法》的相关规定，价格歧视行为的认定主要在于审查涉案企业是否存在对条件相同的交易相对人实施差别定价的行为。但是,相关法律法规对于"条件相同"是指交易对手相同还是交易条件相同等却没有进一步明确规定,需要立法对此予以明确细化。此外,关于价格歧视的行为要件,要注重分析差别定价与价格歧视的关系。价格歧视行为的主要表现形式是进行差别定价,但差别定价并不等同于价格歧视。根据经济学原理,只有当销售价格之差与商品成本之差比例不同时才构成价格歧视。因此,在认定价格歧视的行为要件时,核心在于确定销售价格和边际成本的差额比例是否相同。

2. 搭售行为的规制完善

在互联网行业中,由于平台化集中经营模式,互联网平台企业普遍存在搭售行为。对此,不能严格按照本身违法原则进行反垄断规制,应当根据合理原则具体问题具体分析,充分比较搭售行为后果的正面和负面效应大小,再对如何进行反垄断干预做出相应决定。在具体认定标准方面,奇虎诉腾讯滥用市场支配地位案中,广东省高院提出了较为完善的认定标准。最先需要认定互联网平台企业是否具有市场支配地位,如果涉案企业不具有市场支配地位就终止诉讼,如具有市场支配地位则进行下阶段分析:一是搭售商品和被搭售商品是否是属于独立性商品,如分开销售是否会减损商品的使用价值及性能。二是审查该搭售行为对消费者是否具有强制性,或是否进行商品折扣诱使消费者捆绑购买。三是分析该搭售行为对消费者权益和市场竞争秩序造成的后果,区分积极和消极效果,并比较两类效果的作用大小;如积极效果多则不违反反垄断法,反之则认定构成垄断行为。

3. 拒绝交易的规制完善

互联网平台企业拒绝交易行为的认定可以遵循对搭售行为的认定路径。首先界定当事人是否具有市场支配地位;其次审查当事人是否掌握互联网交易的必要基础设施,以及该设施是否具有可替代性,同时要审查当事人是否拒绝了交易方接入、使用或者兼容该基础设施的请求;最后需要对于该拒绝交易行为的后果区别分析积极与消极后果,通过比较两者大小,权衡利弊后做出是否构成垄断行为的认定。反垄断法对拒绝交易行为的规制属于契约自由的例外,在规制过程中应当坚持审慎原则。通常情况下,具有市场支配地位的互联网企业在自由竞争的条件下自由交易,无须考虑竞争对手的利益。即便存在拒绝交易的情形,如果具有正当理由,也不应认为构成反垄断法意义上的拒绝交易。正当理由的范围至少可以包括,基于交易对方商誉不佳等的交易理由,基于提高了交易成本的效率理由,以及相应的技术原因和理由等。

政府特许经营协议中不竞争条款的《反垄断法》适用问题研究

吕慧娜 *

一、问题的提出

近年来，在国务院、财政部、国家发展和改革委员会等部门的全力助推下，公私合作的浪潮滚滚而来，相关政策法规的出台，让人目不暇接，PPP 成为各界狂欢的盛宴。但是，在这繁荣的背后，却潜藏着诸多隐忧。[①] 政府特许经营作为其中的一种模式，也引发了学界和实务界的争议。

特许经营概念可以追溯到中世纪，主要表现为政府特许的专营，如盐、铁专卖等，而这些专卖权即为特许经营权。《牛津法律大辞典》的定义是："特许经营权(Franchise)，是指王室授予的权利。"[②]但是，随着经济的发展和社会的进步，特许经营的内涵和外延已经突破王权的束缚，广泛应用于私人产品和公共产品领域。作为市场化和民营化的制度性成果，[③]政府特许经营不同于商业特许经营，它适用于典型市政公用事业，如供水、供气、供热等管网设施与公交线路等配置过程中，响应了党的十八届三中全会提出的"允许社会资本通过特许经营等方式，参与城市基础设施投资和运营"的号召，也解决了传统的纯粹行政手段的种种弊端，实现了转变政府职能、激发市场活力、打造经济新的增长点的目标。特

---

* 吕慧娜，华东政法大学博士研究生。

① 参见新静：《PPP 模式存四大隐忧》，载《建筑时报》2015 年 3 月 16 日第 6 版；吴健、李学乐：《虚热的八万亿?》，载《董事会》2016 年第 4 期。

② 〔英〕戴维 · M. 沃克主编：《牛津法律大辞典》，北京社会与科技发展研究组织翻译，光明日报出版社 1988 年版，第 349 页。

③ 参见许军：《政府特许经营权的反思与重构》，载《甘肃社会科学》2015 年第 6 期。

许经营方式一经引入,不仅减轻了政府的资金重担,而且为私人投资者提供了广阔的平台,让他们有机会参与到基础设施和公共服务领域的产业中来。

基础设施和公共服务的提供具有资金投入量大且多为沉没成本(Sunk Cost)①、工程周期长、单个项目投资风险大等特征,并具有地域属性。为了吸引社会资本投入基础设施建设项目和公共服务提供项目,政府往往会在特许经营协议中对特许经营者做出承诺,提供竞争保护(授予特许经营者排他特许权、设置不竞争条款和补偿条款等)便是其中的一种,而本文主要聚焦于政府特许经营协议中的不竞争条款。据此协议,特许经营者按照政府的指示和授权提供基础设施和公共服务,同时双方合意的不竞争条款又对特许经营者进行竞争保护,使得其他的社会资本方很难进入该市场,进而在客观上引发了基础设施建设和公共服务领域的限制竞争问题和其他社会问题。以美国加州 91 号快速路(SR91)②项目为例,政府败诉的原因就在于其所主张的安全扩容计划与项目协议中承诺的不竞争条款相违背,而安全扩容也是由于特许经营项目中不竞争条款导致的与项目具有竞争关系的类似服务提供者无法进入该市场,进而引发的免费车道拥堵和安全问题所触发的解决路径选择。虽然,不竞争条款对于保护项目中特许经营者的合理收益至关重要,但是,它与《反垄断法》的衔接问题是其诸多问题中的关键。

二、政府特许经营协议中不竞争条款的概念界定和特殊意涵

不竞争条款每过一段时间就会被学界和实务界提起讨论,而专门针对政府特许经营协议中的不竞争条款具体含义的规定和讨论还是少数。③ 所以,对其意涵进行精细化解读十分必要。

---

① 沉没成本是指由于过去的决策已经发生,而不能由现在或者将来的任何决策改变的成本。我们把这些已经发生的不可收回的支出,如时间、金钱、精力等,称为“沉没成本”(Sunk Cost)。在经济学和商业决策制定过程中会用到沉没成本的概念,经常与可变成本作比较。

② 参见《国外 PPP 经典案例:英国赛文河第二大桥项目/加州 91 号快速路》,http://www.ppp-ol.com/news/show-938.html,2018 年 5 月 15 日访问。

③ 在中国知网上,以“不竞争条款”为关键词进行检索,相关论文只有 3 篇,其中没有与政府特许经营和《反垄断法》相关的论文;以“政府特许经营”和“反垄断法”为主题进行检索,相关论文只有 3 篇,其中 2 篇是关于行政机关滥用行政权力排除、限制竞争的,这与本文研究的关键词也存在较大差异(详细论述见正文第五部分)。

(一) 政府特许经营协议中不竞争条款的概念界定

在现有的研究中,不竞争条款主要存在以下两种情形:一种是同业禁止,又叫竞业避让,是发达国家雇主约束其雇员行为经常采用的一种劳动合同条款或称劳资合同形式的条款,旨在实行对竞业行为的禁止,即特定地位的人不得实施与其所服务的营业具有竞争性质的行为。① 另一种是合营企业不竞争条款,是指合营企业参加者在设立合营企业时为辅助合营协议的实施所订立的限制合营企业参加者与合营企业或合营企业参加者之间竞争的条款,该类条款通常表现为在一定期限内限制合营企业参加者在一定区域内从事该类业务的竞争。② 这两种不竞争条款与本文所要探讨的政府特许经营协议中的不竞争条款无关,彼此处于不同的范畴,但是作为概念界定,在此必须列明,以防止读者因其名称相同而产生"张冠李戴"之疑惑。

那么,本文的研究对象——政府特许经营协议中的不竞争条款——到底是什么呢?在此,笔者就《PPP 项目合同指南(试行)》中所谓的"唯一性条款"(即不竞争条款,为了与国际通说保持一致,本文采用"不竞争条款"的称谓)的内容,大胆地对此概念下一个定义:所谓特许经营协议中的不竞争条款,是指政府部门在与特许经营者签署特许经营协议时,承诺在未来的一段时期内,不会在特许经营者运营的基础设施的特定距离之内建造具有竞争性的项目或者开展具有竞争性的公共服务的相关条款和约定。也有学者将特许经营协议中的此类条款称为"政府保证"。③

不竞争条款所提供的竞争保护对于特许经营者和政府部门来说,都是必要的。从特许经营者的角度来看,排他特许权和不竞争条款可以保障不可逆的基础设施投资不被随意征用或被其他主体"搭便车",在项目开展初期就给特许经营者一颗"定心丸";从政府部门的角度来看,权利与义务是相统一的,授予特许经营者一定的权利,才可以使政府部门对特许项目的监管及各种费率方面的限制具有合理性和合法性基础,进而控制特许经营者滥用其市场优势地位和经济力。

(二) 政府特许经营协议中不竞争条款的特殊意涵

在明确了不竞争条款的概念界定和背景知识后,我们就能比较容易地对不

---

① 参见胡朝阳:《竞业避让的合法性与有效性探析》,载《学海》1998 年第 1 期。

② 参见梁子佳:《合营企业不竞争条款的反垄断法规制研究》,西南政法大学 2014 年硕士论文。

③ 参见谢春艳:《高速公路 PPP 项目特许权协议中"政府保证"的法律分析》,载《湖南大学学报(社会科学版)》2016 年第 1 期。

竞争条款的意涵进行深入的剖析,主要包括以下几个方面:

1. 是在政府部门和特许经营者之间设立的

这是不竞争条款的主体构成要件,也是我们认识不竞争条款的基础。美国学者 E. S. 萨瓦斯根据排他和消费两个变量对人类所享有的物品和服务进行分类,认为公用事业领域所提供的物品和服务属于排他完全可行的纯共同消费品,即可收费物品。[①] 由于这类物品进行排他是可行的,因此只有使用者付费,提供者才愿意供应物品,而这完全可以交由市场来操作。我国学者郭剑鸣也认为,公用事业领域属于公民基本生活、生产所必须,须有偿向社会提供的“基本赢利型”服务。[②]

由于不竞争条款是政府部门与特许经营者之间在特许经营协议中明文约定的限制竞争的条款,依据《反垄断法》,应受到反垄断审查;又由于特许经营协议的一方主体是政府部门,通常为政府或其工作机构部门,由其签发的项目文件,不得不对其竞争性进行评估。根据 2015 年 3 月 13 日出台的《中共中央 国务院关于深化体制机制改革加快实施创新驱动发展战略的若干意见》中“打破地方保护,清理和废除妨碍全国统一市场的规定和做法,纠正地方政府不当补贴或利用行政权力限制、排除竞争的行为,探索实施公平竞争审查制度”的要求,加之此类特许经营协议满足公平竞争审查制度的对象要求,行政机关和法律、法规授权的具有管理公共事务职能的组织制定市场准入、产业发展、招商引资、招标投标、政府采购、经营行为规范、资质标准等涉及市场主体经济活动的规章、规范性文件和其他政策措施时,应当进行公平竞争审查。同时,部分的特许经营项目文件是政府的规范性文件或政策性措施,理应接受公平竞争审查制度的“过滤”。但是,考虑到不竞争条款是为了社会公共利益,政府部门对特许经营者的竞争保护,在一定程度上更有利于实现社会整体效率的提高和实质公平。

2. 目的是平衡各方权利与义务,进而实现公共利益

不竞争条款是特许经营项目协议的一部分。在“成本—收益”分析及资本逐利性的前提下,很多领域是社会资本不愿进入的。政府身负提供公共服务和基础设施的职能,在资金缺乏及由政府部门提供效率低下等现实问题面前,社会资本因其灵活性及提供有关服务时具有政府部门所不能企及的高效率而成功地进入政府部门的视野。但是,社会资本本身并无提供公共服务的责任,它回应政府部门进入公共服务领域,初心也是为了谋求利润。那么,如何保证利润,进而在

---

① 参见〔美〕E. S. 萨瓦斯:《民营化与公私部门的伙伴关系》(中文修订版),周志忍等译,中国人民大学出版社 2002 年版。

② 参见郭剑鸣:《公共服务供给主体多元化的理论与现实路径——以广东公共服务业多元化发展为例》,载《汕头大学学报(人文社会科学版)》2005 年第 3 期。

项目设计上就给社会资本提供制度上的激励，就变成政府急需要解决的问题。不竞争条款就是在平衡各方权益的情况下应运而生的。政府通过承诺在一段时期内对特许经营者进行竞争保护，使得特许经营者可以借助一定的优势地位收回成本并赢取合理利润。这样就能将社会方的资金和高效率引入公共服务领域，实现公共利益的及时供给、充分供给和高效率供给。

3. 具有期限性

不竞争条款不是永久性的，而是有期限限制的。究其原因，一方面是由于不竞争条款是政府运用其公权力对特许项目所涉市场机制的竞争限制。考虑到政府的公益目的，此类条款的存在具有现实必要性。此类条款的目的是为了帮助特许经营者收回成本和谋求相应利润，所以在特许经营者实现了这些目标后，就要停止不竞争条款的适用，让该领域重新接受市场机制的调节，此时自然就需要规定其适用的期限。另一方面，特许经营者在不竞争条款的“庇护”下，在相关市场就会具有其他主体所不具有的市场优势，甚至是绝对的垄断地位。这样就会导致特许经营者即使不积极研发技术和提高管理水平，也可能获取可观的利润，从而引发其效率低下、管理混乱，甚至会成为社会发展的“毒瘤”，影响整个社会的健康运行。所以，必须进行期限限制，让特许经营者即使在不竞争条款的保护下也不能懈怠，同样得想办法有效利用其所享有的保护期限。但是，具体期限如何设计，应当根据行业特点、所提供公共产品或服务需求、项目生命周期、投资回收期等综合因素进行评估确定。对于投资规模大、回报周期长的基础设施和公用事业特许经营项目，可以由政府或者其授权部门与特许经营者根据项目实际情况，约定超过前款规定的特许经营期限。

例如，2004 年国务院出台的《收费公路管理条例》规定：“经营性公路的收费期限，按照收回投资并有合理回报的原则确定，最长不得超过 25 年。国家确定的中西部省、自治区、直辖市的经营性公路收费期限，最长不得超过 30 年。”2015 年出台的《基础设施和公用事业特许经营管理办法》规定：“对于投资规模大、回报周期长的基础设施和公用事业特许经营项目可以由政府或者其授权部门与特许经营者根据项目实际情况，约定超过前款规定的特许经营期限。”其中入选财政部 PPP 示范项目的部分高速公路项目（如贵州省三都至荔波高速公路工程 PPP 项目）的合作时间甚至超过 30 年（建设期 3—4 年，运营期 30 年）。

4. 表现为政府承诺

“为了引导私有市场主体把资本投到新兴产业或落后地区，以实现产业结构的合理和区域经济的平衡，国家必须给私有主体的投资提供各种服务或条件，使其投资有利可图,以此激励私人投资。”[1]特许经营协议中所涉及的基础设施和公用事业也会面临各区域间现状各异、需求不一的情况,这就需要政府想方设法鼓励和引导特许经营者在不同行业和不同区域间进行投资和运营。在特许经营协议的签订、履行过程中,政府具有双重身份:一是缔约主体资格,二是基于公共服务职能承担者的政府角色。不竞争条款通常表现为政府承诺[2],其内容往往是政府承诺将不会在特许经营者运营的基础设施的特定距离之内建造具有竞争性的项目或者开展具有竞争性的公共服务[3],主要是为了防止不必要的同类竞争性项目建设。作为合同的条款,不竞争条款是政府部门与特许经营者之间在多次协商后达成的平衡双方权利与义务的结果,政府一方理应严守合同。同样,政府在这一过程中,更突显的身份恰恰是后者,公权力天然具有的“威力”要求其执行者必须“恪尽职守”,即使行政区划调整、政府换届、部门调整、负责人变更,也不得影响特许经营协议的履行,以持续保持公权力在市民社会的“威信”。所以,政府就更应该履行其承诺,将不竞争条款落实到项目协议的进行中。

城乡二元结构在现代化的冲击下逐渐被打破,城镇化和人口向城市聚集要求政府提供更多更好的基础设施和公共服务。政府手中的项目遇上特许经营者手中闲散的资金,必然“发酵”出新的生机和活力,公私合作便成为历史和现实的不二选择,政府特许经营是其中的一种方式。不竞争条款的内容是在政府和特许经营者之间磋商并达成意思表示一致的情况下写进政府特许经营协议中的,在项目协议的具体履行中,由政府依靠公权力予以保障。综合上述分析中不竞争条款所具有的特殊性,我们可以清楚地了解其背景和内容,但其是否具有正当性,依然是非常值得关注的问题。

三、政府特许经营协议中不竞争条款的正当性论证

事物只有具备正当性基础,才具有现实存在的必要。从理论和实务两个角度来看,不竞争条款的正当性主要表现在:具有经济效益价值和合理原则的应有之义,实现了效率与公平的共荣,一定程度上是对缺乏融资渠道和资金退出渠道的缓解,是一些基础设施和公用事业领域本身具有的自然垄断属性。兹分述如下:

---

① 陈婉玲:《经济法原理》,北京大学出版社 2011 年版,第 178 页。

② 《基础设施和公用事业特许经营管理办法》第 10 条政府特许经营项目实施方案所包含的内容中,第 8 项即为政府承诺和保障;第 18 条特许经营协议的内容中,第 11 项即为政府承诺和保障。

③ 《基础设施和公用事业特许经营管理办法》第 21 条规定,政府可以在特许经营协议中就防止不必要的同类竞争性项目建设、必要合理的财政补贴、有关配套公共服务和基础设施的提供等内容作出承诺,但不得承诺固定投资回报和其他法律、行政法规禁止的事项。

（一）具有经济效益价值

不竞争条款所涉行业及领域具有特殊性，很多情况下属于自然垄断行业（后文有详述），往往无法展开充分的市场竞争，单独由政府提供又存在成本高、效率不足等方面的问题。所以，政府通过竞争保护吸引社会资本进入，社会资本的逐利性会驱使其在采取经济决策时选用成本低且效率高的方式，为了获得更高的利润，社会资本还会热衷于管理创新和模式创新。这样不仅提高了该行业该领域的效率，整个社会的效率也随之提高，创新活跃引发新的效率提升。在此良性循环下，社会可分配的财富（社会公共利益）也就增多了，每个人可参与分配的财富（消费者利益）就会增多，能在更高的层次上实现社会公平（保护市场公平竞争）。这是不竞争条款经济效益价值的体现。

（二）合理原则的应有之义

政府特许经营协议中的不竞争条款的正当性是合理原则的应有之义。合理原则是指市场上的某些企业行为虽然存在限制竞争的事实，但经过仔细分析后，其行为对市场竞争产生的正面效果大于对竞争限制产生的负面效果，其限制竞争行为视为合法。这就需要从不同角度对不竞争条款进行经济分析和价值判断。从该行业或该领域中其他竞争者角度来看，不竞争条款显然是扰乱了该市场的竞争秩序，限制了行业准入。但是，从社会整体来看，不竞争条款不仅让社会资金无人问津或少有问津的公共服务和基础设施领域成功地吸引了社会资金，而且避免了同类项目的过度竞争或者恶意竞争所造成的成本消耗和资源浪费，其利大于弊，是实现社会公共利益的明智之举。

（三）实现了效率与公平的共荣

在对法律制度的公平与效率价值分析时，要么是“效率优先，兼顾公平”，要么是“以公平为基础，同时兼顾效率”，在初次分配和再分配问题上，更有“要处理好效率和公平的关系，再分配更加注重公平”的提法等，很多情况下都无法实现效率与公平的共荣。但是，政府特许经营协议中的不竞争条款却实现了效率与公平的共荣。一方面，在基础设施和公用事业领域，通过制度上的鼓励和引导，充分发挥了社会资本中具有相应管理经验、专业能力、融资实力以及信用状况良好的企业和社会组织的效率优势；另一方面，通过不竞争政策的倾斜保护，让相关市场中有竞争关系的主体具有实质平等的起点，并使得承接特许经营项目的主体能够在预期成本回笼及可观利润的设想下，积极帮助政府实现社会服务的供给。如果说政府特许经营协议具有行政性和公权力保护下的“强制性”，那么不竞争条款则刚好缓和了这一矛盾激发点,兼顾了经营性与公益性,保护了社会公益。

(四)提供了融资渠道和资金退出渠道

民营企业在PPP领域中的市场份额自2015年年末起持续下降,其中缺乏融资渠道是重要原因。此外,基础设施诸如高速公路之类的PPP项目合作时间长,在运营期难以退出项目,也影响了民营企业参与项目的热情。

民营企业,尤其是非上市民营企业,在没有外部增信的条件下是很难得到金融机构的青睐的,只能"转战"其他的民间借贷、融资租赁等高成本融资渠道。实践中,中央企业、地方国有企业占据了大量的金融资源,这就导致民营企业的报价水平位于中央企业和地方国有企业之间,但是融资成本却大大高于中央企业和地方国有企业。所以,民营企业的融资渠道严重缺乏,融资成本也极高,相应的项目盈利空间就很小。

合作期限长是政府特许经营协议的主要特点,除了融资外,民营企业还十分关注如何在运营期退出项目。虽然2014年年底发展和改革委员会颁布的《关于开展政府和社会资本合作的指导意见》提出政府要"依托各类产权、股权交易市场,为社会资本提供多元化、规范化、市场化的退出渠道",但是并未明确具体的操作流程。在实际操作中,出于政策限制、融资合同的股权变更限制较多、合同体系之间的交叉性较强等原因,社会资本很难以正常方式退出。

对社会资本承诺合同期内的不竞争保护,可以适度缓解民间资本对项目合作经营的预期收益压力,一定程度上缓解了对于高成本融资的担忧,缓和了对于缺乏资金退出渠道的紧张。但是,不竞争条款的庇护毕竟不是解决问题的根本之道,对此,我们可以以广深珠高速公路融资案例项目ABS[①]为蓝本,实现PPP项目资产化,实现金融工具创新带动公私合作新转速。

(五)基础设施和公用事业领域本身具有自然垄断的属性

由于邮政、电信、电力、供气、供热、供水、排水、公共交通等公用事业领域具有网络式服务和政治敏锐性等特征,不可避免就会表现出规模经济和进入门槛

---

① 广深珠高速公路于1987年4月部分项目开工建设,1994年1月部分路段试通车,1997年7月全线正式通车。项目资金的筹措采用了类似BOT的融资模式,但又存在较大的差别,实质为TOT模式。项目建设资金全部由外方股东解决,政府未投入资金,但政府在公司派出了产权代表,并通过协商占有公司50%的股份。1996年8月,珠海市人民政府在开曼群岛注册了珠海高速公路有限公司,该公司以当地机动车管理费及外地过往机动车所缴纳的过路费作为担保,根据美国证券法律144A规则发行了总额为2亿美元的资产支持证券。

高、投资回报期长、难以重复建设以开展平行竞争等特征，正是因为这些特点，这些领域往往被认为属于经济自然垄断的领域。关于自然垄断，传统经济学理论一般用规模经济原理进行分析，现代经济学理论则倾向于用成本弱增性原理来描述其特征。[①] 无论是用什么原理进行分析，其结论无外乎是自然垄断的事业不宜竞争，否则就是低效和浪费。公益属性和不同程度的自然垄断属性，是法律允许公用事业独占或寡占的主要原因，或者说是舍弃市场竞争利益而希望获取的对价。[②] 对于这些领域来说，如果遵循反垄断法的思维，促进自由、开放的竞争，将会产生比垄断更恶劣的影响。所以，解决基础设施和公用事业的垄断和竞争问题，不应采用一般的反垄断思路，而要依赖产业政策之主导，在市场竞争与产业安全、效率、公平、价格及产品质量等诸方面求得平衡。[③] 政府在特许经营协议中作出竞争保护的承诺，一定程度上是对该行业自然垄断属性的维护，以防出现其他经营者争相进入该领域的不良后果。

政府特许经营协议中的不竞争条款因其正当性基础而具有存在的必要性。归根结底，不竞争条款的正当性在于其对公共利益的追求，这区别于民商事合同对私人个体利益的追逐，也不同于行政合同对国家利益的固守，而是表现出超越二者的鲜明特征和特有属性。

四、政府特许经营协议中不竞争条款的经济法属性

要想探究政府特许经营协议中不竞争条款的属性问题，就必须从政府特许经营协议的属性入手，具体而言，政府特许经营协议到底是行政合同，还是民事合同，还是经济合同。对政府特许经营协议的性质界定不清，导致一些项目中的政府部门对特许经营协议的理解不一致，甚至出现因政府的竞争保护发生法律纠纷或无法获得救济等问题。这主要是因为公共部门与私人部门的利益诉求在长期的项目合作过程中总是处于博弈状态，[④]在一定程度上，这也是政府特许经营协议法律属性争议的源头，即到底是公共利益占主导地位还是私人利益占上风。对此，我们从立法（广义）、司法实务和法学学界三个层面进行分析。

---

① 前者是指在一定的产出范围内，生产函数呈规模报酬递增状态，企业的规模越大，单位产品的成本就越低，由一个企业大规模生产要比几个小规模企业同时生产更有效率；后者是指一个企业生产一定数量产品的总成本，要比两个或者两个以上的企业共同生产同样数量产品的总成本低，这可能是规模经济的效果，也可能是范围经济的效果。参见王俊豪：《论自然垄断产业的有效竞争》，载《经济研究》1998 年第 8 期。

② 参见史际春：《资源性公用事业反垄断法律问题研究》，载《政治与法律》2015 年第 8 期。

③ 同上。

④ 参见胡改蓉：《PPP 模式中公私利益的冲突与协调》，载《法学》2015 年第 11 期。

(一) 立法(广义)层面

现行的已经生效的法律、司法解释、部门规章对政府特许经营协议的定性也不完全相同,具体如下:

2014 年 11 月 1 日,全国人民代表大会常务委员会公布的《关于修改〈中华人民共和国行政诉讼法〉的决定》(2015 年 5 月 1 日生效)将原《行政诉讼法》第 11 条修改为第 12 条,内容为:"人民法院受理公民、法人或者其他组织提起的下列诉讼:……(十一) 认为行政机关不依法履行、未按照约定履行或者违反变更、解除政府特许经营协议、土地房屋征收补偿协议等协议的;……"从该条修订可以看出,特许经营协议已被纳入行政诉讼法的范畴,具有行政协议的属性,采用行政协议的争议解决办法。

2014 年 11 月 29 日,财政部发布《政府和社会资本合作模式操作指南(试行)》,其中第 28 条第 3 项规定:"在项目实施过程中,按照项目合同约定,项目实施机构、社会资本或项目公司可就发生争议且无法协商达成一致的事项,依法申请仲裁或提起民事诉讼。"可见,此规定将政府特许经营协议界定为民事合同。

2015 年 4 月 22 日公布的《最高人民法院关于适用〈中华人民共和国行政诉讼法〉若干问题的解释》第 11 条规定:"行政机关为实现公共利益或者行政管理目标,在法定职责范围内,与公民、法人或者其他组织协商订立的具有行政法上权利义务内容的协议,属于行政诉讼法第十二条第一款第十一项规定的行政协议。公民、法人或者其他组织就下列行政协议提起行政诉讼的,人民法院应当依法受理:(一) 政府特许经营协议;……"在此处,政府特许经营协议虽然被定性为行政协议,但是诸如"为实现公共利益或者行政管理目标""具有行政法上权利义务内容的协议"等规定,又给政府特许经营协议的行政协议属性增设了前置条件。[①]

2015 年 4 月 25 日,国家发展和改革委员会等六部委联合发布《基础设施和公用事业特许经营管理办法》(2015 年 6 月 1 日生效),其中第 51 条规定:"特许经营者认为行政机关作出的具体行政行为侵犯其合法权益的,有陈述、申辩的权利,并可以依法提起行政复议或者行政诉讼。"该管理办法颁布时删除了《征求意见稿》中第 48 条的规定,即"特许经营者与实施机关就特许经营协议发生争议并难以协商达成一致的,可以依法提起民事诉讼或仲裁。特许经营者认为有关人民政府及其有关部门不依法履行、未按照约定履行或者违法变更、解除政府特许

① 关于行政协议判断标准的问题,可以参见韩宁:《行政协议判断标准之重构——以"行政法上权利义务"为核心》,载《华东政法大学学报》2017 年第 1 期。

经营协议作出的具体行政行为侵犯其合法权益的，有陈述、申辩的权利，并可以依法提起行政复议或者行政诉讼”。从删除的内容来看，《征求意见稿》是将政府特许经营协议界定为民事合同，出现争议时走民事诉讼或仲裁程序，而后面的规定只是对政府相关具体行政行为侵犯当事人合法权益的行政救济，与政府特许经营协议的性质无关。最终发布的该管理办法将此项内容删去，也是对在学界、实务界、司法界都较有争议的政府特许经营协议属性问题进行了刻意的规避，很可能是因为《最高人民法院关于适用〈中华人民共和国行政诉讼法〉若干问题的解释》已再次将政府特许经营协议界定为行政合同。

综合分析上述立法（广义）层面关于政府特许经营协议属性的规定，我们可以看出其对行政合同的倾向比较重，尤其是《最高人民法院关于适用〈中华人民共和国行政诉讼法〉若干问题的解释》第 11 条的立法态度给人以“盖棺定论”之感。但是，笔者依然觉得将政府特许经营协议界定为行政合同是值得商榷的，这部分内容将在下文法学学界层面的分析中作详细阐述。

（二）司法实务层面

在司法实务中，就特许经营协议的性质也出现不同的司法案例。现就几例典型案例梳理如下：

2015 年 10 月 28 日，最高人民法院首次在司法层面将 BOT 模式的特许经营协议定性为民商事合同。[①] 最高院经审理认为此案是典型的 BOT 模式的政府特许经营协议。案件所涉合同的直接目的是建设新陵公路，而开发项目的主要目的是开发和经营新陵公路，设立新陵公路收费站，具有营利性质，并非提供向社会公众无偿开放的公共服务。同时，最高院认为合同相对人在订立合同及决定合同内容等方面仍享有充分的意思自治，并不受单方行政行为强制，合同内容包括了具体的权利义务及违约责任，均体现了双方当事人的平等、等价协商一致的合意。本案合同并未仅就行政审批和行政许可事项本身进行约定，合同涉及的相关行政审批和行政许可等其他内容，为合同履行行为之一，属于合同的组成部分，不能决定案涉合同的性质。从本案合同的目的、职责、主体、行为、内容等方面看，合同具有明显的民商事法律关系性质，不属于 2015 年修改的《行政诉讼法》第 12 条第 11 项、《最高人民法院关于适用〈中华人民共和国行政诉讼法〉若干问题的解释》第 11 条第 2 款规定的情形，应当定性为民商事合同。

在“巴中市人民政府诉四川巴万高速公路有限公司申请确认仲裁协议效力

---

① 案例索引：最高人民法院（2015）民一终字第 244 号“河南新陵公路建设投资有限公司与辉县市人民政府合同纠纷管辖权异议一案”。

案”中,双方签订的特许权协议系典型的BOT协议,其一方面具有政府向社会公众提供公共设施的目的,另一方面又具有签约双方获取一定经济利益的目的。该项目并非是巴中市政府和达州市政府完全无偿、单一地向社会公众提供公共服务。尽管协议的一方当事人巴中市政府和达州市政府为行政机关,但巴万高速路公司作为协议的相对方,在项目建设过程中订立合同及决定合同内容等方面,仍享有充分意思自治的权利,并不受巴中市政府和达州市政府单方行政行为的强制。同时,协议还约定巴中市政府和达州市政府保证按照协议约定向巴万高速路公司实施项目建设提供必需的政策支持和必要的协助,协议还包括双方具体的权利义务及违约责任等内容,均体现了签约双方当事人平等、等价协商一致的合意。涉案特许权协议并未仅就行政审批或行政许可事项本身进行约定,其涉及的相关行政审批和行政许可等其他内容,均为协议履行行为的一部分,属于该协议的组成部分,并不能仅以此决定涉案协议的实质性质。因此,从涉案特许权协议的目的、主体、职责、双方权利义务等内容考量,该协议不属于2015年修改的《行政诉讼法》第12条第11项及《最高人民法院关于适用〈中华人民共和国行政诉讼法〉若干问题的解释》第11条第2款规定的情形,具有明显的民商事法律关系特征,应当认定为民商事合同。

在“木垒哈萨克自治县人民政府与木垒县新青房地产开发有限责任公司未按约定履行行政协议上诉案”中,一审法院和二审法院都将涉案协议界定为行政协议;“兴仁县博泽市政服务有限责任公司与兴仁县城市管理(综合执法)局合同纠纷上诉案”中,二审法院认为案件所涉《停车位经营权转让协议》是行政协议而非民事合同,并撤销一审判决(作为民事案件进行处理),驳回起诉。

综合上述几个案例,我们可以看出,政府特许经营协议的属性在司法实务中依然存在分歧,分歧点主要表现在民事合同和行政协议之争,这与我国法学学界的“公法说”和“私法说”是对应的。但是,近来“公法、私法混同说”的支持者也提出了新的不同的观点。[①] 下面对这三种学说进行分析。

(三)法学学界层面

目前,法学学界对于政府特许经营协议的法律性质主要存在“私法说”“公法说”和“公法、私法混同说”三种不同的学说。兹分述如下:

---

① 参见李亢:《PPP的法律规制——以基础设施特许经营为中心》,法律出版社2017年版,第91、157—165页。

1. 私法说[①]

私法说主张政府特许经营协议是民事合同。特许经营协议虽有政府一方的参与,但是政府在此过程中的角色明显不同于一般的行政行为,本质上仍是一种民事合同,由政府与特许经营者在平等、诚信的基础上签订、履行。与传统的行政许可制度构造不同的是,特许制度是私法契约理念与公法管制结合的产物,因此其制度必然带有私法契约平等、公平、诚信的价值内涵。[②] “特许被恰当的认为是一种程序,既包括授予特许权的措施的设计和运作,也包括特许管理规则下的监督、谈判和制裁,其中蕴藏着充足的自由裁量余地。”[③]更有学者主张,这种特许经营协议是一种特殊的信托。对私法说最有力的肯定,从最高院对“河南新陵公路建设投资有限公司与辉县市人民政府合同纠纷管辖权异议一案”的裁判要点中可见一斑。

2. 公法说[④]

公法说具有一定的合理性。首先,主体具有一定的特定性。政府特许经营协议是行政主体实施行政管理活动的过程中形成的,协议的一方当事人是行政机关。其次,目的具有行政性。主要是以实现公共福利的职责供给、财政资金的有效利用、各项资源的优化配置及各区域、产业的协调发展为最终目的。最后,政府作为特许协议的主导方,天然具有公权力作为后盾,应受到公法规范的约束。

公法说的代表观点即认为政府特许经营协议是行政合同,行政合同是指“两个以上之当事人,就公法上权利义务设立、变更或废止所订立之契约,……适用规范及所生之效果均属公法性质”[⑤]。“对作为一种政治治理行为的合同的研究,证明了私法制度对于新公共管理运动以及保守党的政府革命的重要性。因此,在一个混合式行政的时代,在一个对公权力和私权利的创造性相互作用极其依赖的时代,合同乃行政法之核心。”[⑥]

---

① 支持“私法说”的有“民事合同说”和“信托说”,具体可参见辛柏春:《BOT 项目协议的法律性质》,载《行政与法》2005 年第 5 期;赵意奋:《公用事业特许经营协议性质之辨考》,载《经济体制改革》2010 年第 6 期。

② 参见杨海坤、郭朋:《公用事业民营化管制与公共利益保护》,载《当代法学》2006 年第 5 期。

③ 〔英〕卡罗尔·哈洛、理查德·罗林斯:《法律与行政》(下卷),杨伟东等译,商务印书馆 2004 年版,第 512 页。

④ 支持“公法说”的有“授权说”和“行政合同说”,具体可参见虞青松:《公私合作契约的赋权类型及司法救济——以公用事业的收费权为视角》,载《上海交通大学学报(哲学社会科学版)》2013 年第 5 期;邢鸿飞:《政府特许经营协议的行政性》,载《中国法学》2004 年第 6 期。

⑤ 吴庚:《行政法之理论与实用》(增订八版),中国人民大学出版社 2005 年版,第 69 页。

⑥ 〔英〕卡罗尔·哈洛、理查德·罗林斯:《法律与行政》(下卷),杨伟东等译,商务印书馆 2004 年版,第 554 页。

虽然,行政合同借助合同的形式引入公私双方的协商机制,克服了行政权力的僵硬死板,也弥补了政府在基础设施和公用事业建设上资金不足、效率低下等不足,然而,即便是行政法学界,也有不少学者认为,“行政合同在行政法中的地位仍有争议”[①],“我国至今尚未形成系统的行政合同制度,特别是对行政合同存在的合理性和必要性一直存在争议”[②]。更有学者指出,“行政契约(合同)是一个伪概念,其本身就是自相矛盾的”[③]。更毋宁说,行政合同不可避免存在着行政优益权[④],如对合同的指导权、强制执行权、单方变更和解除合同权、制裁权等类型。[⑤] 可以看出,行政合同从履行到变更解除再到责任追究,无时无刻不受着行政特权的干预。

3. 公法、私法混同说[⑥]

公私混合说认为政府特许经营协议既有行政合同的性质又有民事合同的性质,无论采用其中哪一种观点,都不太精准。从而认为政府特许经营协议是兼有公法和私法性质的经济法合同,具有经济法上的属性,更符合经济法上的价值取向,所以应当从经济法的角度来界定合同性质。

以上观点均有其合理性。但是,政府特许经营协议通过合同这种平等权利之间的协商机制所要实现的已经不仅仅是个体目标和个体利益,而且在更大程度上涵盖了更广泛的社会利益和公共利益。[⑦] 所以,将其界定为民事合同实在不妥。在政府特许经营协议中,虽然合同的签订、履行全过程都由政府主导,合同的基本条件均由政府事先确定,但是私营机构如果认为招标文书所规定的条件无法接受,也是可以不参加竞标的。这在一定程度上体现了“双向互动”的交易关系,已不同于传统行政公法关系。[⑧] 综合诸多理论学说,笔者赞成政府特许经营协议具有经济法属性的观点,下面结合本文论述的政府特许经营协议中的不竞争条款来分析其中的原因。

---

① 章剑生:《现代行政法基本理论》,法律出版社 2008 年版,第 484 页。

② 陶镜卿:《市政公用特许经营法律属性的探讨》,载《中国环保产业》2006 年第 8 期。

③ 阎磊:《行政契约批判》,知识产权出版社 2011 年版,第 3 页。

④ 行政优益权,指的是政府基于行政主体的身份而对相对人所享有的行政性、单方性、强制性的权力。参见许军:《政府特许经营权的反思与重构》,载《甘肃社会科学》2015 年第 6 期。

⑤ 参见施建辉:《行政契约缔结论》,法律出版社 2011 年版,第 105—116 页。

⑥ 支持“公法、私法混同说”的有“公法与私法兼备说”和“经济合同说”,具体可参见邓敏贞:《公用事业公私合作合同的法律属性与规制路径——基于经济法视野的考察》,载《现代法学》2012 年第 3 期;史际春、肖竹:《公用事业民营化及其相关法律问题研究》,载《北京大学学报(哲学社会科学版)》2004 年第 4 期;李亢:《PPP 的法律规制——以基础设施特许经营为中心》,法律出版社 2017 年版,第 91、157—165 页。

⑦ 参见周林军:《经济规律与法律规则》,法律出版社 2009 年版,第 66 页。

⑧ 参见李亢:《PPP 的法律规制——以基础设施特许经营为中心》,法律出版社 2017 年版,第 157—165 页。

第一,从主体方面来看,政府在特许经营协议中具有民事主体和行政主体的双重身份,不仅要履行合同,同时负有管理和监督的权力。一方面,不竞争条款直接体现以政府意志表达出来的公共政策要求或者其他公共利益的要求,与特许经营者进行协议合作,充分体现了"契约精神与政府权力的最佳契合"①,使得特许经营协议具有公私法属性。另一方面,协议双方的权利义务并不完全对等,行政主体一方天然地具有"特权",表现为强势主体,要受到公法规范的约束来对其权力进行限制;而特许经营者面临投资风险等担忧,是合作中的弱势主体,应在制度上对其进行倾斜性保护,以实现双方的实质平等。政府特许经营协议中的不竞争条款即为对特许经营者的倾斜性保护。

第二,从协议的标的来看,特许经营协议中特许的内容是"中华人民共和国境内的能源、交通运输、水利、环境保护、市政工程等基础设施和公共事业领域的特许经营活动",显然这些是作为现代法代表的经济法所勇于承担的责任领域。不竞争条款所表现出的政府承诺,即对处于弱势地位的特许经营者进行竞争保护,是民法制度所无法做到的,而在社会化大生产条件下产生的经济法,"就是从超越民法界限的地方开始的"②。行政合同更多是政府以实施行政管理为目的,与行政相对方就有关事项,在协商一致的前提下达成协议,多以主体上的"政府—行政相对方"和法律关系上的"政府—市场"为分析架构。笔者所主张的经济法属性主要源于承接基础设施和公共服务的特许经营者因为特许经营项目本身所具有的长期性、投入资金的巨大性、成本的沉没性等特征而在相关市场中处于的弱势地位,不竞争条款实质是通过直接作用于市场内部,经过其他具有竞争关系主体的利益让渡和利益交换,从而达到利益均衡以实现社会整体利益。因此,不竞争条款便是对社会强弱势主体利益冲突和矛盾的化解之道,将失衡的利益天平重新扶正,恢复利益均衡的状态。③

第三,从目的方面来看,特许经营协议是政府为了公共利益的实现而在基础设施和公用事业领域引入社会资本,其中的不竞争条款更是政府出于公益的目的而借助其特权所做出的对特许经营者的特殊保护。同样,在项目所依据的法律、法规、规章等发生修改或者废止,或者所依据的客观情况发生重大变化时,政府为了公共利益的需要,可以单方变更或者解除合同,④但必须对特许经

① 钱诚:《关于PPP模式特许经营协议性质的思考》,载《成都行政学院学报》2015年第6期。

② 〔日〕丹宗昭信、厚谷襄儿编:《现代经济法入门》,谢次昌译,群众出版社1985年版,第59页。

③ 参见陈婉玲:《经济法原理》,北京大学出版社2011年版,第183页。

④ 参见谢春艳:《高速公路PPP项目特许权协议中"政府保证"的法律分析》,载《湖南大学学报(社会科学版)》2016第1期。

营者给予相应的补偿[①]。这也是经济法是协调经济结构利益关系之法的充分体现。

综上,笔者对本文所讨论的不竞争条款的前提条件和背景作了详细分析,并将政府特许经营协议界定为经济法合同,这为下文不竞争条款与《反垄断法》的适用问题做好了铺垫。

五、不竞争条款对公共利益的价值追求要求《反垄断法》为其让步

不竞争条款在一定程度上具有限制竞争的效果,理应纳入《反垄断法》的调整范畴。但是,由于不竞争条款不属于现行《反垄断法》所规定的垄断行为,因此二者在立法、制度和实践中该如何衔接成为急需解决的问题。

(一)不竞争条款阻碍竞争的实效需要《反垄断法》介入

出于当下经济发展对充分竞争的追求和对垄断的不满,不竞争条款在外观上表现为对项目中特许经营者的竞争保护,对其他经营者和政府自身的行为都作出限制。对于其他经营者来说,在一定期限和一定区域范围内,他们将没有进入与特许项目具有竞争关系的其他相同或类似项目的机会。对于政府来说,既然其承诺了项目相对方相应条件,就应当严格遵守,不得再授权给其他的经营者或者再引进其他的项目,对已建项目构成竞争威胁,损害项目相对方的利益。因此,对于已建项目来说,特许经营者为项目运营阶段的执行人,政府的竞争保护和其他竞争者的无法进入都会使其产生极大的优越性,长此以往,垄断是不可避免的。

垄断提供的公用事业服务不能满足公众日益增长的需求。不论是公共垄断机构还是私人垄断服务部门,为追逐私利都会滥用其垄断地位,减弱其对消费者的回应性。[②] 高速发展的经济和快节奏的城市生活,使得人们对生活的品质提出了更高的要求,生活方式也发生了极大的转变,随之对基础设施和公共服务的要求也更高。但是,现有的基础设施和公共服务显然已经无法满足人们的需求,

---

① 《基础设施和公用事业特许经营管理办法》第 26 条规定,特许经营协议各方当事人应当遵循诚实信用原则,按照约定全面履行义务。除法律、行政法规另有规定外,实施机构和特许经营者任何一方不履行特许经营协议约定义务或者履行义务不符合约定要求的,应当根据协议继续履行、采取补救措施或者赔偿损失。第 36 条规定,因法律、行政法规修改,或者政策调整损害特许经营者预期利益,或者根据公共利益需要,要求特许经营者提供协议约定以外的产品或服务的,应当给予特许经营者相应补偿。

② 参见高旺:《西方国家公用事业民营化改革的经验及其对我国的启示》,载《经济社会体制比较》2006 年第 6 期。

还严重影响到了人们的生活、生产和工作。

政府特许经营制度的设置初衷是让政府手中的公用事业项目与特许经营者手中的资金“握手”，既能帮助政府实现在基础设施和公共服务领域的行政职责，又能扩展特许经营者的投资领域，提高其投资收益，实现“双赢”。但是，在制度落地过程中，由于政绩考核和官员升迁规则的特点，某些地区的政府部门只在商谈协议时夸海口给承诺，在特许经营者资本进入后，根本不管项目后期的履行情况。这就导致对特许经营者提供的服务和物品的质量和价格缺乏监督，无形中，从原来的政府垄断转变为私人垄断。垄断的优势地位加上特许经营者的逐利本性，结果必然造成公共利益和消费者利益受损。

综合前文所述，反基础设施和公共服务领域的垄断，即是对不竞争条款导致的垄断效果进行规制，离不开产业政策和政府的主导，《反垄断法》作为“广义的产业政策法”，[①]急需其介入。

（二）不竞争条款不属于现行《反垄断法》所规定的垄断行为

不竞争条款是政府特许经营协议内容的一部分，而政府特许经营协议是特许经营者与政府协商签订的，这就导致不竞争条款在形式上最容易构成垄断协议和滥用行政权力排除、限制竞争行为。但是，它们之间又存在很大的区别。

1. 与垄断协议的制度区分

我国《反垄断法》第二章专章规定了垄断协议[②]，政府特许经营协议也是一种协议安排，与限制竞争协议相较，不竞争条款的特殊性主要表现在：在主体方面，垄断协议是具有竞争关系的经营者之间，或者是经营者与交易相对人之间达成的限制竞争的协议，主体相对广泛；而政府特许经营协议中的不竞争条款是政府部门与特许经营者之间就特许经营项目约定的对特许经营者的竞争保护，主体一方为政府，另一方是社会资本，较为固定。在设立目的方面，垄断协议是通过经营者之间的共谋，在其经营领域或行业内形成竞争联盟，排挤其他竞争者，

---

① 参见王斐民：《反垄断法视野中的中国产业政策法》，法律出版社 2013 年版，第 102—103 页。当前一些国家或者地区也把竞争政策（反垄断法的政策依据）作为产业政策的核心，比如，欧盟委员会《关于竞争政策的第二十三次报告》中提到“竞争政策是欧盟产业政策的核心”，参见孙涛：《欧盟竞争法的政策基础及其对企业结合的反垄断控制》，载《经济法学评论》2001 年第 00 期；欧盟委员会委员 Neelie Kroes 在一次演讲中也做了同样的论述，See Neelie Kroes, Industrial Policy and Competition Law and Policy, 30 *Fordham International Law Journal* 5(2006).

② 《工商行政管理机关禁止垄断协议行为的规定》第 2 条规定的垄断协议是指违反《反垄断法》第 13 条、第 14 条、第 16 条的规定，经营者之间达成的或者行业协会组织本行业经营者达成的排除、限制竞争的协议、决定或者其他协同行为。其他协同行为是指经营者虽未明确订立书面或者口头形式的协议或者决定，但实质上存在协调一致的行为。

抬高物价,获取垄断利润;而政府特许经营协议中的不竞争条款则是政府为了实现其公共服务的职能,同时考虑到资金的匮乏,从而以对特许经营者进行竞争保护作为对价,让社会资本进入到公共服务和基础设施领域中来,它的目的是实现社会公共利益。

2. 与滥用行政权力排除、限制竞争行为的制度区分

滥用行政权力排除、限制竞争行为是我国《反垄断法》的特色。由于这种行为的一方主体也是行政机关和法律、法规授权的具有管理公共事务职能的组织,同样具有限制竞争的效果,因此很容易产生其与特许经营协议中的不竞争条款到底有什么区别的疑问。其中,最为关键的一点是二者运用行政权力的程度和目的不同。就滥用行政权力排除、限制竞争行为而言,在程度层面,是对行政权力的过度使用,即运用行政权力排除、限制竞争行为不一定就违反了《反垄断法》,因公共利益或国家安全等目的而在一定条件下具有合理性,但是滥用行政权力排除、限制竞争行为就一定构成《反垄断法》的违法行为;在目的层面,滥用行政权力排除、限制竞争行为的目的是通过采取区别对待,让特定地区或特定行业内的经营者获得竞争优势,从而实现地方保护和行业保护,实现权力的"经济化"和"财富化"。反观政府特许经营协议中的不竞争条款,其"一方主体—政府部门—行政权力"的运用完全是在法律授权范围内的正当使用,目的也绝不是通过公权力来让一部分企业获得竞争优势。

综上,政府特许经营协议中的不竞争条款既不是垄断协议,也不是滥用行政权力排除、限制竞争行为。这也恰恰印证了不竞争条款不能用《反垄断法》去"反",而应与其和谐相容。

(三) 不竞争条款与《反垄断法》的衔接

如何巧妙地将不竞争条款与《反垄断法》衔接起来是解决政府特许经营发展中出现类似问题的关键所在,下面从理论层面和操作层面分述之。

1. 理论层面

从《反垄断法》的基本原理出发,判断不竞争条款是否构成垄断行为,需要从目的和效果两个维度来考察。从目的上来看,政府特许经营协议中约定的不竞争条款显然是吸引社会资本的"诱饵",目的就是限制竞争;从效果上看,政府为了履行协议义务,在公权力的支持下,会在协议约定的时期和地域内限制或者禁止竞争项目进入,以维护特许经营者的利益。可见,政府特许经营协议中的不竞争条款构成垄断。不竞争条款虽然直接限制了竞争者间的竞争或者潜在竞争,但从实质意义上考量,不一定要对不竞争条款进行反垄断法规制。出于保护社会公共利益的目的,政府在特许经营协议中规定不竞争条款,约定在一定时间、

一定地域内设立一些对特许经营者的竞争保护，是无可厚非的。

竞争是市场机制的优越性，但其也存在缺陷，即盲目竞争和恶性竞争导致生产过剩和资源浪费，从而诱发行业性的经济总量失衡和资源配置不合理。依照国家的产业政策和其他经济政策，在自然垄断领域是需要避免过度竞争的。现实经济中，许多特殊的事业部门和经济领域，由于其行业特点，不宜放开进行充分竞争，而是有必要实行垄断经营。政府特许经营协议所涉领域大多为能源、交通运输、水利、环境保护、市政工程等基础设施和公共事业领域，属于公用事业，在进行反垄断规制时应考虑其行业特性，进行豁免[①]。更何况，实施机构根据经审定的特许经营项目实施方案，应当通过招标、竞争性谈判等竞争方式选择特许经营者。特许经营项目建设运营标准和监管要求明确、有关领域市场竞争比较充分的，应当通过招标方式选择特许经营者。换言之，在项目设计的最开端，在寻找特许经营者之时，项目就已经通过竞争性安排，后期的方案内容，尤其是其中的政府承诺，最关键的是不竞争条款，是为了保证项目的有效运行和社会公共利益的需要而设计的，由此而造成垄断的相关垄断主体的合法性也是由现行法律和政策所确认的，[②]因此其更应被豁免。

丹宗昭信、伊从宽认为，反垄断法是市场经济的基本法律，与特殊产业部门法相比，并不居于“上位”，所以在二者发生冲突时，应适用“特别法优于一般法”的原则。[③] 我们知道，特别法优先于一般法的原则中所适用的法律须是位于同一位阶之间，而现行的特殊产业部门法的法律位阶参差不齐，无法适用该原则。对此，学者史际春提出：“就反垄断而言，反垄断法相对于调整特定公用事业的专门法律规范处于普通法的地位。特别法虽优于普通法但并不高于普通法，相对于特别法来说，普通法遵循的原理更基本，有时甚至更高级，在特别法未做规定、规定不明或者规定有矛盾冲突的情况下，就需要将反垄断法乃至市场经济暨竞争的一般原理适用于公用事业的垄断和竞争问题。”[④]可见，学者们也并不主张“特别法优于普通法”原则，而认为“对公用事业反垄断或引进竞争机制，从根本上说要在有关公用事业的专门立法上做文章，‘反垄断法’只能起辅助和兜底的作用”[⑤]。所以，从反垄断法的视角，应放开对基础设施和公用事业的垄断审查

① 豁免制度通常是权衡比较的结果，即从经济效果上对限制竞争行为的性质和影响进行比较，在限制竞争行为带来的经济后果利大于弊时，将其排除适用反垄断法的禁止。一旦某种垄断行为或限制竞争行为符合豁免条件而适用反垄断法的豁免规定时，反垄断法就可以网开一面，对此类限制竞争行为予以豁免，该行为将不承担反垄断法上的法律责任。

② 参见史际春：《资源性公用事业反垄断法律问题研究》，载《政治与法律》2015年第8期。

③ 参见〔日〕丹宗昭信、伊从宽：《经济法总论》，吉田庆子译，中国法制出版社2010年版，第564页。

④ 史际春：《公用事业引入竞争机制与“反垄断法”》，载《法学家》2002年第6期。

⑤ 同上。

标准,交由其行业特别法进行具体规定。

2. 操作层面

基于我国当前基础设施与公用事业的发展现状,对于不竞争条款宜采用豁免适用《反垄断法》的态度,最好的做法是将不竞争条款纳入《反垄断法》的适用除外范畴之内。我国《反垄断法》中的适用除外规定主要体现在第15条、第28条、第55条和第56条当中。很明显,第28条、第55条和第56条的规定根本与本文讨论的不竞争条款没有多大关系,很有可能扯上关系的只有第15条,但是仔细分析该条项下的几项内容,也没有找到可以对照适用的点。因此,只能在《反垄断法》适用除外制度中另辟蹊径,新增"政府特许经营协议不竞争条款的反垄断法适用除外"的规定,具体可以将该项内容作为第15条的第7项,将原第7项顺延为第8项,内容为"为推动基础设施和公用事业建设的"。这样的立法修订,是公私法融合在基础设施和公用事业领域的时代印记,充分体现了《反垄断法》作为现代法所具有的开放性。

当然,我们也应该以发展的眼光看待政府特许经营协议中的不竞争条款与《反垄断法》的关系,如果随着社会发展或者PPP项目的顺利开展和落地,在基础设施和公用事业领域,市场供给(或公私合作供给)已经能够完全满足社会大众对生产和生活的需求,那么《反垄断法》作为"经济宪法",也应该将政府特许经营协议中的不竞争条款从适用除外制度中删除,让它接受市场和竞争的"审判"和"筛选"。

六、结　　语

政府特许经营协议是现阶段PPP项目浪潮中公私合作的一种模式,出于对特许经营者利益的保护及对公共服务提供的热切期盼,政府作出不竞争的承诺,约定在特许经营协议中,即为不竞争条款。通过理论上的分析,笔者在解读政府特许经营协议中的不竞争条款的同时指出其存在的问题,并依据经济法是协调经济结构利益关系之法[①]及保护弱者的公平观,创新性地提出:在现阶段的政府特许经营协议中,特许经营者出资承担公共服务,面临投资周期长、成本无法收回的风险,在相关市场中本就处于弱势。不竞争条款所给予的竞争保护是对弱势群体的倾斜性保护,虽在区域内或行业内会在一定程度上限制竞争,但是从社会整体而言,是实质公平的体现,反而有利于整个社会的竞争秩序。同时,不竞争条款也不属于《反垄断法》所规制的垄断行为,自然不受《反垄断法》的约束,而

① 参见陈婉玲:《经济法原理》,北京大学出版社2011年版,第169—196页。

应被纳入《反垄断法》的适用除外范畴，进行豁免，具体如何规制，应由相关产业的具体政策法规进行规定，《反垄断法》只做兜底和一般规定。

目前，在美国，不竞争条款在交通设施 PPP 项目中的使用呈下降趋势，取而代之的是限制性更小的补偿条款。根据补偿条款，政府部门可以建造在 PPP 立项时尚未规划的、与 PPP 项目相竞争的设施，但是必须补偿特许经营者因此而遭受的收入损失。同样，如果新设施（如立体交通枢纽）导致 PPP 设施收入增加，补偿条款有可能要求特许经营者补偿政府部门。

随着公私合作项目的顺利开展，基础设施和公用事业领域已经能够满足公众生活和生产的需要时，就可以将政府特许经营协议中的不竞争条款从《反垄断法》适用除外制度中剔除，完全交给市场和竞争。

民营资本进入电力领域的法律路径

——以价格激励机制为视角

陈志峰*

一、电力体制改革：民营资本进入电力领域的时代背景

（一）竞争性电力市场：世界电力体制改革趋势

经济管制往往基于某一产业的市场失灵，而自然垄断则是诸多市场失灵当中影响最大的表现之一。电力领域一直被公认为具备自然垄断属性。因此，20世纪的大部分时间里，电力领域一直处于发输配售一体化状态，受到政府的严格管制。理论上讲，自然垄断分为永久性的自然垄断与暂时性的自然垄断，主要区别在于：永久性的自然垄断无论市场规模多大，企业的长期平均成本都会随着市场规模的扩大不断降低，此时只能有一家企业以最小的成本实现最高产出；暂时性的自然垄断在经过临界点之后，企业的平均成本将不再下降，此时意味着构建竞争性市场将有利于产业效率的整体提升，构建竞争性市场也就有了可行性。通常技术的变化可以改变产业的成本收益属性，而随着技术水平的不断提升，电力产业的成本收益属性已经逐渐地体现出暂时性的自然垄断特性。① 所以，自20世纪90年代以来，从欧美发达国家开始，旨在构建竞争性电力市场、提升电力产业效率的电力体制改革在全球范围内迅速铺开。

在这场世界范围的电力体制改革过程中，对于电力产业的结构重组和放松管制是核心内容。原本垂直一体化的产业结构被依法或者按照功能性拆分，按

---

* 陈志峰，华东政法大学博士研究生。

① 参见〔美〕W. 基普·维斯库斯等：《反垄断与管制经济学》（第四版），陈甬军等译，中国人民大学出版社2010年版，第401—430页。

照发电、售电、输配电三个环节施以不同的产业政策，发电和售电环节主要是通过引入竞争机制以提高产业效率，而输配电环节则被认为依然属于自然垄断状态，需要继续保持管制，区别则在于输配电环节为了保证竞争的需要，须确保向所有市场参与主体的开放和无歧视。[①]

各国推进电力体制改革的方式有所差异。例如，美国由各州管制委员会主导，在电力领域推行引入竞争和降低电价的改革；英国由政府主导，先逐步推行私有化并分地区构建电力市场，随后再形成统一的电力市场；德国依靠能源法规修订开始改革，但大型电力公司的主导地位导致进展缓慢；巴西虽然同样由政府主导，但是却是采取全国共同推进的形式。综合起来看，除去改革前的发输配售垂直一体化模式，电力体制改革过程中形成的电力市场模式主要有三种：单一买方模式、批发竞争模式和零售竞争模式。

1. 单一买方模式

单一买方模式属于电力体制改革初期采取的模式，大多数发展中国家都曾采取这种模式作为本国电力体制改革的开端，以便吸引私人投资进入。相比之下，这种模式属于有限竞争市场，尚未实现完全的自由竞争。

在这一模式下，发电侧已经形成多个独立的市场主体。但是，发电商只能将所发电力卖给保持自然垄断的输配电企业，因而输配电企业对于所有的终端消费者仍然属于完全垄断，消费者只能选择向输配电企业购电。总体而言，单一买方模式类似于一个受管制的独立发电主体组成的市场，买方唯一，因此达不到完全竞争的状况，输配售仍维持一体化。输配电企业对独立发电商和最终用户具有购买垄断力和销售垄断力，因而价格上受到严格管制。[②] 发电侧与其他环节的连接主要依赖于长期供电合同，这一合同的价格不受市场价格和技术因素的影响；而用户消费电价则完全处于行政管制状态，由管制者加以确定。

2. 批发竞争模式

批发竞争模式是电力体制进一步改革后的产物。在批发竞争模式下，发电价格不再受到管制，实现了完全竞争，买方主要包括配电公司和大用户。但是，配电公司对于小用户而言仍然处于垄断经营状态，出于降低销售成本和相关费用的考虑，小用户无权自由选择发电商。在批发竞争模式中，由于卖方较少，为了保证供需平衡，实现供求相适应和有效的市场竞争，就需要让大用户参与其中，让大用户可以直接从发电商处购电，也可以向输电批发市场购电。[③] 总体而

---

① 参见〔美〕罗斯威尔、〔西〕戈梅兹：《电力经济学：管制与放松管制》，叶泽、夏晓华译，中国电力出版社2007年版，第2页。

② 参见张世翔、苗安康：《中国电价市场化改革现状及模式探索》，载《价格月刊》2017年第3期。

③ 参见〔美〕萨莉・亨特：《电力市场竞争》，易立云等译，中信出版社2004年版，第38—40页。

言,批发竞争模式依然有管制色彩,但是已经接近完全竞争的市场。

批发竞争需要构建起完善的电力批发市场,该市场主要包括如下几个特点:第一,发电市场应当进入完全竞争状态,以保证批发市场销售的竞争性。第二,配电公司和大用户在购电时应当属于相互竞争的状态。第三,放开售电市场,无论零售商、联合经销商还是经纪商都可以进入。第四,配电公司应当与发电商或者销售商签订合同,以保证向小用户供电,供电服务通常依据格式条款;而大用户则可以进行议价,不适用格式合同确定的默认购电、供电服务。

3. 零售竞争模式

零售市场是以市场化为导向的电力体制改革的最终形态。在零售竞争模式下,所有的用户都可以自由选择自己的发电商。但是,考虑到交易费用的问题,依然只有大用户才会向发电商或者批发市场直接购电,而中小用户则从零售商处购电。配电公司原本基于区域行政指定的区域性垄断不复存在,中小用户获得了根据零售电价选择零售商的自由选择权,再由零售商代表中小用户从批发市场购电,而输配业务也与售电业务完全区分开来。[①]

通过这样的制度设计,零售竞争模式下的电力产业形成了完全竞争的电力交易市场。这一模式与批发竞争的主要区别就在于售电侧的完全放开,关键则在于用户获得选择零售商的自由以及多家售电格局的构建。[②] 零售竞争让价格不再受到管制,而完全由市场进行决定,依靠的是不同零售商之间的相互竞争加发电侧的相互竞争,从而实现供求相互适应和供需平衡。

(二) 深化电力体制改革:我国民营资本进入电力领域的时代契机

自改革开放以来,为了保证可靠的电力供应,提升产业效率和实现节能减排,我国一直在对电力体制进行调整。20 世纪 90 年代的世界电力体制改革为我国的电力体制改革提供了思路,也让我国坚定了深入推进电力体制改革的决心。2002 年至今,我国共进行了两轮电力体制改革。第一轮始于 2012 年,是在发电侧引入竞争阶段,因为重点在于打破垄断、实现厂网分开而被称为"厂网分开"改革阶段。这一阶段的主要任务包括实施厂网分开,重组中央发电资产和电网企业,组建专门的电力监管机构,实行竞价上网,初步建立竞争的电力市场以及试点大用户直供电等。[③] 我国的电力体制因此进入单一买方模式,并对批发竞争模式进行了试点。第二轮改革则从 2015 年开始,通常被称为深化电力体制

① 参见〔英〕丹尼尔、戈兰:《电力系统经济学原理》,朱治中译,中国电力出版社 2007 年版,第 6 页。

② 参见马莉等:《法国售电侧市场放开的经验及启示》,载《南方电网技术》2015 年第 8 期。

③ 参见邱润根、黄江东:《我国电力行业改革的困境与出路——以经济法为视角》,载《江西社会科学》2011 年第 11 期。

改革阶段。这一阶段的主要任务是按照“管住中间，放开两头”的体制架构，有序放开除输配环节以外的竞争性环节电价，有序向社会资本保持配售电业务开放，有序放开公益性和调节性以外的发用电计划，从而推动电力市场建设，实现交易机构的相对独立与规范运行等内容。实现零售竞争是本轮电力体制改革意图达到的最终目标。

1. “厂网分开”改革阶段

2002年“厂网分开”改革的主要依据是国务院发布的《电力体制改革方案》（以下简称5号文）。经过前期改革，电力市场中的独立发电商已经占据发电装机总量的一半以上。但是，当时作为一体化垄断企业的国家电力公司由于既是发电商，又是电网运营者，当需求不足时，它作为“经济人”有着天生的优先使用自发电量的倾向。实际上，一体化垄断的弊端已经严重阻碍电力产业的供求响应和健康发展。为此，5号文强调了电力市场化改革的基本方向，以厂网分开为重点，构建多家竞争的发电市场。

此次改革的主要内容涵盖了产业组织重组、电价改革和行业管理体制改革三部分。首先，以“厂网分开，打破垄断，引入竞争”为宗旨，对国家电力公司进行了拆分和重组，成立了国家电网和南方电网两大电网公司，华能、华电、国电、大唐和中电投五大国有发电公司及四大电力辅助服务公司。其次，探索电价市场化改革，上网电价由原本的“一机一价”改变为“标杆电价”，明确了发电企业与电网企业进行电价上网交易的具体价格，规定上网电量一律都要遵循主管部门制定的上网电价，并且以上网电价为基础确定了跨省、跨区域的电能交易价格。此外，这一轮电改还对区域电力市场进行了积极探索，对双向竞争的多边交易和大用户直供电进行了试点。最后，国家电监会作为专门的电力市场监管机构于2003年成立，但之后又于2013年被整合并入了同样负有电力监管职能的国家能源局。①

从此次电力体制改革的改革绩效而言，可谓是有得有失，重要意义在于电力体制改革终于走出了具有跨越意义的一步。产业结构的拆分终于得以实现，厂网分开顺利完成，对于电价市场化和电力交易市场、产业监管机构也都作了积极的探索，从而让我国电力产业顺利打破了垄断，从垂直一体化模式过渡到单一买方模式。但是，不可否认的是此次改革只让电力体制进入到了一个过渡性的阶段，大型国有集团的市场势力依旧强大，区域性的尝试难以撼动单一买方的大格局，也无法让电价真正走向市场化，而由于电监会立而复撤，电力领域多头管理的格局并没有得到改变。这些问题都呼唤着电力体制的新一轮变革。

---

① 参见唐要家：《电力体制改革与节能减排》，中国社会科学出版社2014年版，第21—32页。

2. 深化电力体制改革阶段

2015年深化电力体制改革的主要依据是当年3月发布的《中共中央 国务院关于进一步深化电力体制改革的若干意见》(以下简称9号文),11月,国家发展改革委、国家能源局又联合印发了6个电力体制改革配套文件,以保证电改落地。这一轮电力体制改革主要是基于"厂网分开"改革形成的单一买方模式已经不能适应电力产业的快速发展,因此决定进一步提升电力产业的市场化程度。原本"竞价上网"的模式被9号文打破,"管住中间,放开两头"的产业新格局得以确定,中间的输配环节依然维持自然垄断状态,而两头的发电侧和售电侧则被要求完全放开。完全市场化的零售竞争模式成为本次改革的新目标。

本次改革主要围绕输配电价的核定、售电侧的完全市场化、电力交易机构和规则的确立以及发用电计划的放开等几个要点展开。①

输配电价的核定工作是本轮电力体制改革中实现供需响应、连接两头的竞争性环节的关键内容。国家发展改革委曾于2014年先期同意了内蒙古西部和深圳电网的输配电价核定工作,而9号文出台后,相关部门先后发布了《国家发展改革委关于贯彻中发〔2015〕9号文件精神加快推进输配电价改革的通知》和《输配电定价成本监审办法(试行)》,将试点范围扩大到安徽、湖北等5个省,并要求新的输配电价形成机制于2015年7月1日开始施行。在电力体制改革配套文件中,《关于推进输配电价改革的实施意见》又提出将电力体制改革综合试点地区直接列入输配电价改革试点范围,以扩大试点范围。2016年3月,《国家发展改革委关于扩大输配电价改革试点范围有关事项的通知》中又明确新增包括北京、天津、广东在内的12个省级电网,经国家发展改革委、国家能源局审核批复的电力体制改革综合试点省份的电网,以及华北区域电网作为输配电价改革试点。目前,部分省份的输配电价已经下调。

放开售电侧的市场化改革是"放开两头"的重要前提性工作。9号文和配套文件《关于推进售电侧改革的实施意见》勾勒出售电侧改革的主要内容:鼓励社会资本对售电业务进行投资,通过多途径培育多元化的市场主体,在理论上,电网企业成立的输售一体公司、民营资本成立的配售一体和输配一体公司都包括在内;建立电网企业、售电公司以及大用户直购电等市场主体的准入及退出机制,并赋予其相应的权利义务,对市场化交易方式与结算方式作出规定。② 如前文所述,要构建竞争性的售电市场,两个方面很重要:一是要放开用户自由选择权,允许用户自由自主地选择售电商;二是要构建多元化售电主体,允许所有符

① 参见林卫斌等:《新一轮电力体制改革的逻辑与进展》,载《价格理论与实践》2016年第9期。

② 参见高赐威等:《售电侧放开下的需求响应》,载《供用电》2017年第3期。

合准入条件的企业从事售电业务，从而形成“多买方—多卖方”的售电新格局。截至2016年5月，国内注册成立的售电公司已超过420家，涵盖了央企、地方国资、民企和混合所有制企业在内的多个类型的主体。

要构建两头放开的完全竞争性电力市场，完善的交易组织和交易规则就变得必不可少。当前我国新一轮电力体制改革的主要进展在于组建了相对独立的交易机构，并且切实推进了交易方式的发展。一方面，电力交易机构形成了电网企业相对控股的公司制、电网企业子公司制、会员制等多种组织形式。为了实现交易机构的规范运行，电网企业、发电商、售电商、用户和监管部门还共同组成了市场管理委员会对其进行监督；交易机构和调度机构也各司其职，相互协作，交易机构组织市场交易，调度机构则负责保证供求平衡和电网整体安全。同时，为了实现电力交易落地，在全国范围内成立了2家国家级交易中心和30家省级交易中心，覆盖了全国绝大多数省份；[①]位于北京的国家级交易中心的数据显示，2016年，25个省共有15000多家用户进行了电力交易，通过国家—省级电力交易平台体系实现交易的电量超过4700亿千瓦时，总规模相较2015年增长了160%，电价也因此得以降低。[②] 另一方面，电力市场的交易方式经历了从大用户直接交易为主逐渐过渡到“售电公司购售电交易+用户直接交易”等方式并存的过程。在售电侧改革初期，直购电是主要交易方式；但随着用户自由选择权逐渐放开，中小用户也得以进入电力交易市场，主要通过售电公司购电。[③] 随着市场机制逐渐完善，当前电力市场交易已经日趋多元化；尽管当前主要仍是“年度为主，季度为辅”的中长期直接交易，但随着季度向月度、周度的细化，现货即时交易市场正在逐渐形成，将来则有望形成期货交易市场。

除了竞争性售电市场的构建和输配电价的核定以外，发用电计划的放开也是新一轮电力体制改革的重要内容。2015年，《关于有序放开发用电计划的实施意见》提出，在保证电网整体安全稳定的前提下，应当逐步有序缩减发用电计划，并开展发电商与用户的直接交易。总体思路则是在优先保障居民、农业、重要公用事业和公益性服务等用电，以及优先保障清洁能源发电的前提下，再放开其他发用电计划。同时，还鼓励有条件的优先发用电企业能够逐步参与到市场化交易中来。整体上的思维逻辑就在于除了保障公共利益以外，在可以市场化的范围内，最大程度地依靠市场机制来构建电力市场，以减少传统发用电计划对市场的影响。2017年出台的《国家发展改革委 国家能源局关于有序放开发用

---

① 参见严宇等：《新一轮电改形势下电力直接交易组织情况分析》，载《中国电力》2017年第7期。

② 参见北京电力交易中心：《2016年电力市场交易年报》，中国电力出版社2017年版，第22—25页。

③ 参见马莉等：《中国售电市场发展动态及关键问题》，载《中国电力》2017年第7期。

电计划工作的通知》,早在征求意见稿阶段就已经体现出区分市场化电量和非市场化电量的倾向,并要求从火电机组开始积极缩减非市场化的计划电量。[①] 最终的版本也是如此,并力求通过基准小时数这一过渡机制,实现由计划向市场的逐步过渡。

二、民营资本进入电力领域的制度理性

(一) 民营资本进入电力领域的必要意义

在两轮电力体制改革方案和后续的配套文件中,类似于"社会资本""民间资本"等代表着非公主体的民营资本多次出现,充分体现出民营资本在电力体制改革中所发挥的重要作用。事实上,民营资本既是竞争性环节推动自由竞争的关键力量,也是输配垄断环节实现输电扩展、推进电网建设的重要生力军。

1. 民营资本是激发发售两侧竞争活力的催化剂

电力体制改革的目标在于在发电侧和售电侧两头构建起竞争性电力市场,实际上是要打破原本属于计划经济所规划、行政管制所主导的格局,形成市场机制发挥作用的竞争性市场,而竞争性市场的本质是市场经济。既然作为市场经济,那么产品、资本、人力资源等市场的配置、生产、投资与消费都应以民营资本为主体。[②] 因为在电力领域,国有企业作为国家控制的具有公共产品属性的所有权组织,所考虑的不仅仅是企业收益的增加,还包括增加财政收益和维持市场稳定的重任,[③]显然不会过于激进地推动市场的进步。在激发市场创造力、提升产业效率方面,相对而言,目的更为纯粹,为了提升自身收益势必要借助技术优势,在技术研发、提升生产效率等方面要依靠创新打破当前市场关系的民营企业显然更具优势。[④] 事实上,无论是发售电技术创新,还是管理创新、产品创新、服务创新,或者投融资创新,民营资本都有更强的意愿,山东魏桥模式使发电成本显著地降低就是明证。[⑤] 民营资本通过多种创新激发发电市场的竞争活力,如

---

① 参见贾科华:《发用电计划改革思路现雏形》,载《中国能源报》2016 年 7 月 25 日第 1 版。

② 参见肖国兴:《论民营资本规制与能源发展转型的法律契机》,载《法学》2013 年第 12 期。

③ 参见肖国兴:《能源发展转型与〈能源法〉的制度抉择——纪念〈法学〉复刊 30 周年·名家论坛(八)》,载《法学》2011 年第 12 期。

④ 参见〔美〕约瑟夫·熊彼特:《经济发展理论》,何畏等译,商务印书馆 1990 年版,第 142—168 页。

⑤ 山东魏桥模式,是指山东魏桥集团于 1999 年自建热电厂后,因影响电网安全不得不与当地电网分离,转而选择自建电网对本集团所属企业、关联企业及周边村镇及企业供电,从而形成了"自备电厂,自建电网,自行供电"的"魏桥模式"。到 2016 年,魏桥集团自发电成本已低至 0.17 元/千瓦时,售电电价比国家电网售电电价低超过三成。参见杨漾:《全球 500 强排名比中铝还高的魏桥,如何让电价比国网低三成》,http://www.thepaper.cn/newsDetail_forward_1509484,2018 年 2 月 5 日访问。

催化剂一般放大市场机制带来的竞争效益，推动着市场竞争格局进一步向前发展。

除此之外，在价格信号的传递上，民营资本也发挥着重要的作用。由于输配环节仍然处于自然垄断状态，要保持产业两头的完全竞争状态，价格——这一反映供求关系，是市场机制切实发挥作用的指标，就显得十分关键。如果发电侧绝大多数企业都属于国有企业，那么这样的“兄弟之争”就将让整个市场处于一种不完整的状态。在价格管制(如竞价上网的标杆电价)依然存在的情况下，如果整个市场对于价格信号都不敏感，那么价格信号的传导就会受阻，①从而影响市场竞争效益的发挥，让市场机制不能完全发挥作用。民营资本一旦大量进入市场，市场电量将会大大增加，从而减少行政计划对于电力价格信号传导的影响，继续催化竞争性市场带来的效益提升效应。

2. 民营资本是提升输配环节效率的生力军

电力产业属于投资规模大、沉没成本极为高昂的产业，特别是属于输配环节的电力输送网络，作为电力基础设施更是需要源源不断地注入大量资金。大规模的民营资本投资输配电基础设施将会大大提高输配电基础设施的投资效率，节省财政支出，弥补公共费用缺口；也可以改变国有资本垄断的投资结构，从而使基础设施建设速度加快，服务年限得以延长，甚至可以实现公共设施的市场化服务。通过不断注入投资，还可以实现输电容量的持续扩展，推进增量配网工程的建设。

民营资本进入输配电网领域最关键的作用在于对输配电网企业整体效率的提升。一方面，从外部竞争的角度来讲，民营资本与国有资本相互竞争将共同拉动产业效率的提升。配电网的建设和规划不再仅由国有电网企业单一主体负责，而是依靠包括进行投资的民营资本在内的多元主体共同负责。配电网规划需要体现出各投资主体的利益，保证对各个主体的回报率，从而要求多元主体对配电网进行必要的协调；而配电网规划与分布式电源规划紧密联系，同样需要多元主体对两者进行调节。同时，国有电网企业作为原有唯一的输配电运营商，技术和服务优势不再，因为国有电网企业将只作为参与配电网建设规划竞争的企业之一参与其中。② 这也要求国有电网企业必须不断提升自身效率，以应对民营企业的竞争，从而提升行业整体效率。另一方面，从内部合作的角度来看，民营资本参股后形成的混合所有制企业结构将改善电力企业的投资模式与效率。

---

① 参见刘满平：《新电改方案的核心、着力点及影响》，载《宏观经济管理》2015年第6期。

② 参见沈红宇等：《新一轮电力改革对电网企业配电网规划的影响与对策》，载《电力建设》2016年第3期。

原因在于:首先,民营资本的参与将是可再生能源电力发展的重要推动力。民营资本参股不仅可增强输配电企业的实力,也将让企业摆脱行政计划和利益关联对投资选择产生的影响,提高投资可再生能源的主动性。其次,民营资本的参与还将有助于提升企业服务意识,推动输配电企业更积极地扩大电网投资,以便获取更多的输配电服务收益。同时,输电容量的扩展将便于可再生能源电力更多上网,"弃风弃光弃水"问题也将因此迎刃而解。再次,一些民营资本与国有资本混合后不仅可以发挥国有资本固有的规模优势,也可以借助民营资本的灵活和高效,使混合所有制企业中的各类资本放大功能,弥补缺陷,提高竞争力。最后,民营资本参股形成的混合所有制电力公司有利于从内部提升企业的效率。民营资本的逐利本性必将限制混合所有制电力公司中国有资本代理人的行为,使企业管理层经济理性得到强化,对企业管理者形成制约,减少非经济性的投资,从而改善企业的投资布局,提升企业的投资效率。①

3. 民营资本是提高售电侧用户收益的助推器

在最新的一轮放开售电侧改革中,民营资本的意义不仅仅限于发电侧放开后对于竞争效益的释放,还在于民营资本的进入可以有效地提升消费者剩余,保障用户的收益。有研究表明,在电力这样的自然垄断行业的非自然垄断环节,如售电环节,只要不存在限制行业准入的行政壁垒,有潜在机会进入该环节的企业就能对原本的在位企业形成竞争压力,迫使企业寻求自身效率的改进,从而带动提高全行业绩效,促进社会福利的提升。但是,行政垄断会对效率和社会福利造成严重的损害。② 当国有企业占据绝对优势时,原本偏低的效率会使电价的下降空间有限,导致消费者剩余有限,从而难以令用户得到相应的实惠。加之过去配售环节存在普遍的地区垄断,即使国有配售电企业完成拆分,也难以在财政利益框架下相互竞争,从而难以破解原本的垄断态势。用户其实无从选择售电商,也就不可能在若干售电商中选择最优选项。但是,民营资本的进入将为用户提供更多选项,多个所有权主体将不再只依赖于行政计划,而是依赖于市场竞争,电价将因此下降。民营资本的大规模进入将让自由选择权真正富有意义。对于工商业用户来讲,这种真正意义上的自主选择权将增强其议价能力,获取最大收益;对居民来讲,可以从电价的降低中获得实惠,自主选择权将增加其用电的便利性和获得售电服务的体验。③

---

① 参见董溯战:《民间资本参股电力混合所有制股份公司激励研究》,载《华东理工大学学报(社会科学版)》2016 年第 1 期。

② 参见陈时兴:《自然垄断行业的可竞争性与行政垄断危害:理论与实证》,载《中共浙江省委党校学报》2015 年第 5 期。

③ 参见白玫:《新电改方案的逻辑起点与政策影响》,载《价格理论与实践》2015 年第 6 期。

(二) 民营资本进入电力领域路径的产业制度设计

经过两轮电力体制改革,从产业制度设计的角度讲,民营资本进入电力领域的路径已经非常多样而且宽广,无论是竞争性环节还是垄断环节,民营资本都已经在制度结构中明确了自身的地位,具备一席之地。

1. 发电侧:作为新增电源加入竞争

我国发电侧民营资本的进入始于 2005 年。5 号文虽然完成了"厂网分开"改革,但是在发电侧只是完成了对于原有一体化垄断的国有企业的拆分,将单一发电主体拆分为若干个国有发电集团,而并未对民营资本的进入作出安排。发电侧依然是国有资本作为主角的领域,几大国有发电集团构成了发电市场竞争的主体。

民营资本在制度上真正获得的进入发电侧的机会来自 2005 年 8 月发布的《国务院关于鼓励支持和引导个体私营等非公有制经济发展的若干意见》,这份文件是 21 世纪国家鼓励、支持包括民营资本在内的非公有资本发展的产业政策的起点,它明确提出允许非公有资本进入原本处于垄断状态的行业和领域,并且要求在电力、电信、铁路、民航、石油等领域推进行业改革,以便逐步引入市场竞争机制。该文件同时还对公用事业的不同业务与环节的非公有资本投资形式作了区分:要求对于自然垄断业务,应当积极推进投资主体多元化,包括民营资本等非公有资本可以参股等方式进入;而对于其他竞争性环节的业务,非公有资本则可以独资、合资、合作、项目融资等多元化的方式进入。这份文件的规定较为笼统,只是提出了非公有资本的概念,而未单独提出民营资本,在对民营资本等非公有资本进入公共事业领域的规制规则上也只是捎带提到了电力领域。但是,这份文件还是构成了民营资本进入电力领域的基础。

2010 年 5 月发布的《国务院关于鼓励和引导民间投资健康发展的若干意见》专门对民营资本的发展作出了规定。这份文件也明确对民营资本进入电力领域的方式作出了专门的规定。该文件提出,对民营资本参与电力建设持鼓励态度,特别是鼓励民营资本参与风能、太阳能、地热能、生物质能等新能源产业的建设,在当时火电发电量相对稳定的情况下,为民营资本开辟了一条新的进入电力领域的扩展道路。同时,这份文件对于支持民营资本以独资、控股或参股多样形式参与水电站、火电站建设,参股建设核电站作出了规定,并对发电领域市场化改革作出了一些宣示性规定,包括电力市场放开、电价改革、电力监管制度等,以便为民营资本平等参与电力市场竞争创造良好环境。

2. 输配环节:参与输配电网投资

相比发电环节,输配环节和售电环节民营资本的进入都是到 2015 年新一轮电力体制改革才开始的。9号文及配套文件是输配环节和售电环节民营资本进入的主要依据。

就输配环节而言,9号文在售电侧改革这一部分当中提到了配售环节民营资本的进入问题。基于输配环节成本随规模递减的经济学属性,建设两套输电网络实无必要,因此目前主要是放开了配电环节。9号文明确规定鼓励民营资本对配电业务进行投资,并要求按照有利于促进配电网发展和提高配电效率的目标,探索民营资本投资于配电业务的有效路径;同时提出将来应逐步向符合条件的市场主体放开增量配电投资业务,并鼓励组成混合所有制企业参与配电业务。

为贯彻落实9号文,《国家发展改革委 国家能源局关于规范开展增量配电业务改革试点的通知》和《有序放开配电网业务管理办法》对民营资本进入输配电领域提供了具体的规则支撑。

《国家发展改革委 国家能源局关于规范开展增量配电业务改革试点的通知》对开展增量配电业务试点的规则作出了规定。该文件明确指出,开展增量配电业务应当坚持公平开放,不得对投资主体进行指定;进行试点的项目也应当向符合条件的所有市场主体公平开放,通过招标等市场化方式公开、公平、公正地择优确定,明确项目建设的内容、工期、供电范围并签订相应的协议;项目被确定应由独立法人负责,该独立法人应具有与配电网投资运营相应的业务资质和投资能力,无不良信用记录,确保诚实守信、依法依规经营。同时,这一文件与9号文遵循同样思路,鼓励电网企业与社会资本通过股权合作等方式成立多样化产权的公司参与竞争。

《有序放开配电网业务管理办法》则是关于民营资本参与配电网业务的详细规则。这一文件以鼓励社会资本有序投资、开展增量配电网运营、促进配电网建设发展、提高配电网整体运营效率为目标,对于民营资本投资增量配电网的范围、整体架构、基本原则,增量配电网的运营、管理,以及作为配电网运营商的民营企业的权利义务作出了细化规定,形成了民营资本投资增量配电网细化后的制度设计蓝图。

3. 售电侧:售电公司与大用户

在9号文发布之前,我国曾对大用户直购电进行了试点,试图借此推动售电侧改革,但是由于单一竞争模式的缺陷而效果有限。售电侧改革是新一轮电力体制改革的重头戏,也是实现电力产业两头的完全竞争市场的关键一步,9号文对于售电侧改革作出了详细的规定,各个配套文件则为售电侧改革提供了全面的具体规则。

为了明确售电侧改革的方向和内容,9号文专门列出一个条目对售电侧改革作出完整的表述，其中包含售电主体的市场准入与退出规则。它提出应加强监管，切实保障各相关方所有的合法权益；电网企业应当无歧视地向售电主体及其用户提供各类配套供电服务，按约定履行保底供应商义务，确保电力的普遍服务；鼓励民营资本投资成立售电主体，并允许其从发电企业购买电量向用户销售；赋予市场主体相应的权责。在售电侧改革推开后，售电主体将可以采取多种方式在电力市场上购电，包括向发电企业购电、通过集中竞价购电、向其他售电商购电等方式。为了使这些规则进一步全面和具体化，《电力中长期交易基本规则(暂行)》《售电公司准入与退出管理办法》等分别就电力市场交易以及售电公司准入与退出问题等作出了具体规定。

三、电力产业阻碍民营资本进入的制度阻碍

诚然，深化电力体制改革让新一轮构建竞争性电力市场、还原电力商品属性的征程扬帆起航，也为民营资本进入电力领域提供了更为多样的途径和更为良好的政策环境。但是，无论是从当前我国的电力产业结构，还是从电力体制改革的具体实践来看，民营资本进入电力领域依然面临诸多制度障碍。

(一) 行业垄断排挤民营资本公平竞争

尽管5号文和9号文都将“打破垄断，构建竞争性市场，发挥市场在资源配置中的基础性作用”作为改革的主要目标之一，但是我国的电力体制改革进展远未达到实现完全竞争性电力市场的程度。以发电侧为例，虽然5号文已促使我国进入“厂网分开”阶段，完成了电网企业和发电企业的重组，但是从理论上讲，这种“上游竞争，下游垄断”的格局并不能带来预期中的市场效率。有学者通过面板数据分析，证明这一模式只会扩大地方发电企业的市场势力，在完全的纵向拆分下形成新的垄断。[①] 即便原发电侧被分割为五大国有发电集团，但是实际上，这些国有集团依然在资金、技术和人力方面占据绝对优势，形成了新的寡头垄断格局，而这种格局挤压着民营资本进入电力领域的机会，让民营资本举步维艰。

具体而言，这种垄断形成的挤压态势主要体现在对民营资本参与市场的排挤和价格上的压迫。一方面，五大国有发电集团在发电侧占据绝大部分市场份额，强大的市场势力让民营资本愈发难以进入。自1985年开始逐步允许民营资

① 参见钱炳：《自然垄断中的市场势力：对电力产业“厂网分开”的分析》，载《中央财经大学学报》2017年第7期。

本进入电力领域以来,依靠宽松的上网电量计划和相对较低的煤电价格,我国民营火电装机曾经达到总装机容量的14%以上。但是,自从2002年“厂网分开”改革成立五大国有发电集团之后,民营资本在火电领域的比重不但未见上升,反而大幅下降,到2012年国家电监会发布《加强电力监管支持民间资本投资电力的实施意见》时,民营资本仅占全国火电机组装机容量的2%,[①]新的垄断对于民营资本的压迫可见一斑。另一方面,国有企业压低电价导致民营企业上网困难、投资受到影响的情形也屡见不鲜,究其原因,既包括国有企业拥有雄厚的资金实力,也包括国有企业与电网企业之间千丝万缕的联系。[②] 以可再生能源电力为例,实践中就曾出现电网企业为了有效保证关联发电企业上网而拒绝民营发电企业上网的情形,也出现过电网企业为了降低成本以供电安全为由拒绝民营可再生能源发电企业上网的情形。[③]

(二)区域壁垒损害民营企业正当利益

尽管我国的电力体制改革不断走向深化,但是区域壁垒却一直存在。“省为实体”的办电思路根深蒂固,已经成为电力体制中存在的“顽疾”,阻碍电力市场化进程的同时也损害了民营电力企业的正当利益。

2002年“厂网分开”改革后,地方分权的改革模式迅速滋生地方保护主义。基于当时财政分权的背景,地方政府成为明确的利益主体,而作为“经济人”,政府通常也会倾向于为自身的财政利益行事。[④] 为了追求高税收、高GDP,地方政府大力发展高耗能、高污染企业,并从自身利益出发,争相设置区域间电力贸易壁垒,外地民营企业,特别是可再生能源企业受到严重打击。当时,地方政府大量重复建设、投资电厂,有些地方政府宁愿使用本省高价火电,也不愿使用外省低价的水电,这既不利于资源的优化配置和低碳环保目标的实现,也阻碍了跨区域电力交易的发展。

在2015年开始新一轮的电力体制改革后,区域壁垒依然未能被破解,而是在原本已经存在的发电环节以及新引入竞争的售电、输配电环节均阻碍着民营资本的进入与发展。改革开始之后,除依靠指令性计划进行跨区域、跨省送电以外,其他跨省(区)交易需要按照市场交易规则来进行组织,但交易量一直较小,

---

① 参见《引民资输配分离 解电企亏损之惑》,http://quote.dianlan.cn/public/news/cont/15935,2018年2月8日访问。

② 参见董溯战:《中国电力领域民间资本准入法律问题研究》,载《经济体制改革》2014年第1期。

③ 参见《突破光伏并网瓶颈 可再生能源法能奈我何?》,http://guangfu.bjx.com.cn/news/20120420/355665-2.shtml,2018年2月7日访问。

④ 参见〔美〕道格拉斯·诺思、罗伯特·托马斯:《西方世界的兴起》,厉以平、蔡磊译,华夏出版社2015年版,第89页。

因为个别地方政府部门对于电力的市场化交易横加干预，电网公司也未按照国家政策规定以市场交易规则来组织电力跨省(区)交易。地方政府为了保护本地电力企业发展，对于参与全国、跨区域的电力市场交易活动的积极性不足，甚至压制和限制跨省(区)的电能交易；对于参与跨省(区)电能交易的民营企业也缺少合理补偿机制，导致民营企业利益受损，也影响了电能跨省、跨区域合理流动和优化配置的大局。[①]

2017 年 8 月落下帷幕的山西"全国电价反垄断第一案"就是一个区域壁垒的典型例子。该案体现出明显的区域价格垄断特征，阻碍包括民营资本在内的外地资本进入。该案中，山西省电力行业协会共组织 23 家企业进行价格共谋，共同达成并实施了直供电价格垄断协议，限制外省市企业包括民营企业参与直供电业务。最终国家发展改革委作出处罚规定，对山西省电力行业协会作为组织者从重顶格罚款 50 万元，对包括 6 家央企在内的 23 家涉案电力企业责备合计罚款 7288 万元。[②] 这体现出即使我国电力体制改革已经进入全面放开售电侧，在发电、售电两头均力图形成完全竞争的深入阶段，区域壁垒的破解依然任重道远。

（三）干预错位破坏电力市场合理秩序

就民营资本进入电力领域的情况来看，民营资本所面对的，除了产业垄断和区域壁垒，还有来自政府干预错位对于市场秩序的破坏。这种干预错位既包括干预过度，也包括干预上的不足。

从干预过度的角度看，当前市场化的定价机制尚未形成，上网电价、输配电价以及销售电价的制定依然在很大程度上受到政府干预的影响，火电的标杆电价依然存在，上网电量依然受到控制。早在 2014 年大用户直供电刚刚开始试点时，就曾经出现过政府为了推动售电侧市场化改革，体现市场机制对电价降低的显著作用，而盲目压低电价，导致五大国有发电集团苦不堪言，民营企业也受到打击，大用户直供电一度被叫停。[③] 原本依靠市场机制向前推动的改革，却因为部分地方政府的急功近利而被帮了倒忙，市场机制不仅没有发挥作用，反而引发了新的行政计划和干预手段。

从干预不足的角度来讲，电网建设中经常出现监管缺位情况。以特高压为例，目前部分地区特高压每公里造价已经超过一亿元，畸高的成本主要来自监管

---

① 参见伏开宝、曾翔：《电力市场改革现状分析与政策建议》，载《宏观经济管理》2018 年第 1 期。

② 参见鞠实：《电价反垄断第一案具有多重意义》，载《经济参考报》2017 年 8 月 8 日第 8 版。

③ 参见王冰凝：《电改突破口遇"堵"》，载《华夏时报》2014 年 6 月 16 日第 17 版。

部门对于特高压成本的监督力度不足;而对于部分电网企业在向国外转移投资,转移国内收益的同时规避监管,目前也没有找到合适的监督模式。[①] 这些在客观上都将导致民营资本对于输配电投资持谨慎行事,甚至是望而却步的态度。

(四)行政计划遗存扭曲了电价形成机制

虽然我国电力体制改革已进行两轮,新一轮电力体制改革也已提出要放开除公益性和调节性以外的发用电计划,但是除公益性和调节性电价计划外,电力产业中某些原本不应处于计划管制之下的部分依然处于政府行政计划管制之下。在产业上下游市场都逐渐放开的背景下,部分遗存的行政计划管制撕裂了市场间的联系,也扭曲了电价形成机制,损害了民营企业的利益。

电价是行政计划体制遗存最为严重,也是最荆棘密布的领域。尽管我国一直尝试推动电价改革,但是竞价上网、市场定价等机制却长期没有得到推动。电价改革的严重滞后,让这一领域的市场体制和计划体制盘根错节,造成国内目前的电价不能反映资源的稀缺、市场供求规律和节能减排行动的情况。煤电联动即是其中最典型的例子。煤电价格联动改革已经持续数轮,但在"市场煤"和"计划电"尖锐对立的体制下却出现了下列情况:煤炭价格随市场供求上涨的压力往往会让发电企业不堪重负,国家只有通过提高上网电价和销售电价一途,才能够化解发电企业的财务困境,而这反过来又会引起煤炭价格的再次上涨。结果就是,煤电价格矛盾未见纾解,反倒是煤电价格一直交替上升,政府不得不一直干预煤炭价格,从而陷入了持续的行政性价格干预的窠臼之中。[②] 同时,民营企业也由于煤电价格的持续性波动上涨而在这种矛盾中利益不断受损。

即便到今天,煤电联动机制依然没有能够取得预期的效果,民营火电企业依然屡受损失。目前,电煤价格基准煤价是中国电煤价格指数 2014 年各省(价区)平均价格,原则上以与基准煤价对应的上网电价为基准电价。但是,近年来,煤炭行业的"去产能"行动,让经历着过度膨胀和产能过剩的煤电企业发生了很大变化,也使国家经济结构持续发生着深刻变化,煤与电、煤电两者与下游产业的关系,早已不是 2014 年的基准价格所能反映的那样,如果继续坚持现有标准,那么无异于刻舟求剑。煤电联动已经很难解决煤电矛盾,过长的调整周期、相对稳定的基准价格,总是难以跟上快速推进的电力体制改革和复杂多变的电力市场发展的脚步。中国电煤价格指数已经不能真实有效地反映供求关系,一年一度

---

① 参见白玫:《新一轮电力体制改革的目标、难点和路径选择》,载《价格理论与实践》2014 年第 7 期。

② 参见唐要家、谢远祥:《中国电力体制改革的困局与突破》,载《价格月刊》2012 年第 2 期。

的调整不能像其他行政命令一样迅速适应市场情况。随着电力市场化交易的持续推进，计划电量占比已经逐渐减少，原本属于计划体制的标杆电价也已经逐渐失去作用。根据中电联的统计，2017 年前三季度市场化交易电量已经占到电网销售电量的 31.3%，如果将来市场化发电量取代计划电量成为销售电量的主体，那么标杆电价的作用将被进一步削弱，尽管计划电量目前仍占多数但是趋势已经凸显。可以说，不管煤电联动是否启动，也不过最多只能应对一时。[①] 从最根本上讲，阻碍煤电价格矛盾解决的已经不单单是两者价格的不相协调，而是遗存的计划机制与迅速发展的电力市场之间的矛盾。

四、价格激励机制支撑民营资本进入电力领域

由于民营资本进入电力领域所遇到的阻碍种类繁多，要解决当前民营资本进入电力领域问题，将是一个复杂而具有综合性的命题。但是，如果完整地分析民营资本进入电力领域的制度设计架构，可以发现电价在其中发挥着举足轻重的作用。如果可以通过电价激励机制形成对民营资本的正向激励，引导民营资本走向，那么对于克服民营资本进入电力领域的现存障碍将可能发挥重要作用。

（一）电价市场化保障民营企业竞争活力

电力产品既是明码标价的商品，也是维持社会运转的公共产品，因此电力产品同时蕴含着公益与私益，属于两者的混合体。由于公益的存在，通过公共或私人提供“事关公共利益”的电力服务的事业被列入“公共事业”的一类，[②]以电力为主要产品的企业通常被划归到提供公共产品的“公共企业”范畴。作为公共企业，电力企业不仅仅具备追求产业效率、降低资源消耗的私法属性，也具备提供公共产品、维护社会公益的公法属性。但是，有一点不容忽视：公共企业提供的虽然是蕴含社会效益的公共产品，但本质上并非纯公共物品，而是更类似于收费商品，也不意味着不具备营利性。事实上，之所以以电力企业的组织形式为社会提供公共物品，就在于企业组织形式追求公共产品供给的效率，天生有着以最低的资源消耗换取最大产出的倾向。就民营资本进入电力领域这一私人提供公共产品的模式来说，只有保证民营资本能够在公共产品的生产和供给过程中获得一定的盈利，才能保证民营资本的投资动力，以保证在公共产品、政府财政不足

---

① 参见卢彬：《煤电联动难解煤电矛盾》，载《中国能源报》2018 年 1 月 8 日第 12 版。

② 参见〔美〕戴维·E. 麦克纳博：《公用事业管理：面对 21 世纪的挑战》，常健等译，中国人民大学出版社 2010 年版，第 12 页。

时公共物品的长远供给。[①] 当涉及民营资本参与电力产业问题时,就必须考虑作为基础的市场经济环境,确保民营资本在市场经济下能盈利。

在市场经济中,价格机制是核心激励机制,也是市场经济最重要的"晴雨表"。价格对于市场的影响涉及方方面面,包括生产、消费和经营等各个方面。价格改革对于生产者、消费者、经营者都有影响,并且可以起到引导资本流向,实现产业结构重组和资源配置的作用;价格信号则是供求双方最主要的连接点,追求盈利的企业供给过剩和不足均基于价格,而市场供给能够快速均衡,实现"市场出清",也同样基于灵活的价格。[②] 具体到电力行业来说,电价是激励企业市场竞争的核心所在,保证盈利,实现多元资本向电力各领域流动的最直接方式就是制定能够使企业获得收益的合理电价。只有大力推进电力市场建设,实现完全竞争市场以推动电价走向市场化,才能够正确反映市场供求规律,保证电力企业能够获得相应的收益,进而推动资源在电力领域的最优配置及供求两侧的稳定均衡。

(二)电价公平化助力民营资本准入与壮大

当前电力领域引入民营资本的目标与公共事业民营化的整体目标是一致的:"任何民营化努力的首要目标都是(或者应当是)将竞争和市场的力量引入到公共服务中来、引入到国有企业的运营和公共资产的利用过程中去。"[③]因此,民营资本进入电力领域与电力体制的市场化改革密不可分,民营资本进入和引进竞争机制必须相互统一。如果仅仅通过结构拆分来打破垄断而不让民营资本进入,那么就难有真正意义上的政企分开;只允许民营资本进入而不打破垄断,纵使政企分开,也不可能引入竞争机制。[④]

可以说,民营资本的进入与竞争机制对于电力体制改革而言缺一不可,而电价既是民营资本获得收益的保障,又是市场竞争的风向标,是两者的关键交汇点。公平的电价对于民营资本的进入和市场竞争机制的引入均具有关键性意义,既是民营资本准入与壮大的前提,也是竞争性市场构建的基石。

电价公平化之所以重要,是因为实现电价公平化意味着需要克服来自市场势力和监管干预的不利影响,使得民营资本能够平等地展开竞争并不断发展壮

---

① 参见胡改蓉:《论公共企业的法律属性》,载《中国法学》2017年第3期。

② 参见王水娥:《如何发挥价格改革在供给侧结构性改革中的积极作用》,载《价格月刊》2017年第10期。

③ 〔美〕E. S. 萨瓦斯:《民营化与公私部门的伙伴关系》(中文修订版),周志忍等译,中国人民大学出版社2017年版,第39页。

④ 参见史际春、肖竹:《公用事业民营化及其相关法律问题研究》,载《北京大学学报(哲学社会科学版)》2004年第4期。

大。不利因素主要包括三个方面：一是完成产业结构重组后，虽然打破了自然垄断和行政垄断，但是大型国企造成的寡头垄断，可能引致其滥用市场支配地位、限制竞争，前文所述的各大企业联合压低上网电价以阻挡民营资本进入的行为即是明证；二是可能形成的垄断协议通过操纵价格可以让民营资本处于不利态势，地区壁垒就是其中的典型；三是当前《电力市场监管办法》陷入难产，监管法规的缺位让监管实际上陷入了一种无法可依的状态，政府对价格的过度干预和干预不足都得不到规制。[①] 但反过来说，电价是这些不利因素发挥作用的主要立足点，电价公平化也构成了对于产业垄断、地区壁垒和干预错位的有效修正，从而保证民营资本的进入和市场竞争的引入顺利进行。

（三）电价差异化平衡公共利益与企业利润

打破垄断，通过以电力产业各环节的放松管制为核心扩大竞争、引入民间资本是电力体制的一大任务，但是在推动市场机制定价、促进节约和提升效率的同时还不应当忽视电力体制改革的另一大任务：保障基本的电力公用服务并对弱势群体进行补贴。[②] 由于电力产品并非纯公共物品，而是融合了公益与私益，因此在实现电力市场化和公平化、保障民营资本收益、促进完全竞争市场构建之余，还必须考虑到作为公共事业的电力普遍服务，考虑到对相对处于弱势的用户群体的保护。为了平衡公共利益和企业利益服务，依然要以电价为“抓手”，推行电价差异化，以市场化电价保障民营企业受益，以非市场化电价保证电力作为公用事业职能的发挥。

为了实现电力作为公用事业的职能，首先，对电力行业的规制要追求公用事业服务的普遍化，尤其注重对社会弱势群体的补贴和保护，电价补贴即是最为普遍的方式；对于处于弱势的用户和公益性机构，应当保持低价管制，防止电力企业擅自提高价格。其次，对电力公用事业的规制应当追求经济福利的整体最大化，大力增加消费者剩余。[③] 为了满足这两点要求，在竞争性市场中应当遵循下列原则以推动电价差异化的进展：第一，电力企业产品与服务的定价应遵循平衡原则。电价制定应当注意平衡经营者与消费者的利益，避免经营者攫取超额垄断利润；应当注意控制电价在一定边界之内，即完全市场竞争条件下控制电价在正常经营的获利范围之内。第二，电价应当坚持激励原则。一方面，市场化电价强调要形成对电力企业，特别是民营电力企业的最大激励，使企业有利可图；另

---

① 参见林卫斌、苏剑：《产业政策与深化供给侧结构性改革——以电力行业为例》，载《价格理论与实践》2017 年第 1 期。

② 参见史际春：《论公用型资源产品价格的法律规制》，载《社会科学》2015 年第 7 期。

③ 参见高俊杰：《论民营化后公用事业规制的公益目标》，载《现代法学》2014 年第 2 期。

一方面,为了保护广大消费者利益,在确定公用企业价格中非经营性因素所占份额时,除税金与必不可少的费用外,应当为电力普遍服务预留出相应的成本,在保障企业有一定收益的前提下,禁止加收其他不合理费用。第三,电力产业毕竟兼具公益与私益,因此微利原则依然应当是电力产业的重要原则。为了维持社会公众的基本生产生活需求,不应为电力企业设定较高利润,而电力作为基础设施建设产业的特征,也决定了电力产业不可能是一个高利润的产业。因此,应当适当将企业的盈利率设定在社会其他经营组织的平均盈利率水平之下,使社会公众得到最大实惠。①

(四)电价低碳化推动民营资本扩大可再生能源电力规模

电价政策不仅仅是竞争市场构建和电力普遍服务的根基,同样也是促使电力企业节能减排的重要手段,电价低碳化与电价市场化、公平化与差异化一样具有重要意义。《国务院关于鼓励和引导民间投资健康发展的若干意见》鼓励民营资本投资风能、太阳能、生物质能等可再生能源产业,确定了可再生能源电力作为民营资本进入电力领域重要突破口的地位,从而让电价低碳化对于民营资本进入可再生能源电力领域而言十分必要。对于具备低碳效益的可再生能源电力企业而言,因电力生产不产生负的环境外部效益,因此需要对其进行价格规制,如电价补贴、绿证交易等模式,将环境成本纳入电价中,从而影响电价的形成,实现电价的低碳化,以保证可再生能源电力企业的竞争力;而对于常规电力,主要是火电而言,由于其技术已经成熟,设备、技术已经市场化,自身也不蕴含环境效益,其电价的形成应继续根据市场机制形成,而不再享受电价上的补贴和优惠。②

尽管当前可持续发展和节能减排逐渐成为世界趋势,但是可再生能源电力产业在能源市场所面临的竞争压力依然巨大,我国的可再生能源电力产业在能源市场同样面临众多挑战,产业基础尚显薄弱、传统能源市场势力强大等弊端普遍存在。因此,要实现电价低碳化,需要财政补贴、税收优惠和基金支持等多种经济激励措施通过多元化的电价扶持机制为民营资本参与能源市场竞争助一臂之力,从而缓解其面临的市场竞争压力。③ 此外,在范围广阔的可再生能源电力内部和实现电价低碳化方面也需要有所侧重,不同类型的可再生能源种类由于资源禀赋、开发成本等方面的差异,往往会出现发展不均衡的局面。在实现电价

---

① 参见郑艳馨:《对我国公用企业价格管制制度的思考》,载《政治与法律》2012年第4期。

② 参见杨春桃:《低碳视阈下我国电力法律制度的重构》,载《甘肃政法学院学报》2014年第4期。

③ 参见岳小花:《可再生能源经济激励政策立法研究》,载《江苏大学学报(社会科学版)》2016年第2期。

低碳化的过程中应当综合考量，既保证对于一些开发成本高、技术发展比较落后的可再生能源种类的扶持，也应当保证技术比较成熟，已经逐渐接近传统火电成本的可再生能源电力产业的竞争优势，以推动可再生能源的整体发展，保障民营资本有更大的发挥空间。

五、电力领域民营资本进入价格激励制度的法律建构

（一）发电侧：实现多元资本平等发电竞争

1. 逐步扩大市场定价范围，推进市场主导电价

我国当前的电力体制改革既然是以市场化为主导，那么其中的一个重要内容就是形成市场化的定价机制，一旦市场化价格形成，也就不需要政府再对整个行业的产品价格进行过多干预。在这一过程中，关键是市场价格要能较好反映市场供求关系，以利于资源优化配置。[①] 价格是市场中最为活跃的要素，电力体制改革的突破口就在于让新的价格机制，特别是市场化的灵活价格机制尽快发挥作用。依靠极具弹性的价格杠杆，可以对市场供求情况进行及时的调节，从而正确引导市场主体行为，使得资源向效益更高的地方流动。[②]

无论是2002年的"厂网分开"改革还是新一轮的电力体制改革，尽管需要考虑电力普遍服务等公共利益的问题，但是我国电力行业的非市场定价比重依然偏高，特别是在发电领域；行政计划所形成的标杆电价依然颇为普遍，可再生能源领域的固定电价制度[③]也尚未能完成调整，这些都对市场供求机制产生了极为不利的影响。如前文所述，实际上依托于计划电价的煤电联动机制也是由于标杆电价形成的"计划电"与"市场煤"之间的矛盾，破坏了供求关系，造成了煤电价格交替上涨的局面。因此，在将来，发电侧的电价激励机制的核心应当是逐渐减少过度干预，在保留必要的计划电价以保护处于弱势的用户以及其他公益性用电的前提下，逐渐转向以市场定价为主；凡是超出公共利益之外，都应当依靠市场机制，依靠企业的自由经营、自主定价，来保证价格激励对民营资本的有效性。

2. 完善反垄断法规则，反对价格共谋与区域壁垒

除了尽可能减少行政干预，将发电上网电价交给市场，发电侧还需要加强监

① 参见刘力昌、夏梦：《国内电力定价机制改革研究与建议》，载《开发研究》2015年第1期。

② 参见何勇健：《论深化我国电力体制改革的有效切入点》，载《价格理论与实践》2015年第6期。

③ 我国确立了可再生能源电力配额制的基本框架，但是原本被滥用，破坏市场供给，造成可再生能源电力产能过剩的固定电价制依然占据主流，未能与配额制有效融合。具体可参见《国家能源局关于建立可再生能源开发利用目标引导制度的指导意见》。

管,逐步消除不利于市场竞争的因素的影响,而垄断则是这些不利因素中的首要因素。虽然完成了行业拆分,但是国有资本在发电领域的市场势力一直十分强大,甚至在原本的一体化垄断之后又形成了寡头垄断。要实现市场主导定价,势必要破除垄断,抑制市场势力。事实上,电价市场化与破除垄断的关系十分紧密。一方面,没有电价机制的市场化就不可能真正建立起电力竞争市场;另一方面,不打破发电行业的垄断,电价管制的放松也起不到应有的作用。[①] 如果垄断不被打破,放松了电价管制只会带来更大的危机,电价改革将会演变成垄断企业任意涨价的局面,从而严重损害市场主体和社会公众的利益。

为了消除垄断因素,就必须解决两个问题:一是价格共谋问题,二是地区壁垒问题。解决价格共谋问题,也许美国的做法值得我们借鉴:美国针对市场势力主要采取的是价格设限的方式。以价格设限为核心,美国制定了抑制市场势力的专门程序,确保电力企业是以边际成本竞价,并为了形成竞争性价格而加强了管制。这一程序的前提在于,在一个竞争性电力市场中,供电商的出价与短期边际成本(包括机会成本)是大致相等的。因此,没有市场势力的供电商通常会以近于边际成本的价格参与竞价。但是,如果一个电力供应商拥有市场势力,其出价将被降低到由内部市场监测机构提供的参考价格水平,而这一参考价格是基于每个电力供应商的短期边际成本进行估算后得出的,监管机构可以根据这一标准进行价格规制。[②] 通常而言,为了防止盲目涨价,价格上限规制是常用的政策,因为这样可以避免拥有市场势力的市场主体盲目提升价格。但是,即使市场主体通过价格共谋降低了价格,后续势必要继续提升价格,此时依然会受到价格上限的规制。此外,回报率规制也是常用的模式,这一模式保证了市场主体在成本之上获得一定收益,体现出反价格垄断对市场规律的尊重。

关于地区壁垒,主要是省间壁垒,根据我国实际,这一问题主要是行政垄断与寡头垄断的混合产物,目前主要解决方案是打破省级电网垄断,转而构建区域性电力市场。因此,主要应从以下三个方面着手:其一,电力市场的管制机构要相对独立,割断与地方政府的利益联系,协调各方的关系,其经费应当主要来自经营许可费。其二,应当对省级调度和电网调度的职能进行合理分工,区域性联网后,调度要充分体现"网调为主,统一调度"的原则,坚持公开、公平、公正的电力调度原则,坚持经济性原则。省间壁垒之所以会产生,根本原因在于联网产生的效益在各省分配不均。因此,在与发电主体利益直接相关的电力调度上,一定

---

① 参见劳承玉、张序:《破除电力体制改革"马歇尔困境"的路径选择》,载《经济体制改革》2013 年第 2 期。

② 参见王德华、刘戒骄:《美国电力改革及对中国的启示》,载《经济与管理研究》2017 年第 11 期。

要注意效益分配的问题。同时,在区域性电力市场,电网调度的职责会发生较大变化,电网企业应该特别注意自身角色的变化。其三,应当注意借助电价手段对利益受损的省份和行业进行补偿。实现区域性联网,在区域性的范围内建立电力市场,这不仅是一个产业,更是一个影响巨大的社会问题。建立区域性电力市场,确实有利于电力产业的发展,但不能因此损害其他行业和区域的利益。因此,在牵涉到经济问题时,有必要通过电价作出合理的补偿。①

3. 衔接多项制度,树立可再生能源电力价格竞争力

由于可再生能源电力所具备的环境效益未体现在电价之中,造成了可再生能源电力与化石能源电力竞争上的不利地位。为了综合考量可再生能源电力的经济与环境效益,有必要通过产业政策将可再生能源电力的环境社会效益包含在内,逐步树立起可再生能源电力的产业竞争力。实际上,我国目前采取了诸多可再生能源电力产业的扶持政策,如固定电价、全额保障性收购、可再生能源电力配额制、绿色电力证书以及可再生能源基金等,也初步实现了确保可再生能源发电技术的投资回报能够略高于煤炭等高碳能源发电,从而促进清洁能源不断降低成本,提高竞争优势,进而推动发电电源的结构优化。但是,由于过去单一的固定电价配合全额保障性收购造成了可再生能源电力盲目扩张和产能过剩的问题,因此,可再生能源电力逐渐开始由从价规制向从量规制转变,配额制和绿证交易制度先后建立。目前来看,要解决的主要问题就是这几项制度如何衔接与完善。

首先,鉴于当前从价规制与从量规制的产业政策并存的现状,应当尽快理顺不同政策之间的相互关系。全额保障性收购很大程度上造成了弃风弃光弃水的产能过剩现象,因此应当逐步取消全额保障性收购制度。作为从价规制的固定电价制度可以作为可再生能源电力产业的基本保障,而超过基本保障的部分则应当依靠配额制和绿证交易等从量规制政策,以实现市场化的资源配置。

其次,应当建立清洁能源电价附加基金的动态调整机制。根据国家发展可再生能源的相关规划,可再生能源已经进入发展的"快车道",很有可能提高电价附加计征电量的增长速度,而这样的结果将是补贴缺口的逐步扩大。因此,将来应当按照"以支定收"的原则建立可再生能源电价附加基金的动态调整机制,以确保不产生可再生能源发展的资金缺口。②

最后,应当加大对可再生能源配电网工程的支持力度。对于可再生能源基地的配套电网工程项目的投资和运行费用回收,应考虑采用不同的政策。对于

① 参见陈剑萍等:《区域性电力市场相关问题研究》,载《企业经济》2007 年第 7 期。

② 参见李俊峰等:《我国气候友好型电价形成机制研究》,载《中国能源》2014 年第 10 期。

规模比较小的可再生能源发电基地,可以考虑建设分布式能源,以微电网就近解决;对于规模庞大、需要远距离输电的大型可再生能源发电基地,可对配套工程电价的补贴标准进行单独核定,通过清洁能源电价附加在全国范围内分摊高出常规能源的工程建设运行费用。

(二)输配环节:优先保障民营资本合理收益

输配环节投资大、回报周期长,因此属于电力产业最后放松管制的环节。尽管深化电力体制改革向民营资本开放了增量配电业务,但主要是鼓励民营资本通过参股的方式建立混合所有制企业参与配电业务。输配电价目前依然处于政府的严格管制之下,各省正在根据 9 号文与《国家发展改革委关于贯彻中发〔2015〕9 号文件精神加快推进输配电价改革的通知》制定本省输配电价核定规则,以加快核定输配电价。基于与发电侧和售电侧截然不同的产业属性,民营资本输配环节电价激励的关键不在于市场竞争,而在于管制下的收益保障和优先分配。

1. *形成激励型输配电价体系*

电力产业的输配环节是具备强自然垄断特性,无法通过有效的竞争形成市场价格的环节,因此只能依靠政府定价。[①] 目前,我国输配电价核定采取的是"准许成本加合理收益"的方式,[②]基本思路符合国际经验做法,但是在完善过程中还应当积极修正,最终形成激励型的输配电价体系,吸引民营资本不断注入。

当前输配电价所采取的是基于回报率的管制模式。这种模式虽然保证了电网公司一定的回报率,但是这个回报率相对固定,对于资本的激励有限,难以吸引民营资本大规模涌入。将来应当在现有基础上逐渐由基于回报率的管制转为基于绩效的管制,在绩效管制之下,只要企业实现了一定绩效指标,就无须再考虑企业的输配电成本,在设置的一定价格限度以下所有利润均属于电网企业所有。[③] 这样实际上就弱化了输配电价和输配电成本、电网企业收益之间的关系,建立起包容激励的新规制机制,从而使电网企业有更高的欲望降低成本以提高利润,使电网企业经营目标与监管目标趋向一致,进而解决了成本信息不对称问

---

① 参见史际春、肖竹:《论价格法》,载《北京大学学报(哲学社会科学版)》2008 年第 6 期。

② 9 号文规定,单独核定输配电价。政府定价的范围主要限定在重要公用事业、公益性服务和网络自然垄断环节。政府主要核定输配电价,并向社会公布,接受社会监督。输配电价逐步过渡到按"准许成本加合理收益"原则,分电压等级核定。用户或售电主体按照其接入的电网电压等级所对应的输配电价支付费用。

③ 参见〔英〕沃尔夫:《全球输电扩展通往成功之路》,本书翻译工作组译,中国电力出版社 2007 年版,第 222 页。

题。[①] 监管机构也就无须在信息不对称的情况下苦苦核算电网企业输配电成本,而只需要进行绩效考核即可。

具体而言,输配电价管制在将来可以采取价格上限、收益共享、标尺竞争等灵活浮动的输配电价管制模式。所谓价格上限,是指管制者设定一个相对公平的价格目标,只要企业能够实现这一目标,那么就不再考虑企业的成本与收益。这样就可以激励企业更有效地改进其技术,不断提升自身效率,从而也就实现了消费者福利的改善,使得产业整体更加富有竞争力。收益共享机制是指基于价格上限管制,企业实现利润增加后以一次性总付的形式,将其所获得的部分收入再返还给消费者,当然电网企业在选择较低的价格时,也可以保留所获收益的一部分。这主要是基于企业只要掌握了成本和需求信息优势,就可以创造一部分超额利润,由此也就提高了相关信息的价值,从而对企业产生了信息获取激励。[②] 标尺竞争则是指将受管制电网企业外的其他技术相似、面临需求相似的"标尺企业"的生产成本等具体指标作为依据,制定电网企业的价格和服务标准,以刺激受管制电网企业降低成本、提高内部生产效率,并实现产品和服务质量的改善。[③] 标尺竞争属于电网企业间竞争的一种输配电价激励机制。

2. 建立民营资本成本回收保障机制

在依照绩效构建输配电价管制模式的基础上,民营资本收益的优先保障机制也不可或缺。一方面,由于输配环节较长的回报周期,可以考虑建立民营资本优先收回成本的配电网投资机制,在合同中明确规定配电网前几年的全部或大部收益属于民营资本所有,待民营资本收回成本后再按照投资比例分配收益;另一方面,可以适当推动电网企业上市,促进电网企业吸收民营资本、国际资本,[④] 并可以相应地给予民营资本优先股地位,以保证其收益。

(三) 售电侧:形成多种主体公平购电格局

1. 完善竞争规则,实现价格需求响应

竞争性发电市场的构建离不开竞争性售电市场的构建,我国"厂网分开"改革的实践证明单一买方模式下的上网电价难逃行政管制窠臼,只有电力产业两侧供求平衡,实现价格信号相互传递,才能从真正意义上确保竞争。新一轮电力体制改革在售电侧的要求就在于构建竞争性的售电市场,形成多元主体公平的售电格局。售电电价是大用户、配电公司以及中小用户选择零售商购买电力的

① 参见完善:《我国输配电成本监管及其关键问题》,载《上海管理科学》2012 年第 6 期。
② 参见陈锐:《论电力行业价格上限管制中的激励机制》,载《现代经济探讨》2013 年第 6 期。
③ 参见高兴佑:《我国电力产业价格规制研究》,载《价格月刊》2015 年第 9 期。
④ 参见李海涛:《政府特许经营模式下的电网投资体制构建》,载《管理世界》2016 年第 1 期。

价格,是售电市场放开之后的产物,它应在上网电价、输配电价的基础上形成,与各环节电价相互联动。[①] 因此,售电电价在售电市场构建中居于核心地位,只有准确实现价格需求响应,竞争性售电市场才具备牢固的根基。

要实现售电市场价格的市场化和需求响应,就必须解决不同背景的售电企业公平竞争的问题,特别是拥有电网资源和无电网资源的售电企业公平竞争的问题,以避免垄断和不正当竞争行为。在售电市场开放的初期,无电网资源与有电网资源的售电商并存是必然局面,只有保障两者的公平竞争,才能推动售电市场健康发展,而关键的问题在于要有效地防止有电网资源的售电商利用自身优势地位开展不公平不正当的竞争。要解决这个问题,可以从以下四方面着手:

第一,应在制度上实现有电网资源的售电商输配电业务和售电业务在财务上的互相独立,防止其利用资金优势打击竞争对手。输配电业务应当按照独立输配电价格机制核定电价,而售电业务则通过市场竞争获得收益。

第二,应当成立独立、公平、开放的电力调度与交易机构。避免有电网资源的售电商利用其电网资产实施垄断并制造不同售电商的歧视性接入,实现所有售电商无差别地使用电网资源。

第三,应当保持公开、透明。电网公司应向所有售电商无歧视发布电网投资、运行、用户用电等数据,降低信息不对称,保护无电网资源售电商的竞争力。

第四,有电网资源的售电商应实现售电和输配电的独立结算,坚持交易与结算统一。无电网资源的售电商直接与其用户结算,消除有电网资源售电商的结算信息优势。[②]

2. 改进差别电价,平衡公共利益与企业利润

售电侧不仅仅涉及市场主体的自由竞争,还涉及居民用电和其他公益用电、电力普遍服务的问题,这也是电力作为涉及国计民生的公用事业的体现。当然,从国际经验看,提供福利性电力并非一国政府不可推卸之责任,保障电力供需完全取决于市场,政府的主要任务在于防止再分配的扭曲,并通过财政转移支付来改进弱势群体的分配状况。[③] 因此,售电侧市场化改革既要提升产业整体效率,实现完全竞争市场,也要让公众得到实惠,获得更多的消费者剩余。实施差别电价,坚持市场为主并配合公益性用电电价管制,是平衡市场与管制、企业利益与

---

① 参见张占江:《自然垄断行业的反垄断法适用——以电力行业为例》,载《法学研究》2006 年第 6 期。

② 参见白杨等:《中国推进售电侧市场化的制度设计与建议》,载《电力系统自动化》2015 年第 14 期。

③ 参见唐要家:《电价管制刚性的政治经济学逻辑》,载《中国地质大学学报(社会科学版)》2014 年第 4 期。

公共利益的关键。

差别电价首先应当注重保障居民用电等公益性用电，国外平衡市场与管制的经验或许值得我们借鉴。例如，俄罗斯和巴西都有处于管制下的市场，而印度则通过对责任供电商实施监管，控制其定价来保障居民用电价格合理。由于在新兴市场国家，居民参与电力市场的意识不强，再加上居民用电量小、成本高，因此在市场中处于不利地位。要想既保证居民用电价格处于低水平，又保障供电服务的基本质量，就必须补偿责任供电商并建立相应的激励机制。[①] 具体而言，可以设置专门的程序，通过市场监测机制确定公益性用电的普遍服务所占的比例，据此对电力企业作出规定，以划分企业管制电价与市场电价的边界。普遍服务范围内实行计划电价，以低电价保证消费者福利；普遍服务之外则应当坚持市场定价，以保证售电企业的收益。为了弥补电力普遍服务的资金缺口，一方面可以继续坚持实行政府财政补贴，另一方面可以采取财政转移支付和企业缴纳等方式建立普遍服务基金，保障对居民用电和其他公益性用电的持续性供给。[②]

3. 强化反垄断规则，保护消费者利益

长期以来，售电侧一直维持着配售一体垄断状态，因此售电体制放开之后难免会由于制度惯性继续出现垄断和不正当竞争问题。以反垄断和反不正当竞争为主要目标的竞争规则不仅要解决售电市场电价需求响应问题，而且还要注意对于消费者合法权益的保护，增加消费者在电价竞争中获得的福利，逐渐消除垄断和不正当竞争带来的损失。

竞争规则对于消费者权益保护的强化可以从下列几个方向着手：首先，应当明确规定实施垄断行为的电力企业对消费者的赔偿责任。当不正常的电价对消费者造成损害时，允许消费者通过民事诉讼法律制度得到及时救济。[③] 其次，应当进一步完善电力企业价格形成机制。事实上，适用于发电侧的价格上限规制规则同样适用于售电侧，不过售电侧应当注意公共利益与企业利益的相互平衡，通过市场监测和福利分析探寻恰当的价格上限，起到既有利于激励企业获得利润，又有利于居民从生活电价中获益的作用。最后，应当切实发挥价格听证制度的作用。保证定期向公众组织价格听证，进行充分的信息披露，以保证公共利益

---

① 参见邵常政等：《典型新兴市场国家电力体制改革经验及借鉴意义》，载《南方电网技术》2015 年第 8 期。

② 参见王俊豪、高伟娜：《中国电力产业的普遍服务及其管制政策》，载《经济与管理研究》2008 年第 1 期。

③ 参见杨慧：《公用企业垄断对消费者权益的侵害及法律对策》，载《安徽大学学报（哲学社会科学版）》2009 年第 4 期。

时刻处在销售电价监管者考量之内,从而在充分尊重市场规律的基础上实现对消费者利益的保障。

六、结　　语

民营资本对于电力体制改革的重要价值是催生相关法律规则的诞生,而法律制度反过来又为民营资本的发展提供良好的法制环境,滋养民营资本的成长。如果要给民营资本进入电力领域的法律制度提供一个标准,那么刘易斯的描述或许可以精确概括这一标准:"制度促进增长,取决于在多大程度上获得报酬与付出辛劳相一致,取决于多大范围内允许专业化和贸易,也取决于寻找和利用经济机会的自由程度。"[①]让民营资本摆脱市场势力和行政不当干预的束缚,自主、平等地经营与发展,是法律制度所应当追求的目标。

民营资本是担负着电力市场化改革的"弄潮儿"、输配电力基础设施建设的"助澜者"角色。在深化电力体制改革的时代大背景下,产权改革令民营资本进入发售电市场,对于包括民营资本在内的多元资本的多重电价激励将打开通向完全竞争电力市场、供电售电双方双赢格局的大门。同时,注入输配电网的民营资本也将让国有企业更加注重效率导向,追求"帕累托最优",推动电网输电扩展更上一个台阶,让输配电网建设充满活力。

当然,电力行业作为一项公共事业,涉足其间势必涉及国计民生,涉及社会公益;电力产品作为社会运转必需品,既是私人商品亦是公共产品。因此,民营资本在进入电力领域之后,也自然徘徊于社会公益与企业利润之间,游走于市场与管制之间。为了保护民营资本所带来的竞争活力,同时又维护社会效益、生态效益,就必须把握住贯穿电力产业始终的关键,围绕电价激励机制这一核心机制,保护并激励民营资本前进,从而带动国有资本提升效率,保障公共利益和普遍服务,助推生态文明建设。

① 〔英〕阿瑟·刘易斯:《经济增长理论》,郭金兴等译,机械工业出版社2015年版,第111页。

第四编　国有经济参与法律制度

商业类国有企业高管商业判断规则研究

阮　昊*

2015 年 8 月出台的《中共中央、国务院关于深化国有企业改革的指导意见》(以下简称《指导意见》)提出，本轮国有企业改革的目标之一为：到 2020 年，实现国有企业现代化公司制度的改革。《指导意见》明确将国有企业分为公益类与商业类，并在商业类中又进行细分：一类是主业处于充分竞争行业和领域的商业类国有企业；另一类是主业处于关系国家安全、国民经济命脉的重要行业和关键领域，主要承担重大专项任务的商业类国有企业。同时，《指导意见》提出要积极发展混合所有制经济，以管资本为主加强国有资产监管，增加市场化选聘比例，建立职业经理人制度，完善公司治理结构。对国有企业尤其是商业类国有企业进行公司化制度改革已成为必然趋势，而如何更好地管资本，保证国有企业高级管理人员妥善履行职能，实现国有资产的保值增值，则成为下一个亟待解决的问题。

* 阮昊，华东政法大学博士研究生。

一、商业判断规则

(一) 内涵

商业判断规则是一个著名的判例法理,是美国公司法中的一项重要原则。商业判断规则又称"经营判断原则"或"业务判断规则",是一种旨在能够平衡董事会与股东大会之间的关系,有助于保障董事经营决策权,为董事根据市场及经济环境变化作出其认为最符合公司利益的选择提供支持,并避免法院就其所不擅长的商事领域进行审查以及对公司内部事务过度干预的制度。根据《布莱克法律词典》的解释,商业判断规则是豁免公司管理者承担公司业务责任的一个规则,只要是在公司权力和管理者自身权限内,并有合理的依据表明该业务是出于善意而为之。[①]

在美国,对商业判断规则的理解主要有三种。第一种是由特拉华州最高法院在 1984 年 Aronson 诉 Lewis[②] 一案中所作出的判决体现:所谓商业判断规则是这样一种推定,即公司的董事所作出的经营判断是建立在获得足够多信息的基础之上,诚实且正当地相信所采取的行为符合公司最佳利益,只要不存在滥用自由裁量权的情况,法院就应当尊重董事的经营判断。同时,法院将案件的举证责任分配给了原告,即原告需要拿出足够的证据来推翻上述判定。第二种是《修正示范公司法》中间接承认的经营判断原则:只要董事以善意或诚实的方式履行普通人在类似条件下的注意义务,按照一种他认为是基于合理相信能够为公司获取最大利益的方式处理事务。只要满足了上述条件,董事就不必为他的作为或是不作为承担责任。第三种是美国法学会(ALI)发表的《公司治理原则:分析与劝告》,其对商业判断规则下的定义是:如果董事或职员是在善意的基础上作出商业判断,并且符合如下条件,就被认为是诚实地履行了本计划所规定的对公司的义务:一是作出决策者与决策指向对象不存在利害关系;二是对决策对象的了解程度达到了在当时情境下他认为是合理且可靠的程度;三是有理由认为该项决策符合公司的最佳利益。[③]

在全球化竞争的趋势下,各国不断地改进公司治理制度,有多个国家引入了

---

① See Henry Campbell Black, *Black's Law Dictionary*, 9th Edition, West Publishing Co., 2009, p. 226.

② Aronson v. Lewis, 473 A. 2d 805(1984).

③ See Harvey J. Goldschmid, The Duty of Care and the Business Judgment Rule, ALI-ABA Course of Study.

商业判断规则，其中包括一些大陆法系国家。《德国股份公司法》明文规定了商业判断原则，并将其构成要件规定为：企业的决策；善意；无特别利益目的或受到他人影响所为之行为；为了公司利益所为之行为；基于相当讯息所为之行为。在另一个重要的大陆法系国家日本，虽然学术界对该原则有很多争议，但近年来持肯定态度的学者占了大多数，在司法实践中亦大量应用了经营判断原则。

上述定义在细节的表述上虽然有所出入，但核心内容十分相似。只要决策人是在善意的基础上，在自身的权力范围内作出经营判断，不存在滥用自由裁量权的情况，并在作出判断当时获得了足够多的信息，认定该判断当时符合公司最佳利益，就被认为符合商业判断规则的适用条件。同时，作出该经营判断的公司人员不就此行为本身承担责任。该原则试图将一般的经营失误与法律上的经营过失区别开来。法律应当惩罚的是未妥善履行注意义务的高管，而不是不良的经营后果。毕竟，没有人能够保证自己一定会在瞬息万变的市场中经营成功。

（二）构成要件

第一，存在经营决策的事实。应当明确的是，商业判断规则保护的是董事积极的商业行为，而非消极的不作为，这种怠于行使董事职责的行为应通过注意义务来审查。一项经营判断事项的存在，如公司的投资、分立、营销、日常经营等行为，是经营判断原则适用的先决条件。倘若不存在商业判断，也就不存在之后的判断及认定。事实上，是否存在“一项经营判断事项”是区分“待适用法律”是否能够应用的分水岭。但是，值得注意的是，倘若将适用前提严格限定为积极实施某种行为或者作出某种商业判断，则现代公司董事会的多种行为不会被纳入其中，在适用时需根据实际情况作出适当的解释。

第二，董事和该经营判断不存在利害关系。“一个人不能做自己案件的法官”是一项被普遍适用和认可的法理，因有利益牵涉其中，所以很难真正做到客观公正。因此，各国公司法都规定，在董事自身利益与公司利益发生冲突时，董事应当回避，以减少对股东利益造成伤害的可能性。然而，现代商业社会情况纷繁复杂，也需要视具体情况而定。倘若董事出现类似于自我交易或是同关联人交易的行为，排除经营判断原则的适用应该毋庸置疑。但是，不能仅因为董事与决定所涉及的某个人有利害关系，就完全排除经营判断原则的适用，这显然与公平的原则相悖。总结而言，假若董事在该商业决定中获得了与公司同类型的利益或是得到了公司及股东未获得的利益，就应当认定为存在利害关系。

第三，作出的决策需具有合理性。合理性所关注的核心在于，董事是否具有正当理由使人相信其作出的决定是基于所有能够收集到的合理信息，而不在于该商业决策本身。法院没有能力也不应当介入公司决策的商业效益判断中。因此,法院在审查经营判断原则时,会将判断过程及内容分开认定。在审查是否具有合理性时,法院会根据具体决策的重要程度、所花费的经费和时间,结合当时公司的状况综合认定。同时,董事也要至少具有"一般人的注意义务",可以判断哪些信息是重要的,是否收集了足够多的信息。

第四,作出经营判断的董事必须是善意的。公司董事具备善意须满足两个要件:一个是必须符合公司的核心或者最佳利益,另一个是行为不能故意违反公序良俗或者强制性法律。同时,只要董事是拥有"普通判断能力"的经营者,能够"合理相信他作出的商业决策是为了公司的最佳利益",就当然地受到商业判断规则的保护。"合理相信他作出的商业决策是为了公司的最佳利益"就是商业判断规则所要求的善意的内容。

(三)商业判断规则分析

1. 程序性分析

在大多数国家的司法制度中,二审不就事实进行审理,仅就法律适用作出判断。形成这种制度的原因在于,法院使诉讼双方在一审中实现充分竞争。根据法经济学,程序法上的对抗制度是一种提高效率的方式,使得双方能够充分竞争,不断地提出有利于自身的论据。借此,法院可以作出最佳选择,也能够提高判决结果的准确性。根据波斯纳的观点,法律程序像市场一样把机会成本引入,使人们在效益最大化的动机指引下作出选择。[①] 英美诉讼法对抗制度把法庭置于一个类似于市场消费者的地位,使其被迫在两个强有力的商品之间选择。法律分配程序的关键阶段是由原告和被告为胜诉而展开的竞争支配的。既然我们把商业判断规则也看作是一项对抗性的程序规则,那么它也应该会带来一般对抗制度所能带来的效率。

商业判断规则是证明责任的分配制度。根据上文对商业判断规则概念的解析可知,举证责任由认定董事的判断是错误的当事人负担,该当事人有责任证明他有足够的事实证据,可以推翻上述推定。可见,商业判断规则是一项推定,它是一种在诉讼中的举证责任分配机制,即董事们独立的行为被假定为是以善意和适当注意的方式作出的。[②] 商业判断规则中要求原告需要为自己所提出的观点承担举证责任,一旦无法证明董事违反注意义务以及商业判断规则要件中的

① 参见容缨:《美国商业判断规则对我国公司法的启示——以经济分析为重点》,载《政法学刊》2006年第2期。

② 参见张开平:《英美公司董事法律制度研究》,法律出版社1998年版。

一项或多项规定，就会推定董事行为符合法律规定，不应当承担责任。但是，在实践中，提出诉讼的多为公司小股东，在获取证据和收集信息上天然地处于劣势地位，商业判断规则制度加大了他们的胜诉难度。

商业判断规则是一项抗辩制度。只要符合适用条件，一旦股东提起诉讼，董事就可运用该项制度进行抗辩。随着资本市场的完善、金融投资渠道的多样化，金融逐渐成为一种消费品，而投资公司尤其是上市公司的股权会成为居民资产配置的重要组成部分。由于信息的不对称和专业知识技能的悬殊差距，小股东往往会成为弱势群体。为了维护自身的权益，向法院提起股东诉讼是一个常用手段。然而，想要让法律制度发挥其应有作用，利益平衡及结构设计至关重要，倘若董事受制于原告的进攻而只能一味防守，那么显然是不公平的。商业判断规则为董事提供了一项有利的武器，以保障其在善意作出商业判断而造成不利后果时免受不当追责，也有利于在诉讼程序上双方平等权利的实现。

商业判断规则阻止法院对公司经营进行实质审查和对公司事务进行过多干预。法院在当事人双方之间应处于中立地位，其专业性在于对法律的适用和解释。法官不是商人，一般也不具备充分的商科理论知识或是商务实践经验，要求法官就经营判断之正确性进行裁判未免有些强人所难。法院并不是市场的评判官，也不是公司的股东，没有立场也不应当介入过多的判断之中。同时，商业判断并非只以一时的经营效益作为判断标准，可能还包括社会效益等其他方面的因素，认定起来未必能达成一致意见。美国的司法实践中，法院为了不让自己进行实质性判断，会要求与公司无关联的外部董事组成调查小组，给出意见。虽然在我国这种方式未必能够推行，但审判思路值得借鉴。

2. 实体性分析

第一，现代商业风险与董事决策的特点使得商业判断规则的运用有其必然性。自然延伸商业风险分为可控风险与不可控风险两类。可控风险是指能够通过某些机制予以控制的风险，如因欺诈、不诚实交易或自利行为带来的道德风险；①不可控风险则是指客观上很难或者无法避免的风险，如政府政策出台导致市场发生巨大变化，战争导致原先制定的经营政策不再有效等。从董事决策本身特点来看，一项决策未必有绝对意义上的对与错，需要放到具体情境下考量，董事决策只能说是董事在寻找其认为的最优解。同时，决策过程会受到信息、知识、经验等多种因素共同作用，有时候由于成本或者信息限制，在不完全信息的基础上进行假设，并非董事个人本身的过错。正如法官勒恩德·汉德所说："如

① See William L. Cary, Melvin Aron Eisenberg, *Cases and Materials on Corporations*, 5th Edition, Foundation Press, 1986.

果法律要求董事保证其经营公司的成功,否则便以过失为由进行惩罚,则任何有理智之人均不会接受这一职位。”[①]在商业判断规则发展的过程中,在美国,曾经出现过因为善意作出的决策遭到追责后,公司高管集体辞职的现象。购买公司股票本就不是购买保险,而是一种投机和冒险。作出商业判断本身也就是一种认知、预测,并不能永远正确。商业判断规则对出于善意并且已尽合理的注意义务的董事及其作出的商业决策提供保护,正是商业风险与商业决策的特点的必然要求。

第二,商业判断规则有助于实现董事权力与责任的平衡。在现代商业社会,所有权与经营权分离的趋势明显,董事会与经理层逐渐成为公司治理的核心机构。究其原因,主要在于董事会能够更加高效、专业地作出决定,能够在充满变化、风险和机会的市场中及时地作出决定。在公司治理中,既需要放权给董事以充分发挥其才能,又要给予董事适当的监督,因为“绝对的权力使人绝对的腐化”。商业判断规则正是这样一种可以实现动态平衡的机制。董事在对市场现状有充分了解的前提下,利用自身的专业技能和经验认知,作出其认为最符合公司利益的决定。只要董事是善意的,就不会因为该决定本身而受到法律追责。但是,商业判断规则也没有过分地强调董事的权力,而是以注意义务和诚信义务对其作出了限制。

第三,商业判断规则是股东与董事间合理分配经营风险的机制。[②] 董事会与股东目标是一致的,都是为了将公司经营好以符合双方的最大利益。股东能够借由投资获取利益,董事则能够获得不菲的薪水、奖金及业界认可。商事经营本身就是风险极大的,曾经有很多各行业中的“领先者”和“巨无霸”因没有及时抓住发展机遇而一蹶不振。没有人可以保证作出的商业判断一直是正确的,也不能一直向股东大会保证盈利,甚至有的时候适当亏损更加符合公司利益。同时,应当认识到商业决策的及时性意味着在许多情况下,董事要根据不完全的信息作出商业判断,出现判断失误也在所难免。换个角度讲,股东在购买公司股份时,作为一个理性人应当考虑到公司管理层的水平,知道风险与收益成正比。投资可以说是一种“自甘风险”的行为,投资者应当承担自身选择所带来的后果。

---

① Cf. Lewis D. Soloman, Donald E. Schwartz, Jeffrey D. Bauman, *Corporations, Law and Policy: Materials and Problems*, 2nd Edition, West Publishing Co., 1988.

② 参见容缨:《美国商业判断规则对我国公司法的启示——以经济分析为重点》,载《政法学刊》2006年第2期。

二、商业判断规则应用于商业类国有企业的必要性及可行性

（一）引入商业判断规则的必要性——现代化公司制度改革的需要

1. 为推行职业经理人制度奠定基础

《指导意见》指出，要建立国有企业领导人员分类分层的管理制度，根据不同类别和层级，实行选任制、委任制、聘任制等不同选人用人方式，推行职业经理人制度，实行内部培养和外部引进相结合，畅通现有经营管理者与职业经理人身份转换通道。在本轮国有企业改革中，明确将国有企业建立现代企业制度作为此阶段国有企业改革的目标。良好的公司治理结构和高水平的经营管理是实现现代化企业治理的必备要素，其中推行职业经理人制度是重要环节。

国有企业在公司治理结构上的问题一直都为其特殊地位和行政性所掩盖。国有企业在多项行业中占据垄断地位，本身资金实力雄厚且能够享受到私营企业所无法获得的政策倾斜，虽然可以借此有利条件获得高额利润，但经营业绩无法反映管理人员的真实管理水平和勤勉尽责程度。本轮国有企业改革中最为核心的措施就是对国有企业进行分类，商业类国有企业将会被推向市场，与私企公平竞争。国有企业原本的优势缩减后，想要完成使国有资产增值的任务，就需要对内部治理水平提出市场化的高要求。

推行职业经理人制度并非第一次，之前数次的推行未能产生应有效果，究其原因在于，职业经理人的权力受限，会遭到行政部门诸多干预。我国国有企业从诞生伊始就与政府关系密切，政府在给予其特殊政策倾斜及制度优惠的同时也往往会要求其配合政府的政治任务及目标。国有企业内部的管理人员也多有政府机关工作背景，双方有着千丝万缕的联系，这使得职业经理人无法按照自己的意志开展工作。在企业生产经营出现问题时，职业经理人还可能会被当作政府决策失误的“替罪羔羊”。虽然职业经理人应当是一种非常市场化的职业，有着完善的激励机制和考核机制，但在行政权力的干预下，职业经理人的主观能动性受到限制，能发挥的空间也比较小，无法就经营成果要求绩效薪酬，逐渐“事业单位化”，成为“官僚文化”的一部分。如果不改善现行制度并完善配套制度，国有企业即使引入职业经理人制度也会“水土不服”，最终能留下来为国有企业所用的职业经理人将屈指可数。

现代企业在发展过程中，经历了从董事会、股东大会所有权与经营权的分开，到如今“经理层”由处于公司管理事务的一线逐渐成为公司治理的中心。想

要实现企业现代化发展,建立高素质、专业性的职业经理人团队是必不可少的。商业判断规则的引入能够提供一种制度支持,在激励与约束职业经理人之间达成较好的平衡。正如有日本学者所指出的那样:“如果说经营判断原则是作为一种减轻董事注意义务的措施而加以借鉴,倒不如说引入经营判断原则,使人们在判断董事是否违反注意义务时有了一项更为明确的标准。”①想要职业经理人制度发挥其应有作用,就需要创造适合它的市场环境,建立符合市场机制的董事经营职责绩效考评机制和激励约束制度,而商业判断规则就提供了一种平衡国有企业高级管理人员权力与职责的方式。

全球化背景下的经济竞争将集中体现为企业之间的竞争和优胜劣汰。一个国家的整体经济质量和资本市场发展水平将高度依赖于企业尤其是上市企业的治理机制。我国的大部分上市企业为国有企业,作为国家经济的重要组成部分,职业经理人团队的专业化管理是其成长壮大的必要条件。面对日益激烈的国内外竞争局势和民众日益提高的要求,国有企业的管理者问题显得尤为迫切,而商业判断规则所包含的奖惩机制刚好为国有企业强化董事或其他高管责任提供了良好的制度支持和权责平衡方式。

2. 改变国有企业现有问责机制

企业经营管理者决策问责机制是伴随我国国有企业改革的重要议题之一。随着我国公司法理论与实务的发展以及国有企业改革的推进,我国逐步对国有企业经营管理者决策问责机制作出界定。2005 年的《企业重大经营决策失误责任追究暂行办法》和 2008 年的《中央企业资产损失责任追究暂行办法》是两个关于国有企业经营责任追究的专门性规范,具有相当大的影响力。上海、北京等地方的国资委出台的内容类似的责任追究暂行办法,也都是建立在这两个文件的基础之上。2008 年通过的《企业国有资产法》明确了禁止企业经营管理者从事的行为,还强调“不得超越职权或者违反程序决定企业重大事项”。

仔细阅读上述法律规范后可发现,现行规范过于强调后果责任。在对企业经营者进行追责时,首要考虑的因素是经营者在作出商业判断及商事行为时,其所作所为是否符合法律对经营者义务的规定,而非是否对公司造成了损失。笔者认为,公司经营者对于公司的赔偿责任不应该是后果责任。后果责任会使有才能者因惧于承担过度责任而不敢接受公司经营管理者的职位,从长远来看不利于企业的发展。现代市场风云突变,相信没有一个经营者敢说自己永远不会使企业出现经营亏损。在一些企业管理理论中,在一定时候,适当的亏损是以退为进,从长远角度来说是一种更有利于企业发展的做法。同时,后果责任不利于

① 〔日〕小林秀之、近荐光男编:《株主代表诉讼大系》,弘文堂 1996 年版,第 64 页。

发挥民事责任的教育和预防功能。公司经营管理者的民事责任除了实现对权利人(责任)损失的补偿功能外,还负担对经营管理者未来行为的引导功能,即明确法律禁止、许可或期待的行为。如果仅凭损失就可以追究责任,那么法院在公司经营管理者责任追究案件中只需要查明因果关系,而无须就个案中造成损失的行为是否有违法律的要求发表意见,由此也就不可能形成未来可遵循的行为规则。从比较法的角度看,目前也没有一个法治发达国家将公司经营者责任规定为后果责任。

在现行规范中,也存在认定失职缺乏明确规则的问题。国资委在《中央企业资产损失责任追究暂行办法》中,对于失职行为大量使用了"未按照规定"的提法,即对国有企业高级管理人员的责任追究,需要根据该办法确定是否存在失职行为。然而,事物是发展的,国有企业所涉及的行业范围宽广,每个行业有自己的特点。同时,国有企业经营实务纷繁复杂,亦会随着时间和社会发展产生新的变化,仅依靠列举是无法穷尽各种情况的。与其不切实际地列举各类具体情况,不如引入商业判断规则,以制度化设计的方式对国有企业董事及其他高级管理人员的行为进行制衡。这样能够对众多国有企业高级管理人员的经营行为实现统一规制,鼓励其勇于尝试创新、承担风险,从而符合公司和股东的长远利益及国民经济的需要。

正如上文所言,想要完善企业经营管理者决策问责机制,改善现有国有企业问责制度的弊端,就要为个案中判断商业经营行为是否符合勤勉义务要求确立普遍的、可操作的规则。商业判断规则最大的意义就在于,它从尊重企业经营管理者的经营决策出发,提出了根据管理者是否在善意的基础上充分收集信息,以企业的最大利益为出发点作出判断,而非仅以盈利与否作出判断。然而,商业判断规则是否能真正实现这一功能,而不会沦为企业经营管理者不当行为的"保护伞",取决于该规则要件的具体设计,也需要与程序法上的举证责任规则相配合。我国国有企业问责制度中,现有的"只以成败论英雄"的做法并不是现代企业应当实行的制度,也不利于企业的长远发展和持续盈利。

3. 切实发挥董事职能,促进商业创新

"国有企业改革"的说法已经提了好几十年,似乎从未中断过,一直在改革,却又一直需要被改革。客观来说,我国国有企业发展的环境十分优越,在许多行业中占据资源垄断地位,没有其他企业可以与之相竞争;同时,政府在政策上给予照顾,银行也投入大量资本。每年进入国有企业的多为国内顶尖高校的毕业生,人才储备也非常充裕。然而,国有企业盈利能力的不足却让我们更多要从国有企业制度层面本身反思存在的问题:现有制度是否导致了国有企业高级管理人员开拓市场的进取心不足?如果说之前国有企业还能够以涉足"公益性行业"

来搪塞,如今在明确进行国有企业分类的情况下,商业类国有企业要在竞争领域实现发展,建立相适应的公司治理制度是必不可少的。

单个企业的治理质量在很大程度上依赖于董事会的质量。在现代公司治理中,普遍存在经营权、所有权分离的现状,董事会以其专业化、组织化的特点行使决策权,成为公司治理核心。但是,在有些国有企业中,董事会形同虚设,董事们本着"不求有功,但求无过"的心态,害怕承担责任,不敢冒险,缺乏企业家精神,甘当"花瓶董事"。国有企业在许多行业中扮演的都是追随者角色。例如,房价的猛涨使很多国有企业投身其中,国有企业大举进军房地产业。由于国有企业较民间资本投资的房地产公司的融资成本低,在其手下"地王"频现,非但没有起到政策助推器的作用,反倒加剧了房地产市场热炒的现象。虽说多元化经营是企业的经营战略之一,但作为国有企业,其身上还有盈利之外的责任,这是其享受政策照顾的对价。国有企业在先天资质、资源上远超于一般企业,却没有发挥出自己探索、冒险开拓新领域的职责,反而与民争利,进入我国最不创新的行业中,以自身的资源、政策优势去抢占市场,相信这不是国有企业该发挥的作用。

虽然各界都希望能够将"中国制造"变为"中国创造",但现有的制度缺乏有效的鞭策能力,无法鞭策国有企业经营者去创新,让他们站在市场引导者的位置高瞻远瞩,引导整个行业大踏步前进。因此,对于现有制度的改革实为必要,而且非常迫切。如果商业类国有企业的定位是要在竞争性行业实现发展,那就应当抛弃国有企业中那些陈旧腐朽的制度,培养出创新的土壤。商业判断规则就是这样一个培育创新环境的制度。商业判断规则鼓励企业经营者要有冒险和创新精神,给予勇于创新的董事以法律上的保护,只要他们为决策付出了足够的努力以及以一个理性人的水平作出决策,不必保证决策的结果一定成功,都会得到支持。法律要鼓励人们从事某项事务,必然要在制度设计上有可行性,方能发挥作用,实现初衷。经过多年的理论发展和实务锤炼,商业判断规则在实体上、程序上的设计都已经较为成熟,能够为"冒险家"提供制度后盾,也将会是以现代化公司治理制度实现国有企业发展壮大的必然选择。

(二) 引入商业判断规则的可行性——已有立法准备和实践应用

1.《公司法》中的股东诉讼制度为商业判断规则的引入创造了前提

在 2005 年修订《公司法》时,增加了股东直接诉讼和股东派生诉讼的制度安排。此为《公司法》与时俱进的表现,也是当时修法的亮点之一,本质上是法院为被"堕落的董事或者股东"控制的公司主持公道所设置的一种程序。股东代表诉讼作为一种替代救济措施,既是落实董事、监事、高级管理人员违信责任的法律机制,也有利于保护公司和少数股东的利益。不过,由于法条规定得不够详尽,

《公司法》中的股东直接诉讼和股东派生诉讼并没有详细的适用条件，导致法条无法适用，并容易使责任泛化。在2017年颁布的《最高人民法院关于适用〈中华人民共和国公司法〉若干问题的规定（四）》中，又就一些内容进行了详细规定。

2005年修订的《公司法》第153条规定："董事、高级管理人员违反法律、行政法规或者公司章程的规定，损害股东利益的，股东可以向人民法院提起诉讼。"也就是说，股东可以针对董事、高级管理人员直接提出诉讼。这种新类型的诉讼突破了传统理论中基于公司的独立法律人格，董事为公司而非股东的受信托人、代理人或受任人，只与公司发生法律关系，在执行职务过程中只向公司承担信义义务，而与股东之间没有直接的法律关系，不向股东承担法律义务。[①] 一定的权利、义务和责任总是存在于一定的法律关系之中，董事违反法律义务后，只对公司承担法律责任，对股东则不存在直接承担责任的问题。即使在某些情况下董事的职务行为直接造成包括股东在内的第三人损害，由于董事系公司机关担当人，董事的经营管理行为就是公司的行为，对外造成的损害应由公司而不是董事直接承担，第三人也不能直接要求董事承担赔偿责任。

笔者在这里并非否定股东诉讼的必要性，在大陆法系和英美法系中其实都存在此种诉讼。大陆法系的此种诉讼多从结构与功能角度的正当性出发，而英美法系中则更多基于董事的直接责任理论。然而，由于股东诉讼耗时比较久、诉讼费用高、利益并不直接归属于股东而由公司获得等原因，在国外的股东诉讼实践中使用率并不算高。但是，这个制度常常会成为律师和竞争对手的工具，意在影响公司的正常经营、公司的声誉以及董事或者高级管理人员的个人信誉。给予股东直接诉讼权利的另外一面就是容易产生滥诉的问题，势必影响董事的经营管理策略，使其倾向于自保，这无疑与使公司和股东利益最大化的初衷相悖。因此，在国外公司法律制度中，对股东诉讼设置起诉资格的要件、诉讼担保、用尽内部救济等前置程序作了较为详细及严格的规定，以此对股东诉讼进行约束。我国《公司法》对股东诉讼条件也设置了诸如"连续一百八十日以上单独或者合计持有公司百分之一及以上股份"等资格要件，对防止短期持股的股东滥诉具有一定作用，但并不能防止长期持股股东的滥诉。公司治理本身就是一个权利分立与平衡的动态过程，在赋予股东诉讼权利的同时也要保障权利不被滥用，董事及高级管理人员能够按照既定经营方针发挥实现公司盈利目的的作用。商业判断规则正好可以发挥这样的作用。从某种意义上讲，正是这个制度的结合才使我国的公司治理结构显得完整，即股东直接诉讼和股东派生诉讼制度需要商业

① 参见刘桂清：《股东对董事之直接诉讼——对新公司法第153条法理基础的反思与重构》，载《法学评论》2006年第3期。

判断规则以限制其负面作用,商业判断规则正是因为股东直接诉讼和股东派生诉讼的先行出现才有存在价值。因此,将商业判断规则引入我国有其可行性,也是有制度前提的。

2.《公司法》第148条的董事勤勉义务亟须具体化

2005年修订的《公司法》第148条首次规定了"勤勉义务",除此之外,在证监会和证券交易所层面对于董事勤勉义务及其裁判规定也有相应要求。这些规定多为原则性规定,在实践过程中运用起来无所适从,因而也无法取得理想的效果。由于董事勤勉义务的规定不够完备,董事在实践中不能认识到自己的勤勉义务所在;由于立法的缺失,司法实务中对勤勉义务的理解也不到位,甚至对于董事勤勉义务的法律内涵都不明确;更为关键的是,由于判断标准的模糊、散乱,关于董事勤勉义务的司法裁判很难作出,董事违反勤勉义务的法律责任难以落到实处。①

司法实务中普遍存在的一个担心是,对于公司董事勤勉义务的裁判标准存在一个"二律背反":若标准过于严苛,会阻碍董事商业开拓的热情;若标准过于宽松,又会助长董事懈怠或过于冒险的心理。现代公司制度奉行董事会中心主义,董事的职权越来越大,为了规范董事职权的正确行使,寻求激励与约束之间的平衡,就必须在明确董事勤勉义务法律内涵的基础上,对董事是否适当履行了勤勉义务确立一个可行的司法裁判标准。

法官并非商事专家,对一些专业性问题无法给出具有商事实践性的判断,仅能依靠自身的常识作出判断。同时,不同的法官可能对同一事物的理解存在偏差,导致出现同案不同判的情况,影响司法公正和商事效率。"以一个合理谨慎的人在相似的情形下所应表现的谨慎、勤勉和技能履行其职责",这是一个在多国法律规定中被使用的标准,但是依然过于抽象,存在与我国现行制度同样的问题。商业判断规则与董事注意义务经常被放在一起考量,表明二者之间关系密切。商业判断规则的产生是以董事注意义务的规定为前提的,倘若说董事都尽到了应当尽到的职责,并且是妥善履行的,那也就不需要适用商业判断规则。一些学说认为,商业判断规则存在的作用主要是弥补董事注意义务的抽象性。毫无疑问,我国《公司法》的董事勤勉义务亟须具体化,引入商业判断规则有利于矫正因勤勉义务模糊造成的董事职责体系失衡问题。综上所言,在我国当前的立法现状下,商业判断规则的引入既有必要性也有可行性,既能够使董事、高级管理人员更加清晰地了解自己应当履行何种职务,也使法官在司法裁判时能够有

① 参见张红、石一峰:《上市公司董事勤勉义务的司法裁判标准》,载《东方法学》2013年第1期。

更加明确的标准和依据。

3. 在我国司法实践中已经有运用商业判断规则的案例

在我国司法实践中，已有多地法院在处理案件中使用了商业判断规则。例如，在原告富盛化纤有限公司、全盛布艺有限公司诉被告施盛平损害公司权益纠纷案[①]中，被告是原告的高级管理人员，原告主张被告在未告知股东且未对损失进行充分核算的情况下就擅自向交易相对人承担赔偿责任；被告则辩称，自己作为原告的高级管理人员，有权签订赔偿协议，是合理的，也是勤勉尽责的表现。审理本案的法官认为签订赔偿协议属于公司日常经营业务，并且被告在签订赔偿协议过程中多次前往交易相对方了解情况，结合被告的从业时间、专业技能和知识学历认定其已尽勤勉义务，履行了应负担的职责。在另一典型案例中，公司的前任高管与交易相对人签订购买合同，之后接任的高管发现购买的货物存在质量问题，要求前任高管承担责任。前任高管辩称货物存在极为隐蔽的质量问题，并以当时在处理离职事务为由拒绝承担责任。法院认为前任高管未违反公司章程及相关规定，并尽到了注意义务，应当受到商业判断规则的保护。

可以看出，在司法实践中，对商业判断规则的运用走到了立法之前。目前各地法院在适用该规则时存在一些差异。有些法院倾向于采取日本处理相关案例的方法，将董事是否超越职权作为首先要解决的问题，即作为前置性程序。假如董事并未超越职权，则倾向于推定其行为符合注意义务及公司利益；一旦董事作出超越其裁量权的行为，则之后需要重点审查其行为是否在充分收集信息且善意的基础上作出。有些法院则倾向于根据美国法学会（ALI）发表的《公司治理原则：分析与劝告》作出判决，对经营管理人员是否从其作出的行为中获利，所作出的判断是否与其本身的文化程度和业务水平相当，以及在当时的条件下是否已经充分获取信息，是否有合理依据相信该行为符合公司最佳利益等作出判断。

司法实践已经抢先一步，走在了制度建构的前面，法官们不约而同都试图运用商业判断规则判断董事在作出经营决策时是否尽到了勤勉义务，这为建构我国的商业判断规则提供了一个新的维度。

---

① 参见浙江省慈溪市人民法院（2007）慈民二初字第519号民事判决书。

三、国有企业在适用商业判断规则中的特殊性

(一) 作为政府调控经济工具,弥补市场失灵

国有企业有其自身的特殊性,即使是商业类国有企业,也有要承担的非营利性责任,无法对其完全套用一般企业适用的商业判断规则。市场失灵是指在市场经济下,市场机制自发作用所必然产生的缺陷和弊端。在出现市场失灵的时候,往往就需要政府发挥作用。一般而言,就是政府以加强宏观调控的方式作用于市场之中,解决或者缓解市场失灵带来的问题。商业类国有企业数量多,覆盖面广,对我国经济的影响力大。在"管资本"的改革方向上,虽然是放开经营权,但是对资产的控制权依然在国有资产管理公司手上。商业类国有企业依然会成为政府宏观调控的重要工具,以弥补市场内生性问题。

随着市场经济的发展,市场机制的自发作用,不可避免地会引起经济波动,出现周期性的衰退或高涨,甚至产生严重的经济危机。实施宏观调控是社会主义国家一项繁重的任务,商业类国有企业在实施宏观调控、稳定经济方面发挥着极其重要的作用,主要体现在以下三方面:第一,国有企业合理的进入和退出可以引导资源配置,调整国民经济结构,实现经济结构平衡。在一些适合完全让民营企业自主竞争的领域,让国有企业适当退出;在一些需要发挥国有企业力量的领域,则让其更多地发挥宏观调控作用。第二,在市场经济发展过程中,过度动荡的资本市场会给经济健康运行带来极大的冲击,而国有企业在稳定金融市场、减少过度投机方面有着不可替代的作用。金融风险已经成为近几年各界关注的热点,而金融监管每年也会被多次讨论。商业类国有企业在民众心目中的信用度和强大的实力能够有效地稳定金融市场秩序。第三,国有企业可以克服和缓解经济发展中的盲目性和不确定性,从而减少经济增长的不稳定因素。毋庸置疑,市场是具有盲目性的,市场主体在看到利润、出现机会时往往会一拥而上。资本大量涌入某一行业,最常见的结果就是行业过热,在退散之后"一地鸡毛",引发不少社会问题。国有企业能够更好地理解宏观政策、获取信息,更加理性地应对市场竞争。因此,国有企业的投资应当贯彻宏观调控意图,而非随着市场一哄而上。在经济过热时,及时协助"降温",避免过度投机情绪;在经济遇冷时,扩大投资,增加就业。国有企业的性质和资本归属决定,即使在市场化改革之后,国有企业依然需要在一定条件下承担宏观调控职能。

国有企业的矫正市场失灵功能与自身盈利功能并不矛盾。国有企业,即使是商业类国有企业,也不仅仅是追求自身利润最大化的微观经济实体,还是弥补

市场失灵、维护社会公共利益的使者，身兼二职。相较于公益类国有企业，商业类国有企业只是在侧重上有所区别，而不是非黑即白。同时，只有国有企业在市场经济下不断发展、壮大，才能更好地履行矫正市场失灵的功能。由此可见，国有企业的两种功能是相辅相成的。国有企业只有矫正市场失灵，创造良好的发展环境，才能获得利润的最大化，求得更快发展。国有企业只有更快地发展，才能更好地发挥因其资本性质而带来的天生使命。

（二）需要承担稳定经济的责任

国有企业对宏观经济的一个重要贡献是，它在经济增长过程中发挥了“稳定器”的功能。国有企业，尤其是商业类国有企业，较之金融、财政影响经济的手段不同，不仅仅在市场机制之外发挥作用，更多是在市场机制之内发挥作用。国有企业本身就是市场经济的内在因素，是市场机制的一分子，是一种内在化的力量。企业是现代社会中最为重要的细胞之一，推动着经济发展，关系着民众就业，属于牵一发而动全身的群体。较之一般企业，国有企业力量更为强大，在我国计划经济的传统之下，影响面、覆盖面更为宽广。就产权制度来说，国有企业的资本属于国家，是全民所有的，它需要承担较之一般企业更大的责任。同时，由于国有企业市场主体的身份，相信在经过本轮国有企业改革之后，经过股份制改革、政企分开之后，它能够更好地切近市场应对竞争，也能更有效地从市场内部稳定经济形势。这是国有企业稳定经济的功能优越于行政、法律、财政、金融等手段的地方。

我国实行市场经济的时间并不长，市场机制也并不健全，留有较多计划经济时代的影子。较之西方国家以自然发育的方式产生市场经济，我国更多是以“自上而下”的国家培育的方式产生市场，加上长期实行计划经济，国有企业的力量强大，民营企业的力量薄弱，市场发育还需要时间。从经济整体而言，大多数企业都处于竞争性领域，相应地，国有企业中的大多数都被划分到商业类国有企业这一类别中。国有企业过快过多地退出竞争性领域，不但在发生风险危机时容易出现问题，市场也需要时间消化适应这些改变。因此，市场需要商业类国有企业在遇到经济波动时发挥“稳定器”的作用。毕竟，私人资本的力量是有限的，在国民经济中所占的比重也不高。2008 年金融危机爆发时，国有企业就发挥了稳定经济发展的作用，帮助我国在世界经济危机中稳住了国内经济局势。肯定国有企业的这些作用并非是不要进行改革，毕竟在之前，更多的声音都是不断地要求国有企业放权且不与民争利，国有企业也正是按照这个朝向一步步改革。在这里要强调的是，国有企业自身性质和现实的需要都赋予它较之一般企业特殊的作用，这也是必须正视的。日常经营放权，在需要的时候稳定经济，相信这才是商业类国有企业的应有之义。

(三) 商业类国有企业需兼顾社会效益

商业类国有企业在获取经济利益的同时需要兼顾社会效益,这是由国有资本包含的经济性与社会性所决定的。资本的特性在于逐利性,即追求自身利益最大化,实现不断增值。商业类国有企业在这点上较之公益类国有企业体现得更加明显,它的最主要任务就是提高国有经济活力、扩大国有资本、实现国有资产保值增值,但也不能忽略由资本的社会属性所带来的社会效益任务。相应地,并非说公益类国有企业就只有社会性,而不存在逐利性和商业性。只能说在经济属性和社会属性的配比上,不同类型的国有企业有差异性。这也是对国有企业进行分类,并以不同的模式进行管理的主要原因之一。

经济合作与发展组织在 2005 年公布了一份《OECD 国有企业公司治理指引》(以下简称《指引》),在承认国有企业合理存在的基础之上,更进一步明确了国有企业的公众性,要求国有企业承担比私有企业更高的社会责任目标和治理要求。《指引》中多处提及国有企业的"公共政策目标"和"具有普遍服务的义务",甚至提出了企业内部所应遵循的更高的道德标准。[①] 这正是国有企业与私有企业之间存在的根本差异,因此在选择公司治理模式上,二者必然会有所不同。说到底,私有企业的最大目标依然是盈利,其社会责任仍然是一个还在讨论中的新兴议题。但是,国有企业必须在各种不同的目标中进行平衡,不论是环境责任、公共服务职能、产业政策目标还是就业保障目标,都是许多国有企业不可避免且必须主动承担的责任。虽然在进行国有企业分类之后,明确了商业类与公益类的划分,但是商业类国有企业在参与市场的同时,依然需要承担社会责任。尤其是商业类国有企业,作为主业处于关系国家安全、国民经济命脉的重要行业和关键领域,主要承担重大专项任务的国有企业,除了盈利目标,应该明确对其提出承担重大转型任务的要求。显然,较之一般企业的盈利最大化目标,国有企业承担着更大的社会责任。因此,在安排国有企业的公司治理模式时,利益相关者就被纳入考虑范围。政府、民众、雇员都有可能参与到国有企业的实际决策中。在这样的框架下,国有企业承担社会责任的目标势必会与商业判断规则所隐含的公司利益最大化目标相异,此时能否适用商业判断规则对承担社会责任的国有企业董事进行免责,是一个值得探讨的问题。

国有企业承担社会效益任务时有一个争议比较大的问题,就是捐赠问题。

---

① 参见经济合作与发展组织:《OECD 国有企业公司治理指引》,李兆熙译,中国财政经济出版社 2005 年版,第 35 页。

国有企业并非国有企业董事的个人财产，而企业积极承担社会责任的形象却有助于国有企业董事受到褒奖，如果对于任何以承担社会责任为名的经营决策都加以宽免，社会责任目标条款将会遭到非理性的滥用。但是，商业判断规则的“理性”“合理”可以对以上行为进行约束。因此，法官在考察国有企业公益行为时，吸纳商业判断规则的要求是必要的。国有企业承担社会责任的行为，无论是提供公共服务抑或是进行慈善捐赠，都是一项经营决策，而对董事的经营决策进行审查正是商业判断规则的功能所在。在国有企业承担社会责任的同时，不能让社会责任成为国有企业高管的借口。因此，在考虑商业类国有企业商业判断规则时，要考虑国有企业承担社会责任的特性。

（四）加快产业升级，发展新兴产业

党中央提出，我国经济呈现新常态，要不断地优化经济结构，从投资驱动、要素驱动转变为创新驱动，而优化经济结构的关键点就在于加快产业升级和发展新兴产业。改革开放以来，我国经济飞速发展，创造了“中国奇迹”。近些年，经济虽然保持着高速发展，但也存在着许多问题。例如，我国经济发展过程中出现了缺乏经济新增长点的问题，即缺乏能够带动整体国民经济上一个新台阶的新兴产业和行业。传统的粗放式竞争、劳动密集型企业已无法适应经济转型中的中国，会导致诸如产能过剩、环境污染等问题。在加快产业升级和发展新兴产业的工作中，需要商业类国有企业发挥作用，起到带头投资、扶植产业等作用。“集中力量办大事”在新的阶段应当作如此解释：发挥国有企业在资金、人员、技术上的优势，带动民营企业，使民间资本实现协调共进式的发展，在国有经济与民营经济的共同推动下，实现“国民共进”。

有些新兴产业和现代服务业虽然属于竞争性产业，但是在发展初期往往由于前景不明朗、市场发展不成熟、投资较大或者是技术成熟度欠佳等问题，无力投资或者持观望态度。假若这些行业对整体经济的发展具有重要意义，或是能够优化产业升级，就应当由国有企业发挥其优势，带头培育这类有潜力的行业。在行业有了一定雏形，能够逐步吸引民间资本进入的时候，再逐步“收手”直至退出，做到不与民争利。这个过程并非静止的，而是一个动态的循环往复过程。随着不断的进出，市场也逐步成熟，一些在市场发育初期存在的缺陷会被逐步修补，不再成为市场缺陷。这时，相比较政府的资源配置能力，市场就有着先天的优势，应当起到基础性作用，政府则应当减少干预，做好监管工作。在国有企业中，商业类国有企业占了绝大多数，几乎囊括了各行各业。产业升级是在现有产业的基础之上进行优化，实现更具有效率和可持续性的发展。

四、商业类国有企业适用商业判断规则的标准

(一) 一般性标准

我国的国情决定了我国不能完全照搬引用美国公司法或者日本公司法中的商业判断规则,否则会产生所谓的“移植效应”,容易出现“排异反应”。我们要引进的是商业判断规则的实质精义,即适用商业判断规则是为了让董事在市场风险之中勇于作出其在充分收集信息的基础上,在经过自身的理性判断之后,认为符合公司利益的经营决策。只要董事被认为在经营决策中尽到了注意义务,就不需要为此承担责任。商业类国有企业参与市场竞争,就要以现代企业制度规范公司内部运行,同时也要以商业判断规则完善董事注意义务。除了要考量基于商业类国有企业特性的标准之外,也要符合一般性标准。

首先,要关注董事是否违反其忠实义务。我国董事注意义务的现行规范由《公司法》以及一些证监会和证券交易所的规章性文件共同组成。商业判断规则保护妥善履行职责的董事不受决策失误的困扰,能够在对市场环境有了自我判断后,作出理性的经营决策。然而,如果董事违反其忠实义务,则其主观上的恶意已经非常明显,因而不能援用商业判断规则进行抗辩。从法官的角度看,此时商业判断规则作为一种法律推定的意义已经不存在。需要明确的一点是,这种对忠实义务的审查应当着重对董事与经营行为是否存在利害关系进行判断,毕竟当董事与经营行为之间存在着利益联结时,假定董事都是本着为公司的最大利益行事显得过于天真。

其次,要关注董事作出决策时是否合理知悉各项情况。在前文的富盛化纤有限公司等诉施盛平一案中,法官将施盛平多次前往东海翔公司参与协商解决的行动视为判定其合理知悉情况的依据。在这一点上,法官应当审查包括但不限于董事出席董事会的记录、公司的各种会议记录以及董事咨询专业人士的情况,特别是最后一点。在我国,董事作出决策时常常没有咨询各种专业中介机构的习惯,将董事寻求专业人士的意见作为应合理知悉的一点,更有利于鼓励公司经营选择专业化、高质量的发展模式。在对商业类国有企业高管人员能否适用商业判断规则的界定中,究其根本是为了判断国有企业高管人员是否妥善履行了应尽的义务,所作出的决策是否已尽到了足够的注意义务。在现代商业治理中,在作出决策之前收集必要的信息是必不可少的。因此,判断一项决定是不是理性的,很重要的标准是决策人员对信息和情况的把握程度。

再次,在关注董事作出决策程序的同时,也要关注董事决策内容的合理性。

在当前的一些企业中，充斥着一种冒进式的经营理念，董事往往会为了高额的投资回报，作出相当冒险甚至违法的决策，尤其是在国有企业中。虽然政府不断在进行“政企分开”的努力，但是国有企业的人员依然与政治有着千丝万缕的联系。例如，有些高管人员在国有企业中业绩斐然，容易受到领导重视，获得更多的机会。同时，国有企业有着政策的照顾、银行的照拂，有些高管人员可能会采取激进的策略，毕竟即使受到损失也不是他自己掏腰包。因此，仅仅关注决策程序的合理性会导致出现这样的情况：整个董事会在完全符合规定程序的情况下，作出完全非理性的决策。当然，对决策内容的审查应当仅限于其内容明显不合理或者违法，这也就是美国公司法上所称的“理性相信为了公司的最大利益”的标准。

最后，在程序上，司法解释应规定一套统一的程序：在原告起诉之时，严格规定原告的举证责任，推定高管经营行为的善意立场。原告须提供高管未能妥善履行注意义务的证据，在原告推翻高管善意经营的假定后，才会进入到对高管经营行为的审查中，将举证责任转移到高管一方。当然，在具体案件中，具体的举证责任何时转移是法官自由心证的问题，司法解释只能够提供一个大致的指引。笔者认为，在实践中，原告往往为中小股东，获得相关证据的能力比较有限，应该在其提出合理怀疑并有一定证据之后，由高管自证清白。

（二）公益性标准

《企业国有资产法》第 26 条规定，国有企业董事不得有侵害国有资产出资人权益的行为。同时，《上海市市管国有企业董事会建设指导意见（试行）》等地方性规章也明确规定了要最大限度地维护出资人权益。可见，不管是《企业国有资产法》还是各省市的规章条例，都多次强调国有企业董事维护出资者最大利益的目标职能。在实现商业类国有企业和公益类国有企业职能分开之后，商业类国有企业的任务更加明确，主要就是实现国有资产的保值增值，但是由于其资本性质所带来的公益性任务同样也不容忽视。

笔者认为，维护出资者最大利益包括两层意思：一方面，防止国有资产流失，促进国有资产保值增值。这个目标在商业类国有企业中体现得更为明确，也和一般企业的营利性目标相契合。商业判断规则所强调的“公司利益最大化”具体到国有企业中，正是为了实现国有资产的保值增值。另一方面，按照国家的大政方针完成各种经营目标。例如，宏观调控目标、辅助基础建设、进行一定程度的公益服务等。即使在商业类国有企业中，这些目标也是无法避免的，往往不能实现公司利益最大化。为了完成这些非营利性目标，企业的营利性目标就被摆在了其下的位置。显然，原有的商业判断规则并不能完全适用于这些带有公益性任务的国有企业。因此，在确认商业类国有企业适用一般性标准的时候，也要根据其自身特点加入一些特别条款,使国有资本的公益性在商业判断规则中得到应用,为商业判断规则的“为了公司的最大利益”要件注入新的元素,以保持其在国有企业中的适用性。笔者认为,应将“公司利益”这一要件扩展解释为公司的各种目标。在国有企业中,除了要实现国有资产的保值增值,也要关注各项公益性目标的实现,将公益性目标也纳入公司目标。通过将国有企业经营目标规范化和细致化,即通过严格规定这些国有资产经营主体的章程、组织结构、法律责任以及政府与国有资产经营主体的关系等,以确保国有资产经营主体特殊目标的实现,[①]进而明确各种类型的国有企业其自身的经营目标,并将之作为商业判断中的“公司利益”这一要件进行考察。

(三)执行性标准

我国曾长期处于计划经济中,国家的经济事务,事无巨细都由国家管理,在计划控制之下。尽管我国在之后实行社会主义市场经济制度,以市场作为资源基础配置,但经济发展中长期依赖政府作用的惯性依旧没有消除。尤其是国有企业,长期的“政企不分”和国家政策指引使得其与政府关系密切,经营自主权并未完全由公司掌控。尽管本轮国有企业改革中对国有企业进行了类型化区分,并且以实现现代化公司治理作为目标,但在惯性影响和国有企业资本性质的作用下,商业类国有企业依然会承担一些政府赋予其的任务,即在考量商业类国有企业高管的决策是否符合商业判断规则适用条件时,也要考虑决策是否基于政府决定而在一些行业内设置执行标准或者某种费用。如果确实在政府因素的作用下作出某些经营决策,即使这些经营决策并不符合企业最大营利性目标,也应当得到认可。

2017 年的“两会”中,李克强总理就提出要中国移动、中国联通、中国电信“提速降费”。我国的通信运营商基本处于由这三家国有企业垄断的状态,假若以“公司的最大利益”为目标,则并不应降低费用,提升速度也可能需要在成本投入上增加不少。但是,这三家企业都属于商业二类国有企业,通信行业也是关系国计民生的重要行业,“提速降费”有利于人民生活。在国家的政策决定之下,三家国有企业需要切实执行。因此,在判断一项决策是否符合商业判断规则时,除了要考量上文提到的一般性标准即高级管理人员的注意义务、信息收集情况以及是否符合公益性标准之外,也要考量这项决策是否在执行国家政策决定。假若答案是肯定的,那么即使从经济角度分析其不符合公司利益最大化的目标,也应当认可其符合适用条件,高级管理人员不应当承担经营过失责任。

---

① 参见杨文:《国有资产的法经济分析》,知识产权出版社 2006 年版,第 314 页。

如果说商业判断规则是为了公司的最大利益，那么我国商业类国有企业是为了维护出资者的最大利益。两者有相重合之处，也有着差异性。两者都希望防止公司资产流失，实现资产的增值保值。但是，商业类国有企业即使身处完全竞争行业，其经营目标也会受到国家大政方针的影响，还会受到国家整体经济结构和行业中民营经济发展状态的影响。

印度PPP法律制度研究及借鉴

陶伟腾*

中印两国同为金砖国家，又是相互毗邻的地区性大国，有着天然的合作利益及广阔的合作前景。2017年9月4日，金砖国家领导人在中国厦门举行第九次会晤。其间，金砖国家财长和央行行长会议通过了《金砖国家政府和社会资本合作良好实践》，就分享PPP经验、开展金砖国家PPP框架良好实践达成了共识，并拟搭建以该文件为基础的金砖国家PPP合作平台，这表明中印开展PPP合作已是大势所趋。同时，中印开展PPP合作的现实条件也已经具备。以中印交通基础设施合作为例，双方都广泛采取PPP模式，并逐步向对方交通基础设施领域进军，企业构成了中印交通基础设施合作的主体。[①] 在上述大环境下，研究印度PPP法律制度的意义不言而喻，因为对该问题的精准掌握构成了中印PPP有效合作的前提。此外，印度PPP经过多年发展，已形成完备的法律体系，其经验或许值得我们借鉴。

一、印度PPP法律制度概览及评析

（一）印度PPP发展概况及法律体系

1. 印度PPP发展概况

印度PPP(Public-Private Partnership，即政府和社会资本合作)发展相对较早，并在此发展过程中逐渐实现了PPP概念正式化，形成了完整的法律体系及管理机制。总体来讲，印度PPP主要经过了三个发展阶段。第一阶段为1991—

* 陶伟腾，华东政法大学博士研究生。

① 参见杨文武主编：《后金融危机时代中印经贸合作研究》，时事出版社2017年版，第200页。

2006 年。该阶段存在比较分散的 PPP 项目，印度中央政府和邦政府都有参与，范围主要集中在道路和桥梁部门，并开始有初步的法律和政策规定。第二阶段为 2006—2011 年，印度政府进行了系统的机构和制度改革。政府简化了 PPP 项目流程，并推广运用最佳的实践方式，通过政策和合同约束等措施保证项目执行的一贯性。同时，2006 年印度中央政府的 PPP 部门建立起来，致力于规范 PPP 操作框架和提高相关实践能力。在这一阶段，印度的 PPP 项目从 2009 年 11 月的 450 个增加到 2011 年 7 月的 758 个，取得了长足的进步。第三阶段为 2011 年之后，印度 PPP 事业开始获得结构优势。在这个阶段出现众多的 PPP 项目参与者，政府完善了 PPP 政策框架、PPP 指南，发布了 PPP 工具并优化了选择私人伙伴方的程序，有利的政策改革和创新性的 PPP 结构被认为是促使 PPP 模式被广泛接受的重要原因。①

根据经济学人智库 2015 年发布的题为“2014 年亚太地区 PPP 环境评估”的报告，印度在 PPP 的运营成熟度方面位居首位，在次国家级 PPP 活动方面排名第三，②取得了骄人的成绩。

2. 印度 PPP 法律体系

当前，世界范围内 PPP 法律实践主要分为两种模式：以德国、韩国等为代表的单行成文法模式和以英国、美国为代表的指南或契约文本模式。③ 印度属于后者。印度并没有一部统一的 PPP 基本法，而是代之以各种各样的指南。除了一份综合性的《PPP 参与指南》外，印度官方还就项目评估审批、授予后合同管理、项目支持基金等领域分别出台了相应指南。此外，印度官方还出台了许多特许经营合同模板，作为约束 PPP 主体的重要依据。

印度 PPP 法律体系有两大特点：第一，法律文件繁多。比如单纯针对医院公私合作的绿皮书就有十份之多。第二，高度标准化。印度政府针对招标阶段颁布了报价邀请书（RFQ）模板、建议邀请书（RFP）模板，此外还颁布了各部门的特许经营合同模板。这两大特点从侧面反映了印度 PPP 法律体系的成熟与完善。

（二）印度 PPP 定义

诚然，PPP 作为一种理念或合作模式，我们很难对之下一个完美而精确的

---

① 参见黄正华、郑伊：《印度 PPP 发展概述——基于第二届亚洲 PPP 治理论坛暨第三届公共采购国际论坛会议综述》，载《中国政府采购》2017 年第 2 期。

② 参见《金砖国家政府和社会资本合作良好实践》，第 48 页。

③ 参见陈婉玲、汤玉枢：《政府与社会资本合作（PPP）模式立法研究》，法律出版社 2017 年版，第 180 页。

定义,[①]我们常讲的特许经营、政府采购和股权合作也只是其表现形式而已。也许正是出于此种原因的考虑,我国《政府和社会资本合作模式操作指南(试行)》避开了PPP定义问题。但是,印度《PPP参与指南》却对PPP进行了定义:“PPP是指政府、法定实体或政府所属实体作为一方,私人主体作为另一方,为了公共利益,双方就提供公共财产及(或)相关服务达成的协议。私人主体需提供资金,并且(或者)在特定时间段内管理该投资。协议双方存在实质风险分配,私人主体依据既定的、可测量的标准获得绩效支付。”PPP有如下几个特点:

第一,是与私人主体之间的协议。在PPP合同下,公共财产及(或)服务由私人主体提供,并设定风险分担及回报机制。所谓私人主体,是指非政府资本须在51%以上。

第二,为了公共利益提供财产或者服务。所谓公共服务,是指国家有义务向国民提供的服务或者传统意义上应由国家向国民提供的服务。所谓公共财产,是指用途必然与公共服务相联系的财产。公共财产及服务由政府基于国家职能提供。

第三,私人主体需提供资金,并且(或者)在特定时间段内管理该投资。但是,私人投资并非PPP的必要条件,PPP的关键在于利用私人主体的效率提高服务水平。若利用私人主体的效率提高了服务水平,但却没有利用私人投资,则其性质仍为PPP。

第四,时间期限。协议需要有明确的期限,PPP协议不可永久存续。

第五,风险分担。风险分担是PPP的首要特征。在PPP框架下,依据最优风险管理、化解原则将风险在私人主体及公共实体间分配。

第六,绩效支付及标准设定。绩效支付的数额主要依据服务的质量而非单纯依据提供的财产或设施;双方需就绩效标准达成一致,该标准须为既定的、可测量的。[②]

在笔者看来,印度官方对PPP的定义较好地阐释了PPP的理念,折射出了世界范围内对于PPP的共识性认识(如利用私主体效率、绩效支付、风险分担等)。但是,需要注意的是,印度官方对私人主体的定义为非政府资本占51%以上,而我国并未进行如此明确的规定。从某种程度上讲,这间接导致了我国央企大量参与PPP。一方面,央企往往没有这么多的现金,于是便从银行大规模举债,致使其负债率居高不下,屡屡超过法定最高标准。另一方面,央企和政府的资金都来源于国家,央企的参与并没有实现降低政府负债率这一PPP目标。综

① 参见王丛虎、徐琳:《PPP与政府特许经营的关系及立法策略》,载《财政研究》2016年第6期。

② See PPP Guide for Practitioners, pp. 6-7.

上，我国可在后续颁布的PPP指南中借鉴印度关于私人部门的定义，以限制央企的大规模参与。

（三）印度PPP模式

《PPP参与指南》依据风险分配框架的不同，明确将PPP模式分为管理合同型、租赁合同型及建造—运营—转让（BOT）型三大类。这其中每一类又包含了许多变体，《PPP参与指南》均对之加以确认。下面对这三类模式予以简单介绍。

1. 管理合同型

管理合同型一般表现为公共部门授权私人主体进行一系列管理活动，期限较短，一般是3—5年，管理任务具体明确。该模式中，投资及财产的所有权仍归政府所有，但一些维修的义务会转移给私人主体。在印度，最为常见的便是基于绩效的管理合同。此外，该模式还有附有绩效奖励的管理合同、基本收费的管理合同以及修改扩张后的管理及融资合同等三类变体。

2. 租赁合同型

在该模式中，政府将其所有的资产租赁给私人主体，租期一般为中等长度，可能会有私人资本的投入。通常情况下，私人主体会要求最低的流量保证，并通过延长租期、补偿及监督机制，防止流量没有达到预估标准。在该模式下，私人主体通过使用者付费获得回报，并且需拿出一部分作为财产租金交给政府。其变体包括建设—租赁—转让（BLT）、建设—运营—租赁—转让（BOLT）、建设—转让—租赁（BTL）等。

3. 建造—运营—转让（BOT）型

该模式又分为使用者付费型和政府付费型，这两种BOT形式在印度也是非常流行的PPP模式。前一种对应的是道路、港口、航空港等项目，使用者付费可以覆盖成本，或者存在少量的可行性补助缺口的情况。后一种则一般应用于医疗、学校等公益性项目。BOT型变体包括：设计—建造—运营（DBO）、设计—建造—融资—运营—转让（DBFOT）、建造—所有—运营—转让（BOOT）、设计—建造—所有—运营—转让（DBOOT）、建造—所有—运营（BOO）等。

除上述三大类外，《PPP参与指南》还认可了其他类型的PPP模式：运营—维护（OM），在该模式下私人主体在规定时间内运营公有财产，所有权仍归政府所有；租赁—开发—运营（LPO），在该模式下私人主体依据合同进行租赁、管理、运营政府所有设施，并提供相关服务，在未来一段时间内，私人主体可能会继续投资，并提升服务质量；购买—建造—运营（BBO），在该模式下政府将所有资产转让给私人主体,私人主体在合同规定期限内将该资产升级并加以运营。[①]

由上可知,印度通过指南的形式对PPP模式进行了类型化梳理,其确认的PPP模式较我国更为丰富,为公共部门及私人主体提供了更多的选择空间。面对现实中复杂多变的情况,我国现有的PPP模式未必能够满足实践的需要,而这不利于实现福利最大化。针对该问题,《基础设施和公用事业特许经营管理办法》第5条为我国后续PPP模式的创新发展留出了口子,我国可在后续指南中以列举的形式确认更多的PPP模式,赋予PPP主体以更大的选择自由。

(四)印度PPP的顶层设计

印度PPP业务由印度财政部及其下设的PPP中心主管,而我国目前对于PPP却采用双头管理模式,即由发改委和财政部共同管理PPP。有的学者认为这会导致权责划分不明,制约PPP的发展,进而主张向印度学习,厘清PPP的顶层设计,将PPP管理职权赋予财政部或发改委。[②] 对于该学者的观点笔者不予赞同,因为PPP绝非一部门之力即可推动。财政部负责财政预算及拨款,其在PPP中的重要性自不必说;发改委则是特许经营的主管部门,而特许经营又是PPP最主要的形式。这说明,在PPP管理中,财政部和发改委缺一不可。此外,将PPP管理权收归某一部门也不现实,因为权力变动绝非易事,必然面对重重阻力。综上,我国采取双头管理模式有其现实合理性。

尽管如此,我们也应当认识到财政部和发改委之间确有不协调存在。比如,由于所处立场和出发点不同,发改委牵头起草的《招标投标法》与由财政部牵头起草的《政府采购法》之间便存在冲突,导致实际操作者无所适从。[③] 因此,国务院应着重构建发改委、财政部及各主管部门的工作协调机制,避免潜在的冲突,防止PPP项目出现监管漏洞或监管真空。[④]

二、印度PPP项目的立项监管制度

在PPP中,政府同时扮演着合作者与监督者的角色。其中,政府监督者角

---

① See PPP Guide for Practitioners, pp. 12-16.

② 参见倪香芹:《印度公私合作伙伴关系产生的背景、发展模式及其启示》,载《南亚研究季刊》2017年第2期。

③ 依据《招标投标法》的相关规定,投标人提交投标文件后几乎无权对文件进行修改,而《政府采购法》的规定却与之相反。

④ 参见陈婉玲、汤玉枢:《政府与社会资本合作(PPP)模式立法研究》,法律出版社2017年版,第195页。

色的一个重要体现便是项目立项和特许经营者选择时期的准入监管。[①] 本部分将着重介绍印度 PPP 项目的立项监管,主要包括项目识别与可行性分析以及项目评估批准制度。

(一) 项目识别与可行性分析

1. 项目识别

印度 PPP 项目识别阶段有别于我国,主要包括两部分内容,即需求分析与方案分析。

所谓需求分析,是指论证该项目是否为社会所需要的过程。政府应做好详尽充分的供需分析、缺口研究,并组织当地居民见面会,以了解实际需求状况。印度对项目需求分析十分重视,因为一项不满足需求分析的项目意味着从最初就不存在对该资产或是服务的实际需求,而这样的项目注定是失败的。

所谓方案分析,是指通过列出所有满足需求的方案,并逐一进行优缺点分析,从中选出最优方案的过程。备选方案一般分为三类:第一,基于存量资产的方案,即公共部门通过分析政府现有的存量资产能否解决需求问题,这可能涉及对存量资产的翻新、改善、改造、重组等。第二,非资产型方案,该方案只需重新配置提供服务的方式,有效管理需求,提升存量资产的利用效率即可。第三,基于新建资产的方案,即通过新建项目来满足社会需求。[②]

由上可知,在方案选择中,印度官方十分重视利用存量资产,这与当下我国对于充分利用存量资产的号召不谋而合。

2. 可行性分析

项目识别阶段之后便是可行性分析。印度《PPP 参与指南》对诸项可行性分析进行了详细的阐述,这里仅对技术可行性分析、财务可行性分析、经济可行性分析及项目价值主张(即物有所值评价)作简要介绍。

技术可行性分析是指通过评估该项目所有可能的设计或工程方案,确定一种最具持续性且最实用的方案,为此公共部门可聘请专业技术顾问。此外,开发方案必须是环境友好型的,能够降低能耗、节省成本,并且在经济上可行,给后续技术革新留有足够的空间。根据项目性质的不同,技术可行性分析的内容是不同的。比如,道路项目要作地质研究、地形研究、交通流量研究等,供水系统项目则要进行水管网络分布研究、水样研究、土壤特质研究、水压测试等。[③]

---

① 参见邢会强:《PPP 模式中的政府定位》,载《法学》2015 年第 11 期。

② See PPP Guide for Practitioners, pp. 21-27.

③ Ibid., pp. 42-43.

财务可行性分析是指通过全面分析项目的成本、费用、收入来确定项目能否自我维持或是需要政府支持。换言之,财务可行性分析是为了判断该项目收入能否抵消成本,私人主体能否从该项目获得合理的回报,而这决定了项目架构的设计。财务可行性分析要反复进行,比如在风险分析阶段、项目价值主张阶段都会用到财务可行性分析。①

经济可行性分析研究的是投资造成的积极和消极影响,这些影响难以反映在市场价格上,也不会对项目现金流造成影响。比如,该项目创造的就业机会,该项目对当地居民、环境、生态系统等造成的影响。经济可行性分析关注的是项目为社会创造的净收益,这与项目本身的收益与成本不同,它采取的基本公式是经济净收益=经济效益-经济成本。其中,经济效益指居民福利的增加,经济成本指居民福利的减损。经济可行性分析是从整个社会角度考量的,而财务可行性分析却是从项目的现金流角度进行考量。可以说,经济可行性分析优先于财务可行性分析。②

项目价值主张与我国的物有所值评价基本相同,都分为定性评价与定量评价两部分。基本公式也大致相同,即将项目生命周期内政府支出现值与公共部门比较值进行比较,决定是否采用 PPP 模式。③

可行性分析配合上述需求分析及方案分析,将有助于提高 PPP 项目的入库标准,确保入库项目质量,防止项目管理库中项目过于杂乱。

(二) 项目评估批准制度及经验借鉴

印度在中央层面建立了一套完善的项目评估批准制度。其中,PPP 评估委员会(PPPAC)构成了该制度的核心。PPPAC 作为一个客观公正的机构对 PPP 项目进行审批,履行着政府对 PPP 项目的立项监管职能。下面对印度的项目评估批准制度予以简要介绍:

1. 超过 25 亿卢比项目的评估批准制度

超过 25 亿卢比的项目由 PPPAC 批准。PPPAC 由内阁委员会于 2005 年创建,其构成为:经济事务部部长、计划委员会主席、财政部部长、法律事务部部长以及项目发起部门的部长。如果有必要的话,委员会还可以聘请相关专家。

就分工而言,财政部对特许经营协议财务方面的审核负有主要责任,从投资

---

① See PPP Guide for Practitioners, pp. 60-63.

② Ibid., pp. 96-101.

③ Ibid., pp. 81-92.

和银行的角度决定担保范围和风险分配规则；发展委员会会成立一个 PPP 评估单位（PPPAU），该单位将就特许经营协议的具体条款提出改进意见；法律事务部则负责特许经营协议的法律审查。

发起部门在将项目提请 PPPAC 批准前要做好前期准备，包括可行性研究、项目合同制作等。必要时，还应邀请法律、财务、技术专家进行协助。发起部门如果觉得有必要，可将项目细节及特许经营协议条款提交部际咨询委员会讨论。若项目涉及多个部门，PPPAC 会主动参与讨论。

PPPAC 的批准分为两步，先是原则性批准。发起部门若想获得 PPPAC 的原则性批准，就要向 PPPAC 的秘书处提交提案，一式六份，并附上项目可行性报告。PPPAC 将在三周内召开会议决定是否在原则上批准该项目。

在获得 PPPAC 的原则性批准之后，发起部门便会发布资格预审公告，并形成通过初审的投标候选人名单。之后便是制作项目文件。项目文件以特许经营协议为核心，包含了一系列相关文件。根据部门的不同，项目文件也不尽相同。此外，发起部门还需制作建议邀请书，邀请书应包含所有中标人所要签署的协议的副本。建议邀请书制作完毕后，需再一次提交，以获得 PPPAC 批准。请求批准的提案一式六份提交给 PPPAC 秘书处，并附带所有项目协议草案及项目报告。PPPAC 秘书处会向 PPPAC 所有成员分发该提案副本及相关文件。

计划委员会将评估项目提案，并将其评估意见提交给 PPPAC 秘书处。法律事务部和其他相关部门也将会在规定时间内向 PPPAC 秘书处出具书面评论。秘书处会把所有评论反馈给发起部门，由发起部门就每项评论意见逐一给出书面回应。

最后，特许经营协议及相关文件、各部门的评论意见及发起部门的回复，都会被提交给 PPPAC 审查。审查后，PPPAC 或将提案推荐给主管当局批准，或要求发起部门作出必要的修改后再作考虑。只有在获得主管当局的最终批准后，招标才能进行。

对于上述批准程序，国防部、原子能部以及航天部可以豁免。[①]

2. 超过 10 亿不足 25 亿卢比项目的评估批准制度

该类项目的评估批准制度基本与 25 亿卢比以上项目的评估批准制度相同，但省去了部际会议及原则性批准这两步，并多了委员会批准这一步，审批机关也由 PPPAC 变成了常务财政委员会（SFC）。在 SFC 中，主管部门的部长作为主席，财务顾问、相关部门的联合秘书、法律事务部的代表作为成员。如果有需要

① See Guidelines for Formulation, Appraisal and Approval of Central Sector Public Private Partnership Projects, pp. 1-3.

的话,计划委员会及其他相关部门的代表也可能被邀请进来。在SFC批准建议邀请书后,SFC还需将提案提请由经济事务部部长和发起部门部长组成的委员会批准,委员会批准后才会提请主管当局批准。SFC、委员会及主管当局的审批期限均为两周。同样,对于上述批准程序,国防部、原子能部以及航天部可以豁免。[①]

3. 不足10亿卢比项目的评估批准制度

在该类项目中,不足5000万卢比的由发起部门自己审批;超过5000万卢比但不足2.5亿卢比的由SFC审批;超过2.5亿但不到10亿卢比的由财政支出委员会(EFC)审批,该委员会由发起部门的部长组成。其余审批流程基本与10亿—25亿卢比的项目相同,但省去了委员会批准这一步。[②]

4. 经验借鉴

通过上文对印度PPP项目评估批准制度的简要介绍,笔者认为,印度至少有三点经验值得我们借鉴:

其一,"阶梯式"的审批模式。印度依据项目规模的不同,采取不同的审批流程。对于规模较大、涉及部门众多的项目,采取严格、复杂的审批流程,如此可更好地维护公共利益;对于规模较小的项目,则适当简化审批程序,这加快了项目前期工作,有助于提高效率。这种基于项目规模的审批制度设计,较好地处理了安全与效率问题,值得我们学习。

其二,联审机制的构建。我国《国家发展改革委关于开展政府和社会资本合作的指导意见》第4条第3款明确提出,"为提高工作效率,可汇同相关部门建立PPP项目的联审机制",而第6条第3款再次提到要"加快项目前期工作,联合有关部门建立并联审批机制",但对于具体怎么构建联审机制却没有给出明确说明。对此,印度给我们提供了一个良好的范本。我们可借鉴印度构建各类委员会机制,并推广部际会议,这或许可以解决我国现实中存在的部门间沟通不畅、彼此掣肘的问题。

其三,审批豁免问题。由于国防等领域的项目涉及国家战略安全利益,殊为重要,应对其进行审批豁免,排除普通评估批准程序的适用。

---

① See Guidelines for Formulation, Appraisal and Approval of Central Sector Public Private Partnership Projects, pp. 11-13.

② Ibid., pp. 23-26.

三、印度特许经营合同规制框架

(一) 特许经营合同内容法定

合同内容自由是合同自由最为基本的表现,是指合同当事人在自愿前提下可以就任意内容订立合同。但是,随着社会的发展,现代合同法更多地表现为对合同自由的规制,以体现根本的契约正义。公共合同便是其中的典型代表。在公共合同中,政府作为合同的一方,履行着国家经济利益"监护人"的职能,其行为对于公共利益会产生直接的影响。因此,公共合同对于社会的影响要远远大于私人合同。[①] 这构成了对公共合同内容进行规制的法律依据。通过法律规制,一方面要防止政府向私人过度让利,损害国家的利益;另一方面则要改善私人主体的缔约弱势地位,防止私人主体权益受到政府侵害。

特许经营合同作为公共合同的一种,为了实现特许经营的各项政策目标,保障社会公共利益,合同中许多条款依法排除了双方的自由约定。所以,在一般合同中属于自由约定的内容,在特许经营合同中就可能以强制性规定取而代之。在印度语境下,特许经营合同内容法定主要体现为诸多高度标准的特许经营合同模板。印度政府就高速公路、港口、粮食存储等 PPP 项目分别出台了特许经营合同模板,内容十分翔实。但是,与我国不同的是,印度特许经营合同模板中的许多条款是强制性的。在这里,特许经营合同模板不仅起到降低交易成本的作用,更是对 PPP 的规制手段。

(二) 特许经营合同模板的强制性条款

上文虽然论证了特许经营合同内容法定的问题,但对于特许经营合同应当包含哪些强制性条款国内外却没有形成统一认识。许多案例表明,基于特许经营合同而产生的纠纷往往起因于最初合同安排不当,主要包括运营与监管要求不明确、责任不确定,以及对风险分配不当等。[②] 印度特许经营合同模板尤为重视上述问题。笔者拟以上述问题为主线,对印度特许经营合同模板中的部分强制性条款进行简要介绍。需要说明的是,由于印度特许经营合同模板众多,下面仅以 BOT 项目特许经营合模板(10 亿卢比以下)为例,因为该模板具有较高的代表性。

---

① 参见李来孺:《印度当代合同法》,法律出版社 2015 年版,第 274—275 页.

② 参见李亢:《PPP 的法律规制——以基础设施特许经营为中心》,法律出版社 2017 年版,第 172 页。

1. 独立工程师

独立工程师制度是印度一项富有特色的制度,主要用于项目的日常监管。私人部门应当在签署协议的30天内向政府部门推荐三家具有良好声誉且具备必要领域经验的公司或集团,政府则应在30天内从该候选人名单中指定独立工程师,费用由政府与私人部门均摊。独立工程师至少每月就项目进展向指导委员会提交一次报告。独立工程师的职责包括接收并审核私人部门提交的施工进度计划、设计图纸以及发放完工证明等。[①]

2. 指导委员会

指导委员会制度也是印度PPP中普遍存在的一项制度,与独立工程师制度同为特许经营合同监督体系的重要组成部分。政府应以官方命令的形式在协议签订后的60天内指定指导委员会,该指导委员会由政府及私人部门指派的人员构成,权力来源于特许经营合同的授权。在建设期内,指导委员会应当至少每三个月举行一次会议,以监督项目的进展情况;在运营期内,指导委员会则至少每六个月举行一次会议。指导委员会享有暂停部分或全部项目施工的权力。独立工程师应定期向指导委员会提供季报,并基于指导委员会的要求提供其他必要信息。[②]

3. 融资协议条款

融资协议是项目建设资金来源的重要保证,其目的在于防止工程建设因资金不足而中止,损害公共利益。私人部门应当做好项目建设所需要的融资安排,并承担相应的风险、成本及费用;同时,应在融资完成的7天内向政府提交一系列融资文件,以证明融资完成。此外,除非获得政府的明示同意,私人部门不得对融资协议作出修改,以至于扩大政府的付款义务。[③]

4. 保险条款

印度特许经营合同模板中将保险单独列为一个条款,足见其对保险的重视。保险的功能在于有效抵御风险,确保项目的正常运作。模板将特许经营合同的履行阶段分为建设期和运营期,而私人部门应当购买整个履行阶段的保险,并承担所有成本及费用。

其中,建设期需要购买的保险包括针对建筑商的所有风险保险、第三方责任险、劳工赔偿保险,以及所有能够保护私人部门自身、雇员及资产的必要保险,比如所有可投保的不可抗力险等。运营期需要购买的保险则应当覆盖下列损失:

---

① See Model Concession Agreement for BOT Projects up to Rs. 100 Crores (MCA1) in Road and Transport, pp. 23-24.

② Ibid., p. 24.

③ Ibid., p. 34.

项目设施的损毁,私人部门基于特许协议而产生的一般责任、第三方责任等,外加其他所有能够保护私人部门自身、雇员及资产的必要保险。

私人部门必须定期支付保险费,以维系保险合同的效力。同时,私人部门应定期向政府提交保险合同副本,以此作为已经投保的证明。此外,所有获得的保险赔偿金必须立即用于项目设施的修复,不得挪作他用。最后,除非提前 10 天书面通知政府,否则私人部门不得解除任何保险合同。[①]

5. 不可抗力条款

不可抗力的分担是一门平衡的艺术,如果私人部门承担过多,可能抑制其投资热情;如果政府承担过多,则可能有损公共利益。对此,印度特许经营合同模板将不可抗力细分为非政治事件、间接政治事件以及直接政治事件,并对这三类不同的不可抗力采取不同的分担规则:若不可抗力属非政治事件,则由双方各自承担自身损失,互不负有支付责任;若不可抗力属间接政治事件,则由政府补偿私人部门损失的一半;若不可抗力属直接政治事件,则由政府补偿私人部门的全部损失。

如果不可抗力超过 120 天,双方可以终止合同。因不可抗力造成合同终止的,若不可抗力属非政治事件,则私人部门可获得政府的终止付款,付款额度为到期债务的 90%;若不可抗力属政治事件,则政府需要向私人部门赔偿所有到期债务。此外,若不可抗力属非政治事件,且项目开始不到三年,政府还要赔偿 110%的已经实际投入的现金股本;若不可抗力属政治事件,且项目开始还不到三年,政府除了赔偿全部的到期债务外,还要返还 150%的已经实际投入的现金股本。[②]

综上所述,印度通过强制性条款的设定构建了特许经营合同规制框架。正如前文所讲到的,以强制性规范规定特许经营合同内容的做法是由特许经营本身性质所决定的,体现了对合同正义、效率和秩序等价值的追求,是实现国家意志及公共政策的需要。与此同时,我国出台具有强制性的特许经营合同模板,也是在借鉴国外立法和总结实践经验基础上的一种必然选择。但是,在目前我国合同法语境下,合同模板仅仅具有参考效力。在未来修订《合同法》的时候,建议我国针对不同部门、不同规模的 PPP 项目分别出台特许经营合同模板,并赋予其核心条款以强制效力。

---

① See Model Concession Agreement for BOT Projects up to Rs. 100 Crores(MCA1) in Road and Transport, pp. 35-37.

② Ibid., pp. 37-46.

(三) 特许经营合同的变更

众所周知,设计一项包罗万象的合同是不现实的,此即合同的不完备性。PPP 项目周期较长的特点又决定了特许经营合同是一个长期合同,好多后续情况变化是当初签订合同时所始料未及的。上述原因共同导致特许经营合同约定不明或不尽合理的事项的存在,严重时更可能产生纠纷。同时,PPP 提供的往往是关键基础设施且通常没有替代设施,若因纠纷而导致旷日持久的诉讼,则必然会影响项目的正常运营,进而损害公共利益。上述因素共同决定了通过重新协商变更合同的重要性。正如有学者所言,PPP 合同不仅是一项经济合约,也是一项社会合约,随着经济形势、社会环境的变化,PPP 合同也要不断调整以反映项目现实。[①]

与普通商事货物或服务买卖合同不同的是,PPP 中特许经营合同的标的价格通常是极为高昂的,项目总价值通常都是数以亿计,回报也是以千万计,一点小变化都会造成巨大影响。这就需要为特许经营合同变更设计一个法律框架,不仅有利于提供长期合同所必要的灵活性,而且有助于防止不恰当或不受规制的变更减损特许经营合同背后的公共利益。

印度之前的特许经营合同中一般不会明示允许合同的变更,因而印度公共部门也不愿意去考虑变更问题。但是,后来印度逐渐认识到合同协商变更问题的重要性,并最终于 2014 发布了《PPP 合同重新协商框架构建》。依据该文件的总结,导致合同变更的因素主要有如下几类:经济环境及税负变化、需求及收入变化、财务情况变化、场地要求变化、合同变化及其他变化等。

在《PPP 合同重新协商框架构建》中,印度对英国、澳大利亚、南非、智利四国的特许经营合同变更问题进行了考察,发现上述国家都允许合同当事方以协商的方式对特许经营合同进行变更。同时,对于特许经营合同的变更,每个国家都有一个规制框架,主要表现为对实质性合同变更的批准机制。判定实质性变更存在两种标准:一为定性标准,二为定量标准。所谓定性标准,是指通过对“实质性”进行语言描述,以确定何为实质性变化的过程,实质性变化通常是指会影响到最初授权决定的重大根本变化;所谓定量标准,则是指通过设置触发点(比如变更数额达到投资总额的某一百分比),来判定某一变更是否为实质性变更的过程。前者为澳大利亚、南非所采用,后者为智利所采用。对于重大合同变更,上述国家均设立了一个独立、公正的第三方审批机构,比如南非由财政部批准实

---

① 参见陈婉玲、汤玉枢:《政府与社会资本合作(PPP)模式立法研究》,法律出版社 2017 年版,第 183 页。

质性特许经营合同变更。[①]

基于对上述国家的考察，印度 PPP 中心建议放开对特许经营合同的变更，但对于实质性变更则需批准机构加以审批。此外，印度 PPP 中心建议将投资总价值的 20%作为实质性变更的门槛，即采用定量标准。至于批准机构的问题，印度准备充分利用现有项目评审阶段的批准机构，即 PPPAC、SFC 及各行业主管部门，并根据项目评审阶段的权力划分原则来确定实质性合同变更的批准机构，[②]这与我国不谋而合。我国《政府和社会资本合作法(征求意见稿)》第 32 条规定："合作协议内容发生实质性变化的，应当报原批准机关批准。"

对于特许经营合同变更，我国目前还没有形成一个法律规制框架。在实践中，通常做法是由私人部门提出变更请求，由政府部门审核批准，并由第三方机构进行评估。[③] 笔者认为，应将特许经营合同变更分为一般变更与实质性变更两类，并将项目准备阶段的项目小组或者评审小组升级为常设协调机构，充分利用其独立性及专业性，[④]用于特许经营合同的一般变更。对于特许经营合同的实质性变更，则应报原批准机关批准，同时应明确实质性变更标准，无论采纳定性标准或定量标准皆可，以此来初步构建我国特许经营合同变更的规制框架。

(四) 特许经营合同的争端解决

一般认为，特许经营合同具有民事和行政双重特性。比如，有的学者认为特许经营合同是一种兼具行政和民事双重法律属性、典型的"政府商事合同"。[⑤]特许经营合同的双重性质决定了基于其产生的争端的双重性质。在我国，对于基于特许经营合同而产生的纠纷应当适用行政诉讼还是民事诉讼一直存在争议，而相关法律的规定间也存在冲突。比如，我国《政府和社会资本合作项目政府采购管理办法》规定因 PPP 项目合同(含特许经营合同)产生的争端应适用普通民事诉讼，而《行政诉讼法》则规定基于特许经营合同产生的纠纷应提起行政诉讼。

就印度而言，其特许经营合同模板主要提供了友好协商和仲裁这两种争端解决方式。当产生基于特许经营合同的纠纷时，合同双方首先应友好协商；协商不成的，再提起仲裁，仲裁依据是 1996 年颁布的《调解及仲裁法》。纠纷解决方式中，印度并未提及行政合同或行政诉讼，更何况行政诉讼本身就是与调解不兼

---

① See Developing a Framework for Renegotiation of PPP Contracts, pp. 19-26.

② Ibid., pp. 37-39.

③ 参见曹珊：《政府和社会资本合作(PPP)项目法律实务》，法律出版社 2016 年版，第 230 页。

④ 参见胡改蓉：《PPP 模式中公私利益的冲突及协调》，载《法学》2015 年第 11 期。

⑤ 参见李亢：《PPP 的法律规制——以基础设施特许经营为中心》，法律出版社 2017 年版，第 196 页。

容的。由此我们可以看出,印度关于特许经营合同的解决纠纷的方式更偏向于民事属性,这也符合当下特许经营合同被普遍认为是民事合同范畴的实际。

鉴于我国特许经营合同民事和行政的双重性质短期内无法通过立法的方式加以解决,同时考虑到若将其作为纯粹的行政合同,将加剧不平等,限制私人主体的救济手段,影响争端解决的公正性。因此,当下权宜之计应当是遵循合同法原则,由当事人在合同中明确约定争议解决方式,以此绕开当前特许经营合同的定性问题,避免不必要的纠纷。同时,可借鉴印度,充分发挥友好协商和仲裁的作用,将二者作为解决 PPP 争端的主要手段,以便充分利用前者的成本优势和后者的专业优势,这也是当前国际上的通行做法。[①]

四、印度授予后合同管理机制与借鉴

印度 PPP 法律体系中最具特色的便是授予后合同管理机制。印度开展 PPP 较早,有的 PPP 项目已经失败。虽然失败原因可能是私人主体违约,但政府要对公众承担最终责任,而这对政府声誉造成了不良影响,导致了严重财政损失。因此,政府要通过合同管理来防范风险,确保私人主体履行特许协议中约定的义务,同时要把所有可能的重大事件及环境变化都考虑在内,确保协议的有效履行,保护公众利益。为了实现该目的,印度政府通过颁布管理指南的形式,发展出一套完整的授予后合同管理体系,包括《授予后合同管理指南》以及针对高速公路、学校及港口建设分别出台的管理手册等。下面对印度授予后合同管理机制予以简要介绍。

(一) 管理团队的构建

为了确保授予后合同管理活动的有效性,印度通过《授予后合同管理指南》建立了一个权责明确、构成广泛的管理团队。管理团队在授权当局内部构建,授权当局代表政府并拥有 PPP 项目。管理团队分为三个等级,由低到高分别为:项目运营层、项目监管层、项目决策层。

项目运营层由项目驻地办公室官员(低级)及总部官员(低级)组成,其目的在于进行合同管理。其中,项目驻地办公室官员(低级)负责监督每一项工程及其进展。总部官员(低级)则负责处理商业影响,并管理项目周期性的、重大的、可能影响项目财务“健康”的事件。项目运营层每月召开一次会议,其主要职责

① 参见〔英〕达霖·格里姆赛、〔澳〕莫文·K.刘易斯:《PPP 革命——公共服务中的政府和社会资本合作》,济邦咨询公司译,中国人民大学出版社 2016 年版,第 218 页。

有:完成 PPP 合同中约定的政府义务;收集、分析、汇报项目的运营数据;管理政府在项目中的日常开支;讨论并解决项目中出现的非重大问题;在问题的初期阶段发现问题,避免该问题升级,以防延误工期;不断地向项目相关方征求意见、获取信息,并根据意见及信息采取相应行动;主持日常会议,促进私人主体与用户之间的交流;确保所有相关方的义务明确;通过日常会议与相关方分享反馈信息及合同进展状况。

项目监管层由总部中的高级技术、财务、法律代表以及项目驻地办公室负责人构成。项目监管层每月召开一次会议,确保当局的所有 PPP 项目在正轨上运行。项目监管层是对 PPP 项目进行协调的核心单位,其主要职责有:协助项目运营层完成政府应履行的合同义务;从宏观层面把握项目的运营状况,必要时采取措施;向决策层汇报项目进度,并执行其建议;加强与私人主体的交流,协调与私人主体的关系;与独立工程师就争端的解决展开协调;批准范围变化、工期延长等事项。

项目决策层由主席和董事会组成,其中董事会成员由来自部级的官员组成。项目决策层每季度召开一次会议,处理对项目产生战略意义影响的事件。决策层是负责审核批准及解决争端的最高权威,其主要职责有:确保项目按照双方计划进行;从战略意义角度审查项目的长期问题;确保合同条款能实现合同目的;审查并批准所有可能对项目造成实质影响的变化;如果情况允许的话,每年制定年度改进目标。①

(二)授予后合同管理活动

授予后合同管理活动涉及项目的整个生命周期,包括开发阶段、建造阶段、运营阶段以及移交阶段。受文章主旨及篇幅所限,本部分仅就具有代表性的港口项目的运营、移交阶段的管理活动作简要介绍,以使读者对印度授予后合同管理机制有一个概念上的理解与把握。

1. 项目建造阶段的合同管理活动

运营层的职责主要包含以下几个方面:第一,指派独立工程师。通过发布聘用独立工程师意向书来聘请独立工程师,并就候选人名单征询私人主体的意见;选择费用最低的独立工程师,并把费用情况向私人主体说明;依据特许协议条款向独立工程师支付酬金。第二,审查设计方案及图纸。运营层有权将私人主体提交的设计方案及图纸提交给独立工程师审查,并将独立工程师的意见及建议反馈给私人主体。第三,监督建造进程。为防止工期延误,运营层可采取的措施

① See Guidelines on Post-Award Contract Management for PPP Concessions, pp. 15-34.

有:每月审查私人主体或独立工程师提交的工程进度报告。当私人主体没有完成特定节点的工作时,运营层可向私人主体主张迟延履行违约金,以此来督促私人主体;若私人主体在宽限期限内仍没有完成工程建设,运营层可以发起合同终止程序。第四,在发放完工证明前,进行项目测试及检查。第五,若出现违约,向监管层报告。

监管层的职责主要包含以下几个方面:第一,中止建造工作。当独立工程师建议暂停建造时,监管层应当知会私人主体;当私人主体采取了补救措施并经过独立工程师审核合格后,独立工程师应当向监管层报告,监管层决定是否撤销暂停决定;如果监管层觉得仍不符合要求,可以要求私人主体继续采取补救措施。第二,改变范围。除了项目范围内的工作或服务,监管层还可以要求额外的工作或服务。监管层决定变更范围的必要性和成本合理性,并告知私人主体范围变更的必要工作细节;私人主体就变更范围可能导致的负面作用和成本进行回复;在考虑了私人主体的答复之后,监管层可以决定是否向外部第三方招标,并在特定时间内支付预付款。第三,公布运营开始日期。从独立工程师处接收竣工证明后,监管层应当通过政府公告的形式公布运营开始日期。第四,每月的考核及投入。监管层向运营层按月收取项目状况报告,并审核运营层提交的所有文件,为项目执行进行必要的投入。第五,若出现违约,向决策层报告。

决策层的职责主要包含以下两个方面:第一,决策层向监管层按月收取项目状况报告,并审核监管层提交的所有文件,必要时,作出适当决策;第二,若出现违约,向董事会或主席报告。①

2. 项目退出阶段的合同管理

运营层的职责主要包含以下几个方面:第一,开展状况调查。该调查的目的是为了确定项目状况及私人主体的履约情况,并为编制财产清单作准备。在特许协议到期前六个月,私人主体应就项目状况展开调查,并出具一份财产清单。运营层可以指派一名专家全程监督调查进程。如果监管层发现项目设施没有按照协议约定的方式进行运营和维护,就有权要求私人主体采取一切必要措施使项目保持良好运行状态。当私人主体没能完成状况调查的时候,运营层可以代替私人主体开展状况调查,并有权获得私人主体的补偿。第二,若出现违约,向监管层报告。

监管层的职责主要包含以下几个方面:第一,转移权利及利益。合同期满时,要确保双方义务得以履行。同时,在确保用户安全、避免延迟给用户造成不便的基础上,平稳移交项目资产。第二,每月的考核及投入。监管层向运营层按

① See Post-Award Contract Management Manual for Port PPP Concessions, pp. 104-111.

月收取项目状况报告，并审核运营层提交的所有文件，为项目执行进行必要的投入。第三，若出现违约，向监管层报告。

决策层的职责与项目建造阶段相同。[①]

除了上述职责，授权当局还需制订持续服务计划。该计划要有评估现有资产服务市场需求的能力，并将现有项目与市场需求相比较，以确定现有项目能否满足市场需求。其中，对于项目设施状况需要评估的因素有：土木结构的剩余寿命、设备的使用寿命、资产的质量、维护要求等；市场需求要考虑的因素有：流量水平、可代替的设施、其他市场需求等。上述分析由运营层开展，并向监管层提交报告。该报告需包含一份详细的技术及流量研究且需在合同终止之前一年完成，以便留有充足时间进行后续工作。随后，监管层根据不同的情形筛选可行方案，并向决策层推荐，由决策层进行最终的决定。该过程必须在合同结束前的一年到十个月内完成，以确保服务不被中断。

（三）风险识别与化解

在印度，风险管理是授予后合同管理的重要一环。印度官方对 PPP 语境下风险的定义是："一种造成项目实际收益成本与预估收益成本发生偏离的可能性"。风险管理则是一个持续的过程，有效的风险管理意味着项目在既定轨道上运行，无法预见的状况得到控制，并最终实现项目目的。

1. 风险识别

印度官方对 PPP 项目风险具有较为成熟的认识，通过指南形式将政府应承担的风险分为合同分配风险、剩余风险、合同变更风险、未界定或未解决的合同风险四大类，并指出上述风险的管理难度是依次递增的。下面对这四类风险予以简要说明：

（1）合同分配风险。该风险分为合同明示分配的风险和法律默认分配的风险。最低需求风险通常会在合同中明确规定由政府承担，而土地征收风险则属于政府应当承担的默示风险。

（2）剩余风险。该风险分为私人主体违约的风险和公共部门低效风险。当私人主体没有承担起分配给他们的责任时，政府要承担兜底责任，比如项目未能达到约定的质量要求。虽然政府可以向私人主体主张违约金，但该违约金却不足以弥补政府对社会及用户应承担的最终责任。

（3）合同变更风险。该风险包括范围变化风险，法律、政策变化风险等。当商业环境发生变化时，需要修改合同条款，以满足新的需求和变化。该过程如果

① See Post-Award Contract Management Manual for Port PPP Concessions, pp. 116-118.

没有管理好,可能对政府造成不良影响,并影响项目的连续性。

(4) 未界定或未解决的合同风险。PPP合同的长期性决定了不可能所有风险在合同制定时就加以确定和分配,因为有的风险是后续才显现出来的,比如社会风险。此外,有时风险虽已经被界定,但却没有提出解决方案。[①]

2. 风险化解

风险化解的目标是将风险发生的可能性降至最低;若风险已发生,则将损害后果降至最低。对于风险化解,合同管理团队中有着明确的分工,下面予以简要介绍:

(1) 由运营层负责的风险包括场地风险、社会风险、土地征收风险等。其中,场地风险的化解手段为在签订特许协议前,聘请技术专家顾问进行实地考察研究;社会风险的化解手段为通过更广泛的公众交流、更高的透明度,在开发阶段进行更多的用户调查;土地征收风险的化解手段为在签订特许协议前,仔细调查研究土地记录,拉动更大范围的公众参与,提高程序的透明度等。

(2) 由监管层负责的风险包括批准延误风险、环境风险、法律及政策风险、范围变化风险、私人主体管理层及所有权变化风险、财务风险、不可抗力风险等。其中,批准延误风险的化解手段为在政府部门间进行有效协调及高级筹划;环境风险的化解手段为在授权前就进行详尽的场所污染研究,并进行常规性的环境审计;法律及政策风险的化解手段为加强对潜在政策变化的警觉性,就潜在政策变化提前做好计划;范围变化风险的化解手段为在授权前聘请专家顾问进行详尽的市场研究;私人主体管理层及所有权变化风险的化解手段为投标时提出更高的资格要求或者在特定期限内锁定要求;财务风险的化解手段为在投标阶段提出更高的资质要求、财务约束、担保及抵押,通过金融产品来对冲风险;不可抗力风险的化解手段为购买保险,制订好灾后重建计划与商业持续计划等。[②]

(四) 评析与借鉴

首先,通过上述介绍我们可以发现,印度授予后合同管理机制最显著的特征就是科层制。作为现代社会合理化的典型,科层制以其在技术上的极大优势取代了以往的社会管理形式,日益深入地渗入一切社会领域,带来了效率的大幅提高。[③] 印度通过构建层级分明的管理团队,建立起上下级的权属关系;通过详细规定每个层级的职责,使得层级间分工明确,各司其职,进而形成一个有机整体。

---

① See Guidelines on Post-Award Contract Management for PPP Concessions, pp. 51-54.

② Ibid., pp. 54-58.

③ 参见张建平:《马克斯·韦伯科层制思想解析》,载《社会科学论坛》2016年第4期。

整个合同管理体系如同一台精密的机器有条不紊地运作,使得整个授予后合同管理井井有条。当然,由于其内部体系较为复杂,难免产生较高的组织成本及制度运行成本,但总体而言,利大于弊。

与印度相比,我国当前对授予后合同管理机制明显重视不够。具体表现为:法律文件对该问题的规定比较笼统,仅在《政府和社会资本合作模式操作指南(试行)》《政府和社会资本合作法(征求意见稿)》等文件中略微提及,尚未形成一套完整的管理框架。授予后合同管理是PPP生命周期中很重要的一环,直接关系到项目的成败,应当引起我们足够重视。对此,我国应加强授予后合同管理工作,包括进一步细化管理主体、管理内容及手段,甚至可以在某种程度上借鉴印度,结合我国现行体制及组织机构现状,在管理主体内部进行层级分工。

其次,印度授予后合同管理机制还有助于政府信息获取权的实现。私人部门的经营活动一般不受政府干预,其经营信息也无须向社会公开。但是,在PPP模式下,私人部门获得的是公共资源和公共服务经营权,提供的是公共产品和公共服务,事关公共利益,政府不可能放任其自由经营,而需保留获取与PPP项目有关的各种信息的权利,以促使私人部门严格履行合同义务,提升公共产品和服务质量。此即政府信息获取权的由来。[①] 信息获取权是政府实现监管者角色的基础性权利及必要条件,能够确保政府在项目生命周期内及时获得相关数据,真正实现监测性监管。[②]

信息获取权固然重要,但目前仅仅停留在理论层面,如何将之转化为一项现实权利,是当下亟待解决的问题。通常而言,这是一个比较复杂的过程,需要一系列的配套制度或措施。但是,印度授予后合同管理机制为我们提供了现实可操作途径。其一,该机制很好地承载了信息获取的功能。在该机制中,公共部门通过现场调查、主持日常会议、与私人部门开展交流、接受用户反馈等手段,及时获取了大量一手信息。其二,通过构建报告机制,该机制有效实现了信息流的畅通。以上两点对我国具有重要借鉴意义。

最后,对于项目风险,印度重在防范与化解,而我国仅关注风险的分配问题。与其说这是制度上的缺失,不如说是观念上的差距。在PPP开展过程中,印度政府一直在发挥积极的主导及推动作用,始终牢记自己是公共产品提供者及最终责任人这一身份,并以此为原动力出台了一系列的指南及管理手册。不仅涉及上文提到的项目风险管理,还包括利益相关者关系管理、绩效评估、公共部门

---

① 参见陈婉玲、汤玉枢:《政府与社会资本合作(PPP)模式立法研究》,法律出版社2017年版,第183页。

② 参见邢会强:《PPP模式中的政府定位》,载《法学》2015年第11期。

能力建设等方方面面的内容,这些都是为了促使项目的成功。印度政府在PPP中的积极姿态值得我们学习,我们需要从观念上加深对政府最终责任人这一角色的认识,切实发挥政府部门在PPP中的"掌舵人"职能,而这也是其应有的担当。

五、印度PPP项目支持基金制度及启示

由于PPP项目通常具有前期准备费用高、建设周期长及回报率低等特点,因此政府除了扮演监管者角色外,还应发挥对PPP项目的促进及推动作用。印度政府认为政府支持可提高PPP项目的财务可行性,因此设立了项目支持基金,作为PPP项目的助推器,并发展出相应的制度,以规范项目支持基金的运营。项目支持基金主要包括可行性缺口基金(VGF)和印度基础设施项目发展基金(IIPDF)。

(一)可行性缺口基金

1. 可行性缺口基金运作机制

可行性缺口基金通过设立授权机构进行管理。授权机构在选择项目之后,与私人主体和牵头金融机构签订三方协议,随后将补助资金发放给牵头金融机构,之后再向财政部报销。牵头金融机构负责定期监测和评估项目的进展是否符合约定的绩效水平,尤其要判定其是否符合适用可行性缺口基金的目的。牵头金融机构每个季度应向授权机构提交项目的进展报告。

2. 可行性缺口基金的适用条件

首先,该基金的资助对象为PPP项目中非政府资本所占51%以上的私人主体。该私人主体通过公开竞标程序选拔而来,并在特许期内对项目负有建造、融资及运营维护的义务。基金只有在私人主体投入项目所需的资本后,才会进行资助。

其次,基金指南通过列举的形式规定了该基金的适用范围,包括:公路、桥梁、铁路、机场、内陆水运、电力、城市交通、供水系统、固体废弃物管理、污水处理系统及其他城市公共设施;特殊领域公共工程、工业区内基础设施、国际会议中心及其他旅游项目;冷库、粮库等现代化存储设备;教育、医疗及技能培训设施;油气存储设备及输油、输气管道;大坝、水渠等水利设施;电信设备及终端市场;农业市场通用设备及土壤测试实验室等。授权机构在财政部的批准下,可增加或删除该名单中的部门。

再次,该基金资助的项目需基于使用者付费提供服务。

最后,相关政府部门应当证明使用者付费已没有提升空间,不能通过延长项目期限或控制成本来减小或消除可行性缺口。

3. 可行性缺口基金的申请与批准

依据基金指南,单个项目可行性缺口补助低于 10 亿卢比的由授权机构批准,但授权机构需遵守财政部发布的预算上限要求;可行性缺口补助大于 10 亿卢比小于 20 亿卢比的由授权机构批准;可行性缺口补助大于 20 亿卢比的由授权机构在财政部的授权下批准。

4. 可行性缺口基金的发放

第一,发放形式及阶段。可行性缺口补助采用财政拨款的形式且仅在项目建造阶段发放。其他形式的资助请求需要经授权机构审核,并提交财政部批准。

第二,额度标准。最大补助金额不得超过整个工程造价的 20%。

第三,在基金设立的前两年,基金资助符合标准的项目奉行的是"先到先得"原则。此后,基金的拨付需依据授权机构制定的程式。该程式需要考量不同部门的需求,统筹安排,以求最大范围地覆盖所有部门,避免基金被少数大型项目所垄断。[①]

综上所述,针对可行性缺口基金,印度已经发展出一套完整的管理框架。对于利润不足以覆盖成本的 PPP 项目,我国目前也广泛采用可行性缺口补助方式,并在《政府和社会资本合作项目财政承受能力论证指引》中明确了计算公式。但是,这两者间却存在一个重大区别:顾名思义,可行性缺口基金是以基金的方式来运作的,其性质为政府性基金,而我国的可行性缺口补助的性质则为单纯的财政拨款。

就具体制度而言,印度至少有两点值得我们借鉴:第一,前置条件的设置。这主要指适用可行性补助前需证明使用者付费已无提升空间。第二,资源的合理分配。为了防止有限的财政资源被少数项目所垄断,我国可借鉴印度就财政资源的公平分配问题出台的相应指引。与此同时,我们也应认识到印度制度中的不足。比如,印度的可行性缺口基金仅适用于建造阶段的规定就未必合理,因为项目运营阶段同样面临高昂的运营成本;又如,硬性地规定补助金额不得超过工程造价的 20%,虽可减轻政府的财政负担,但却过于僵化,对于确有需要的关键公用基础设施,补助金额超过 20%也未尝不可。

(二) 印度基础设施项目发展基金

2007 年,印度财政部设立了印度基础设施项目发展基金(IIPDF),以加速项

① See Scheme and Guidelines for Financial Support to Public Private Partnerships in Infrastructure, pp. 1-4.

目的准备进程。该基金的初始金额为10亿卢比,被安排在财政预算支出中,如果有必要,印度财政部还会持续对该基金加以补充。另外,随着基金的成熟,其他双边或多边机构也可以参与进来,最低捐助额为1.5亿卢比,会造成决策中利益冲突的投资是不被批准的。

IIPDF的主要目标是向潜在的PPP项目提供项目开发费用支持,项目开发费用包括项目主办机构进行可行性研究的支出成本和PPP交易成本。其中,可行性研究支出成本主要包括环境影响评估、融资结构、项目文件的法律审查、项目开发文件(包括特许协议和商业评估研究)及项目分级相关方面的成本;PPP交易成本则主要指交易顾问的费用,该费用特别高昂,往往对主办机构预算造成负担。因此,财政部期望通过IIPDF为项目的主办机构提供支持来减少上述部分成本,从而成功提高PPP项目的数量和质量。

IIPDF最高可向项目提供项目开发费用75%的资助,剩余25%由发起部门支付。IIPDF通常在发起部门进行相应投资后才发放资助。项目投标成功以后,项目开发补助将从中标人处收回;如果投标失败,则由主办机构退还该补助金额。

通常情况下,IIPDF的资助是无息的,但是在一些项目成功时,也可以获得相应回报。针对不同性质的项目,IIPDF要求的回报有所不同:对于私人部门投资的能够产生收入的商业项目,回收项目开发资金时还可获得40%的成功费;对于没有或较少有私人部门投资的效率提高、成本节约的项目,回收项目开发资金时还可获得25%的成功费;对于具有高经济效益的非收益性项目,项目开发资金将被视为无息的资助,不需要成功费。

IIPDF通过设立授权机构进行管理,该授权机构对申请基金的项目进行筛选。授权机构的主要职责包括:设定获取基金资助的条件,设置发放及回收基金的重要节点。与此同时,项目的主办机构负责监管PPP项目的进展情况及是否达到授权机构的要求。在风险管理方面,基金可以忍受支出额25%的损失,这使得基金可以对那些创新性的项目进行支持。①

由上可知,IIPDF是典型的循环基金。作为循环基金,其不同于无偿的财政资助,而是兼具贷款与投资的性质。一旦项目成功,在收回资金的同时还可以从成功的项目中获得相应利润,从而使基金得到补充。随着基金运营成熟,财政支持便可退居次位,而这将有效降低政府的负债率。此外,基金发放需经过较为严格的筛选程序。这能够有效剔除不合格的项目,保证项目的成功率,确保资金能收回。同样,基金最高资助金额的设定,使得发起机构自身也要参与投资。这样

① See Scheme and Guidelines for India Infrastructure Project Development Fund, pp. 1-9.

的制度设计，可以使二者利益趋于一致，减少道德风险，从而提升项目的成功率。

需要说明的是，印度的 IIPDF 尚处于起步阶段，其后续效果还需进一步检验。但是，较早推广循环基金的美国却已经取得了显著的成效。美国州立循环基金为一千多个基建项目提供了几十亿美元的贷款，极大缓解了各州交通运输基础设施资金紧缺的状况。[①] 事实证明，循环基金有助于拓宽资金渠道，有效缓解资金压力。我国 PPP 建设同样面临资金短缺的难题，如果从中央到地方都设立规模不一的循环基金，或许能为我国 PPP 建设提供一组强力引擎。

① 参见辛珣：《美国州立交通循环基金的运行情况及启示》，载《上海金融》2013 年第 10 期。

第五编 市场运行监管法律制度

互联网金融的“穿透式”监管

张 文*

2017 年第四届世界互联网大会发布的《世界互联网发展报告 2017》蓝皮书中提到，我国 2016 年数字经济规模总量达 22.58 万亿元，位列全球第二，占 GDP 比重达 30.3%，以数字经济为代表的新经济蓬勃发展。[①] 中国互联网络信息中心(CNNIC)发布的第 41 次《中国互联网络发展状况统计报告》显示，截至 2017 年 12 月，我国购买互联网理财产品的网民规模达到 1.29 亿，同比增长 30.2%。[②] 互联网金融在我国得到了快速的发展，并在较短的时间内使一些企业，如支付宝，发展成为当前全球最大的移动支付厂商之一，成为金融机构在电子支付领域极为信任的合作伙伴。但是，互联网金融在我国发展之初并没有得到监管部门的监管，在发展的同时伴生着极大的风险，出现了互联网金融形态异化、利用互联网金融从事非法吸收公众存款等违法行为，给社会及互联网金融都带来了极大的负面影响。

* 张文，华东政法大学博士研究生。

① 参见王思北等：《世界互联网大会蓝皮书首次发布 中国数字经济规模居全球第二》，http://www.wicwuzhen.cn/web17/news/jzfu/mtbd/201712/t20171204_5928304.shtml，2017 年 12 月 5 日访问。

② 参见王思北：《我国购买互联网理财产品的网民规模达 1.29 亿》，http://www.zgjssw.gov.cn/yaowen/201802/t20180220_5128581.shtml，2018 年 2 月 21 日访问。

2016年，我国进入对互联网金融整顿的元年，中国人民银行、银监会、证监会等多个监管部门，针对第三方支付、P2P网络借贷、股权众筹等具体的互联网业态颁布了多项严格的规范措施。但是，严格监管导致的结果一方面表现为规制了互联网金融机构已经暴露出的问题，另一方面也使得互联网金融机构寻求新的较为宽松的监管方式，或者尚未被监管者规制的业务领域和交易模式。2015年，我国互联网金融平台就曾被爆出出现“资管拆分”的现象。[①] 这一业务模式的违规之处在于：首先，P2P网络借贷平台撮合公众投资者与其关联企业订立合同，有悖于公平、自由的融资环境；其次，管理公司以“委托定向投资”的名义，实际上是募集公众投资者资金，并最终将资金用于投资私募产品的行为，侵害了公众投资者的知情权；最后，私募要求非公开发行，而互联网金融企业的资金来源却是互联网金融公众投资者，并且这些投资者也不具备法律所规定的合格投资者要求。开展这一业务模式的互联网金融企业被监管机构约谈后，2017年又寻找到新的“合作伙伴”——各地方金融资产交易所。互联网金融企业与地方金融资产交易所在资金端合作，实施权益拆分发行、降低投资者门槛、变相突破200人私募上限等违规行为。[②] 这些行为成为曾经被规范的“委托定向投资”交易模式的新发展，以规避监管者的监管。可见，互联网金融市场的灵活性强，交易模式发展较快，监管者的监管很难预测下一个交易模式的形成，因而会出现不断“打压”的监管现象。

近些年，互联网金融问题的频发已经使我国监管者意识到对互联网金融领域监管的必要性。但是，现有监管措施及规则的要求并没能遏制互联网金融活动中的违法违规行为，而是限制了一种违法行为，却又引发了另一种违法行为。互联网金融机构“乐于”开辟新的生存空间，而监管者却未能找到根治这一弊端的途径。对于互联网金融领域的监管，如何才能实现长期、有效的监管，规范互联网金融活动，保障公众投资者参与互联网金融活动的合法权益？不仅仅是从表面上“严打”互联网金融行为，而是要寻找到一种更现实有效的监管路径，使互联网金融行为在监管下规范发展。

---

① 陆金所以及360旗下的你财富、网信金融等大型互联网金融平台陆续推出“委托定向投资”的业务模式。P2P网络借贷平台利用关联关系或新设所谓的管理公司，撮合公众投资者与该管理公司订立委托定向投资协议，管理公司将募集到的资金投向由券商资管或基金(子)公司所发行的资管计划，再以该资管计划的身份进行非标准化债权资产投资，而其投资范围也因这一交易结构的搭建而得以扩宽。实践操作中，有的管理公司发布的委托定向投资项目每份为100万元，即刚好是私募产品的起投限额，而管理公司发布的多项委托定向投资项目可以投向同一私募产品。参见李维、姜诗蔷：《起底P2P资管拆分术：互金模式狂飙曝“监管黑洞”》，http://it.sohu.com/20151210/n430638601.shtml，2018年2月21日访问。

② 参见王晓、冯礼婷：《互金“万金油”合作模式遇阻 委托定投模式异化再现》，http://www.chinanews.com/jingwei/07-21/60585.shtml，2018年2月22日访问。

一、“穿透式”监管的提出及争议

(一)“穿透式”监管的提出

“穿透式”监管这一表述是在2016年3月的中国互联网金融协会的挂牌仪式上,由中国人民银行副行长潘功胜首次提出的。他在阐述对互联网金融监管问题时强调,要透过互联网金融产品的表面形态看清业务实质,将资金来源、中间环节与最终投向穿透连接起来,按照“实质重于形式”的原则甄别业务性质,根据业务功能和法律属性明确监管规则。① 这一对“穿透式”监管内容的表述较为具体、全面,对“穿透式”监管具体穿透的环节、适用的原则以及“穿透”后的处理等内容都有所涉及,因而被学界在论述相关问题时所广泛引用。②

同年4月,国务院办公厅印发了《互联网金融风险专项整治工作实施方案》。在这一针对互联网金融风险专项整治方案中,提及“穿透式”监管多次:在整治专项风险的工作原则中要求各部门“采取‘穿透式’监管方法,根据业务实质明确责任”;在建设互联网金融监管长效机制,完善规章制度的要求中提出“研究解决互联网金融领域暴露出的金融监管体制不适应等问题,……抓紧明确跨界、交叉型互联网金融产品的‘穿透式’监管规则”;提及较为集中的是在对互联网开展资产管理及跨界从事金融业务的互联网金融活动的整治要求中,要求相关部门对于开展互联网资产管理和跨界从事金融业务的主体资质及业务属性、业务开展过程中的销售及投资者保护行为以及具体的资金来源和使用等全过程,都要实施“穿透式”监管。这是我国首次以规范性文件的形式提出在实践中对“穿透式”监管应用的要求:对于“穿透式”监管的应用不仅局限于具体互联网金融业态的整顿及监管的过程中,同样也在监管者对于所监管对象的方法上要求“穿透”,要求对同一业务模式使用相同的监管规则,避免出现监管套利的现象。

2017年7月,在全国金融工作会议上,习近平总书记提出:“要坚持从我国国情出发推进金融监管体制改革,增强金融监管协调的权威性有效性,强化金融监管的专业性统一性穿透性,所有金融业务都要纳入监管,及时有效识别和化解风险。”这是在“穿透式”监管提出一年后,在中央层面对“穿透式”监管的确认,并且将原本提出于互联网金融领域的“穿透式”监管的理念上升至对整体金融监管改革的要求。这一“穿透式”监管的确立使学界对“穿透式”监管展开激烈的讨论。

---

① 参见洪偌馨:《互联网金融:从草莽到规范》,http://finance.eastmoney.com/news/1372,20160405610777178.html,2018年2月28日访问。

② 参见袁达松、刘华春:《论穿透式金融监管》,载《证券法律评论》2017年第00期。

（二）“穿透式”监管提出后所引发的争议

1．“穿透式”监管的扩张解释

一方面，对于被监管对象来说，“穿透式”监管以“实质重于形式”的原则，对具体的主体资格、业务开展及业务运营全过程实施有效的监管，遏制互联网金融机构寻找监管空白、逃避监管的行为。另一方面，对于监管者来说，“穿透式”监管对监管权力、监管范围的划分，不再是以机构性质为唯一的划分标准，而是以互联网金融业务实质内容的性质为标准划分监管权力，逐步实现机构监管到功能监管的转变，为市场主体提供更精准的监管。基于上述两方面优势，“穿透式”监管在提出之初就得到了广泛的关注和支持。但是，“穿透式”监管在受到热情“追捧”时，也有学者对其的广泛应用甚至滥用提出了质疑，认为“穿透式”监管是监管上的政策性调整，不当的扩张解释可能会产生为监管而监管的消极作用；而在资本市场滥用“穿透式”监管，可能形成更严重的系统损害。“穿透式”监管提出伊始是为了规范互联网金融领域中的不规范行为。互联网金融机构销售的产品复杂、重叠，嵌套着多种融资结构，一方面使互联网金融公众投资者缺乏审慎态度和辨别能力，另一方面对地域管辖、“一行三会”监管权限的划分形成挑战。① 因此，对这一交易模式的互联网金融提出“穿透式”监管。在其后的不断扩张解释中，将“穿透式”监管应用于资本市场，甚至公司治理中的行为，使“穿透式”监管突破了原有的监管界限，甚至会干预之后的公司治理模式；对股东实施“穿透”，用股东是谁来鉴别公司好坏，实际上是用监管手段“刺破了公司的面纱”。② 这是对我国公司治理体系和运营模式的破坏。

“穿透式”监管的提出是为了解决互联网金融领域中的复杂交易结构设计给互联网金融的风险控制及互联网金融公众投资者的权益保护所带来的威胁。虽然这一理论的提出源于互联网金融，但是并不必然就要因此而限制其仅适用于互联网金融领域。良好的制度设计应当可以被广泛借鉴，或者适用于与之相适应的其他领域。互联网金融是传统金融在科学技术发展下的演变，与传统金融是特殊与一般的关系，因而在与互联网金融相似的业务模式下，在传统金融领域中同样适用“穿透式”监管，这也是我国领导人在金融监管体制改革中提出的监管的“穿透性”要求之依据所在。因此，因为“穿透式”监管在互联网金融领域被提出而限制其在更大范围内的使用是缺乏依据的。但是，仅仅是因为政策性指

① 参见邓峰：《对资本市场滥用“穿透式”监管，可能形成更严重系统损害》，http://mp.weixin.qq.com/s?__biz=MjM5NDU5NTM4MQ%3D%3D&mid=2653331678&idx=2&sn=89a1ec0a36bd836ba13b4016fbd42b54&scene=45#wechat_redirect，2018年2月22日访问。

② 同上。

引而滥用制度,为了“追逐潮流”不顾成本及效果而使用“穿透式”监管的行为,则应当被限制。正如前文所述,在公司运营中信息披露固然重要,但是在公司法人模式下,在公司所有权与经营权分离的架构中,并不能以股东的资质判断公司治理能力的好坏。对于股东的“穿透”并不能为公司行为的规范提供有效的改变,反而会加大不必要的监管成本,破坏既有的治理体系。

2. “穿透式”监管行政权力的扩张

“穿透式”监管理念的扩张使用不仅仅是对监管领域的“侵犯”。有学者提出,比“领域侵犯”更值得深思的是行政立法权扩张的问题,监管机关既然能够实现“穿透式”监管,就能够凭借自己的扩张解释,制定出其他各种消极的规则,也可能僭越既有法律的框架、原则和方向。① 互联网金融的“穿透式”监管在监管内容上强调的是透过互联网金融产品的表面形态看清业务实质,将资金来源、中间环节与最终投向穿透连接起来,按照“实质重于形式”的原则甄别业务性质,根据业务功能和法律属性明确监管规则。这一表述阐释了“穿透式”监管的监管行为的内涵,但并没有说明监管主体在“穿透式”监管中的创新。同时,《互联网金融风险专项整治工作实施方案》对开展整治专项风险工作的各部门提出要求,要采取“穿透式”监管方法,根据业务实质明确责任。我们是否可以这样理解,在广义语境下的“穿透式”监管,不仅仅是在具体的监管行为内容上实现穿透,亦是在监管者层面实现穿透,即在我国现有分业监管体系下,为了弥补机构监管、功能监管中的监管“短臂”现象,而赋予监管者以“穿透式”监管的权力,使其不受时间、地域或监管范围的限制,实现及时监管、有效监管和公平监管。如果这一理解正确,监管者层面的穿透所涉及的法律问题即监管权力可能会扩张的问题,能引发监管权力的滥用或监管者的不作为,从而不能实现互联网金融“穿透式”监管应有的监管效果,进而影响互联网金融市场的安全与稳定。这一问题可能涉及的是行政法领域行政权力划分的问题,但是在“穿透式”监管的制度设计中,对于监管者权力的分配和监管行为的监管,也是不可能忽视的重要组成部分。

一般理解中,互联网金融“穿透式”监管是在整个监管机构内部的纵向穿透,是对现有市场中行政监管程序上的简化和压缩,以克服监管的低效率。根据互联网金融的实践和理论上的推演,互联网金融领域的“穿透式”监管在监管者层面,不仅应当包括纵向的跨层级穿透监管,也应当包括跨界的交叉式穿透监管。如果这一推演成立,则跨界的交叉式穿透监管需要混业监管的环境背景,而我国

---

① 参见邓峰:《对资本市场滥用“穿透式”监管,可能形成更严重系统损害》,http://mp.weixin.qq.com/s?__biz=MjM5NDU5NTM4MQ%3D%3D&mid=2653331678&idx=2&sn=89a1ec0a36bd836ba13b4016fbd42b54&scene=45#wechat_redirect,2018年2月22日访问。

目前的金融监管体制还不具备这样的条件。但是，不论是纵向的穿透监管，还是跨界中的哪一种穿透监管，都意味着在互联网金融"穿透式"监管中，最终的实际监管行为实施者的权力得到了扩张，与现有监管体系内部的自我监管机制形成了冲突。监管权力的扩张就有可能导致过度监管或者监管不作为的现象发生，使监管效益高的地区和案件被争先进行监管，而监管效益不明显的案件则无人问津，既会出现监管的空白，又会出现监管不力的旧病。因此，互联网金融"穿透式"监管的实施在监管权力扩张的法律问题上也应当得到足够重视。

二、互联网金融"穿透式"监管的必要性及价值目标

（一）互联网金融领域对"穿透式"监管的呼唤

互联网金融及"穿透式"监管都是我国所提出的新概念，西方国家并没有与之完全对应的概念及制度规范。因此，对于这一理论的分析更关注于立足我国现有制度及监管模式，为满足现实互联网金融发展的需求而实现的理论创新。一般认为，"穿透式"监管的理论渊源来自功能监管和行为监管。[①] 在世界范围内，主要存在两种监管理论，即功能监管理论和双峰监管理论。

功能监管是在机构监管出现局限性，不能有效实现监管目标的背景下所提出的监管理论。在金融行业分业经营、监管主体分业监管的背景下，机构监管可以实现对金融机构的设立及运营活动的有效监管。但是，随着金融活动的不断创新，金融机构参与金融市场活动的范围逐渐扩大，突破了金融机构经营单一金融行为的限制，金融机构业务范围、参与的金融市场范围得到了扩张，银行业金融机构从事的证券、保险等跨行业业务不断开展，使原本适用的仅在金融机构设立时对机构主体资质进行审核的机构监管不能满足日益复杂的金融交易活动所提出的监管要求，常常出现监管真空和监管套利的现象，难以实现有效监管、维持整体金融秩序稳定的目标。功能监管即针对机构监管所出现的局限性，按照金融交易行为的功能和金融产品的性质，对所有金融活动进行分类监管，摒弃依据金融机构主体类别来实现分类监管的方式。功能监管关注于金融机构具体金融行为的功能和金融产品的性质，弱化对金融机构设立类别的考察，因而可以由统一的监管主体适用统一的监管规则对不同金融机构开展的具有相同功能或属性的金融业务及金融行为进行监管，明确划定监管主体和监管责任，准确适用监管规则，以避免监管真空、监管重叠和监管套利现象的出现。

---

① 参见叶林、吴烨：《金融市场的"穿透式"监管论纲》，载《法学》2017年第12期。

双峰监管理论是在1995年由英国经济学家泰勒提出,现在被大多数国家作为金融监管的重要理论依据。双峰监管理论要求监管主体在对金融市场实施监管时,应关注于金融系统的稳定要求(即审慎监管要求)和保障公众投资者权益(即行为监管)。在实行双峰监管时,一方面,对金融机构进行审慎监管。对金融机构中可能危害金融安全的系统性风险进行周密而谨慎的监管,以防范和化解系统性风险,维护金融体系的安全与稳定。另一方面,关注于金融公众投资者在金融交易行为中的权益保护。将对购买或投资金融产品的金融公众投资者权益保护的实现作为对金融机构行为合法性审查的标准,通过审查金融机构对金融公众投资者权益的保护程度,实现对金融市场的监管,维护金融市场的公正、透明,①进而维持金融公众投资者参与金融市场的信心。②

我国的金融体制在设立之初就实行的是分业经营、分业监管的机构监管模式。1983年9月国务院决定由中国人民银行专门行使中央银行的职能,1992年10月证监会成立,1998年11月保监会成立,2003年4月银监会成立,自此形成了我国"一行三会"的金融监管架构,并且以机构监管作为金融市场监管的理论依据。这一模式沿用至今,形成了较为完善且各自独立的监管体系和监管领域。但是,随着金融创新行为给金融市场划分带来的改变,金融机构间的业务壁垒逐渐被打破,金融控股集团、持全金融牌照公司以及全能银行等新的法律主体出现,传统的"一行三会"的监管架构和机构监管模式对新型大而全的法律主体实施有效监管时存在较大障碍。我国监管机构已经意识到,机构监管与"大金融"发展趋势不相适应,新的市场格局对传统金融机构监管提出了挑战。因此,我国监管者已经开始有意识地由机构监管向功能监管转变。与此同时,互联网金融在极短时间内异军突起,互联网金融机构又游离于传统金融机构监管的权限之外,更加促进了金融监管模式的转变,使功能监管在互联网金融领域得以先行。对互联网金融各业态监管主体的划分中,即按照业务开展的具体内容划分监管主体时,将第三方支付交由央行监管,P2P网络借贷及股权众筹则分别由银监会和证监会实施监管。

上述功能监管在互联网金融领域中适用就可以实现对互联网金融行为的有效监管了吗?答案并非肯定。互联网金融隐蔽的技术手段,加之金融产品结构的复杂,功能监管也显现出力不从心的局面。正如前文所提到的案例,互联网金融企业通过表面合法化的形式,利用不易被发现的技术手段,通过文字游戏,将本属于非法募集的行为转变为委托投资行为,并通过通道扩大投资于负面清单

---

① 参见苟文均:《穿透式监管与资产管理》,载《中国金融》2017年第8期。

② 参见郭文栋:《行为监管与金融消费者保护探析》,载《金融时报》2016年12月19日第1版。

中的投资范围,使互联网金融公众投资者难以知悉背后几经转折的资金去向,更为监管者的监管制造了障碍。简单的互联网交易模式容易被功能监管识别并实施精准的监管,但是在多层交易模式的复杂互联网金融活动中,单一的功能监管就遇到了阻碍。为了解决多层嵌套的隐蔽互联网金融交易行为,“穿透式”监管理念运营而生,其核心内容在于对事实的发现。[①] 对互联网金融机构真实的业务范围、所提供金融产品的模式结构实施“穿透式”监管,就是根据互联网金融机构实际实施的行为、从资金端及资产端追溯资金的来源与最终流向,识别互联网金融产品的本质属性,再由负责具体功能属性的监管机构实施精准的监管。据此,笔者认为,“穿透式”监管并不是一种与功能监管、行为监管所并列的另一种独立的监管模式,也不是来源于功能监管或者行为监管,而是作为功能监管的一项辅助工具,在其帮助之下更好地准确监管。正如有学者所指出的,“穿透式”监管的核心功能在于发现事实,而非基于所发现的事实施加新的监管。[②] 因此,“穿透式”监管与功能监管是并存的,并不是对功能监管的代替。同时,对穿透后的最终结果如何实施监管并不是“穿透式”监管的核心,仍然需要功能监管或行为监管的运用。

在多层嵌套、多通道的金融活动中,存在多种不同功能类别的金融行为。投资者最终资金流向模糊不清,监管者在实施监管行为时不能准确判断该金融活动的功能类型或行为实质,使得功能监管与双峰监管都存在一定的局限性,不能对金融活动实施有效适用的监管,实现风险防控。在前述案例中,P2P 网络借贷平台按其平台行为实施 P2P 网络借贷,得到了功能监管,而通过对其平台是否授信、是否存在资金池等行为的规范,难以发现其撮合公众投资者与其关联企业签订委托定向投资合同,更难以发现资金又通过专项计划最终流入非标项目,整个互联网金融产品的风险就这样被层层掩盖。“穿透式”监管正是作用于互联网金融模式下的“模糊”和“不清”,是辅助功能监管与行为监管实施有效监管的方式。按照互联网金融产品的实质功能和法律属性,确定适用监管规则,是解决现有监管模式“短臂”现象的有效方式。换句话说,“穿透式”监管可以作为功能监管的前置程序、辅助程序。

纵观金融监管体制的改革,从机构监管到功能监管再到双峰监管,都是在监管不力或监管无效,进而难以实现监管目标的情况下,在金融监管方面所作的进一步的发展和演变,目的是达到有效、及时的监管,实现公平监管、效率监管。但是,分业监管模式难以使监管者做到对金融模式具体、及时、有效的监管,特别是

---

① 参见叶林、吴烨:《金融市场的“穿透式”监管论纲》,载《法学》2017 年第 12 期。

② 同上。

在互联网金融领域,全牌照互联网金融企业、无牌照从事互联网金融行为的企业,以及借用他人或者出借牌照从事互联网金融活动的企业比比皆是。分业监管结构受到时间、地域及管辖范围的限制,难以对互联网金融市场中的主体及其行为实施有效的监管。因此,在机构监管的基础上提出功能监管。但是,随着互联网金融创新的不断深入,互联网金融产品多层级、多嵌套的外观使功能监管也出现监管不能,因而在功能监管的基础上提出"穿透式"监管。不过,笔者认为,"穿透式"监管与功能监管并不是非此即彼的关系,正如前述所言,"穿透式"监管的核心功能在于发现事实,为后续的精准监管打好基础。"穿透式"监管又犹如功能监管的"车灯",在功能监管可以独立完成监管的情况下,并不需要"穿透式"监管,毕竟"穿透式"监管需要花费更多的监管成本。但是,在功能监管无法识别的场景中,就像夜晚行车时需要前灯,功能监管需要"穿透式"监管的照亮以看清道路,在认清实质后对症下药,实现对互联网金融的有效监管。不过,对"穿透式"监管的适用应当是有条件的,符合特定情形。因为,"穿透式"监管的实施必然会在一定程度上阻碍金融的创新、增加监管的成本,甚至带来监管权力的异化。

(二)互联网金融"穿透式"监管的价值取向

互联网金融的"穿透式"监管是下位概念,与其相对应的上位概念是金融监管和市场监管。互联网金融"穿透式"监管只是监管主体在具体的互联网金融领域所实施的具体的"穿透式"监管方式。因此,互联网金融"穿透式"监管应当满足市场监管,更具体一些是应满足金融监管的原则和目标。市场监管的目标在于控制、防范和降低现实或者潜在的市场风险损害,以保障市场的安全与稳定。① 2017 年全国金融工作会议则对金融监管目标提出新的要求,即守住不发生系统性金融风险的底线。在现代双峰监管理论的要求下,保护金融公众投资者的合法权益也成为金融监管的一项重要目标。

互联网金融监管的目标也应当是守住不发生系统性金融风险的底线,防范互联网金融领域现实或潜在的风险,维护互联网金融的安全与稳定,保护金融公众投资者的合法权益。但是,互联网金融也具有与传统金融所不同的特征,如开放性、普惠性、高效性、技术性、虚拟性等。在互联网金融领域实施"穿透式"监管,应当有一定的价值选择判断,若追求效率则可能导致穿透不足,不足以达到理想中"穿透式"监管的效果,可能会损害互联网金融市场的安全;若穿透程度过

① 根据各类市场特点及其现实或潜在风险的特征,通过监管来抵御、防范、降低风险的危害,维护市场稳定、健康、高效运行,保护经营者、投资人和社会公认的合法利益。

深，在满足互联网金融安全的要求下，又会带来不必要的监管成本和信息披露成本，进而影响互联网金融领域时效性和流动性的要求，阻碍互联网金融的创新。因此，互联网金融“穿透式”监管的价值选择将会影响到“穿透式”监管穿透程度的确定，进而影响效率与安全的平衡。

效率与安全，不仅在互联网金融领域，而且在传统金融领域也是此消彼长、长期博弈的一对价值选择。在追求效率的同时必然会损害到金融安全，而满足金融安全的要求时又会降低效率，并在一定程度上抑制金融创新。在现代金融市场的百年发展过程中，效率与安全的价值博弈都没有得到一个准确的结论，而是处于一种动态平衡的关系中，在不同的阶段选择不同的价值取向，以适应当时的金融市场发展要求。因此，互联网金融领域“穿透式”监管对于效率与安全的价值选择，也不应有固定的答案，而是根据发展现状和发展需求作出适时选择。

实践证明，过度追求效率和创新而忽视安全的要求，只会带来互联网金融的野蛮生长，而非理性、健康的发展，并且会对公众投资者的经济利益和互联网金融市场的信心造成一定的损害。2015 年 12 月 3 日，e 租宝被查事件掀起了 P2P 网贷行业的风暴，e 租宝打着“网络金融”旗号非法集资 500 多亿元，引起社会广泛关注；[①]2016 年 3 月 9 日晚，郑州市一在校大学生因无力偿还大学生借贷平台的近百万借款，在山东青岛跳楼自杀；[②]截至 2016 年 6 月 30 日，问题 P2P 网络借贷平台共有 2461 家，占平台总数的 53.89%，问题平台中网站关闭和失联跑路的共占 57.6%，分别有 135 家和 100 家，57 家平台由于资金链紧张出现兑付问题，处于提现困难状态。[③] 基于互联网金融侵权事件频发，2016 年民间固定资产投资增速断崖式下降。虽然经济增长保持在 6.7%的水平，略好于市场预期，但是民间投资加速回落，2015 年民间固定资产投资累计同比增长 10.1%。[④] 以上事实证明，在互联网金融野蛮生长之初，忽视安全价值因素的考量，金融创新行为得到了极大的发展，我国互联网金融市场中确实出现了一片繁荣的景象；互联网金融市场中主体多元、产品丰富，前景一片向好。但是，缺少严格的监管和安全性审查，市场中主体、产品的丰富背后潜藏的是风险实际发生后对互联网金融公众投资者的重创，对公众投资者经济利益和市场信心的损害，是需要很长一

---

① 参见马树娟:《2015 年 P2P 网贷行业:告别阵痛走向新生》,https://www.wdzj.com/news/yc/25624.html,2018 年 2 月 26 日访问。

② 参见胡金华、葛爱峰:《河南高校生负债近百万自杀 失控的校园网贷》,http://www.chinatimes.cc/article/54427.html,2018 年 2 月 26 日访问。

③ 参见《上半年新增平台同比下降八成 6 月份新增量再创新低》,http://alpha.iyoucai.com/article/4417.htm,2018 年 2 月 26 日访问。

④ 参见张明等:《民间投资骤然落 金融风险次第开》,http://opinion.caixin.com/2016-07-26/100970946.html,2018 年 2 月 26 日访问。

段时间积累后才可以弥补的。

因此,在我国互联网金融发展的现阶段,安全的价值要求应优先于效率与创新的需求,在保障互联网金融整体安全的前提下,要重新建立起公众投资者对互联网金融市场的信心,使更多的公众投资者参与到互联网金融活动之中,以实现互联网金融市场的真正繁荣。安全价值的选择则要求对互联网金融领域的穿透程度应当足够深入,不但要向资产端穿透,也要向资金最终流向穿透,实现对资金流入、中间环节以及资金流出全过程的"穿透式"监管。另外,因为互联网技术的存在,对于公众投资者来说,互联网金融除了具有传统金融的风险的隐蔽性,还有互联网的虚拟性,使金融产品更加模糊不清,发生损害时更加难以实现权利救济。因此,要通过充分的穿透实现信息的完全披露,使互联网金融中介机构和资金最终使用者都站在阳光下,使公众投资者、监管者都能对互联网金融的全过程实行有效且必要的监管。但是,互联网金融本身具有极强的创新性,加之其普惠、精准等积极作用,一味地追求安全要求会抑制互联网金融更进一步的发展。因此,对互联网金融的监管,特别是"穿透式"监管,其适用范围及程度应当有所限制,并且允许"牺牲"合理要求下的安全,为互联网金融的发展提供创新的空间。

三、互联网金融领域"穿透式"监管的具体制度构建

"穿透式"监管的核心在于发现事实,而发现事实的前提是外观表现与实质相分离。因此,对于被监管对象来说,无论是主体抑或是交易过程,一定存在着一个基础,即呈现给互联网金融消费和监管者的外观表现与其真实的业务范围、业务性质存在实质性的差异,如果被其外观表现所迷惑,就会忽视其中的违法违规风险。一般而言,事实具有非法性和不可告人性时才会选择隐藏,如果是合法合规的业务活动,互联网金融机构就不必几经波折地实现其对利益的追求。因此,在互联网金融领域构建"穿透式"监管模式时,应当关注于对互联网金融活动主体及交易内容的穿透识别。

(一) 对互联网金融活动主体的穿透

互联网金融活动的开展涉及多方主体,处于被监管者地位的主体主要为互联网金融机构。对互联网金融机构的"穿透式"监管,不仅应当包含对机构性质的实质性识别,还应当包括对互联网金融机构的实际控制人、股东、合伙人等身份信息的识别。除此之外,基于双峰监管理论对于金融公众投资者权益保护的要求,"穿透式"监管也应当将互联网金融交易活动中的金融公众投资者作为监

管的目标之一，对互联网金融领域的公众投资者实现“穿透式”保护。

1. 对互联网金融机构主体的穿透

我国对互联网金融领域的监管经历了从无到有的过程，在互联网金融发展之初，因为缺少必要的监管，互联网金融企业的设立与一般公司设立的程序相同，只要符合我国工商登记条件及《公司法》等法律规定的要求，满足公司设立名称、注册资本、税务登记等要件，即可成功设立互联网金融公司。因为缺少必要的准入门槛，我国互联网金融领域的主体资质良莠不齐。虽然我国在互联网金融市场逐步发展深入的过程中，意识到监管机构对金融领域实施监管的必要性，并及时实施相应的监管，但是因为前期发展过程中沉淀了大量的风险敞口，并且参与其中的公众投资者人数众多，资金数额较大，不能实施“一刀切”的监管手段。因此，在后续的监管过程中，对于大量互联网金融企业还应当逐个识别，循序渐进地完成对互联网金融企业的清理整顿，这也与我国互联网金融专项治理的指导思想相一致。

在对互联网金融机构主体实施“穿透式”监管的过程中，包括但不限于以下两方面的考察：

第一，互联网金融机构名称与实际开展业务性质之间的关系。互联网金融机构的名称即商事法律制度中的商号，也称商事名称。我国有关商号的选用一般采用德国商法中的“商号真实原则”，[①]即商事经营者选用的商号应与其所从事的商事经营种类和范围相匹配。因此，互联网金融机构名称应当与其实际所开展业务的性质与范围相匹配。但是，我国在基础法律层面缺少统一的“商法典”，并未从法律的层面将商号真实原则确定下来。同时，互联网金融发展之初并未得到监管者的有效监管，互联网金融机构在名称选择上有极大的选择自由。一些互联网金融机构为了避免现有监管规则的约束，并未在其企业名称中明确表示其业务范围，而是以“服务公司”“理财公司”“咨询公司”等泛概念作为其企业名称，以逃避监管者对其业务活动的监管。

除此之外，一些互联网金融企业虽然在其企业名称中指明其业务形态，但是实际开展的是与其名称不相符的互联网金融活动。例如，前述案例中的 P2P 网络借贷平台，其名称的设立及外观业务符合我国对于 P2P 网络借贷平台的要求，即提供信息、撮合交易的达成。但是，究其根本，P2P 网络借贷平台撮合的交易对象是平台的关联公司，甚至是 P2P 网络借贷平台为了实现资金的募集及运营而专门设立的管理公司。互联网平台通过 P2P 的外表实际实施着为自己融资、非法吸收公众存款的行为，违背了网络借贷平台应有的法律属性。无论是以

① 参见范健:《德国商号法律制度评析》,载《法律科学》1994 年第 1 期。

泛概念模糊业务范围抑或是名不副实地从事互联网金融活动,传统的机构性监管都不足以对互联网金融机构主体实施精准的监管,反而"放纵"了对互联网金融风险的约束。在"穿透式"监管的要求下,监管者弱化对互联网金融机构名称的关注,而关注于对互联网金融机构实际发生的业务行为的性质判断,据此对互联网金融市场实施有针对性的监管。

第二,互联网金融机构注册资本的确定、维持与不变。公司注册资本制度是自公司制度诞生以来伴生的基础制度。① 公司注册资本作为公司公示的内容之一,是其他市场主体判断公司的信用状况以及决定是否与之进行交易的重要参考依据。法定注册资本制在微观上保证交易、保护公司债权人利益的同时,在宏观上也一定程度地反映了政府对特定市场准入的必要控制。我国在 2013 年对《公司法》中的注册资本制度进行了"颠覆性改革",但是对于特殊市场,如金融市场,仍旧保持法定注册资本制。我国对金融机构设有最低注册资本金要求,并且不同的金融业态具有不同的最低注册资本金要求,反映了我国政府对金融市场的严格市场准入标准,以防控系统性金融风险的发生。同时,互联网金融领域的风险更具有叠加性、复杂性。在我国对互联网金融市场实施监管之前,互联网金融机构的注册并没有严格的市场准入标准,因此涌现了大量互联网金融机构,导致互联网金融市场后续发展过程中风险频发。在意识到对互联网金融实施监管后,我国监管者对互联网金融市场的准入亦设置了较高门槛。例如,2018 年 5 月,中国人民银行发布的《互联网黄金业务暂行管理办法(征求意见稿)》中对金融机构选择作为委托代理销售主体的互联网机构的注册资本项作出明确要求,即不低于 3000 万元人民币,且必须为实缴货币资本。② 在互联网领域,为了严守金融风险,对于互联网金融机构注册资本的真实性和充足性,相较于一般公司注册资本也有更为严格的要求,体现在互联网金融机构注册资本的构成方面。例如,法规中要求互联网企业的注册资本必须为实缴且为货币出资,排除了其他实物出资、产权出资等非货币出资方式,极大地确保了互联网金融机构注册资本的真实性和充足性。"穿透式"监管一方面强调"实质重于形式"的监管原则,另一方面也强调"提升市场透明度"的监管理念。③ 在互联网金融领域,风险不仅来源于金融产品的设计,而且来源于互联网技术的支持,而在双重风险叠加的环

---

① 参见甘培忠:《论公司资本制度颠覆性改革的环境与逻辑缺陷及制度补救》,载《科技与法律》2014 年第 3 期。

② 《互联网黄金业务暂行管理办法(征求意见稿)》第 6 条规定,金融机构应在各项风险可控的范围内选择互联网机构,并对互联网机构的资质负责。互联网机构注册资本应不低于 3000 万元人民币,且必须为实缴货币资本,同时应具备熟悉黄金业务的工作人员。

③ 参见叶林、吴烨:《金融市场的"穿透式"监管论纲》,载《法学》2017 年第 12 期。

境下,对互联网金融机构的资质提出了更高的要求,因而设置较高的法定最低注册资本额度是必要的。但是,这一监管项不能仅仅停留在互联网金融机构设立之初,而应当是在互联网金融机构存续期间持续地对其注册资本的真实性和充足性实施监管。对互联网金融机构注册资本的持续性监管,是"穿透式"监管中提升透明度的理念体现,在反映政府对互联网金融市场必要干预的同时,保障着互联网金融市场的稳定运行。

2. "穿透式"监管对互联网金融活动相关投资者的保护

双峰监管理论提出后,各国都逐渐意识到要对金融交易活动中公众投资者的权益进行保护,而互联网金融的易获得性更需要监管者关注互联网金融公众投资者的权益保护。"穿透式"监管理念下对互联网金融公众投资者的保护,应更强调互联网金融产品的风险与公众投资者的风险承担能力相匹配,主要体现在高风险互联网金融产品投资者的适格性。

此处的适格投资者与现有法律中所明确规定的合格投资者的内涵有所不同。合格投资者在《英汉证券投资词典》中的解释有两种含义:第一种是指可以对私募公司进行投资的个人或机构,一般对合格投资者具有最低净资产或最低年收入等财产和能力要求。例如,我国的《私募股权众筹融资管理办法(试行)(征求意见稿)》中,对合格投资者的界定即金融资产不低于 300 万元人民币或最近三年个人年收入不低于 50 万元人民币的个人,除了财产证明外还要求个人具有风险识别和风险承担的能力。① 第二种是指在证券退出市场时接受所发行证券让渡的人或公司。由此可见,不管是国内抑或是域外都对合格投资者有较高的风险识别和承担能力的要求,而与风险承担能力相对应的即是拥有足够数量的财产,因此合格投资者被限定在具有一定专业知识和能力的高净值收入人群。这对于私募基金等高风险金融业务的稳定发展和投资者保护都具有一定的重要意义。但是,互联网金融不同于传统金融的特点之一就在于金融的可获得性得到极大的提高,充分利用民间资本参与到实体经济的发展中。基于此,传统金融领域合格投资者的高标准在互联网金融领域直接适用将会阻碍绝大多数的民间资本进入互联网金融领域,进而无法发挥互联网金融应有的功能。

在"穿透式"监管的指导下,构建互联网金融领域投资者适当性制度可以从以下两方面考虑:

第一,赋予互联网金融机构科学评估投资者风险类型的法定义务。不同于

① 《私募股权众筹融资管理办法(试行)(征求意见稿)》第 14 条规定,金融资产不低于 300 万元人民币或最近三年个人年均收入不低于 50 万元人民币的个人符合私募股权众筹融资的投资者条件。同时,上述个人除能提供相关财产、收入证明外,还应当能辨识、判断和承担相应的投资风险。

合格投资者,公众投资者缺少必要的专业知识和理性认识投资和风险之间的关系。公众投资者往往只追求收益回报而忽视了金融产品的安全与投资资金的实际用途,因而容易对自身及互联网金融风险产生错误的判断。互联网金融机构作为提供互联网金融服务,与公众投资者直接交易的相对方,应当准确了解公众投资者的风险承受能力,并对不同的公众投资者进行类型化分析。在进行互联网金融产品推介时,对于不同类型的公众投资者,互联网金融机构应当推介与其风险承受能力高低相匹配的互联网金融产品。这在微观层面保证了公众投资者的风险偏好,也可以在宏观层面对我国实际的经济发展程度有相对真实的数据基础。当然,互联网金融机构对公众投资者的风险类型作出科学准确的评估时,一方面,需要有健全的多维度评估标准,包括但不限于对公众投资者的资产、收入来源、能力、成熟、专业等进行评估;另一方面,同样重要的是,公众投资者应准确、完整、真实地提供自身信息。公众投资者准确提供信息的基础是需要有完善的个人信息权和权利救济制度,除此之外,还应告知公众投资者提供不真实信息造成评估失实,进而引起的投资风险应当由其自身承担。

第二,加强对公众投资者必要的投资知识教育与宣传。互联网金融使更多的公众投资者参与到金融交易活动中,而公众投资者因其人数众多而给金融风险带去了更大的社会成本。因此,对公众投资者的前期教育成为各国为了稳定金融市场而关注的重要领域。美国消费者金融保护局通过电视、收音机和报纸等媒介向重点地区发布具有针对性的公共服务通告,以易于接受的方式将公众投资者的教育信息印制成提示传单向公众发放,组织面向学生的知识挑战赛以增强公众对权益保护的感性认识等。[①] 同样,英国也注重对公众投资者的金融教育,将公众投资者金融教育计划提升为“国家金融能力战略”计划,把增强公众投资者的金融能力列为重要的战略目标,加强公众投资者的自我保护意识和能力。[②] 对于互联网金融公众投资者必要的投资教育虽然需要花费较长的时间和成本,但是培育公众投资者正确认识投资、收益与风险,使其具有良好的自我保护和风险防范意识,对于互联网金融市场整体的稳定发展和更深入的发展具有基础性、重要性作用。因此,对于互联网金融公众投资者的教育也应当是“穿透式”监管理念的应有之义。

(二) 对互联网交易过程的穿透

互联网金融活动与传统金融交易活动大致相同,即包括两个环节:资金端获

---

① 参见徐美茹:《国外金融消费者保护发展及启示》,载《南方金融》2011年第8期。

② 同上。

得资金以及资产端对资金进行投放和使用。但是，两者所不同的是：互联网金融交易没有实体的营业场所和书面的文字签章，对于资金的获取和资产的投放、使用都缺少必要的透明度，这就使得互联网金融交易容易出现资金来源不明、用途不详的问题，给互联网金融市场埋下了巨大的风险。"穿透式"监管对互联网金融交易过程的穿透包括对资金端的穿透和对资产端的穿透，在追求发现事实的过程中，实现互联网金融交易的透明，使隐蔽的互联网金融交易暴露在监管的阳光下。

1. 对资金端的穿透

资金端即互联网金融交易活动的第一个环节，是获取资金的过程。互联网金融交易的资金来源于公众投资者的投资行为，这种投资者的适格性已经在上述对公众投资者的保护部分论述过。在此，对资金端"穿透式"监管的论述主要关注于公众投资者资金的来源以及对特定互联网金融产品实际投资者人数的"穿透式"监管，发挥"穿透式"监管发现事实的功能。

互联网金融交易活动借助于网络技术开展，没有实体营业场所，一切资料审核的过程都通过互联网完成，资金的划拨也都通过互联网技术传递指令实现转移。互联网技术在带来交易便捷性的同时也为不法分子提供了规避法律制裁的空间，不法分子可以通过利用便捷且隐蔽的互联网金融交易活动掩盖洗钱等不法行为。一些互联网金融机构为了追求效益往往会忽视对投资资金来源的审查，加上缺乏必要的反洗钱专业从业人员和相应的反洗钱制度，给洗钱等违法行为的发生留下了隐患。"穿透式"监管发现事实的理念为反洗钱的目标提供了制度上的支持，在实现监管目标的同时也为互联网金融机构自身进行反洗钱提供了基础。"穿透式"监管要求互联网金融机构具备必要的客户识别能力和法定义务，对发生于互联网金融平台的交易行为记录存档，确保互联网金融交易资金的来源合法、可追查。这一系列措施也为反洗钱提供了必要的支持。

对资金端"穿透式"监管发现事实的另一个要求即满足法律规定的公众投资者人数上限的要求。我国《证券法》第 10 条规定，向累计超过 200 人的特定对象发行证券即属于公开发行行为，需要得到监管部门的核准后才可发行；[①]《合伙企业法》第 61 条规定，有限合伙企业的人数不得超过 50 人；[②]《私募投资基金监

① 《证券法》第 10 条规定，公开发行证券，必须符合法律、行政法规规定的条件，并依法报经国务院证券监督管理机构或者国务院授权的部门核准；未经依法核准，任何单位和个人不得公开发行证券。有下列情形之一的，为公开发行：(一) 向不特定对象发行证券；(二) 向累计超过 200 人的特定对象发行证券；(三) 法律、行政法规规定的其他发行行为。

② 《合伙企业法》第 61 条规定，有限合伙企业由二个以上五十个以下合伙人设立；但是，法律另有规定的除外。

管管理暂行办法》第11条规定了人数的参照适用规定;[①]《私募股权众筹融资管理办法(试行)(征求意见稿)》第12条明确规定了融资对象累计不得超过200人。[②] 我国为防控金融风险的损害范围,严格限制了参与人数的上限。然而,互联网金融机构通过将专项计划、信托计划、基金资管、P2P债权收益权等外观合法的产品作为整体投资特定的高风险互联网金融产品,掩盖真实的投资者人数,以逃避监管规则为防控金融风险而作的人数限制规定。参照域外的相关"穿透规则"[③],当机构投资者的投资占比超过10%时,应当对其实际投资者进行"穿透式"备案,进行人数的计算。这一实践操作对于我国的互联网金融领域也同样适用,可以打破互联网金融机构为规避监管而设计的合法外壳的保护,严格对涉及风险较大的互联网金融活动的实际投资者人数进行"穿透式"监管,不能以产品外观或者机构整体作为抵御互联网金融活动监管的"挡箭牌",使风险承受能力较差的公众投资者参与到高风险的互联网金融活动中。

2. 对资产端的穿透

资产端即互联网金融交易活动的最终环节,是将获取到的资金投入实体经济发展的过程。对资产端的"穿透式"监管主要体现在提升透明度的功能方面,公众投资者、监管者都可以明确投资资金的投向,并对其使用和投放是否符合国家的产业政策指导,是否与公众投资者签订的投资合同所明示的资金用途、风险类型相一致进行有效的监管,实现金融服务于实体经济的政策导向,使民间资本充分地发挥其促进经济稳步增长的效用。在前述案例中,管理公司将募集到的公众投资者的资金用"委托定向投资"的表述掩盖了其募集资金的本质,并将资金用于投资其他券商或基金(子)公司发行的专项计划,资金最后又随着专项计划被投放到非标准化债权项目中。因此,公众投资者难以获悉其所购买的互联网金融产品真正的资金用途,更难以对项目进行监管。从宏观经济发展角度来看,我国因为产业政策的调整和对房地产市场的管控,对于"两高一剩"行业(即高污染、高能耗的资源性行业及产能过剩行业)及房地产市场的投资有严格的限制,但是有些互联网金融机构为了获取高额利息,与其他机构合作,利用特定目的载体投资等多种形式,将募集到的资金投放于国家禁止的产业。同时,互联网

---

① 《私募投资基金监督管理暂行办法》第11条规定,私募基金应当向合格投资者募集,单只私募基金的投资者人数累计不得超过《证券投资基金法》《公司法》《合伙企业法》等法律规定的特定数量。

② 《私募股权众筹融资管理办法(试行)(征求意见稿)》第12条规定,融资者不得公开或采用变相公开方式发行证券,不得向不特定对象发行证券。融资完成后,融资者或融资者发起设立的融资企业的股东人数累计不得超过200人。

③ 1940年,美国《投资公司法》中对私募股权投资基金的人数计算方面规定了"穿透条款",如果机构投资者(实业机构除外)拥有基金具有投票权的份额超过10%,则该机构投资者的权益所有人也将被计入100人之列。参见邢会强:《私募股权投资基金(PE)监管研究》,载《金融服务法评论》2013年第2期。

金融模式极为灵活，监管者往往发现一种违法行为便制止该种违法行为。但是，互联网金融机构会继续寻找新的合作伙伴，寻找新的高收益投资领域，使监管者“应接不暇”。这也是本文在问题意识中所提到的，互联网金融因为游离于传统金融监管之外，其业务开展更加灵活，以“运动式”的监管方式，哪里出问题去哪里，不能对互联网金融实施有效的监管。“穿透式”监管意在使资金的使用和投向透明化，使监管者和公众投资者都能参与到对资金使用的监督过程中，建立公众投资者举报奖励机制，使公众投资者积极参与到互联网金融监管的过程之中，从而使互联网金融市场在透明运行的环境下有质的发展。

基于事实发现的“穿透式”监管对于互联网金融的上述特征显示出制度上的优势，它能对互联网金融机构的行为，特别是金融产品的设计、销售行为及最终的资金投放全过程实施有效的监管。这一交易过程中“穿透式”监管的实现主要依赖于互联网金融企业的信息披露，辅之以监管者对所披露信息真实性、准确性的审查，在制度上对互联网金融机构信息披露要求的履行和信息披露的范围作出规定。因为利用互联网技术的互联网金融不具有实体的营业场所，现场检查相关活动的监管手段难以实施。除此之外，互联网技术性的操作往往导致很难用传统的方式解析其产品结构和资金流向，只有互联网金融机构本身对其信息具有完全的控制能力。出于对互联网金融公众投资者权益的保护，应当要求互联网金融机构承担更加全面的信息披露义务，包括但不限于对互联网金融产品的交易模式、运营环节、参与者信息、资金转移的时间及方式等一系列信息的披露。同时，监管者也应当利用互联网技术，对互联网金融机构披露的信息和资金的流向进行核查和监管，以保证互联网金融机构所披露的信息与实际一致。目前，从技术上已经可以实现对互联网金融机构和平台的检测(北京已有示例)，应当将这一技术进行广泛的应用及推广。

但是，也有学者指出，“穿透式”监管所要求的更为严格的信息披露会带来额外的成本，并且这一成本的大量支出会给企业带来巨大的经济压力。考虑到成本与收益是一方面，企业信息披露的成本增加会通过其他方式加以弥补是另一方面，信息披露并不会给互联网金融机构带来无法承担的经济压力，并且互联网金融机构也不应成为暴利机构。美国有一家互联网金融平台为公众投资者提供免费的个人征信报告及个人报税服务，但是它会通过其他途径弥补这一项支出。免费提供征信报告及报税服务的成本并不是小数，但同样使该平台成为美国较大的互联网金融服务机构，并没有因为提供免费服务而倒闭。同时，互联网金融机构的信息披露保障了整个市场运营的透明度，会增强互联网金融公众投资者参与的积极性，为互联网金融的运营提供安全的保障，活跃互联网金融市场，平衡互联网金融机构的收支。

四、"穿透式"监管中监管权异化的防范

前文已经论述,互联网金融领域的"穿透式"监管可能带来监管权力的扩张,进而引发监管过度或者监管推诿的监管失灵后果。为了利用"穿透式"监管时效性、监管效果明显的优势实现互联网金融"穿透式"监管的有效实施,应在互联网金融"穿透式"监管的制度设计上考虑对监管者权力进行明确的界定和必要的制约。这一制度设计的理论来源于市场监管中对监管者监管的理论。市场监管理论中,监管的对象一方面包括市场主体和行为,另一方面包括对监管者的监管行为。这既是市场监管的内在含义,也是宪政的必然要求。[①] 监管失灵是政府监管的失效,而政府监管失效造成的后果往往比市场失灵所造成的损害更为严重,会引发市场秩序的混乱和被监管者追逐监管套利的逆向运动。在我国现有行政体制下,行政权力本就较为集中,若互联网金融"穿透式"监管使得监管权力扩大而没有受到有效的限制或制约,将会给互联网金融市场带来更大的潜在风险。因此,在对互联网金融领域实施"穿透式"监管时,应加强对监管者权力的划分及监管制度的设计,包括但不限于以下几个方面:

(一)综合识别机构的设立

正是因为互联网金融具有更强的虚拟性、隐蔽性、多通道多嵌套性,所以才需要对互联网金融实施"穿透式"监管。但是,互联网金融活动的众多特性也使得其业务功能的实质性质难以识别,或者说难以快速、简单地通过外观进行识别,需要一定的时间甚至互联网技术对互联网金融行为的功能实质进行准确的分析和界定,进而准确适用监管规则。但是,在最终性质被识别之前,最终实施监管的主体被确定职权时,需要一个独立主体对互联网金融活动的性质进行前置的识别过程,而这一独立前置识别主体的确立不能仅仅由某一监管机构完成,而是应当由互联网金融领域的各监管机构形成协作的综合识别机构完成,通过专业机构之间的协调、合作,共同对互联网金融活动的性质作出准确的鉴定。这既能保证识别结论的准确性,又能保证后续"穿透式"监管活动的有效实施。我国已经对现有金融监管体制实施改革,设立了国务院金融稳定发展委员会,作为统筹协调金融稳定和改革发展等重大问题的议事协调机构,其中主要职责之一

---

① 参见顾功耘主编:《经济法教程》(第三版),上海人民出版社、北京大学出版社2013年版,第706页。

即统筹协调金融监管重大事项。[①] 除此之外，我国还整合中国银行业监督管理委员会和中国保险监督管理委员会的职责，组建中国银行保险监督管理委员会，作为国务院直属事业单位。金融监管体制的改革为我国进一步实现“穿透式”监管目标和各监管机构之间的协作提供了结构基础。

同时，对互联网金融“穿透式”监管的穿透程度也应当加以限制。在互联网金融领域实施“穿透式”监管，如何穿透和穿透的程度是立法者应当考虑的标准设计。这一标准的制定不是立法者自我意志的体现，而应当是根据现阶段的发展实际而作出的综合考量，并以一定的价值导向为原则。前文已述对互联网金融领域安全性的价值追求，因而在平衡风险、追求效率与鼓励互联网金融创新之间，风险的有效控制是主要目标。因此，在对互联网金融“穿透式”监管穿透程度进行设计时，应当以安全、风险可控为原则，实施穿透程度较深的监管式监管。

（二）以列举的方式明确“穿透式”监管的适用范围、监管者权力和责任

“穿透式”监管具有的优势显而易见，但是“穿透式”监管也会带来监管成本的提高，无论是由互联网金融机构抑或是监管者来承担这一额外的支出，都会对其带来极大的负担。同时，对“穿透式”监管不加考量的滥用也会给现有监管体系、自治体系带来消极影响。因此，笔者认为，“穿透式”监管的适用应当以列举式的方式明确限制其适用的情形。例如，对于互联网金融活动中使用“理财”“资产配置”等模糊概念的互联网金融机构及其行为应适用“穿透式”监管。这有助于规范互联网金融机构的融资行为及对资金的使用，进而防控互联网金融活动的风险，保护公众投资者的权益。

互联网金融具有不同于传统金融的特征，因而在互联网金融领域，对于“穿透式”监管提出了更高的要求，对于监管者则赋予其更大的监管权力。在互联网金融领域实施“穿透式”监管时，在现有“一委一行两会”[②]的金融监管体制、功能监管理论和穿透程度的要求下，应当明确监管者在某一具体金融功能领域的监管权力，即明确监管主体、监管行为介入的时间以及穿透监管的内容。在明确了互联网金融领域穿透监管的主体及权力内容后，监管主体应当依法严格执行监管职责。对于监管主体在监管过程中的失职或对被监管者的合法权益造成损害

---

① 参见邢会强：《国务院金融稳定发展委员会的目标定位与职能完善——以金融法中的“三足定理”为视角》，载《法学评论》2018 年第 3 期。

② “一委”即国务院金融稳定发展委员会，“一行”即中国人民银行，“两会”即中国银行保险监督管理委员会（简称“中国银保会”）和中国证券监督管理委员会（简称“中国证监会”）。参见邢会强：《国务院金融稳定发展委员会的目标定位与职能完善——以金融法中的“三足定理”为视角》，载《法学评论》2018 年第 3 期。

的,法律也应当明确规定监管主体的责任承担范围。互联网金融“穿透式”监管在监管者层面可能涉及纵向穿透管辖权范围的监管,因而在责任承担时,为了避免出现监管机构间推诿的现象,使受害者难以及时得到损害补偿,应对穿透监管后的责任承担实行直接监管者责任承担制。除此之外,对于监管者的监管还可通过设置“穿透式”监管过程的信息公开、赋予被监管者对监管行为的复议和诉讼权利以及建立监管者内部监督制等方式实现。

五、结　　语

我国对互联网金融的监管是从无监管到有监管、从无监管到严监管的过程。2010年6月,中国人民银行发布了《非金融机构支付服务管理办法》,首次对非金融机构的支付服务作出了法律上的定位。2014年12月,我国证券业协会公布了《私募股权众筹融资管理办法(试行)(征求意见稿)》,对我国股权众筹融资互联网平台的非公开发行方式进行规范。2016年,我国进入对互联网金融整顿的元年,中国人民银行、银监会、证监会等监管部门,针对第三方支付、P2P网络借贷、股权众筹等具体的互联网业态颁布了多项严格的规范措施,如《非银行支付机构网络支付业务管理办法》《网络借贷信息中介机构业务活动管理暂行办法》《网络借贷信息中介机构业务活动信息披露指引》等。纵观现有规定,从中央监管到地方监管,从行政规制到刑法制裁,我国对互联网金融的规范不可不谓之严,不可不谓之密。但是,如此严密地发布监管规范在多大程度上改变了我国互联网金融的现状?短期内,确实对我国“野蛮生长”的互联网金融实现了主体数量上的有效控制。但是,互联网金融市场依旧活跃,监管者对于较为活跃的几类互联网金融行为制定了较为严格的主体及行为规范,使得互联网金融机构开始向其他尚未颁布严格监管规范的互联网金融业态转移。我国居民财富积累越来越多,对于金融投资的需求日益增加,普通投资者闲散资金聚集的数量使得互联网金融机构不愿意轻易放弃普通投资者这块“肥肉”,而互联网金融的普惠性、高可获得性也使得互联网金融深入人心。监管机构单一地“封堵”互联网金融的发展并不是目前解决互联网金融问题的良药,“封堵”的结果只会让互联网金融机构及公众投资者寻求新的、更为宽松的领域,不断开发新的产品模式,使互联网金融的监管演变为“运动式治理”。

互联网金融领域“穿透式”监管的提出,是在现有分业监管体制和功能监管理论的大环境下对互联网金融新生领域实现有效监管、及时监管、长效监管的有益补充。我国互联网金融仍处于发展阶段,对于互联网领域的“穿透式”监管应当以安全性要求作为价值导向,保证金融市场安全和稳定的前提下,给互联网金融创新提供良好的外部环境。与此同时，在互联网金融领域适用“穿透式”监管的弊端在于可能带来监管权力的扩张，引发监管的失效，给互联网金融市场带来更大的损害。除此之外，“穿透式”监管的适用会带来信息披露和监管成本的增加。同时，由于“穿透式”监管发现事实的核心功能，它并不能取代功能监管和其他既有的自治体系。但是，不能由此而作出否定互联网“穿透式”监管的判断，而应将互联网金融领域的“穿透式”监管作为一种监管的辅助模式，限定在特定案由或特定事由的范围内，以列举授权的方式而非概括的方式在法律中明文规定“穿透式”监管可以适用的领域，对于“穿透式”监管可以有效发挥作用的领域严格考证。总之，互联网金融和“穿透式”监管都是我国在金融领域中的创新，而对于这种新生事物的有力助力是对其进行必要的规制，使其在规范中健康发展，而不是任由其野蛮生长后的修正。“穿透式”监管在对互联网金融领域长效监管体系的构建发挥积极作用的同时，也应当受到适度的限制，以保障互联网金融的创新动力。

资产证券化SPV实体缺位下的监管进路

贺　琪*

自2014年年底我国资产证券化实现审核制向备案制转变以来，资产证券化市场发展迅猛，呈现出爆发式增长态势，[①]基础资产类型、存量规模和新发行总量均持续刷新历史纪录，2017年更是再创新高。[②] 但是，我国资产证券化法律制度供给相对滞后，核心交易环节制度缺失日益凸显。其中，SPV[③] 的实体性缺位，以及由此给资产证券化市场所带来的监管困境和挑战问题显得尤为迫切。根据证监会、银监会、保监会以及银行间市场交易商协会出台的资产证券化监管规则[④]中关于SPV的规定，除银监会规定信贷资产证券化SPV为信托机构外，其他类型的资产证券化均缺乏SPV实体性机构[⑤]。SPV的实体性缺位，虽与我

---

* 贺琪，华东政法大学博士研究生。

① 自2014年起，我国资产证券化市场呈现爆发式增长，共发行3317.74亿元资产证券化产品，市场规模较2013年年末增长了13倍；2015年，全国共发行资产证券化产品6032.4亿元，同比增长84%，市场存量为7703.95亿元，同比增长129%；2016年，全国共发行资产证券化产品8420.51亿元，同比增长37.32%；市场存量为11977.68亿元，同比增长52.66%。数据来源：中国证券登记结算有限公司官网与中国债券信息网。

② 2017年，资产证券化市场共发行产品629单，发行规模共计14082亿元，同比分别增长31.45%和63.49%。其中，证监会ABS(Asset-Backed Securities，资产支持证券)共发行460单，发行规模共计7534.52亿元，同比分别增长28.13%和67.25%；银监会ABS共发行133单，发行规模共计5972.29亿元，同比分别增长23.15%和52.80%。交易商协会ABN共发行33单，发行规模565.67亿元，同比分别增长312.50%和239.60%。保监会ABS发行1单，发行规模为10亿元。参见德邦证券：《2017年度资产证券化市场总结报告》。

③ 特殊目的机构(Special Purpose Vehicle)。

④ 根据目前国内资产证券化的实践，按照监管机构和规则体系不同，我国资产证券化总体分为四个大类：第一，信贷资产证券化(MBS)，由中国人民银行和银监会主导；第二，企业资产证券化(ABS)，又称资产支持专项计划，由证监会主导；第三，资产支持票据(ABN)，由中国银行间市场交易商协会主导；第四，项目资产支持计划，由保监会主导。

⑤ 其各自SPV的设置规则详见表1。

国当前资本市场格局和监管体制有着深层次关系，是一定发展时期的产物，但给资产证券化真实销售和破产隔离这一基本原理造成了实质性损害，并导致了诸多交易环节的风险传导和扩张。同时，当前学术界和实务界对SPV的研究，基本集中在SPV应当采取信托、公司抑或合伙的形式。这些探讨固然有其意义，但均涉及一些重要法律制度的建立或修改，短期之内难以见效，无法对当前发展一日千里的资产证券化形成有效管控。如何在现有监管格局和体系之下，探求合乎法理、科学有效的监管路径，防范SPV实体性缺位所带来的制度缺陷和市场风险，已经成为亟待研究解决的问题。

一、当前我国资产证券化SPV规则体系评析

SPV是资产证券化这一"炼金术"[①]中最具有智慧的创举，也是资产证券化的核心载体和关键环节，更是资产证券化作为结构化融资的基本原理和内在机制所在。SPV规则也是一个国家发展资产证券化核心的规则。为了更加全面系统地把握我国当前资产证券化中SPV规则在各监管体系之间的差异，以及SPV实体性缺失的现状，并为文章后续探讨研究奠定基础，笔者从资产证券化模式、主管部门、SPV监管规则、SPV主体及其性质等维度，对我国当前资产证券化SPV规则进行了梳理汇总，详见下表。

表1　我国当前资产证券化SPV规则汇总表

资产证券化模式	主管部门	SPV监管规则	SPV主体	SPV性质
信贷资产证券化	中国人民银行、银监会	《信贷资产证券化试点管理办法》(2005)第11条、第15条 《金融机构信贷资产证券化试点监督管理办法》(2005)第15条	特定目的信托	信托关系
资产支持专项计划	证监会	《证券公司及基金管理公司子公司资产证券化业务管理规定》(2014)第4条	资产支持专项计划	无法律实体地位
资产支持计划	保监会	《资产支持计划业务管理暂行办法》(2015)第2条	资产支持计划	无法律实体地位
资产支持票据	银行间市场交易商协会	《非金融企业资产支持票据指引(修订稿)》(2016)第3条	不强制设立SPV	无法律实体地位

---

① Steven L. Schwarcz, The Alchemy of Asset Securitization, 1 *Stanford Journal of Law, Business & Finance* 133(1994).

从法律效力位阶来看,上述监管规则均为部门规章,由各行业主管部门结合本行业发展现状所颁布,并在特定的监管对象中适用。从监管规则实践效果来看,上述四类SPV规则具有较高的立法技术,在立法考量上具有较强的前瞻性,为资产证券化后续发展保留了较为充足的规则空间。客观而言,现行资产证券化SPV规则,是在当前的法律环境和制度框架内,在充分考虑资产证券化市场整体发展态势和市场融资需求的基础上,作出的一种临时性规则安排,其在一定程度上和一定时期内,有助于推进资产证券化扩大规模、增大存量,促使资产证券化这一结构化融资的创新模式在我国取得更强的适应性,从而推动多层次资本市场体系的创新和发展。

但是,从资产证券化基本原理出发,以法律体系构造和风险防控的角度考量当前资产证券化SPV规则,至少可以得出如下几种判断:

(一)我国资产证券化SPV规则互异缘起于资本市场分业监管格局现状

我国自20世纪90年代试水资产证券化以来,逐步发展形成了以"一行三会"分业监管格局[①]为底色的资产证券化监管天然分割态势,其中以SPV规则互异作为突出特征。回顾我国资产证券化发展历程,在银行业信贷资产证券化中,中国人民银行和银监会在2005年颁布了《信贷资产证券化试点管理办法》,确立了将特定目的信托作为信贷资产证券化的SPV机构。在此前后的一段时期内,银行业资产证券化被学界、实务部门和研究机构进行了广泛的讨论研究[②],其未来发展也被寄予较大期望。其实,证监会早在2004年就下发了《关于证券公司开展资产证券化业务试点有关问题的通知》,并对证券公司开展资产证券化业务进行较为细致全面的规定,[③]但其中并未对开展SPV进行明确规定。接下来,保监会和银行间市场交易商协会分别在2015年和2016年,对开展资产

① 参见谷慎、岑磊:《我国"一行三会"监管协同度的实证分析——基于协同论的视角》,载《中央财经大学学报》2014年第5期。

② 研究文章有,吕宏江、王岩:《论我国商业银行资产证券化经营的必要性》,载《南开经济研究》1999年第2期;王宇哲:《关于推进我国信贷资产证券化的若干思考》,载《经济研究参考》2013年第41期;吴翔江:《实施我国银行资产证券化的理性分析与现实选择》,载《金融研究》2001年第5期;朱莲美、傅斌:《银行资产证券化问题研究》,载《中央财经大学学报》2001年第1期;傅斌:《我国银行资产证券化的关键环节及制度条件》,载《金融研究》2000年第4期;张广洲、倪丽萍、龚一军:《对我国实行信贷资产证券化的思考》,载《财贸经济》2001年第3期;程金伟:《我国信贷资产证券化常规化发展研究》,载《现代管理科学》2013年第12期;赵程锦、潘小军:《我国银行业信贷资产证券化的定价问题研究》,载《上海金融》2016年第5期等。

③ 《关于证券公司开展资产证券化业务试点有关问题的通知》从七个方面对证券公司开展资产证券化业务进行了规定,分别为:资产证券化业务的定义和基本要求、基础资产及其转让、相关主体的职责和要求、主要结构、申请与审核、监督管理、试点原则与要求。

证券化业务以及 SPV 设置出台了专项规定。

如此,我国资产证券化便形成了“四分天下”的行业发展格局,这一局面在一定程度上是当前资本市场格局和本土化的产物,具有浓重的中国特殊性。但是,分业监管人为导致市场隔离,影响了证券化产品的定价及流动性。[①]

(二)除信贷资产证券化的信托机构外[②],SPV 无法律实体地位,缺乏权利能力

根据表 1 可知,按照目前 SPV 规则,证监会、保监会分别规定将资产支持专项计划、资产支持计划作为开展资产证券化的特殊目的机构。从法律性质上看,资产支持专项计划、资产支持计划仅是由证监会和保监会部门规章所定义的主体,其本身并无承载实体,亦无机构、人员或场所。根据我国已经正式实施的《民法总则》规定,上述两个“计划”并不属于民事主体范畴,无法拥有独立的民事主体地位,当然更不具有民事主体的载体和内容。“计划”本身并不具有法律上的主体地位,不能独立于发起计划的证券公司,[③]甚至有研究者称之为中国特色的 SPV,[④]并认为其法律地位不清晰,尤其是其实质性的主动性投资理财工具的本质与特殊目的载体的被动“导管”的融资功能相冲突,使得整体交易结构与证券化的本意相悖,从长远看不是企业资产证券化适宜的载体形式。[⑤] 银行间市场交易商协会则并未要求强制设立 SPV,发行载体可以为特定目的信托、特定目的公司或交易商协会认可的其他特定目的载体,也可以为发起机构。根据目前《公司法》《信托法》等法律规定,银行间市场交易商协会关于资产支持票据 SPV 设置的规则,几乎等同于不需要设立 SPV。

企业的一个本质功能是有效地实现企业财产与投资者自身财产的分割,[⑥]而 SPV 在资产证券化中需要实体地位的原因也正在于此。然而,在整个复杂而系统的资产证券化交易结构当中,SPV 无法以独立主体方的身份参与其中,SPV 自身的独立性无法得到保障。这是对资产证券化三大基本原理[⑦]之“破产

---

① 参见郭杰群:《借鉴海外经验解决我国资产证券化的问题》,载《清华金融评论》2015 年第 6 期。

② 本文立足对我国整体资产证券化行业风险和监管路径的探讨,因此将银监会信贷资产证券化也纳入讨论范围,但在表述 SPV 实体缺位时,特指除银监会信贷资产证券化特定目的的信托之外的证监会资产支持专项计划、保监会资产支持计划以及银行间市场交易商协会的资产支持票据。

③ 参见张泽平:《资产证券化法律制度的比较与借鉴》,法律出版社 2008 年版,第 201 页。

④ 参见邹健:《中国资产证券化规则之法律解读》,法律出版社 2016 年版,第 197 页。

⑤ 参见张宇:《资产证券化破产隔离机制的法理基础与中国实践》,中国政法大学 2007 年博士论文。

⑥ See Henry Hansmann, Reinier Kraakman, The Essential Role of Organizational Law, 110 *Yale L. J.* 387 (2000).

⑦ 资产证券化三大基本原理包括资产重组、风险隔离、信用增级。

隔离”原理的消解和侵蚀,从长远看不利于资产证券化在我国的稳定健康发展。

(三)SPV主体性功能缺失

上述论述已经阐明,证监会、保监会和银行间市场交易商协会所规定的SPV均不具备法律实体地位。在实践当中,SPV所有的价值定位和功能已基本被管理人和发起人所取代。笔者查阅了包括邹平电力购售电合同债权资产支持专项计划说明书[①]、大成西黄河大桥通行费收入收益权专项资产管理计划说明书[②]等在内的10家资产支持专项计划说明书[③],其均显示:本应由SPV作为合同主体签署的基础资产转让、中介服务、证券发行等各类协议,均以该计划的管理人名义签订。SPV仅仅成为监管规则中所需要陪衬的一个空洞概念,无实质性意义。SPV并未作为发起人或原始权益人的交易对方、资产支持证券发行人、各中介机构的委托人、各项权利承接和合同协议签署的主体、偿付证券本息义务人等参与到资产证券化过程中。因此,SPV在资产证券化中的主体性功能并未得到充分发挥。如此的资产证券化现实交易结构,尽管短期之内或许可为我国资产证券化发展提供一定的制度和规则指引,但从长期来看,却为资产证券化法律风险防控以及未来的持续健康发展埋下了隐患。

(四)当前SPV规则实质是我国法上的信托或委托关系,其支撑起的资产证券化法律结构较为脆弱[④]

资产证券化的法律结构是否牢固,取决于其交易结构能否遵循资产证券化基本原理。从功能性角度来看,主要取决于其能否实现基础资产的真实销售和

---

① 根据公开资料《邹平电力购售电合同债权资产支持专项计划说明书》记载,邹平电力购售电合同债权资产支持专项计划于2015年12月成立,原始权益人为邹平县电力集团有限公司,计划管理人为国信证券。该项目中,《资产买卖协议》是指计划管理人(国信证券)与原始权益人(邹平县电力集团有限公司)签订的《邹平电力购售电合同债权资产支持专项计划资产买卖协议》,《认购协议》是指合格认购者与计划管理人(国信证券)所订立的《邹平电力电费债权资产支持专项计划资产支持证券认购协议》,《托管协议》是指计划管理人(国信证券)与托管人订立的《邹平电力购售电合同债权资产支持专项计划托管协议》。上述协议主体方均为计划管理人(国信证券)。

② 根据公开资料《大成西黄河大桥通行费收入收益权专项资产管理计划说明书》记载,大成西黄河大桥通行费收入收益权专项资产管理计划于2014年5月成立,原始权益人为鄂尔多斯市益通路桥有限公司,计划管理人为中原证券。该项目中,《资产买卖协议》是指计划管理人(中原证券)与原始权益人鄂尔多斯市益通路桥有限公司订立的《大成西黄河大桥通行费收入收益权专项资产管理计划资产买卖协议》,《托管协议》是指计划管理人(中原证券)与托管人订立的《大成西黄河大桥通行费收入收益权专项资产管理计划托管协议》。上述协议主体方均为计划管理人(中原证券)。

③ 由于资产支持专项计划说明书篇幅过长,此处仅列举上述两个案例作为典型代表。

④ 参见沈朝晖:《企业资产证券化法律结构的脆弱性》,载《清华法学》2017年第6期。

破产隔离，[①]而将此二者功能联结的主体即SPV。因此，资产证券化SPV的法律构造，在极大程度上影响着资产证券化整体法律结构的牢固性。

由表1中的SPV规则可以看出，信贷资产证券化中采取特定目的的信托，并将信托公司作为受托机构的做法，是基于我国的《信托法》。从真实销售和破产隔离的角度来审视，通过特定目的信托所构建起来的基础资产转移和承接主体，在一定程度上可以保障基础资产与发起人的破产隔离，并防止发起人债权人的追索，从而保障投资者对基础资产的权益不因发起人的经营风险而受到侵害。[②]因此，银监会信贷资产证券化所采取的特定目的信托法律结构尚具有较强的稳固性和抗风险能力。当然，银行业信贷资产证券化能够采取信托公司作为资产证券化的SPV，这与银监会主管信托行业的管理体制及信托牌照经营的现状是分不开的。

在证监会的资产支持专项计划、保监会的资产支持计划以及银行间市场交易商协会的资产支持票据SPV规则中，SPV纵然具有独立的银行账户，并有监管机构明确规定SPV的财产权利独立于发起人、管理人及受托管理服务机构等，但从法律本质上看，均是一系列合同或协议文本所构建起来的委托代理关系，其中的管理人是代理人，投资者是被代理人。[③] 实际上，“资产管理计划”“专项计划”抑或“计划”，在我国资本市场和证券行业并非陌生词汇。证监会2013年修订的《证券公司客户资产管理业务管理办法》第11条规定，证券公司可以依法从事下列客户资产管理业务：为单一客户办理定向资产管理业务；为多个客户办理集合资产管理业务；为客户办理特定目的的专项资产管理业务。证监会目前开展的资产支持专项计划属于第三类，即为客户办理特定目的的专项资产管

---

① 参见彭冰：《资产证券化的法律解释》，北京大学出版社2001年版，第91—99页。

② 关于依据我国《信托法》所构建的特定目的信托是否可以彻底实现真实销售和破产隔离，目前学界有不同的看法。肯定的观点有，例如，洪艳蓉在《SPV设立模式的“中国之行”》（载《金融法苑》2003年第3期）一文中认为，通过对《信托法》第15条、第16条和第47条的分析判断，信托模式SPV可有效地保障证券化资产转让“真实销售”和SPV“破产隔离”的实现。又如，王勇、赵金鑫在《特定目的信托模式：我国资产证券化的可行选择》（载《南开学报（哲学社会科学版）》2015年第5期）一文中认为，在我国，只有特殊目的信托模式可以真正实现风险隔离的要求，特殊目的公司模式和其他非标准资产证券化模式在不同程度上都存在问题。我国应该充分利用信托独有的风险隔离机制，发挥信托的通道作用，对我国资产证券化实践实现规范化操作。但是，一些学者提出不同的看法。例如，楼建波、刘燕在《论信托型资产证券化的基本法律逻辑》（载《北京大学学报（哲学社会科学版）》2006年第4期）一文中认为，我国目前选择了“信托”作为唯一的特殊目的载体形式。但信托作为普通法的遗产，其财产转移方式的特点与证券化的破产隔离要求之间存在一定冲突，我国作为大陆法系国家对信托制度短暂的移植历史使得该问题更加突出。又如，张泽平在《资产证券化法律制度的比较与借鉴》（法律出版社2008年版，第196页）一书中认为，我国当前的特定目的信托SPT规定还不能真正实现证券化交易所需的“破产隔离”，信托概念根源于英美法系下的法定所有权与衡平法所有权的分离，奉行一物一权原则的大陆法系国家，是无法实现基础资产的真正独立的。当然，还有其他许多学者对此问题进行了深入研究，此处不再一一列举。

③ 参见沈朝晖：《企业资产证券化法律结构的脆弱性》，载《清华法学》2017年第6期。

理业务。资产支持专项计划是通过一整套法律文件、多个专用账户和基础资产明确界定、基础资产现金流归集全流程控制、封闭营运和独立核算的投资安排。

可以说,资产支持专项计划作为SPV,是证监会在其监管职权范围内,综合考量了制度环境和资产证券化发展市场需求后所作出的一种相对合理的规范安排。但是,从资产证券化的基本原理来看,这样的合同或协议技术安排,还远未实现资产证券化真实销售和破产隔离的要求。在基础资产转让的协议安排中可以看出,发起人实质上将基础资产转让予了管理人,管理人实际上既充当了基础资产的所有者,又成为其管理者。因此,这就出现了基础资产受让主体的错位,并非真正意义上的真实销售,除非证券公司及基金子公司承认其自身就是SPV机构。同时,基于投资者与管理人之间的委托代理关系,如果管理人出现破产危机,从最初的基础资产转让协议来看,基础资产的所有权属于管理人,那么基础资产将被列入管理人破产财产范围,从而最终导致资产证券化法律结构的脆弱性。

二、资产证券化SPV实体性缺位的深层原因剖析

资产证券化作为结构化融资的金融创新模式,无论是监管部门履职的需要,还是鼓励金融创新、造福资本市场的职权情怀,监管机构都为资产证券化发展作出了较大的努力。客观而言,监管者们何尝意识不到法律结构和制度体系对于资产证券化的重要性,尤其是作为核心交易环节的SPV机构。事实上,监管者已经充分认识到了制度供给对于资产证券化发展的突出重要性,并对制度构建所需要克服的难度和付出的成本进行了全面分析评估和综合判断。这其中的制约因素,不乏既已形成的分业监管格局中的历史“恩怨”,更有监管职权、部门利益,以及监管对象和监管行业发展的权衡。全面而客观地理解和认识我国资产证券化当前的SPV规则,对于如何看待并有效改进资产证券化监管体系具有重要作用。

(一) SPV规则与中国法律环境的融合与冲突

SPV是资产证券化运行和交易结构中的核心环节和主体,发挥了破产隔离的基础载体作用。根据资产证券化破产隔离的基本原理,SPV需要取得一个法律上认可的主体地位,如此方可作为基础资产的承接主体和资产支持证券的发

行主体，实现基础资产与发起人的破产隔离。但SPV在设置过程中，却与我国的法律制度环境发生了诸多的不适应之处，主要表现在与《信托法》《破产法》《公司法》《证券法》《担保法》的衔接障碍。欲在短期之内为资产证券化发展扫除上述法律衔接障碍，几乎不可能实现。

SPV规则与我国法律制度环境的冲突，按照SPV设立之前的条件和设立之后的管理运作，大致可以分为两个部分：第一，SPV构建的准入机制，即构建何种性质和类型的SPV，如何构建这类SPV。在我国当前法律环境下，信贷资产证券化采取特定目的信托SPT模式，适用《信托法》即可，而特定目的公司SPC的构建，则困难重重。特定目的公司是专门为资产证券化而设立的，作为资产证券化的"通道"，其目的在于隔离证券化资产原始权益人的破产风险，这与我国公司法规定的一般意义上的公司存在较大差异。现行公司法所规定的公司在设立程序、业务规范、组织机构、会计处理及其变更、解散和清算等问题上并不适合特定目的公司的要求。[①] 第二，SPV一旦取得实体法律地位后，按照当前民商事法律体系架构及监管要求，将会出现一系列的管理机构设置、内部治理、证券发行资格、税收、会计、财务处理等问题，这些都将给既有的制度体系带来新的问题和挑战。

面对上述重重阻力，我国自20世纪90年代引入资产证券化以来，学者们已经对立法思路进行清晰、繁多、逻辑推演缜密的讨论和研究[②]。总结起来有两大路径：一是逐项修改当前法律法规，为资产证券化开路；二是采取集中统一立法模式，为资产证券化制定特殊法或单行法，日本[③]、韩国[④]等国家和我国台湾地区[⑤]均采取这一思路。但是，按照我国的立法周期和立法传统习惯，以上两个路径恐怕难以适应资产证券化在国内迅猛发展的市场需求。于是，以监管机构部门规章立法规制为核心的规则体系的诞生，是资产证券化发展形势的必然要求，尽管这从法律风险防控的角度审视并不完美。

---

① 参见谢永江：《资产证券化特定目的机构研究》，中国法制出版社2007年版，第178页。

② 具有代表性的相关研究有，洪艳蓉：《掀起你的盖头来——SPV巡礼》，载《金融法苑》2003年第2期；赵宇霆：《资产证券化SPV设立的法律思考》，载《当代法学》2004年第5期；李尚公、沈春晖：《资产证券化的法律问题分析》，载《法学研究》2000年第4期；郭玉军、甘勇：《论我国资产证券化中特殊目的机构的法律构建》，载《武汉大学学报(社会科学版)》2003年第3期。

③ 相关研究有，杨晓兰：《日本资产证券化的发展状况》，载《现代日本经济》2001年第6期。

④ 相关研究有，赵旭：《日韩资产证券化发展的经验与借鉴》，载《亚太经济》2010年第4期；贺显南、荆晶：《日韩资产证券化发展及其启示》，载《国际经贸探索》2008年第8期；齐殿伟、董晓平、李华：《日韩资产证券化及其对我国的启示》，载《东北亚论坛》2002年第2期。

⑤ 相关研究有，唐士亚：《台湾地区金融资产证券化规则研究》，载《亚太经济》2017年第1期。

(二)资本市场监管格局与部门权力制衡

从我国资本市场发展历程和现状来看,当前已经形成中国人民银行、银监会、证监会、保监会为主体的“一行三会”分业监管格局。资产证券化本身的发展,恰恰是多重金融工具、多项资本市场制度相互融合和叠加的结构化融资创新过程,打通了直接融资与间接融资方式的通道。[①] 无论从融资方(发起人),抑或是从投资者(资产支持证券持有者)而言,这种发展都已跨越当前的分业监管体系。但是,资产证券化也逃脱不了当前分业监管格局的天然分割。因此,各家监管机构分别制定了适用于自己管辖行业或领域的SPV规则,部门之间监管权力的综合协调难度较大。

银行资产证券化中的特定目的信托SPT就是典型的资本市场监管职权分割的产物。2007年发布的《信托公司管理办法》确立了银监会对信托业务和信托公司的管理职权,将信托纳入到银监会管理系统下的金融牌照业务。[②] 这在某种程度上排斥了证监会等其他金融监管部门在开展资产证券化业务中对信托机构作为SPV的使用。因为在证监会等部门所出台的资产证券化规则中,不可能涉及银监会管辖下信托业的相关规定。况且,资产证券化业务并非仅仅是SPV的单独规定,它更涉及资产支持证券的发行、挂牌、信息披露以及二级市场交易等,这些都是对行业分割和部门管理职权的一种挑战。

(三)监管部门对资产证券化金融创新业务的布局和争夺

资产证券化代表了金融创新的发展趋势,对于资产证券化的提前布局和未来市场份额的争夺,不仅是市场参与主体热衷其中,监管部门也有参与。次贷危机之前,美国资产证券化产品市场总量从1980年的1108亿美元上升到2007年的11.1万亿美元,增加了100倍,占整个固定收益市场的份额由4%提升到35%。资产证券化产品的市场规模超过了国债、市政债券和公司债,也大于商业银行贷款余额,显示出了强大的生命力。[③] 有专家预测,中国资产证券化市场的容量在数十万亿元,被业界称为“中国金融市场最后一块大蛋糕”。[④] 可以判断,

---

① 参见〔美〕斯蒂文·L.西瓦兹:《结构金融——资产证券化原理指南》(第3版),李传全等译,清华大学出版社2003年版。

② 《信托公司管理办法》第7条规定,设立信托公司,应当经中国银行业监督管理委员会批准,并领取金融许可证。未经中国银行业监督管理委员会批准,任何单位和个人不得经营信托业务,任何经营单位不得在其名称中使用“信托公司”字样。法律法规另有规定的除外。

③ 参见郑磊编著:《资产证券化——国际借鉴与中国实践案例》,机械工业出版社2016年版,第33、142页。

④ 同上书,序言。

未来资产证券化业务将在监管领域内占有越来越重要分量,在某种程度上,监管部门亦在布局和争夺监管主导权和控制权。

我国银监会及信托行业早已接触并持续布局资产证券化业务。2001年10月《信托法》的颁布实施,为信托行业参与资产证券化奠定了重要基础,但接下来信托模式资产证券化并未取得如期的发展速度。直至2005年3月21日信贷资产证券化部际协调小组第一次会议召开[①],加之2005年4月《信贷资产证券化试点管理办法》的颁布实施,标志着信托公司被正式确定为信贷资产证券化的特定目的机构。同时,为了配合信贷资产证券化的开展,2005年5月,建设部出台了《关于个人住房抵押贷款证券化涉及的抵押权变更登记有关问题的试行通知》,财政部出台了《信贷资产证券化试点会计处理规定》[②];2006年2月,财政部、国家税务总局共同出台了《关于信贷资产证券化有关税收政策问题的通知》。这一系列的辅助性政策,为信贷资产证券化的发展扫清了障碍。可以说,我国的资产证券化发端是银行业信贷资产证券化,这与银行业在国民经济中的重要地位、银行贷款存量规模、银行业金融机构规范发展、合规风险可控等方面因素是密不可分的。信贷资产证券化也为我国开展资产证券化探索了诸多的经验和启示。

为了寻求资产证券化SPV设置的有效规则,加快推进资产证券化发展,从2004年至2005年,中国证监会曾举办多次会议,邀请券商、律师、国务院法制办人士等专家,就证券公司的受托理财产品,在法律上是否能承担资产证券化产品的发行人角色这一问题展开讨论。[③] 之后,证监会于2003年12月出台了《证券公司客户资产管理业务试行办法》,第53条规定,资产托管机构应当由专门部门负责集合资产管理计划资产的托管业务,并将托管的集合资产管理计划资产与其自有资产及其管理的其他资产严格分开。这为接下来证监会主导的企业资产证券化发展奠定了重要的制度基础。

由此,资产证券化在我国的发展,以及资产证券化规则的演进和完善进程,是各监管机构不断探索、布局和推进其发展的过程。各监管部门都在其职权范围内,依赖所管辖的市场主体和领域,形成对自身有利、对资产证券化发展具有推动作用的规则体系,SPV规则也是如此形成的。因此,当下我国的SPV规则,具有浓重的体制色彩。

---

① 参见沈炳熙:《资产证券化:中国的实践》,北京大学出版社2008年版,第14页。

② 该规定目前已失效。

③ 参见秦炜:《券商资产证券化业务获批信托公司发愣》,载《证券日报》2005年10月10日。

(四) 资产证券化发展需求迅猛与制度规则供给滞后性的矛盾

法律制度总是滞后于金融创新,面临变换复杂的金融市场,监管机构多以频繁的监管规定以及各类指引、条例或细则来应对持续的金融创新风险,而系统性制度的构建则需要在认真总结监管实践经验,并进行完善和升华之后才可形成。应当承认,经过多年的探索实践后,2014 年年底,我国资产证券化新规实现了由审核制向备案制的重大转变,在较大程度上促成了近两年以来资产证券化的爆发式增长。备案制虽放松了对资产证券化准入的要求,但并不意味着对资产证券化交易监管的放松。正是由于备案制的实施,才应当通过更加强大的信息披露和交易进程的监督,保护投资者利益,正所谓"放开前端,强化中间,管住后端"。资产证券化迅猛发展的同时,却是资产证券化相关法律制度供给的不足和缺位。面对创新形式层出不穷的资本市场,制度供给不足问题尤其凸显。自 20 世纪 90 年代首单资产证券化[①]试水以来,经过二十多年的探索和发展,关于资产证券化的顶层法律体系构建仍然处于缺失状态。这也导致目前监管机构的部门规章在规范和指引着资产证券化的发展路径,由此带来 SPV 实体性缺位的持续存在。SPV 规则不足,仅是当前资产证券化制度供给不足的一个侧面。伴随着资产证券化增量和存量规模的激增,SPV 实体性缺位所带来的风险将会被放大,乃至影响到整个资产证券化行业的稳步发展。

三、资产证券化 SPV 实体性缺位导致的风险扩张

(一) SPV 实体缺位风险扩张机制分析与初见端倪的风险

1. SPV 实体缺位风险扩张机制分析概览

图 1　SPV 交易结构

如图 1 所示,特定目的机构 SPV 作为整个资产证券化交易核心环节,连接了发起端的原始权益人(发起人)和投资端的资产支持证券持有者。可以说,从

① 1992 年 8 月,三亚市开发建设总公司发行了三亚地产投资券。投资券以三亚市丹州小区土地为发行标的物,所筹资金用于该片土地的开发,发行总金额 2 亿元。参见邹健主编:《中国资产证券化规则之法律解读》,法律出版社 2016 年版,第 48—49 页。

资产证券化基本原理来看,SPV是资产证券化运行机理的中枢神经;从信用汇集与转化的角度而言,SPV是资产证券化信用链条和风险机制的发端;从基础资产转移和投资者权益保障角度而言,SPV是与发起人真实销售、风险隔离的关键步骤;从融资方的信用性质而言,SPV是实现企业信用向资产信用转变的基础载体。因此,一个缺少了SPV的资产证券化,将不再具有结构化融资的独特魅力,也失去了资产证券化本应发挥的资产重组、风险隔离、信用增级的重要机理和功能。

反之,如果资产证券化缺失SPV实体或者SPV不具有法律主体地位,将导致整个资产证券化交易风险的扩张。笔者将依据图2的SPV缺位与风险扩张机制分析图,并结合当前资产证券化领域已经出现违约的大成西黄河大桥通行费收益权专项资产管理计划(以下简称大成西专项计划)违约事件,详细阐述SPV实体缺位所带来的风险扩张。

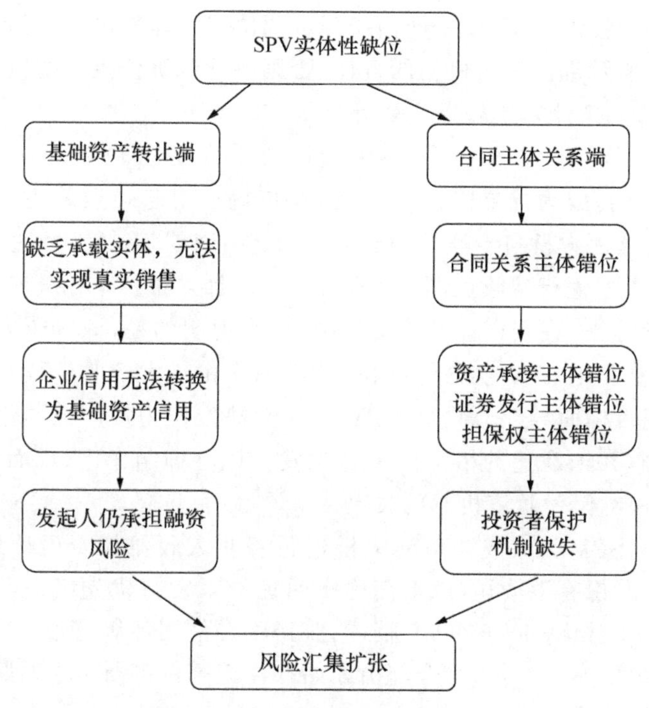

图2　SPV缺位与风险扩张机制

由图2可知,SPV实体性缺位所导致的风险扩张,主要是从基础资产转让端和合同主体关系端两个方向分别引发交易风险的汇聚和叠加。

在基础资产转让端,即图2左侧,由于SPV本身不具备实体地位,其无法作为基础资产转让的受让或承接主体,这就使得基础资产的真实销售失去了根基。基础资产未能与原始权益人(发起人)实现切割,意味着发起人的企业信用仍然无法通过资产证券化转化为基础资产信用。实际上,在此种情况之下,发起人仍然承担了融资的担保义务和风险。这极易导致此类资产证券化与融资担保难以区分,如果一旦被认定为融资担保,那将是对资产证券化项目意义的彻底否定。

在合同主体关系端,即图 2 右侧,由于 SPV 的实体性缺位,其无法作为基础资产转让协议、发行协议、中介服务机构委托协议、担保权变更受让等资产证券化重要法律文件的合同主体方。在实践操作当中,SPV 多由证券公司或监管部门认可的其他机构来设立。因此,证券公司及其他监管部门认可的机构成为基础资产转让、发行认购、中介服务、担保权益受让的合同主体方,进而导致合同关系主体错位。根据资产证券化基本原理,上述协议本应由 SPV 作为独立的法律主体参与签署。此等错位也为未来投资者权益保障埋下了隐患,在资产支持证券出现偿付违约情形之下,如果严格按照合同协议主体来讲,投资者应当追究证券公司及其他监管部门认可机构的责任,否则将导致责任主体的扭曲和错位。

2. 大成西专项计划违约事件分析

大成西专项计划(见图 3 大成西专项计划交易结构图)于 2014 年 5 月成立,2016 年发生违约,成为首单违约的 ABS,在市场上引起强烈关注。该计划基础资产为大成西黄河大桥自专项计划成立之日起未来六年的大桥通行费收益权。但是,2014 年大桥通行费收入同比下降了 35%,加之过桥车辆分流,导致专项计划未能按期偿付。[①] 在资产证券化案例中,应当说明的是,该资产支持证券的违约偿付风险,并非系 SPV 实体性缺位所致,而是由于大桥收费权基础资产现金流未达到预期目标而导致。此时,SPV 实体性缺位作为资产证券化交易结构的风险防控机制,并未在违约情形发生之时发挥风险抑制作用,反而因 SPV 本身的缺位,导致违约偿付救济机制的失灵。

本案例中,SPV 为大成西黄河大桥通行费收入收益权专项计划,计划管理人为中原证券股份有限公司(以下简称中原证券),发行优先级证券共计 5 亿元人民币,分为 14 益优 01—06 共 6 档,均获得联合信用评级有限公司 AA+级的信用评级;次级证券 0.3 亿元,全部由原始权益人鄂尔多斯市益通路桥有限公司(以下简称益通路桥)自持。

---

① 参见冯光华:《中国资产证券化市场发展报告 2017》,中国金融出版社 2017 年版,第 207—215 页。

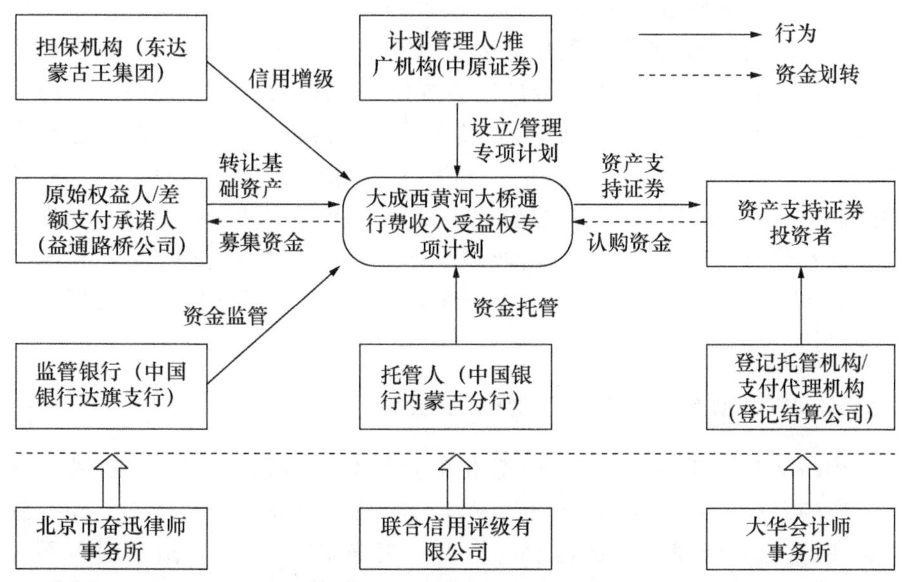

资料来源：中债资信根据公开资料整理。

图 3　大成西专项计划交易结构图

（二）SPV 实体缺位导致真实销售和破产隔离缺乏实际载体

有学者总结，SPV 主要特点包括：其一，SPV 是以资产证券化为唯一或主要目的的实体，其唯一或主要的业务就是购买证券化资产、整合应收权益，并以此为担保发行证券；其二，设立 SPV 的目的在于使它从法律角度完全独立于基础资产的原始权益人，使资产证券化以后不会受到原始权益人破产的影响，达到破产隔离。[①] 以大成西专项计划违约事件为例，此处暂且不讨论过桥费收益权作为未来实现的债权是否可以实现真实销售的问题。假设该计划中的基础资产与其他类型基础资产相同，比如应收账款、租赁债权等，是在现行《合同法》[②]等法律框架范围内可以实现债权转让的基础资产，那么在大成西专项计划作为 SPV 情形之下，从交易实质来看，由于资产支持专项计划无法作为基础资产的受让主体，因此基础资产并未转让到资产支持专项计划名下，而是转让到了中原证券的名下。

---

① 参见许凌艳：《论金融资产证券化风险防范法律机制》，载《法学》2004 年第 9 期。

② 《合同法》第 80 条规定，债权人转让权利的，应当通知债务人。未经通知，该转让对债务人不发生效力。

此种情形的基础资产转让行为,并非资产证券化原理中所认定的基础资产真实销售,除非将中原证券本身作为大成西专项计划项目的SPV。以中原证券自身作为该计划的SPV既不符合证监会规定[①],又会衍生诸多税收、会计确认、债权转移通知或登记等方面问题。通过上述分析得知,在基础资产转让至中原证券后,中原证券既是基础资产的所有者,又是基础资产的管理人。在此情况下,基础资产难以实现与中原证券管理人的破产隔离。纵使监管部门如证监会在资产证券化业务规则中规定了专项计划基础资产不属于管理人破产清算财产范围[②],但鉴于其部门规章的效力有限,恐怕无法在实际破产案例中发挥法律效力或者对抗《企业破产法》的规定。

(三) SPV实体缺位导致财产混同、资金混同或挪用

通读当前监管部门关于资产证券化的业务规则体系可得知,对于基础资产转让以后的财产混同、基础资产现金流收入的混同和挪用问题显然已经得到较高的关注,并且对管理人的管理职责作出了明确要求,其中包括管理人不得侵占、挪用专项计划资产[③]、设立专门账户、独立核算等。但是,在资产证券化实践操作中仍面临诸多问题和风险,主要是基础资产和现金流同发起人或管理人之间的混同及其被挪用。其实,由于基础资产所产生的现金流必须首先进入企业账户,然后再转入监管账户或专项计划的专用账户,由此必然存在资金混同风险。[④]

在上述的大成西专项计划违约事件当中,根据中原证券披露的2015年第3季度大成西专项计划管理报告显示,当期发生的大桥收费款本应为117万余元,但实际归集至专项计划账户的款项仅为19万元。对此情况,发起人益通路桥出具的正式函件中作出的解释为:“根据专项计划约定,每年1—2月份的通行费归原始权益人所有,用于原始权益人维持正常运营所需,而本年度1—2月份收入原始权益人已全部归集到专项计划账户用于支付偿还2015年专项计划到期本

---

① 《证券公司及基金管理公司子公司资产证券化业务管理规定》第4条规定,证券公司、基金管理公司子公司通过设立特殊目的载体开展资产证券化业务适用本规定。前款所称特殊目的载体,是指证券公司、基金管理公司子公司为开展资产证券化业务专门设立的资产支持专项计划(以下简称专项计划)或者中国证监会认可的其他特殊目的载体。

② 《证券公司及基金管理公司子公司资产证券化业务管理规定》第5条第3款规定,原始权益人、管理人、托管人及其他业务参与人因依法解散、被依法撤销或者宣告破产等原因进行清算的,专项计划资产不属于其清算财产。

③ 例如,《证券公司及基金管理公司子公司资产证券化业务管理规定》第14条规定,管理人不得侵占、挪用专项计划资产。第15条规定,管理人应当为专项计划单独记账、独立核算,不同的专项计划在账户设置、资金划拨、账簿记录等方面应当相互独立。

④ 张宇:《资产证券化破产隔离机制的法理基础与中国实践》,中国政法大学2007年博士论文。

息,目前由于公司需要正常运营,所需支出只能用所收收入支付,因此未能全额划入托管账户资金。"发起人益通路桥的解释实际上默认了这样一个事实:大桥通行费的收入已经被挪作公司经营使用,而被挪用的这部分资金收益,正是大桥收费权资产支持证券偿付投资者本息收益的唯一来源。

在实践当中,资产混同以及资金混同和挪用现象的发生,很大程度上与SPV机构无法独立运作具有重要关系。基础资产在无法实现真实销售的情形之下,若想摆脱发起人的管理或控制,仍然是一个极难克服的问题。大成西专项计划仅是当前通过本息违约偿付而同时发现的资金挪用案例。可以预判,即使在目前尚未出现违约危机的资产证券化案例当中,同样会存在诸多资产混同以及资金混同和挪用的现象。

(四)SPV实体缺位导致对信用增级措施过度依赖,与抵押担保融资区分模糊

资产证券化信用增级措施分为内部和外部信用增级措施。其中,内部信用增级方式,主要包括设立超额利差账户、设立准备金账户或现金担保账户、超额担保、优先/次级分层结构、信用事件触发机制等多项措施;[①]外部信用增级方式则主要包括备付信用证、担保和保险等方式。因此,从主要矛盾与次要矛盾的哲学角度来看,信用增级措施在资产证券化中充其量可称为次要矛盾,为资产证券化的顺利实施发挥了支撑和辅助作用。[②] 然而,从实践案例来看,多项信用增级的过度使用,让人感觉到信用增级措施的担保效用已经超越基础资产未来现金流的担保效能。在很多案例当中,似乎让人隐约得知,发起人本身对基础资产现金流收益就不自信,因此才有如此多种类型的信用增级措施。当然,大多数时候,发起人迫于融资需求,在面临管理人及市场信用压力情形之下,采取过多的信用增级措施也是无奈之举。

仍然以大成西专项计划违约事件为例,根据大成西专项计划说明书和图3所列示的交易结构图可以得知,大成西专项计划信用增级措施共有四种方式:优先/次级分层机构;原始权益人益通路桥承担差额补足义务;担保人东达蒙古王集团[③]为差额补足义务提供不可撤销连带责任保证;管理人在加速清偿事件发生时可宣布所有证券全部提前到期并要求原始权益人回购基础资产。除此之外,大桥收费权也被明确设置了质押担保,其所担保的主债权则包括差额补足、

① 参见郑磊编著:《资产证券化——国际借鉴与中国实践案例》,机械工业出版社2016年版,第116—117页。

② 参见董涛:《知识产权证券化制度研究》,清华大学出版社2009年版,第223页。

③ 系原始权益人益通路桥的母公司。

基础资产回购等。看过上述信用增级措施后,不免会产生疑问:在如此完备的信用增级措施之下,大成西专项计划已经构成一个原始权益人益通路桥承担全部风险的"担保融资",上述增信措施对于原始权益人实现直接对外担保融资足以够用,我们在此努力讨论SPV、真实销售、破产隔离等资产证券化的特征要素,并力图寻求良好的法律解决路径,难道不显得多余和苍白?另外,在其他违约事件,如渤钢租赁资产支持计划[①]当中,由于SPV的弱化,在一定程度上导致原始权益人(发起人)、基础资产、信用增级的担保方或保证人之间信用关联程度过高,导致"一损俱损",限制了分散风险和防范风险作用的发挥。

在缺少SPV实体的情形之下,真实销售和破产隔离无法实现,这就使得发起人的主体信用变得尤为重要,其真正原因正是基于资产证券化交易结构及抗风险能力的脆弱性,而这恰恰背离了资产证券化的基本原理。

(五) SPV实体缺位对监管带来挑战和困境

首先,导致监管重心的错位。我国资产证券化中SPV实体性缺位,给监管机构带来的直接困境为监管对象的缺失。在SPV法律实体存在的情形下,将作为承接基础资产的主体、作为基础资产管理的委托人,同时也作为资产支持证券的发行人,各项风险防范机制均是围绕SPV而构建起来的,如真实销售判断标准、基础资产转移登记、会计确认、税务、破产隔离等规则体系。同样,监管举措也将围绕SPV主体而展开。反观当前,SPV实体缺位将导致监管机构在落实监管举措时陷入尴尬局面。缺少了实体性的SPV,似乎可以回避很多制度缺失和规则衔接成本。[②] 但是,监管机构因此不得不将监管重心放在资产证券化外围辅助性措施的监管上,而并未触及资产证券化的"内因",导致对于真实销售和破产隔离等基本原理及核心交易环节的监管显得弱化。此外,在以SPV规则互异为主要特征的资产证券化市场分割态势下,银行间市场和证券交易所市场未

---

① 渤钢租赁资产支持计划于2015年8月设立,截至2016年12月,专项计划监管账户应于2016年10月及11月分别收到由天钢(基础资产的债务人)支付的回收款8500万元及1.02亿元尚未收到,导致渤钢租03号固定收益产品无法按时偿付本息。2016年10月,联合信用下调了渤钢租赁资产支持计划的债券信用评级,成为租赁ABS领域的首单降级事件。目前,该专项计划已经停牌。

② 早在2005年年初银行业探索开展信贷资产证券化业务时,同样面临会计、税务甚至住房抵押权变更等问题,这些问题都需要逐项协调解决。为此,2005年3月成立了信贷资产证券化部际协调小组,由中国人民银行、银监会、证监会、保监会、财政部、国家发改委、国家税务总局、劳动和社会保障部、国务院法制办和建设部组成,主要负责信贷资产证券化试点期间重大问题的沟通、磋商和协调。最终,财政部、国家税务总局、建设部为信贷资产证券化的实施而专门出台了专项规定,可见其中的协调推进难度相当大。参见沈炳熙:《资产证券化:中国的实践》,北京大学出版社2008年版,第14—15页。

能连通，[①]导致资产支持证券流动性较弱，不利于统一的二级市场构建。

其次，增大监管套利的可能性。资产证券化作为运用复杂交易架构和多重信用叠加的融资方式，横跨多重业务领域、多个监管机构，本身即具备监管套利的特征。当前，面对资产证券化市场“四分天下”的监管格局，对金融体系尤其是资产证券化的多重监管容易导致“监管重叠”，但这种重叠也会导致监管真空，这为金融机构提供了通过资产证券化进行“监管资本套利”的空间。虽然这种套利行为能够实现风险转移，但对套利行为的不断利用，将会导致风险在监管真空地带无限扩散。[②] 此外，证监会、银监会等监管机构，在监管思路和监管理念上也存在差异性，银监会的监管宗旨是保障商业银行稳健运行，证监会的监管宗旨是维护资本市场秩序和保护投资者合法权益，其他机构也有不同的监管职责和理念。这些监管宗旨上的不同，映射到资产证券化的发展和监管当中则是监管政策标准、力度和尺度的不一致，在一定程度上放大了资产证券化监管套利的可能性。

四、基于资产证券化SPV实体性缺位下的监管路径

面对当前资产证券化SPV实体缺位及所致风险扩张的现实状况，我们既需要明确的监管理念和思路作为指引，更需要符合目前资产证券化发展实际的有效应对措施和具体监管路径。同时，需要认真考虑未来SPV实体构建及资产证券化交易结构的法律构建模式，从更新监管理念、赋予SPV实体法律地位、统一监管规则、强化基础资产现金流监管、完善信息披露、提升监管质量和效率等方面，全面防控资产证券化风险。

（一）更新监管理念，平衡效率与安全，强化监管的前瞻性

1. 处理好资产证券化发展中效率与安全的关系

在稳定前提下创造有利于竞争和金融创新的外部环境，达到安全与效率的最佳平衡，已成为衡量监管有效性的新标准。[③] 资产证券化作为我国资本市场常规化推进的新事物，在追求发展效率的同时，应当将市场安全放在首位。在当

---

① 参见郑磊编著:《资产证券化——国际借鉴与中国实践案例》，机械工业出版社2016年版，第330页。

② 参见李佳:《资产证券化监管框架的构建:从微观审慎向宏观审慎》，载《金融理论与实践》2015年第1期。

③ 参见李文泓:《国际金融监管理念与监管方式的转变及其对我国的启示》，载《国际金融研究》2001年第6期。

前脆弱的法律关系结构下,资产证券化发展迅猛,特别是基础资产实施负面清单之后,品种繁多的冠以前卫、时尚、新颖的资产证券化类型层出不穷,如长租公寓[①]、消费金融[②]、供应链金融[③]、农业扶贫[④]、绿色发展[⑤]等[⑥]都在 2017 年创造多起首单业务。这些资产证券化的成功发行,在很大程度上代表了资本市场的创新动力和活力,为企业发展释放了动能,但同时也意味着需要更加高效科学的监管机制来保障资产证券化的稳健运行。当金融创新远远超越出实体经济的边界时,不仅形成了虚拟经济泡沫,而且这种结构本身就具有高度不稳定性。美国资产证券化的后期出现了人为有意放松抵押贷款质量的做法,从业者借助结构化设计将自己无法估算出的风险打包出售给他人,抱着侥幸和博傻心理在玩"击鼓传花"的游戏,使得风险不断积聚,最终引发了多米诺骨牌式的崩溃。[⑦]

同时,要防止资产证券化的滥用和泛化。2008 年美国次贷危机发生后,有大部分人认为资产证券化难辞其咎,但仔细分析次贷危机发生之前的美国证券市场,会发现并非金融创新或资产证券化自身问题,而是由于资产证券化的滥用加之有效监管的缺失。美国安然公司的破产就是资产证券化滥用的典型案例。安然公司违规操作的手段之一就是通过纵向持股的方式设立三千多个"表外 SPV"[⑧],利用 SPV 转移和掩盖债务,防止评级机构对其信用评级的影响。[⑨] 这

---

① 例如,魔方公寓信托收益权资产支持计划,被称为国内首单公寓行业资产证券化;中信证券—自如 1 号房租分期信托收益权资产支持计划,被称为首单房屋租金分期类 ABS;中联前海开源—保利地产租赁住房一号资产支持专项计划,被称为首单央企租赁住房 REITS;招商创融—招商蛇口长租公寓资产支持专项计划,被称为国内首单储架式长租公寓 CMBS 等。

② 例如,佰仟租赁个人消费汽车租赁债权 ABS,系国内首单区块链技术支持的个人消费汽车租赁债权私募 ABS;百度—长安新生—天风 2017 年第一期资产支持专项计划,系国内首单基于区块链技术的交易所资产证券化产品。

③ 例如,华润医药商业集团应收账款二期资产支持专项计划,系中央企业首单储架发行的应收账款资产证券化产品;民生 2017 年度第一期企业应收账款资产支持票据,系银行间市场首单采用批量发行模式的信托型 ABN 产品,也是首单采用"一次注册、分期发行"的 ABN 产品。

④ 例如,天风证券—云信农分期一号资产支持专项计划,系首单农业生产贷款 ABS;北控水务(中国)投资有限公司 2017 年第一期绿色资产支持票据,系全国首单绿色资产支持票据,也是目前规模最大、基础资产数量最多的水务类证券化产品。

⑤ 例如,农盈 2017 年第一期绿色信贷资产支持证券,系银行间市场首单经"双绿色认证"的绿色信贷资产证券化产品;农银穗盈—光证资管—宁海棚改安居可持续发展资产支持专项计划,系全国首单可持续发展和首单县域棚改安置房资产证券化项目。

⑥ 此外,如华泰资管—中飞租一期资产支持计划,系首单外币计价资产支持专项计划暨首单飞机租赁资产支持专项计划,具有较大的开创性。

⑦ 参见郑磊编著:《资产证券化——国际借鉴与中国实践案例》,机械工业出版社 2016 年版,第 143 页。

⑧ Kenneth N. Klee, Brendt C. Butler, Asset-Backed Securitization, Special Purpose Vehicles and Other Securitization Issues, 35 *U. C. C Law Journal* 23(2002).

⑨ Steven L. Schwarz, Enron and the Use and Abuse of Special Purpose Entities in Corporate Structures, 70 *University of Cincinnati Law Review* 4(2002).

样的案件伴随着资产证券化的迅猛发展,不排除将来在我国发生。因此,资产证券化未来发展,必须要重视并认真汲取上述经验教训,确保效率与安全相得益彰。

2. 增强资产证券化监管中的风险思维和危机意识,立足前瞻预判风险

当前我国的资产证券化市场,可以形象比喻为一辆高速行驶且加速度在不断增大,但刹车制动系统不太奏效的汽车,车辆稳定性和控制极为关键。如果不能对当前资产证券化的发展速度、规模和质量进行合理的控制、规划和预期,未来三到五年,我国资产证券化中基础资产质量或现金流风险将会集中爆发,从而引发资产证券化行业的系统性风险。彼时,政府将要面临的是基础资产现金流违约、投资者本息偿付不能、市场预期空前冷却等重重压力,势必会采取对资产证券化紧急"刹车"或"叫停"的行政干预。这样的教训在我国资本市场发展史上不在少数,20世纪末的信托行业发展,以及近几年的P2P、网络小贷等就是鲜活的案例。这些行业由于前期的制度供给不足,法律风险防控不到位,加之监管体系和监管力度跟不上,发展速度过快,安全监管措施又不足,最终都受到了沉重的打击,严重阻碍了行业的健康稳定发展。

因此,面对当前资产证券化行业监管,特别是在行业迅猛发展态势与SPV核心规则缺失交织所形成的双重风险之下,更应当树立起强烈的风险思维和危机意识。越是在行业繁荣发展的时期,越应当敢于对繁荣背后的问题和危险提出质疑,"在泡沫时期限制冒进银行的鲁莽行为很少受到称赞,却是监管者减少监管失败最有效的一步。"[①]当前我国的资产证券化发展,在审核制向备案制转变之后,呈现出爆发式增长态势,资产支持证券新发行和存量规模不断攀升。此时,监管机构应当保持高度警惕,以高度的风险识别和防范意识,仔细甄别当前迅猛态势中蕴含的潜在风险和危机,对于资产证券化核心交易环节和关键程序进行更细致防控,对于基础资产质量等细节风险要做到见微知著、未雨绸缪、防患于未然,提前预判资产证券化交易环节中风险扩张的可能性及扩张范围和幅度,超前制定风险防控和处置预案,增强对资产证券化监管的前瞻性。

(二) 赋予SPV法律实体地位

1. 明确SPV价值定位

当前的SPV规则标准不一致、重视程度不同,根本原因在于对SPV的价值定位不够清晰,未能从资产证券化风险防控的系统角度出发,未能将SPV在资

① 〔荷〕乔安妮·凯勒曼、雅各布·德汗、费姆克·德弗里斯编著:《21世纪金融监管》,张晓朴译,中信出版社2016年版,第292页。

产证券化中的核心地位转化为风险规制的核心路径,从而未能科学合理定位SPV的价值功能。有学者将SPV的制度价值总结为三个方面,即分割财产与隔离风险、组织和利用资源、保护投资者权益。[①] 其中,SPV的核心价值是风险隔离,但其同时也具备联结资产证券化各参与主体、合理分配资源和风险、保护证券持有者权益等价值。

笔者认为,SPV的价值定位可分为两个阶段:第一,在资产支持证券发行前期,具有真实销售和风险隔离的载体价值。第二,在资产支持证券发行时及发行后,通过发行证券、授权委托(委托管理人及各类服务机构)、协议履行等,实现其主体价值。尽管后者可以通过委托管理人来代为履行,但从权利归属的角度而言,其仍应当属于SPV本身所具有的制度价值。

2. 赋予SPV独立法律实体地位,保证其独立性和权利能力

SPV是中国法意义上的法律实体,符合资产证券化真实销售和破产隔离的基本原理,才是资产证券化在我国长期稳健发展的良性选择。根据国内法律制度环境,考察借鉴国际实践经验,SPV的法律主体地位可以通过信托或公司来实现。银监会信贷资产证券化所采取的信托型SPV,在较大程度上符合资产证券化的规范要求,具有较为广泛的适用性。但是,受制于信托行业管理体制及信托公司金融牌照业务的体制背景,[②]信托型SPV的普遍适用存在障碍。无论从资产证券化交易结构的复杂性,还是从当前行业快速发展态势而言,制定统一的"资产证券化法",对SPV规则进行单独、特殊规定已经变得势在必行。通过统一立法,明确SPV的组织形式、设立主体、设立程序、经营范围、证券发行资格等内容。有学者已经提出资产证券化专项立法的构想和立法体系可以采取技术性立法的方式,并提出"资产证券化法"的立法体系和具体内容应包括总则、特殊目的公司、特殊目的信托、资产支持证券的发行、信用增级、信用评级和服务机构、税收、费用和会计处理、监管、罚则和附则等。[③]

3. 强化SPV主体性功能

SPV在整个资产证券化交易结构的核心地位和纽带作用,决定了其应当具有的主体性功能,而这些主体性功能正是实现SPV制度价值的唯一路径。我国当前资产证券化中SPV实体缺位的情形,实质上是阻碍了SPV制度价值功能的发挥。从形式上而言,SPV可能是实体"空壳",但却不是功能空洞。在资产证券化初创时期,美国政府组建的三大机构(联邦国民抵押协会、政府国民抵押

---

① 参见谢永江:《资产证券化特定目的机构研究》,中国法制出版社2007年版,第46—52页。

② 参见沈朝晖:《企业资产证券化法律结构的脆弱性》,载《清华法学》2017年第6期。

③ 参见张严方:《金融资产证券化:法律问题与实证分析》,法律出版社2009年版,第369页。

协会、联邦住房贷款抵押公司[①])在美国扮演着SPV的角色,它们具有公司的性质。在美国信贷资产证券化高度发展的时代,这三家SPV机构发挥了重要的支撑作用。因此,赋予SPV法律实体地位,强化其主体性功能不容忽视。笔者认为,SPV主体性功能应当包含破产隔离和作为交易主体两大方面,具体表现形式为受让基础资产、聘请证券服务机构及其他中介机构、发行资产支持证券、承接其他各项权利(如受让基础资产抵押权等)、偿付证券本息等。例如,与信用评级机构、信用增级机构、证券承销商等就证券的评级、信用加强、发行方式和发行价格分别签署相应的合同等。

(三)统一资产证券化监管规则

1. 统一资产证券化备案发行制度

在我国当前金融分业监管格局之下,资产证券化也已经形成以SPV规则互异为突出特征的监管分割体系、如前所述"四分天下"的行业发展格局。在基本原理指引下,不同监管机构的资产证券化规则尽管在整体交易架构和环节设置上大致相同,但在SPV机构构建及其他操作环节中,如基础资产筛选、机构准入、信用评级、会计处理、信息披露、投资者要求、中介服务机构管理认定,仍存在较多差异。这些差异不仅人为导致了资产证券化行业的分割,更为资产证券化行业发展和监管带来了诸多困难。因此,在现有资产证券化四大类型分类和监管规则体系基础之上,出台形成统一的资产证券化备案发行制度显得尤为紧迫。这是强化资产证券化统一监管的首要步骤,也是确保资产证券化在我国稳步发展的长远之计。尽管就当前而言,形成统一的资产证券化备案发行制度,仍需要面对并克服分业监管格局所带来的重重困难和阻力,但伴随着国家金融监管体系顶层设计的不断改革深化,对资产证券化统一监管规则体系的制定与实施,应当纳入金融监管改革的整体布局予以考量,并采取有效措施加快推进制度体系的形成。

2. 打通资产支持证券二级交易市场

从目前资产证券化发展态势综合来看,资产支持证券的发行规模在迅速增长的同时,二级市场的交易并不活跃,资产支持证券在交易所市场和银行间市场并未实现连通。尽管当前资产支持证券二级市场交易量不足与资产证券化在我国的总体存量规模有关(总量并未达到与股票市场相媲美的规模量级),但资产支持证券交易市场的分割也是资产监管的一个突出障碍。如果信贷资产证券化

---

① See Joseph C. Shenker, Anthony J. Colletta, Asset Securitization: Evolution, Current Issues and New Frontiers, 69 *Texas Law Review* 1369 (1991).

产品和一般企业资产证券化产品能实现跨市场托管和交易,产品吸引力将增加,市场将规模扩大,参与群体将增大,并将刺激一级市场发行需求,形成良性循环。[①] 因此,建议尽快实现资产支持证券二级交易市场的连通,这也是在当前资产证券化 SPV 实体缺位的现实状况下,通过统一市场监管标准来防范行业发展风险的重要路径。

(四) 强化对基础资产及现金流归集的独立监管

SPV 实体缺位,对基础资产的直接影响即基础资产没有进行真实销售而仍然在原始权益人名下并受其直接管理控制,或者基础资产虽转移到管理人处,但在实践当中仍然由原始权益人经营管理。当然,在基础资产为现实债权的情形下,当它被真实出售到管理人名下后,原始权益人对其将不再具有实际的控制能力和机会。对于现金流的归集,在实践操作中很难摆脱原始权益人或管理人的不当干预。因此,对基础资产和现金流归集的独立监管将尤为重要。尤其是在我国当前市场信用机制不完善的状况之下,多数资产证券化项目重视发行阶段,忽视发行后的管理运营,这是普遍现象。通过大成西专项计划违约事件分析可知,该大桥收费权存在严重的资金混同和挪用现象。该案例是在大成西专项计划出现本息偿付违约情况下,通过原始权益人公开披露的信息所获知。试想如若大桥收费现金流稳如预期或者出现超过预期的情况,投资者或许更无法清晰了解到现金流归集或挪用情况。

1. 强化对原始权益人的财务核查和监督

在目前国内资产证券化 SPV 实体缺位情形之下,基础资产与原始权益人之间的风险隔离难度加大,因而反向加大了原始权益人对基础资产及其现金流收益的控制和干预程度。以证监会的资产支持专项计划为例,目前证监会虽然规定了原始权益人应当为基础资产现金流的产生提供支持和保障,[②]但从实践效果来看并不如意。欲有效避免如上述大成西专项计划中原始权益人对基础资产现金流的混同和挪用行为,应当强化对原始权益人的财务审查和监督力度,特别是针对原始权益人已经开展资产证券化融资的基础资产。建议就基础资产本身单独进行半年或年度财务审计报告制作,并将报告内容作为信息披露的重要组

① 参见郑磊编著:《资产证券化——国际借鉴与中国实践案例》,机械工业出版社 2016 年版,第 331 页。

② 《证券公司及基金管理公司子公司资产证券化业务管理规定》第 11 条第 2 款规定,上述特定原始权益人,在专项计划存续期间,应当维持正常的生产经营活动或者提供合理的支持,为基础资产产生预期现金流提供必要的保障。发生重大事项可能损害资产支持证券投资者利益的,应当及时书面告知管理人。

成部分进行公告。同时,对基础资产现金流产生、汇集以及在原始权益人财务报表中确认、核算等进程,进行全方位监督,坚决防止基础资产现金流被原始权益人混同、挪用乃至侵占的行为发生。

2. 强化管理人持续督导义务

可以说,在我国目前的资产证券化市场中,管理人发挥了综合协调和监督管理的项目核心作用,管理人作用的发挥程度直接关系到资产证券化的运作成功与否和投资者权益的保障。各监管部门对管理人管理职责和勤勉义务进行了细致全面的规定。但是,面对SPV实体缺位所带来的风险扩张,需要管理人更好地发挥持续督导职责。在资产支持证券存续期间,管理人应当充分履职尽责,统筹协调好原始权益人、托管服务机构、信用评级机构以及其他各中介服务机构等各市场参与方,综合把握市场风险信息、基础资产现金流波动信息等多方面情况。同时,管理人更需要未雨绸缪,针对基础资产可能出现的行业、政策、成本等各类重要风险进行预判,制定完备的风险应急处置预案,发挥好监管保障支持作用。此外,管理人还应当处理好与原始权益人之间的利益冲突关系,严格区分并管理好自有资金、客户委托管理资金等资产,防止在资产证券化项目之外或其他情形之下与原始权益人形成利益冲突。

3. 强化资金托管和其他中介服务机构职责

资金托管机构在资产证券化项目中发挥了重要的风险防范作用。托管人除了安全保管专项计划相关资产外,还应当监督管理人专项计划的运作,发现管理人的管理指令有违反计划说明书或者托管协议约定的,应当要求其改正。同时,托管人有权向中国基金业协会或管理人有辖区监管权的中国证监会派出机构报告。应该说,这样的规定对于管理人已经形成比较大的监督和约束效力。但是,在实践中,托管人发挥的监督效能远远不够。在当前资本市场的力量格局下,管理人在市场的资源控制和协调能力很可能远超过托管人,而管理人在资产证券化项目初期的托管人选择上也占据了比较大的话语权。因此,在实际操作中,托管人对监管人的监管效力大打折扣。建议强化托管人的独立性,尽量减少管理人对托管人选择的干预程度,充分保障托管人履行独立监督职责。同时,要为托管人发挥监管职责创造更多有利条件。

(五) 提升信息披露的可操作性、可追责性

公开作为保护投资的手段,是证券法的核心和灵魂。[①] 资产证券化是应对

① 参见朱锦清:《证券法学》(第三版),北京大学出版社2011年版,第82页。

市场信息不对称的产物,而资产证券化设计本身又会带来新的信息不对称问题。[①] 在我国当前SPV缺乏实体地位的情形之下,为防范上述风险的传导和演变,强化资产证券化信息披露应是最优选择。从整体来看,我国信贷资产证券化信息披露规则相较于企业资产证券化更加详细完备,但均具有较强的原则性。应当增强披露规则的可操作性、可执行性和可追责性,坚持定性与定量相结合,强化信息披露平台和载体建设,理顺监管体制,强化责任追究机制,实现在当前SPV规则体系下的资产证券化充分信息披露。

1. 实现信息披露的标准化,强化信息披露平台和载体建设

信息披露的标准化程度,在极大程度上决定了信息披露的有效性。我国资产证券化的信息披露规则中,有较多信息内容的披露与否、披露范围、披露深浅程度,以及披露的时间节点,都存在一定的主观性和自由掌握的空间,尤其是针对基础资产的一些重要信息,监管规则赋予了管理人一定认定权限,这就容易导致对需要披露信息的筛选或者披露时间的选择性。如此的信息披露规则不利于实现真实、准确、完整的披露效果。因此,应当最大程度实现信息披露的标准化,采取标准格式、标准文本、标准数据指标体系;以独立完善的表格体系列出不同产品的信息披露要点,内容主要包括参与机构信息、证券信息、基础资产池信息、重要借款人信息、交易结构信息、静态池信息、信用增进措施、重要衍生合同等,[②]以可量化、易操作的标准化体系来规范信息披露行为,严格控制信息披露过程中的主观性,避免虚假记载、误导性陈述和重大遗漏。同时,需要为信息披露构建统一的网络信息平台。可以采取美国证监会建立的证券信息电子化披露系统(EDGAR)[③],将国内资产证券化项目信息在监管机构的统一平台公开发布,提升信息的公开度和透明度,强化信息披露的有效性和权威性。

2. 注重差异化信息披露

我国目前资产证券化监管领域的信息披露模式和要求相对单一趋同,针对具体类型基础资产特性的专项信息披露规则相对缺乏,缺少根据各大类基础资产特性制定的差异化信息披露要求。[④] 根据证监会资产证券化业务知识问答列示,除了银行信贷资产外,企业资产证券化基础资产主要包括债权类型、收益权

① 参见李丽君:《资产证券化中的信息不对称问题研究》,中国金融出版社2017年版,第140—141页。

② 参见潘紫宸、杨勤宇:《美国资产支持证券信息披露制度研究》,载《债券》2016年第1期。

③ EDGAR(Electronic Data Gathering, Analysis, and Retrieval System),即电子化数据收集、分析及检索系统。1996年,美国SEC规定所有的信息披露义务人(美国上市公司)都必须进行电子化入档。

④ 参见贺锐骁:《我国企业资产证券化信息披露制度建设的现状及完善建议》,载《金融法苑》2017年第2期。

类型以及权益类型资产。[①] 其中,各类资产所附着或承载的资产载体各不相同,因此在信息披露时应进行有针对性的区分和量化。为此,可以借鉴美国AB条例[②]及SEC关于信息披露的规定,实行差异化信息披露制度,针对不同证券化产品、不同发行方式制定不同的信息披露要求,并在基础资产逐笔披露的原则下实行分产品披露安排,明确不同产品所应披露的具体内容。[③] 同时,要注重核心环节信息和非重要信息的区分,降低投资者辨别信息的难度和程度,为投资者决策提供更为简洁、直观、通俗易懂的市场信息。

3. 加大对信息披露不实陈述之法律责任追究

整体而言,我国当前对资本市场信息披露的责任机制尚不够完善,责任追究力度不足以震慑信息披露过程中的各类不合规行为。信息披露的标准化及平台载体建设,为信息披露责任追究奠定了良好基础,接下来需要确定信息披露不实之责任的主体范围和责任方式。信息披露的责任主体应当包括管理人、资产服务机构、托管人、信用增级机构、律师事务所、会计师事务所、流动性支持机构、销售机构等。在资产证券化市场,对于监管机构的手段和措施来讲,主要有责令改正、监管谈话、出具警示函、责令公开说明、责令参加培训、责令定期报告、认定为不适当人选等,还包含《证券法》《证券投资基金法》等法律法规所规定的行政处罚手段,以及最为严厉的刑罚措施。在SPV实体缺位的情形之下,应当更加强化在既有信息披露规则体系之中的过程控制和过程监管,增强监管力量配备,持续提升对信息披露不实违规情节的认定效率和处罚力度,以严管的姿态约束、制裁进而震慑不合规的信息披露行为,切实为资产证券化发展创造一个公开、透明、安全的市场环境。

(六)强化监管质量和效率

1. 统筹协调、形成合力

面对资产证券化实际监管工作,在我国行政管理体系运作中,统筹协调在一定程度上超越了细致无比的法律规则。从我国整个资产证券化行业发展和监管保障而言,要实现对SPV实体缺位情形下的风险防控和有效监管,应当强化各监管机构的统筹协调力度,改变当前三会监管力量分散、标准不一、碎片化监管

---

① 参见中国证监会投资者保护局、中国证监会公司债券监管部:《资产证券化业务知识问答》,载《中国证券报》2017年11月20日。

② 《资产支持证券注册、信息披露和报告规则》,简称AB条例,由美国证监会于2004年12月制定,并于2006年1月1日起正式生效。2008年金融危机后,美国证监会对其进行了大幅修订,形成修订后的《资产支持证券注册、信息披露和报告规则》,简称AB条例Ⅱ,2014年11月24日起正式生效。

③ 参见潘紫宸、杨勤宇:《美国资产支持证券信息披露制度研究》,载《债券》2016年第1期。

的局面,建立强有力的顶层协调机构,并赋予其明确职权,构建集中统一领导和协调之下的监管长效机制,形成对资产证券化监管的强大合力。可喜的是,2017年11月成立的国务院金融稳定发展委员会,为下一步包括资产证券化在内的整体资本市场监管和系统性风险防范奠定了坚实基础。我国2015年的股市震荡以及后续救市行动表明,拥有强有力的统筹协调机构并形成监管合力,是防范和化解金融风险的基本保障。

2. 信息共享、互通有无

资产证券化的监管横跨证券、银行、保险、信托等目前主要的金融业态,在监管过程中,由于所处行业和监管机构的不同,会带来严重的信息不对称。[①] 各监管机构对资产证券化行业发展信息掌握的程度不同,直接决定了其采取监管措施的时间节点、措施强度及关注程度的不同,从而影响到监管措施的执行和实施。在资产证券化的监管中,各监管机构保持信息共享、互通有无,在重要事件和关键问题中保持信息一致、步调一致、统一行动,对于提升监管效力至关重要。当前,应着力研究并应用基于大数据、人工智能、云计算、区块链等新技术的创新监管模式,构建金融监管综合信息共享平台和监测预警平台,以高效的信息传输和协作机制,实现对资产证券化交易风险和信用风险的客观及时掌握并采取监管措施。

3. 练好内功、提升监管能力

健全的资产证券化监管机制和严谨细致的监管规则,最终要依赖监管者来执行落实,监管人员是实现监管效果的最后一步,也是最重要的一步。面对当前资本市场日新月异、变化迅速的金融创新和多种交易模式,监管人员应当坚持职业信仰与监管能力并举,强化监管的责任感和使命感,主动作为、细致谋划,特别是不断改进金融监管的理念、方式和手段,增强对新兴金融业态进行有效监管,以及对金融风险进行识别与管理的能力。

---

① 参见李丽君:《资产证券化中的信息不对称问题研究》,中国金融出版社2017年版,第23页。

P2P平台性质界定与法律规制研究

邱燕飞*

随着互联网技术的提升和普及，互联网金融趁势崛起，其中又以P2P平台的发展最为迅速。艾瑞咨询统计数据显示，2016年，我国P2P交易规模达14955.1亿元人民币。①

但是，在规模快速扩张的同时，风险随之而来。2015年，著名的P2P理财平台e租宝涉嫌以高额利息为诱饵、虚构融资项目、借旧换新、自我担保等方式进行非法集资被查，瞬间引起轩然大波。后经调查，该平台实际吸收资金500多亿元，涉及受害投资者约90万人，遍布全国31个省市。2017年9月，e租宝案二审公开宣判，对钰诚国际控股集团有限公司以集资诈骗罪、走私贵金属罪判处罚金18.03亿元，对安徽钰诚控股集团以集资诈骗罪判处罚金1亿元，并对有关涉案人员分别处以相应刑罚。该案涉及范围之广、影响之深远超一般的金融案件，不得不引起我们深思。对于P2P平台应当如何准确定性、科学规制，不仅是理论界探讨的热点，更是实践中急需解决的问题。

一、P2P平台运作模式及对应法律关系

P2P平台是最为典型的互联网金融平台。P2P平台的特性是其本身并不属于金融机构，其所开展的业务要么是纯信息中介，要么是尚处于灰色地带，性质如何并不明晰。国外的P2P包括仅提供资金撮合服务的单纯中介型和提供中介服务、借款担保与追缴服务的复合中介型。在国内，同样存在这两种类型，分

---

* 邱燕飞，华东政法大学博士研究生。

① 参见艾瑞咨询：《2017年中国网络经济年度监测报告》，http://www.iresearch.com.cn/Detail/report?id=3000&isfree=0，2017年12月15日访问。

别是以拍拍贷为代表的纯信用无担保中介型和以宜人贷为代表的复合中介型。

(一) P2P 平台运作模式区分

从运作模式的角度,P2P 平台可划分为纯线上型、线上线下结合型以及纯线下型三种,三者在以下几方面有较大区别:

一是贷前审核。纯线上型平台不对借款人进行线下审核,主要在线上根据借款人提供的信息及其他辅助途径审核其基本背景信息、财务信息及借款用途等,然后按一定标准评定不同等级。线上与线下结合型比较复杂,以人人贷为例,其业务模式包括散标、"U"计划和债权转让三种类型。散标投资又包括信用认证标、实地认证标和机构担保标。其中,信用认证标的贷前审核和线上模式一样;实地认证标除线上审核之外还要实地考察,以确保资料的真实性;机构担保标的贷前审核与实地认证标类似,只不过多加了一重第三方担保机构的风控审核程序。"U"计划和散标相比只是针对出借人而言有区别,贷前审核与散标无异。债权转让模式是当前很多平台采取的运营模式,即在线上发标之前已经形成债权,再以债权转让的方式转给投资人。因此,贷前审核线下就已完成。纯线下模式的线上平台仅用于信息发布和推广,主要业务均在线下直接完成,且主要采取债权转让模式进行,因此贷前审核也是纯线下操作。

二是资金流向。纯线上平台所涉资金无论是投资资金还是回款均直接从第三方托管平台进出,无论是出借人还是借款人在投资或者借款前均需先在第三方托管平台开立账户,平台本身并不直接接触资金。线上与线下结合平台模式的资金流向并不明朗,存在设资金池的可能,尤其是其中的债权转让模式,因其在上线之前其实就已经形成债权,平台可能在资金募集之前就已经将出借资金先行垫付,或在逾期之后进行刚性兑付。纯线下平台模式实则和银行融资一样,平台虽只用于信息发布,但平台背后的运营公司实际扮演的是银行的角色,负责收取投资人资金、发放贷款。此种模式除了有设资金池的可能,还涉及是否具备放贷资质的问题。

三是贷后管理。纯线上平台在借款出现逾期后会先采取电话催收的方式,严重逾期时会将该借款人拉入与其他平台互通的黑名单。此外,纯线上平台还设有风险备付金,按不同投资等级和比例进行赔付。线上和线下结合平台模式也设有风险备付金,与纯线上平台模式不同的是它对投资者没有设门槛,只要逾期超过一定期限,投资者均可获得风险备付金的先行赔付,以增加对投资者的吸引力,但同时其担保性质体现得也更为明显。纯线下模式则是完全由平台负责催收,并在逾期出现后负责向投资人进行刚性兑付。

四是收益来源。纯线上模式平台的收益主要来源于成交后的手续费和增值服务费,外加提现费和多次充值后的充值服务费;线上线下结合模式平台的收益主要来源于提现费和多次充值后的充值服务费,其中的债权转让模式还包括当中的利差;纯线下模式平台的收益主要来源于服务费和债权转让间的利差。

之所以花大篇幅介绍 P2P 平台的运作模式,是因为其运作模式是各主体间法律关系的直观体现。因此,梳理平台与其他主体间的法律关系是鉴定 P2P 平台性质的最优途径。

(二) P2P 平台对应法律关系界定

1. 纯线上平台法律关系

从纯线上平台的运作模式来看,平台与其他主体的法律关系包括平台与借贷双方的居间合同关系与担保合同关系。所谓居间合同,是指双方当事人约定其中一方为他方提供、报告订约机会或为订立合同的媒介,他方给付报酬的合同。[①] 由以上运作模式来看,纯线上平台在借贷双方订立借款合同的全过程中,为双方提供网络交易场所、交易信息、资质审核、第三方支付平台资金流转服务、逾期催收等中介服务,属于明显的居间行为,平台与借贷双方形成居间合同关系。担保合同关系是为保证将来的到期债权得以实现,当债务人不履行到期债务时由保证人承担保证责任的三方法律关系。纯线上平台与其他主体的担保合同关系体现为风险保障金,以拍拍贷为例,拍拍贷为出借人提供的质量保障服务实质即为风险保障金。需要注意的是,该担保合同是附条件的,一般是债务逾期达到一定期限且具有赔付比例限制。但是,无论何种限制,均不改变平台与借贷双方的担保合同关系。综上,纯线上型平台与其他主体的法律关系为居间合同关系和担保合同关系,但主要体现为居间合同关系,担保合同关系体现不明显且附条件。

2. 线上与线下结合型平台法律关系

从线上与线下结合型平台的运作模式看,平台与其他主体的法律关系比较复杂,因涉及几种不同的业务模式,所包含的法律关系也不尽相同,需区别分析。

首先,同纯线上模式平台一样,线上与线下结合型平台与借贷双方均存在居间合同关系。无论平台开展何种具体的业务模式,均有发布信息、提供网络交易场所、资质审核等居间服务,因此均与借贷双方存在居间合同关系。其次,与借贷双方的担保合同关系。线上与线下结合型平台与借贷双方的担保合同关系体现于平台提供的风险金,与纯线上平台一致,也存在逾期期限及比例限制,因此也是附条件的担保。最后,在债权转让模式中还存在与借款人的借贷合同关系。

---

① 参见崔建远:《合同法》(第二版),北京大学出版社 2013 年版,第 666 页。

在债权转让业务模式中,债权形成于线下,实践中虽然不是平台直接和借款人签署借贷合同,但一般也是平台公司的高管或者内部人员以个人名义签署,虽表面上属于自然人间的借贷合同,但实际仍为平台公司先行垫资。另外,债权转让业务模式中平台一般承诺的到期回购或者收购债权,实际也是一种担保,与风险金担保不同,这是无条件的担保,平台与借贷双方是典型的担保合同关系。

综上,线上与线下结合型平台与其他主体的法律关系包括与借贷双方的居间合同关系和附条件担保合同关系,在债权转让业务模式下与借款人的借贷合同关系及与借贷双方的担保合同关系。

3. 纯线下平台法律关系

从纯线下平台的运作模式看,其所涉及与其他主体的法律关系包括:一是与借款人的借贷合同关系。与线上线下结合型平台类似,纯线下平台也是以平台公司高管的名义与借款人签订借款合同,由平台先行垫资,形成债权,表面为平台公司高管与借款人的借款合同,实际为平台与借款人的借贷合同。二是与投资人即出借人的理财产品合同关系。与线上线下结合型平台债权转让模式不同的是,纯线下在债权形成后会对债权进行拆分打包,以固定收益类理财产品的形式出售给投资者,因此与投资者即实际的出借人形成理财产品合同关系。三是与借贷双方的担保合同关系。纯线下模式一般承诺刚性兑付,实质是与借贷双方形成担保合同关系。

二、P2P 平台性质界定

欲对 P2P 平台实施有效的法律监管,需先明确其性质。性质简单理解即事物的特性与本质,是某一或某类事物区别于其他事物的标志。然而,性质是提取公因式的过程,事物千差万别,若从上往下看,同属于一大类的某类事物同时又具有自身的特性。因此,同属于互联网金融平台的 P2P 平台性质与其他类型互联网金融平台未必完全一样,P2P 平台本身也因不同的业务模式而具有不同的性质。

对于 P2P 平台的法律性质,实践和理论界主要存在两种不同的观点。一种观点认为,P2P 平台应界定为“准金融机构”,它虽开展传统金融机构的业务,但不是专门进行货币信用活动,更多是负责交易双方的撮合,因此应界定为准金融机构为宜,持此种观点的代表为李爱君、马翘楚等学者。另一种观点则认为,P2P 平台仅为“单纯的信贷服务中介”,中国人民银行等部门联合颁布的《关于促进互联网金融健康发展的指导意见》(以下简称《指导意见》)明确指出,个体网络借贷要坚持平台功能,为投融资双方提供信息交互、撮合、资信评估等中介服务。

个体网络借贷机构要明确信息中介性质，主要为借贷双方的直接借贷提供信息服务，不得提供增信服务，不得非法集资。笔者认为，对其定性还有个实然和应然之分，第一种观点明显从实际情况出发，是对P2P平台从实然层面的定性，第二种观点则是从监管便利的角度出发，对P2P平台应然性质层面的限制，二者并不对立。因此，本文也将基于这两个角度，依据前文对P2P运行模式和法律关系的分析对其性质进行论述。

（一）P2P平台实然性质

通过以上法律关系的分析可知，P2P平台与其他主体的法律关系主要是居间合同关系和担保合同关系，少部分涉及借贷合同关系。不同的法律关系反映了不同的法律性质。从实然层面看，对P2P平台的性质可做如下三种界定：

1. 纯信贷中介服务机构

纯信贷中介服务机构的核心在于中介服务，其本身不介入任何一方实质的交易行为。对于与其他主体只存在居间合同关系的平台来说，其性质无疑应界定为纯信贷中介服务结构。

2. 准金融机构

准金融机构的核心在于其开展了金融机构的业务却并不具备金融机构的资质。对于与其他主体存在借贷合同关系的平台，因其并无借贷资质而开展了借贷业务，具有明显的准金融机构特征，因此其性质应界定为准金融机构。

3. 含担保合同法律关系平台性质区分界定

以上两种类型的平台性质比较容易界定，存在争议的是含担保合同法律关系的平台性质应如何界定。笔者认为，对此应按实际情况及风险程度区分对待。一般而言，机构为他方提供担保尤其是融资性担保需要满足一定的资质要求。根据我国相关法律规定，融资性担保公司属于金融机构，其设立需要满足一系列条件。[①] 以收购或回购到期债权以及以发售理财产品承诺保本付息的方式进行刚性兑付无疑属于融资性担保，对于此类平台，应将其性质归于“准金融机构”。

---

① 《融资性担保公司管理暂行办法》第8条规定，设立融资性担保公司及其分支机构，应当经监管部门审查批准。经批准设立的融资性担保公司及其分支机构，由监管部门颁发经营许可证，并凭该许可证向工商行政管理部门申请注册登记。任何单位和个人未经监管部门批准不得经营融资性担保业务，不得在名称中使用融资性担保字样，法律、行政法规另有规定的除外。第9条规定，设立融资性担保公司，应当具备下列条件：（一）有符合《中华人民共和国公司法》规定的章程。（二）有具备持续出资能力的股东。（三）有符合本办法规定的注册资本。（四）有符合任职资格的董事、监事、高级管理人员和合格的从业人员。（五）有健全的组织机构、内部控制和风险管理制度。（六）有符合要求的营业场所。（七）监管部门规定的其他审慎性条件。董事、监事、高级管理人员和从业人员的资格管理办法由融资性担保监管部际联席会议另行制定。第10条规定，监管部门根据当地实际情况规定融资性担保公司注册资本的最低限额，但不得低于人民币500万元。注册资本为实缴货币资本。

但是,对于以类似风险金等方式提供附条件担保的平台是否应划归准金融机构值得探讨。笔者认为,此类平台不应简单归于准金融机构,原因如下:一是风险金的来源一般是按平台收取的服务费按一定比例提取的。该比例与融资金额相比并不高,只是逐笔提取累积,对平台而言只是一个积少成多的过程,并未形成实质性的负担。二是风险金的使用是附条件的,但真正启用的情况很少。一旦发生大规模违约,平台也仅以累积的风险金为限承担担保责任,与刚性兑付明显不同,风险金发挥的担保作用也有限。三是风险金不是集聚风险而是分散风险。对于小规模的违约,风险金能够有效弥补投资人的损失,增强投资人的投资信心。因此,风险金所发挥的作用并不足以令平台成为信用中介,对其性质界定应当划归纯信贷中介服务机构。当然,风险金存在合理与否则是后文所要讨论的问题,此不赘述。

(二) P2P 平台应然性质

对 P2P 平台应然性质的界定将决定法律规制的导向。《指导意见》将 P2P 平台性质界定为“纯信贷中介服务”,是对其应然性质的“一刀切”式界定。但是,这种界定是否合理值得讨论。

首先,这种界定有削足适履之嫌。《指导意见》将 P2P 平台都归为“纯信贷中介服务机构”,原本是出于普惠金融的考虑。它将传统金融机构业务与互联网新型金融业务区分开来,使互联网新型金融业务主要服务于中小型企业和个人,框定了 P2P 平台的业务范围。这本来是合理的,但是对其性质强制性限定为“纯信贷中介服务机构”,使开展其他业务模式的 P2P 平台通通进行整改以满足这一性质要求,未免显得粗暴。

其次,这种界定有监管为先之嫌。“一刀切”式的界定最大的便利之处在于方便监管。但是,监管的出发点应是消弭风险,促进监管对象的稳健运行,而非为了监管而监管,尤其不应该仅为了监管便利而对监管对象性质作出简单界定,否则可能导致监管过度而抑制监管对象的发展,违背监管的初衷。

最后,这种界定有护短之嫌。一方面,《指导意见》是由中国人民银行等传统金融监管机构参与制定的,包括 P2P 平台在内的互联网金融平台与传统金融机构尤其是银行已经存在竞争关系,由传统金融监管机构参与互联网金融平台的监管规则制定未免有护短的嫌疑。另一方面,因现阶段互联网金融还缺乏统一的监管机构,所以除了国家互联网信息办公室之外,互联网金融行业并没有实际参与该《指导意见》的制定,也很难将其真实意愿反映其中。

因此,《指导意见》对 P2P 平台的性质界定显得过于随意和粗糙。当然,该界定也具有一定的借鉴意义。结合实践需要,笔者认为,对 P2P 平台应然性质的界定应当综合考虑以下三个因素：

一是 P2P 平台的定性对整个互联网金融体系乃至整个金融体系稳定的影响。互联网金融体系乃至整个金融体系的稳定并不取决于其组成部分是什么，而取决于风险监管的有效性。换言之，互联网金融要确保稳健运行的关键在于及时识别及化解风险。更近一步说，化解风险关键不在于监管对象的性质如何，而在于能否对其进行准确定性。P2P 平台是否只能定性为“纯信贷中介服务机构”？如果允许其成为准金融机构，是否就一定威胁互联网金融体系的安全？答案显然是否定的。所谓“知其然，更知其所以然”，只要能够对其进行准确定性，便能够有相应的风险化解对策。因此，我们的重点不应放在对其进行“一刀切”的定性上，而应根据实际及实践需要对其作出准确而符合事实的定性。

二是 P2P 平台的定性对实践需要的回应。对 P2P 平台的定性需要慎重考虑实践需求。我国 P2P 平台发展基于两大背景：一方面是融资者尤其是中小企业融资者无处接纳的融资需求。中小企业是我国市场经济的重要成员，在活跃市场经济、促进就业方面起着不可替代的作用。然而，由于其自身的先天不足，如规模较小、资金技术实力较弱、风险承受能力较低等，其在融资上面临比大型企业更多的困境。首先，中小企业融资方式十分有限，因信用等级不足或额度限制，其能从商业银行获得的资金支持不足以支持其发展。其次，中小企业贷款信用担保在我国担保体系中还不够完备，得不到金融机构的信赖，融资成本高企不下。另一方面是投资者尤其是个人投资者无处安放的投资需求。在我国，央行对存款利率有上限限制，存款利率长期被压低。商业银行的存款收益已经无法抵消通货膨胀所带来的资产贬值，而作为一种投资方式无法实现客户资产的保值增值无疑会遭到投资者的淘汰。普通投资者又因专业知识的缺乏，加上股市的长期低迷、住房市场限购等因素，迫切需要寻求其他更为便捷有效的投资渠道。因此，对 P2P 平台的应然定性应当充分考虑现实需求，切实解决现实问题。

三是 P2P 平台自身的长远发展。对 P2P 平台的应然定性除了考虑外在影响因素之外，也应考虑其自身发展。P2P 平台的定性决定其业务模式和发展方向，而 P2P 平台的长远稳定发展对互联网金融体系乃至整个金融体系影响深远。因此，要使 P2P 平台的应然定性有助于其实现长远发展，应充分考虑至少三方面内容：发展的适应性、稳定性及持续性。所谓适应性，是指 P2P 平台的应然定性能够适应现实发展，使平台形成适合自己的业务模式和运营模式；稳定性是指 P2P 平台的应然定性应有利于平台自身的稳定运行，避免过大的波动；持续性则是指 P2P 平台的应然定性应有助于平台实现持续运转。

综上，笔者认为，对于 P2P 平台的定性不宜过于僵硬。互联网金融本身时刻处于发展之中，对 P2P 平台的定性应当兼具明确性和包容性，使之成为一个发展的概念。目前,学界对于 P2P 平台"纯信贷中介服务机构"的定性争议不大,争议点集中于其定性是否应该包含"准金融机构",即是否能定性为"准金融机构"。结合对以上三方面因素的考量,笔者认为,对于 P2P 平台的应然定性没必要实行"一刀切",尤其是对于其是否能成为准金融机构不能过于严苛。金融安全影响广泛,但这绝不是将 P2P 平台排除在准金融机构范围之外的有力理由。同时,金融本身也应当具有包容性的一面。新事物不会因为传统力量的阻挡而停止发展,互联网金融与传统金融之间形成竞争乃大势所趋,P2P 平台对传统金融机构的挑战在所难免,对其准确定性并进行合理监管才是明智之举。目前阶段 P2P 平台应然性质可归为两类:一是纯信贷中介服务机构,二是准金融机构,与现阶段其实然性质一致。当然,该划分并不是一成不变的。互联网金融新的业务形式层出不穷,P2P 平台的业务形式也可能相应更新,其性质也不可能统一归于这两类。因此,此种划分是弹性的,不排除以后出现不同性质的新类型。

三、P2P 平台法律规制现状

明确 P2P 平台性质之后,如何对其进行有效的法律规制是下一步应当着重考虑的问题。目前阶段 P2P 平台的规制并非完全空白,国外对于 P2P 平台的规制甚至已经比较完善。

(一) 国内 P2P 平台法律规制现状

目前,专门针对 P2P 平台的法律规制较少,大多为针对整体互联网金融或某种具体业务模式出台的规制措施,并且形成正式法律文件的较少,多为部门规章或政策,体现为指引、通知、管理办法等。

1. 总领性法律规制措施

对于互联网金融的总领性法律规制措施主要包括上文所提的《指导意见》。该《指导意见》是官方首次对互联网金融作出定义,提出了"鼓励创新、防范风险、趋利避害、健康发展"的总体要求,并确定了"依法监管、适度监管、分类监管、协同监管、创新监管"的原则。其中,针对互联网金融平台提供了总括性的指导意见,定下了"积极鼓励互联网金融平台、产品和服务创新,激发市场活力"的总基调。也是在这部《指导意见》中,明确指出了互联网借贷平台的信息中介性质。因此,该《指导意见》虽然是针对整个互联网金融健康发展的指导意见,但也是针对 P2P 平台的总领性法律规制文件。

2. 具体法律规制措施

互联网金融具体的法律规制措施多是针对具体的业务模式，法律法规政策多而繁杂。其中，针对 P2P 平台的具体法律规制措施主要包括《网络借贷信息中介机构业务活动管理暂行办法》(以下简称《暂行办法》)。《暂行办法》将网络借贷平台严格限定为信息中介平台，对其备案管理、业务规则和风险管理及信息披露等作出了严格的限定，其中引起争议最大的是对网络借贷金额的限制。[①] 当然，其他法规虽不是直接对 P2P 平台的规制，但内容很多也涉及 P2P 平台，只是较为分散。

(二) 国内 P2P 平台法律规制的局限性

针对 P2P 平台的法律规制虽貌似较多，但并不完善，仍存在许多局限性，具体体现在以下几方面：

1. 缺乏明确统一的监管机构

从现有法律文件的颁布部门可看出，不仅是 P2P 平台，整个互联网金融行业其实都缺乏明确统一的监管机构，对其监管大多数还是由传统的“一行三会”兼行，缺乏明确统一的监管机构，弊端明显。首先，缺乏明确统一的监管机构易造成监管职责划分不清，出现监管重叠或遗漏，影响监管实效。其次，互联网金融监管有较高程度的专业性。与传统保险行业、证券行业一样，互联网金融行业也具备自身的专业性，相应地，对其进行监管也要具备一定程度的专业性。因此，需要专业的机构和专业的人员对其实施监管，传统监管机构恐难胜任。最后，存在利害关系之嫌。因互联网金融与传统金融机构和业务存在竞争关系，传统金融监管机构出于惯性和自身利益的私心，对包括互联网金融平台在内的互联网金融行业进行监管时难免有护短的嫌疑，难以保证监管的公平公正。

2. 形式上过于分散不成体系

目前阶段对 P2P 平台的法律规制散见于各类通知、指引、暂行规定之中，十分分散，不成体系，较为集中的也就是上述的《暂行办法》。具体而言，形式上明显存在以下三方面问题：一是这些规制措施本身的法律效力不高，甚至尚未有明确的法律出台。其中效力最高的是部门规章，其余指引、通知等连部门规章都不

---

① 《暂行办法》第 17 条规定，网络借贷金额应当以小额为主。网络借贷信息中介机构应当根据本机构风险管理能力，控制同一借款人在同一网络借贷信息中介机构平台及不同网络借贷信息中介机构平台的借款余额上限，防范信贷集中风险。同一自然人在同一网络借贷信息中介机构平台的借款余额上限不超过人民币 20 万元；同一法人或其他组织在同一网络借贷信息中介机构平台的借款余额上限不超过人民币 100 万元；同一自然人在不同网络借贷信息中介机构平台借款总余额不超过人民币 100 万元；同一法人或其他组织在不同网络借贷信息中介机构平台借款总余额不超过人民币 500 万元。

算,充其量属于政策,不具备有效的法律效力,约束力不足。二是大多数规制措施属于临时性的处置措施,不具有持久性,不利于对包括互联网金融平台在内的互联网金融行业形成持久有效的规制和约束;三是这些规制措施内部之间未形成逻辑清晰的体系。总括性的规制文件《指导意见》还是不具备正式法律效力的行政指导,其他规制文件之间也多有重复。因此,针对包括 P2P 平台在内的互联网金融的监管,并未形成系统有效的法律规制体系。

3. 内容上仍有欠缺不够完善

以上局限性较易突破,而内容上的局限性才是突破的难点和重点。通过梳理现有法律规制措施可见,对 P2P 平台的监管在内容上还存在以下两方面局限性:

一是相应的程序性条件仍不够明确具体,从平台产生到退出市场仍缺乏明确的程序性条件规定。具体表现为准入监管条件模糊和退出机制缺乏。准入监管是通过立法明确市场进入者的软硬件条件,包括确保正常运营的必要资产、从事特殊活动必要的法律约束、具有相应专业知识的人才、符合特殊活动的场所设施等,从而达到对"恶意"市场主体进行初步筛查的目的,保障市场运行秩序和市场主体合法权益。[①]《暂行办法》虽然以设置金额限制的方式为 P2P 平台准入设置了条件,但在具体的准入条件上仍不够明确,如具体的技术标准和评估分类细则等都未能明确。对于 P2P 平台的退出,从目前规制措施来看尚未有相关规定,仍处于空白状态。

二是部分平台运营条件设置过于严苛。这一点最为典型的体现是上述《暂行办法》的第 17 条。该条将自然人从同一平台借款限额为 20 万元,不同平台限制为 100 万元;法人从同一平台借款限额为 100 万元,不同平台限制为 500 万元。这一条规定貌似明确具体,却忽略了许多实际因素。首先,该规定忽略了地区差异。经济发展水平的不同使得各地区经济发达程度不同,在经济发达的一二线城市,20 万元和 100 万元虽可能符合小额的要求却并不能满足实际需求,而在经济较为落后的三四线城市,20 万元和 100 万元却可能并不属于小额的范围,而这与此条将网络借贷限制为小额的初衷明显相悖。其次,该规定忽略了个体差异。该规定不顾个体风险承受能力的差异一律限定为统一金额,阻碍了真正有风险承受能力者通过互联网借贷享有更高额度的权利,不符合普惠金融的最终目标。最后,该规定未考虑长远发展,缺乏弹性。任何事物均有一个发展的过程,不论该限额是否符合现阶段互联网金融平台的发展,从长远来看确实是太过僵化,无法灵活应对互联网金融平台的快速发展,不具备可选择的伸

① 参见吴弘、陈岱松、贾希凌编著:《金融法》,上海格致出版社 2011 年版,第 162 页。

缩性。

综上,对于P2P平台的法律规制除了缺乏统一监管机构之外,无论是形式还是内容上均存在较明显的局限性,是改进规制所要重点考虑的方面。

(三) P2P平台的国外规制经验

英国是P2P平台的发源地,全球首家P2P平台Zopa于2005年在英国成立。英国P2P平台的规制措施具有代表性的内容主要包括三部分:监管机构、监管制度以及行业自律。英国P2P平台的统一监管机构是金融市场行为监管局(Financial Conduct Authority, FCA)。FCA成立于2013年4月,其监管对象包括P2P平台在内的所有金融服务公司,职责是促进有效竞争,防止市场主体垄断和滥用市场支配地位,以确保市场正常运行,保护金融投资者的合法权益和公平的交易机会。为此,FCA针对金融服务机构制定了11项必须遵循的基本原则,在监管过程中始终贯彻以保护金融消费者为核心的理念,并对不同市场的竞争性进行深入分析和研究,不断致力于提高市场诚信度。[①] 英国P2P平台的监管制度主要包含两部分:一是由FCA于2014年3月颁布的《关于互联网众筹及通过其他媒介发行不易变现证券的监管方法》(以下简称《监管方法》)[②]。该部法律规范对P2P平台的一系列焦点问题作出了明确规定。[③] 二是由P2P金融协会(Peer-to-Peer Finance Association, P2PFA)颁布的《P2P金融协会运营原则》。该原则包含10条具体原则,在《监管方法》的基础上进行了细化和填补,要求平台在遵守反欺诈和反洗钱的法律规范之外,还建议各成员加入反欺诈协会和反洗钱协会。另外,对信息披露、资金托管、注册资本、投诉管理、破产安排等制度作出了更为细致具体的规定。行业自律则是由上述行业自律组织P2P金融协会[④]行使,对监管机构的监管形成有效补充。

美国P2P平台的规制措施与英国有较大不同,其监管体系十分复杂,由联

---

① 参见黄震等:《英美P2P监管体系比较与我国P2P监管思路研究》,载《金融监管研究》2014年第10期。

② FCA将P2P网络借贷归为借贷型众筹。

③ 这一系列规定包括:资金分离制度,客户资金需与平台资金严格分离,平台在经营过程中所涉及的客户资金必须由银行托管并由专人管理;备案制度,平台应定期向FCA呈报上一年度财务报表、用户资金报表、贷款余额及用户投诉等数据资料;信息披露制度,要求将借贷标的的期限、利率计算、还款方式、风险等与交易相关的信息以通俗易懂的方式展示给客户,平台需披露的信息包括过去和未来投资情况的实际违约率和逾期违约率、担保信息、可能的实际收益率、相关税收计算信息、平台延迟支付和违约的处理程序等;债权转让制度,若平台不提供二级市场供投资者进行债权转让,金融消费者拥有交易撤销权;延期管理义务,若平台破产,对尚未完结的交易仍有管理义务;最低注册资本限制制度,在2万英镑和贷款余额的一定比例间取最大。

④ 该协会由"Zopa""Rate Setter""Funding Circle"三大平台于2011年共同建立。

邦和各州分别进行多层次多部门交叉监管。其中,最具代表性的监管机构是美国证券交易委员会(Securities and Exchange Commission, SEC)。SEC在2008年将P2P平台的运营认定为证券销售行为,并要求其提供相应资料向SEC申请登记注册。自此,所有P2P平台的运营都必须遵守证券行业的相关法律法规。在具体的监管法律法规方面,美国并没有专门针对P2P平台的法律法规,而是根据其性质将其归入现有联邦法律体系。具体而言,主要归入证券、电子商务和消费者相关法律进行规制,对信息披露、平台数据和交易安全性、金融消费者权益保护等方面进行监管。另外,P2P平台除受到联邦法律法规的规制外,还受到州法律的限制。

欧盟对P2P平台的规制特点体现为无专门法典约束,侧重于保护金融消费者合法权益。欧盟对P2P平台并未出台专门的法典进行规制,主要通过消费者信贷、不公平商业操作和条件等指引性文件进行监管,具体监管内容主要包括五个方面:信贷提供者只有通过注册才有权通过互联网渠道发布信贷广告;该信贷广告有额外信息披露要求;网络信贷比其他信贷形式有更为严格的披露要求;金融消费者签订信贷合同前有充分的时间考虑合同信息及评估风险;借款人享有14天的无理由撤销权。

四、我国P2P平台法律规制改进建议

通过对我国P2P平台的性质分析,结合现有法律规制存在的问题并借鉴国外经验,笔者认为,要对我国P2P平台进行有效的法律规制,还需从顶层设计出发,明确分类监管的思路,设计符合我国P2P平台实际发展情况的具体规制制度。需要强调的是,本文所指的法律规制是指经济法规制,不包括刑法和民法的规制内容。

(一)顶层设计思路

如前文所述,P2P平台的性质不宜"一刀切",同理,对其进行法律规制同样不能实行"一刀切"。只有在顶层设计上体现出差别,才能真正根据实际需要制定针对性的规制措施,达到有效规制的目的。其中,性质是需要考虑的首要因素。对于P2P平台法律规制的顶层设计,笔者认为,应当依据不同性质实行不同的规制措施,即实行分类监管。具体而言,归属于纯信贷中介服务机构的P2P平台和归属于准金融机构的P2P平台实行有差别的法律规制措施,从顶层设计的角度而言,差别主要体现在以下两方面:

一是规制目标有差别。P2P平台的共同规制目标是维护互联网金融系统的

稳健运行,保护投资者合法权益的同时促进普惠金融的发展。但是,对不同性质的 P2P 平台而言,规制目标仍有差异。对纯信贷中介服务性质的 P2P 平台而言,规制目标是确保其中介性质,防止其超出中介服务经营范围侵害投资者合法权益;对准金融机构性质的 P2P 平台而言,规制目标是将其纳入统一的金融监管体系,防止风险积聚。

二是规制侧重环节有差别。对纯信贷中介服务性质的 P2P 平台而言,规制重点集中于其运营环节,包括从投资者资质认定程序到投资资金流向以及投资项目的回款等。对准金融机构性质的 P2P 平台而言,规制重点集中于其市场准入、运营、市场退出等各个环节,如市场准入的资质认定、运营过程的信息披露、市场退出的托管以及破产清算等。

(二) 规制框架搭建

顶层设计确定了基本的规制思路之后,则需考虑搭建规制框架。本文从以下几个方面进行规制框架的搭建:

1. 确定统一的监管机构

要对 P2P 平台实施有效的法律规制,统一的监管机构是确保规制实施的前提。借鉴国外经验,统一的监管机构不一定要新设,但必须明确,如美国对 P2P 平台的监管并不是新设机构或制度,而是依据其性质和业务特点融入已有的监管制度。同时,统一的监管机构并非指所有的监管职责均由同一机构承担,而是有所分工,只是性质不同的 P2P 平台由不同的监管机构对其进行监管。

笔者认为,结合我国现有的监管体系和制度,对于纯信贷中介服务性质的 P2P 平台,由国家互联网信息办公室进行统一监管较为适宜。国家互联网信息办公室成立于 2011 年,属于国务院办公厅内设机构,其主要职责包括落实互联网信息传播方针政策和推动互联网信息传播法制建设,指导、协调、督促有关部门加强互联网信息内容管理、负责网络新闻业务及其他相关业务的审批和日常监管,依法查处违法违规网站,指导有关部门督促电信运营企业、接入服务企业、域名服务管理企业等做好域名注册、互联网地址分配、网站备案登记、接入互联网基础管理、全国互联网信息内容管理工作等职责。之所以选其作为纯信贷中介服务性质 P2P 平台的监管机构,是基于以下两方面考虑:一方面,国家互联网办公室的职责覆盖部分互联网金融平台的监管工作,本身即是互联网金融平台的监管机构之一。将其作为纯信贷中介服务性质 P2P 平台的统一监管机构,只不过是对其监管职责进行统合,与其原先职责并不冲突。另一方面,国家互联网办公室作为全国统一的互联网监管机构,对互联网行业了解更为深入,且便于收集数据和统计,具备对纯信贷中介服务性质互联网金融平台进行监管的专业储备和便利条件。另外,纯信贷中介服务性质的互联网金融平台所开展的业务模式较为简单,由国家互联网信息办公室担任监管机构能够满足监管要求,而无须另设机构,浪费人力物力。

对于准金融机构性质的P2P平台,笔者认为,应当由证监会统一实施监管。准金融机构性质的互联网金融平台多通过债权转让方式对已形成债权进行分割打包,实质上是通过类证券化的方式进行融资。证监会是监督管理全国证券期货市场的统一监管机构,由其对准金融机构性质的P2P平台进行监管既符合其职责范围,又有利于将准金融机构性质的P2P平台纳入我国金融机构的统一监管体系,名正而言顺。

2. 确立规制原则

无论是对何种性质的P2P平台进行监管,都需遵循以下三个原则:

第一,均衡性原则。所谓均衡性原则,是指在制定规制措施时应当考虑到各方利益的均衡,既包括P2P平台与传统金融机构的利益平衡,也包括P2P平台与其他互联网金融平台内部的平衡。互联网金融体系本身较为复杂,并且与传统金融机构存在千丝万缕的联系,对其进行法律规制必须考虑到各方利益的均衡,做到既不护传统金融机构的短,也不一味迎合互联网金融平台的过度创新。同时,要均衡不同类型互联网金融平台间的利益平衡,尤其要有所侧重地保护弱势一方的金融消费者的权益。

第二,前瞻性原则。包括P2P平台在内的互联网金融体系处于一个持续发展更新的状态,规制措施必须保持适度的弹性,以应对新出现的问题和风险。这种弹性包括赋予监管者一定的自由裁量权和适度的兜底条款,其实质是对未来发展的前瞻性预测。

第三,可操作性原则。可操作性是确保规制措施有效性的前提。P2P平台的规制有一定的专业性和技术性要求,因此所制定的规制措施也必须满足这一要求,以技术性规定为主,避免假大空的原则性规定,确保能够将规制措施落到实处。

3. 确立规制重点

对于P2P平台的规制重点应集中于以下几方面:一是系统性风险的防范。P2P平台最大的特点是不特定性,融资者来源不特定,面向的投资者也不特定,对于流动性有非常高的要求,存在引发系统性风险的可能。因此,规制重点之一应当是致力于系统性风险的防范,确保互联网金融系统乃至整个金融系统的稳健运行。但是,系统性风险防范有赖于及时有效的风险监测。因此,必须确保监管者有持续收集有关数据并做出相应处置的权力。二是防止资金池的设立。这主要是针对纯信贷中介服务性质的P2P平台而言。对于纯信贷中介服务性质的 P2P 平台，对其进行规制的目的是确保其纯信贷中介服务性质，而要确保这一性质，主要应防止资金池的设立。资金池一旦设立即涉及资产证券化，而这一业务是金融机构或准金融机构才能开展的。三是构建完善的机构合作机制。互联网金融不是孤立发展的，而是与第三方机构存在密切联系。互联网金融自其产生之初便与传统金融机构存在诸多关联，越发展到后期，所牵涉的除传统金融机构之外的其他第三方机构越多，如会计师事务所、律师事务所等。因此，规制重点之一应是对其与第三方机构的合作进行规范和完善，具体的规制制度将在后文详述。

（三）具体制度设计

对于 P2P 平台的法律规制，笔者建议重点构建以下五种制度：

1. 建立完备的信息披露制度

信息披露是监管制度的基础。一方面，监管者只有掌握了全面完备的信息，才能作出准确的判断和预测，从而采取进一步的监管措施。另一方面，现阶段互联网金融风险产生的根源之一是信息不对称，尤其是投资者和 P2P 平台之间的信息不对称，平台发布的项目信息披露完全由平台自身决定，披露信息的真实性及程度投资者无法判断，存在误导投资者进行盲目投资的可能。因此，建立完备的信息披露制度十分重要。笔者认为，除了准入阶段的信息备案外，还应当明确运营过程中的项目信息披露标准，包括信息披露的范围、内容、方式及不规范披露的惩罚措施，并不定期抽查。此外，不同的监管部门间还可建立信息共享和黑名单制度，提高监管效率。

2. 建立风险评级制度

一般而言，风险决定授信。我国 P2P 平台的监管措施最大的缺陷在于“一刀切”，而背后根源则是缺乏风险评级制度，使其无法按照相应的风险等级采取区别性的监管措施。因此，建立科学合理的风险评级制度十分必要。笔者认为，要建立风险评级制度，首先应当明确风险评级机构。该风险评级机构必须具备一定的专业性，且和 P2P 平台之间无实质的利益关联，以确保其真正处于中立地位。综合考虑，由有行业自律性质的机构担任较为适宜，运行费用可由行业会员缴纳的会费和国家补贴共同支撑。其次应当明确风险评价指标，如资产流动性、逾期率、坏账率等。指标可以随实际情况更新，但必须确保统一，避免评级结果的混乱。最后根据指标数值划分不同等级，采取不同的监管措施。前文所提《暂行规定》对 P2P 平台的限额即可根据不同的风险等级给予不同的额度，防范风险的同时满足实际需求。

3. 建立征信共享制度

互联网金融相对传统金融发展的一个劣势是征信体系不完善。P2P平台风险的最大来源之一也是征信条件的缺乏,尤其是涉及对融资者的审核时。因为P2P平台没有与银行同等的直接调取融资者信用报告的权力,往往依靠自己的风控审核体系进行信用审核,其中大多数仅仅依靠融资者自身提供的资料,所以存在造假或信息不全的隐患,风险极大。对此,笔者认为,可以尝试将中国人民银行的征信系统放开管制,允许P2P平台调取和使用。同时,将平台数据也纳入征信体系中,形成统一的标准,实现银行征信和互联网征信的互联互通,构建新型的社会统一征信系统。另外,还应当建立守信鼓励和失信惩治机制,提高融资者守信意识,从源头防范风险的发生。

4. 建立资金监管机制

目前,我国对资金的监管主要采取的是与银行合作的资金存管制度。不可否认,此举是将平台与投资者资金隔离的有效措施,借助传统金融机构的信用优势,在防止平台构建资金池的同时,为其多提供了一份信用背书。但是,此举达到了资金托管的目的却仍未达到资金监管的目的。因为在实践操作中,银行只是根据平台和投资者指令进行资金的划转,并未实质参与到交易当中,也未对交易中的风险进行识别。在这一点上,银行其实和其他第三方支付机构并无实质区别,均只提供了资金流转的通道而已,并未起到监管的作用。因此,除银行资金存管制度外,还应当增加资金监管制度。可要求存管银行定期向监管机构提供平台的资金流转信息,由监管机构判断是否存在风险,从而采取相应措施。

5. 建立完善的市场准入和退出机制

这主要是针对准金融机构性质的P2P平台而言。准金融机构因其开展业务的复杂与专业性,对金融体系的影响较大。因此,对其进行监管建议参照对金融机构的监管标准。其中,在准入方面应当设置明确具体的要求,如平台注册资本金、股东及工作人员的资质要求等,确保其具备开展准金融机构业务的能力和条件。同时,还应明确其市场退出机制,包括具体的破产清算机制、是否由监管机构进行托管以及平台破产后未完项目的继续管理等,以全面保障平台投资者和融资者的合法权益。

五、结　　语

综上,不同类型P2P平台的运作模式不同。同时,同一类型P2P平台内部的具体运行模式也有所区别,这些区别主要体现在投资者审核、项目审核、资金流向、融资后管理等方面。

不同类型的 P2P 平台因其运作模式的差异，所呈现出的法律关系也不一致。其中，纯线上型 P2P 平台的法律关系包括居间合同关系与担保合同关系；线上线下结合型 P2P 平台的法律关系包括居间合同关系和附条件担保合同关系，以及债权转让业务模式下的借贷合同关系及担保合同关系；纯线下型 P2P 平台的法律关系包括借贷合同关系、理财产品合同关系以及担保合同关系。

根据 P2P 平台所呈现的法律关系，其实然性质可归纳为纯信贷中介服务性质和准金融机构性质，但含担保合同法律关系的需要区分对待。其中，由平台提供融资性担保的属于准金融机构，仅以风险金为限提供部分担保的仍属于纯信贷中介服务性质的平台。对其应然性质，综合考虑对整个互联网金融体系乃至整个金融体系稳定的影响、对实践需要的回应及 P2P 平台自身的长远发展，对其定性不宜过于僵硬，目前阶段应与实然定性保持一致为宜，仍定性为纯信贷中介服务机构和准金融机构两类。

在明确性质的前提下，法律规制可顺势展开。现有的法律规制措施虽然较多，但局限性也较明显，具体表现为缺乏明确统一的监管机构、形式上过于分散不成体系、内容上仍有欠缺不够完善。对此，可借鉴国外尤其是 P2P 平台发展较早、监管较完善的美国、英国和欧盟的经验。其中，美国对 P2P 平台的监管主要是参照证券监管的措施将其纳入证券监管体系；英国主要体现为审慎性监管，通过指定监管机构和颁布新监管法案或参照原先的法案进行监管；欧盟则是侧重对金融消费者的保护。结合我国实际情况，对 P2P 平台的规制从顶层设计而言应坚持按性质不同分类监管的思路，在规制目标和侧重环节上都应体现出差别。在规制框架的搭建上，要分别确定统一的监管机构，明确均衡性、前瞻性、可操作性的规制原则，确立包含系统性风险的防范、资金池设立的防止、完善的机构合作机制建立在内的规制重点。具体的制度设计可包括建立完备的信息披露制度、风险评级制度、征信共享制度、资金监管机制、完善的市场准入和退出机制。

P2P 平台是个发展的概念，无论是对其定性还是规制都不宜僵化，应密切联系实际，确保既不因噎废食又能够有效防范风险，从而保障互联网金融体系乃至整个金融体系的稳健长久运行。

智能技术风险的政府干预

李景磊*

一、智能时代及智能技术

美国著名经济史学家乔尔·莫基尔在其著作《富裕的杠杆:技术革新和经济进步》里指出,技术革新是西方真正崛起的根源,是富裕的杠杆。科技的发展是迅速的,并且在现如今呈现出持续翻倍增长的态势,我们将这个现象称为"技术迭代",即每一次进步都是下一次进步的基础,使得技术呈指数倍的增长。显然,科技的发展为我们带来了很多的便捷和好处,这种加速甚至可以带领整个社会呈跨越鸿沟式地向前发展。甚至很多人表示,我们无须担心跟不上科技的进步,因为技术的进步会对整个社会的发展起到带动的作用,以至于社会在变革过程中的这种被动的加速会在短时间内完成并被广泛接受。比如,有许多人没有跟上 PC 电脑时代,不会使用电脑,不会操作鼠标,但是会使用智能手机。也就是说,他们跳过了五笔输入法和滚轮鼠标的 PC 电脑时代,直接从面对面的信息时代跨越到移动信息时代。再如,就国家层面而言,美国等西方发达资本主义国家都经历过现金、支票、信用卡、电子支付这几个基本阶段,其中支票的使用时间还比较长。但是,中国直接从现金支付跳跃到电子支付阶段。就目前的发展态势来看,中国的移动端支付甚至超越了美国等发达资本主义国家。诸如此类的例子不胜枚举,而社会中这些跳跃式的发展其实都包含一个非常关键的词语:智能技术。

* 李景磊,上海财经大学博士研究生。

（一）智能时代现状及前景

1．智能时代的到来

科技和智能技术是呈迭代式向前发展的，因此我们完全可以对智能时代的发展前景作出更为大胆的假设和构想。得益于智能技术的发展，传统市场交易秩序、金融市场监管规则、产业竞争秩序、社会资源配置方式和结果、消费者权益保护维度等都会发生颠覆性的变化，这些变化呼唤全新的社会规制准则与之相对应。

智能技术的发展带来了金融市场的变革，而电子数据的更替和交换在其中起到了非常关键的作用。智能技术的广泛适用和进一步发展使我们的金融市场变得更加活跃和更加广泛，以至于形成了金融的社会化和社会的金融化共生共进的繁荣局面。以 FinTech 为例，这种以脱媒介化、去中心化和定制化为主要特征，以数据和技术为核心驱动力的科技金融衍生品正在改变着全球的金融生态。受智能技术发展的影响，金融资源的社会配置方式也发生着深刻的变化，并且悄然改变着市场上单个个体的社会地位。我们对金融资源的配置方式和产生的配置结果直接影响着社会财富的分配。所以，在新的智能技术时代，如何探索出一种更加公平的社会分配方式，如何构建起一个更为科学和有效的金融监管体系，在金融市场领域尤为重要。

智能时代的发展也改变了传统的竞争秩序，许多大大小小的互联网公司已通过资源优势和信息优势在市场竞争中轻松胜出，并分得全球市场上的一大杯羹。与之相类似，新兴的人工智能行业和技术产业也是传统技术市场参与者的有力竞争对手。显然，大部分人工智能科学家表示支持并且在不遗余力地推动智能技术的研发工作，而在这些科学家背后站着的是许多国家化大公司和高校研究所等，如谷歌、苹果公司等。因为更为先进的技术总是能够带给这些公司更为广阔的市场占有率和更丰厚的利润，这是市场竞争的必然结果。包括国产的许多品牌，如华为、小米等，也都在不遗余力地展开智能技术的研发工作，试图使智能技术在最短的时间内成为自己的比较优势。许多市场竞争者都发现了一个现象：在智能技术飞速发展的今天，没有任何一个公司对于智能技术天生就具有绝对优势。当然，也没有任何一个公司可以长时间保持对一项技术的绝对优势，在激烈的市场竞争中，想要保持自身产品的相对优势是一个需要持续投入大量研发成本的长期工作。当然，这些技术公司之所以会展开竞争是因为有市场。也就是说，广大的消费者是拥抱并且期待智能技术的进一步研发的。在这些大公司背后，其实是各国政府和财团。据美国作家詹姆斯·巴拉特在其著作《我们最后的发明——人工智能与人类时代的终结》中提供的数据，有五六十个国家和地区正在开发智能战场机器人。[①] 换句话讲,新一轮的军备竞赛正在如火如荼地展开。就我国而言,2017 年 7 月 20 日,国务院发布了《新一代人工智能发展规划》,规划中提到,到 2030 年,中国的人工智能要达到世界领先水平。也就是说,智能改变了我们的市场竞争局面,甚至是全球的竞争态势。

2. 人工智能

现今的智能技术仍在迭代式地向前发展,市场上的每一个主体似乎都在积极主动地拥抱新的技术进步。所以,有许多学者预言:我们很快就会从现在的智能社会过渡到人工智能时代,甚至是超级人工智能时代。人工智能最早在 1956 年就已经进入人们的视野,电脑的出现和相关技术的飞速发展促进了人们对人工智能的遐想和探索,以至于人们将人工智能广泛理解为一种更为高级的生物形态。但是,随着电脑操作系统的进一步发展,人们开始改变这种看法。现今我们所谈到的人工智能其实包括很广泛的领域,如自然语言系统、机器的自我学习、感官模拟、神经网络搭建、电脑游戏、专家系统和机器人技术等。[②] 美国斯坦福大学的斯图尔特·拉塞尔和皮特·诺维格借助一个表格,将电脑系统的思考和行动结果究竟是更偏向人类抑或是更偏向理性进行了对比,并总结出人们在定义人工智能时的两大特征:一个是思考的过程和动机有机结合,另一个是思考和行为的深度联系。根据他们所下的定义,人工智能指的是具有像人类一样思考和行动的能力,并且可以使自己的思考和行动合理化的操作系统。[③] 根据以上的定义,我们可以看出:其实人工智能和传统的电脑算法有很大的差别,发展人工智能的目标是让计算机系统能够自己训练或者学习。这种独有的特征使得人工智能在很多领域都有出色的表现,如问题的解决能力、知识的积累、语言识别、神经网络搭建等,并且和人类智能的经验积累模式非常类似。人工智能可以不断通过上一次的行为来完善自己下一次的行为,从而在短时间之内构建起一套完整的、不断学习和生长的智能系统,以至于可以独立地作出更为精准和高效的决策。

(二) 智能技术及人工智能的社会担忧

当我们拥抱智能时代,享受科技带来的便利时,对于智能科技发展的前景,

---

① 参见〔美〕詹姆斯·巴拉特:《我们最后的发明——人工智能与人类时代的终结》,闾佳译,电子工业出版社 2016 年版。

② See John McCarthy, What is artificial intelligence? from http://www-formal. stanford. edu/jmc/whatisai. pdf. articles/whatisai/whatisai. pdf.

③ See Stuart Russel, Peter Norvig, *Artificial Intelligence: A Modern Approach*, 3rd Edition, Prentice Hall, 2009, pp. 1-2.

也有一些人表示出了合理的担心，甚至是激烈的反对意见。极端的反科技恐怖分子卡辛斯基在其论文《论工业社会及其未来》中明确表示，持续发展人工智能会把人类带向毁灭。为了能起到警示作用，他谋划了多起爆炸案。巴拉特在其著作《我们最后的发明——人工智能与人类时代的终结》中不遗余力地表达了自己对人工智能的极力反对和悲观的情绪。[①] 约翰·C.黑文斯的《失控的未来》虽表达了一种积极的心态，但是同样对人工智能表示了深切的担心和不信任。[②] 绝大多数反对者其实最终的观点是一致的：智能科技既然呈指数式的迭代增长，那么很快人工智能会超越人类智能。对于超越自身可控范围的力量彻底失去控制是蕴藏着显而易见的巨大风险的，这一点在传统的金融监管领域已经被反复验证。根据全球人工智能研发的尖端领域内的成果，目前AlphaGo Zero似乎已经超越人类智能，完全摆脱程序依赖性和人类依赖性，可以自主地进行学习，并且这个进步距离上一代AlphaGo Lee用了不到一年的时间。所以，有一个非常现实的问题摆在了我们的面前：当代码系统成为比人类聪明一千倍、一万倍的存在以后，它会以什么样的观点去看待人类？这是许多科学家和社会学家在权衡和评价智能技术发展的可行性时极为担心的问题。除此之外，除去社会道德方面的担忧，最关键的是，当智能技术发展到人工智能水平的时候，现有的经济活动早已受到智能技术的冲击和影响。伴随着智能技术的发展，还会产生出许多市场和政府都不能有效解决的问题，即存在技术风险。持悲观观点的学者认为，技术风险事实上都是不可控的，并且最终会将人类社会引向毁灭。因此，有科学家、学者等不断地发声提醒人们：人工智能将是人类最后的发明。

（三）正确地看待和定位智能技术

那么，我们应该如何去面对智能技术，如何去定位人工智能？笔者认为，首要的问题就是应该想清楚我们大力发展人工智能，意图在更短的时间内跨越到人工智能时代的目的究竟是什么。其实，我们不难理解智能技术得以快速发展的主要动力：一个是市场需要，一个是战略需要。除去战略需要不谈，在学术领域，我们更加关注的是市场需要对智能技术的强有力推动作用，以及智能技术反过来对市场经济的各个领域产生的正负影响。

回顾我国改革的发展历程，我们不难发现，现有经济发展的成功并不是通

① 参见〔美〕詹姆斯·巴拉特：《我们最后的发明——人工智能与人类时代的终结》，闾佳译，电子工业出版社2016年版。

② 参见〔美〕约翰·C.黑文斯：《失控的未来》，仝琳译，中信出版社2017年版。

过成功的制度建构和精妙的政策“计划”出来的,而更多是遵循市场的需求,一步一步探索出来的。中国经济之所以在改革开放后40年内取得巨大成功,说到底仍然要归功于市场化改革和开放政策,放开民间资本所带来的产业发展。所以,我们应该在顺应历史潮流和市场需要的前提下谋求健康的发展模式。经济的发展需要技术的进步作支撑,而满足广阔的市场需要是技术发展的目标和不竭动力。我们必须要正确处理好政府与市场、发展与风险之间的关系。

从人类学的角度观察任何一个历史阶段的任何一个社会区域,我们会发现一个很常见的社会现象,即越进步的社会,其公民的平均寿命越长。当然,这个现象与生理学和医学领域的重大突破有很大程度的联系。同时,人们延长寿命、保持健康的方式有很多,如安装假肢、使用克隆技术等。我们发展人工智能,其中一个主要的原因就是人工智能的存在能够优化我们的生活,提升我们的生活水平。我们在对智能技术未来的发展进行构想的时候,通常倾向于去相信先进的人工智能能解决几乎所有的问题,如果问题不能解决,那说明技术还不够先进、不够智能。所以,问题的关键就在于,将社会经济发展完全嵌套在智能技术的框架之内是否是安全的、合适的、可行的。立陶宛维陶塔斯·马格纳斯大学的三名学者合写了一篇论文,以虚拟的情景为案例,从承担责任的可行性、必要性等方面详细论述了赋予人工智能以独立法律人格的确立方法,并且指出人工智能的相关法律要被纳入传统的法律体系中来。[①] 他们在另外一篇论文中,从人工智能产生的风险、机器人立法等方面论证了赋予人工智能以独立承担侵权责任的可行性。[②] 也就是说,这几位学者通过赋予智能系统以法律上的人格进行全面的法律规制,这样就可以将机器智能纳入传统的法律规制框架中。赋予计算机系统以法律上“人”的意义未尝不是一个解决方法,但是在这之前我们更应该明确的一点是,发展智能技术本身的目的是优化我们的生活,优化市场环境。所以,在这个技术进步和社会进步互相嵌套的过程中,技术进步必然要受到必要的社会规则的框架规制,否则社会将会被技术绑架和挟持。所以,笔者认为,智能技术的发展本身确实会带来技术风险,虽然这些风险是未知的、不可测的,但是并不意味着它们是不可控的。技术发展总是由人进行驱动的,[③]所以对于智能技术的不可知风险其实仍旧是可控的。至此,问题就会变得很明确:我们如何在风险仍旧可控之时设计一套制度和准则来控制这些不可测的风险?

---

① See Paulius Cerka, Jurgita Grigiene, Gintare Sirbikyte, Is It Possible to Grant Legal Personality to Artificial Intelligence Software Systems, 33 *Computer Law & Security Review* 5 (2017).

② See Paulius Cerka, Jurgita Grigiene, Gintare Sirbikyte, Liability for Damages Caused by Artificial Intelligence, 31 *Computer Law & Security Review* 3 (2015).

③ 就目前的发展阶段而言,技术的发展仍是由人的行为来驱动的。

有学者坦言，如果科学试图劝说人们改变信仰，或者把社会文化带向已经预先设计好的方向，那么它就跟其他宗教没什么区别。同样的道理，如果允许人们将来可以私人定制机器人，那么这和克隆技术就没有太大的本质上的区别。但是，社会技术总是在向前发展的，不管我们是否愿意，更毋论对智能技术的发展持支持态度的大多数科学家和学者所作出的杰出贡献和理论支持。因此，问题的关键在于，人工智能在多大范围内和多大程度上可以被发展和运用。智能技术的广泛应用会对经济生活造成怎样的影响，则必须是我们事先要作好准备的。是故，我们应当以客观的态度去看待智能技术的发展，在接受智能和技术进步的同时，将社会的进步保持在人类的可控范围之内。

二、技术风险的分离

（一）技术风险与市场失灵

技术的发展并不总是带来优势和好处，和这种发展相伴而生的是在社会端口折射出来的多样化的技术风险。这种风险有时候是显性的，但更多的时候是隐性的，甚至是不可预估的。但是，技术的发展对于市场经济的影响也注定是深刻的。因此，我们首先应该对技术风险进行分离和定义。

笔者认为，所谓的技术风险，指的是智能技术在发展过程中所出现的，源自技术本身，但是又是技术发展所必然导致的社会风险。技术风险在外观上往往和市场失灵很类似，其中原因很简单。首先，我们在考察市场失灵和技术风险的时候，都是以市场的终端表现为观测点对市场主体的市场行为进行风险评估。市场的良性运作是经济法制度设计和执行的首要目标，所以我们在构建经济法制度的逻辑起点的时候，自然以市场为出发点和落脚点。技术风险是在技术研发和产品投放时所产生的风险，这些风险也主要在市场端口体现出来。所以，技术风险和市场失灵都是以市场反应为“试剂”进行风险检测和量化的。其次，市场失灵和技术风险在许多行业和领域内都会存在，这是因为智能技术最终是要投放市场并和产业相结合的。市场主体在对智能技术进行研发和投放的时候大多都是以利润为主要驱动力的，尽快并尽可能多地占据市场优势地位是许多智能技术产业发展的主要动因。技术风险在产品制造、市场竞争、消费者权益保护等方面有很多的表现点，而这些也往往是市场失灵的集中体现领域，所以二者往往会交织在一起，在很大程度上有着密切的联系。以金融市场为例，金融参与者在不择手段逐利的过程中往往会选择忽略风险，这是我们所说的市场失灵。金融参与者在金融规则的框架之内谋取市场利润时采用的风险不可测智能技术以及最后的金融不稳定结果,则可以被认为是技术风险的范畴。

技术风险本身在市场中其实就是一组单独存在的缺陷和风险。辨析市场失灵和技术风险时,我们可以选择以案例为切入点进行类比阐述。比如,当谈到克隆技术时,我们已经有明确的共识,即克隆技术一旦被广泛应用于民间社会,那么对于人类道德将会是一个很大的挑战,所以我们要严格把控克隆技术的应用范围。再如,转基因食品对人类健康的影响目前来讲是不可测的,所以我们要求生产者和经营者在转基因食品流向市场端口时尽到充分的提示和说明义务,以保障消费者的知情权和自主选择权。这些都是科技发展之后产生的、技术本身携带的风险。同样的道理,在智能技术领域也同样存在着技术自身携带的不可抗风险。人工智能取代人类智能后,一些不可知的技术漏洞会导致整个金融交易平台瘫痪,客户财富数据非正常消失等。智能技术使得社会中几乎每一个人的活动数据都自然而然地充分暴露和可追踪,使个人隐私权的空间受到压缩。在人工智能时代完全到来之后,人工智能会取代人类的大部分行为活动,人类在社会上存在的合理性和必要性将受到极大的质疑和挑战。这些其实都是在智能技术发展过程中和发展之后,其本身所携带的风险。这些风险的产生与我们传统意义上去发现市场失灵和政府失灵的路径完全不同,也就是说,这些风险的产生不是来自市场本身,也不是来自政府本身,而是单纯地来自技术本身。技术发展本身是中立的,没有任何的价值评判标准。所以,当智能技术自身所裹挟的风险已经开始初露端倪的时候,我们必须认识到:在经济法理论中,在传统的市场失灵和政府失灵即“双重失灵”之外,技术失灵已经出现,需要我们在风险尚可控的时候对智能技术的发展进行合理的规制和引导。

(二) 技术风险的特征

作为既独立于市场缺陷和政府缺陷又与其紧密相连的技术风险,其自身也存在着与“双重失灵”相同和不同的特征。首先,技术风险存在着很强的负外部性特征。技术风险往往不易被察觉,多隐藏在市场风险中。技术风险区别于市场风险,市场风险是市场失灵内生出来的、自身不可以纠正的缺陷。但是,技术本身其实是没有价值判断的,只不过技术在进步的过程中出现了和当下的社会发展程度不相适应的现象。所以,技术风险在本质上其实是技术进步的某种负外部性结果。当我们在试图克服负外部性时,一个思路就是将外部性内化,这其实给我们克服技术风险提供了一个很好的思路。也就是说,克服技术风险的外部性时,我们可以借助智能技术来克服技术的风险,将技术自身带来的风险通过智能技术自身的不断更新和完善实现自我纠正。当然,这属于技术层面的范畴。其次,技术风险往往是不可预知的。前文已经提及智能技术发展的不可知性,技术的进步会将社会导向何处,其实我们是无法有一个明确的判断的,只是可以根据现有的发展态势作出预测。因此,技术自身产生的风险其实也是无法预知的,甚至智能技术本身是否会带来风险就是未知的。这种未来风险的未知性对于当下来说就是一种风险。

三、智能技术风险的表现

(一)市场竞争秩序的破坏

1. 无序竞争和资源配置不合理

随着智能技术的发展,技术与市场的融合变得更加紧密。不管是在生产领域还是在消费领域,不管是作为社会资源本身还是配置资源的工具和手段,先进的科学技术作为第一生产力,总是能够在高效配置财富的同时创造出更多的社会财富。这种财富和资源的再分配方式也理所当然地成为市场主体所关注和追逐的焦点。因此,得益于智能技术的发展,市场在短时间内催生了许多新型的行业和产业。这个现象当然是好的,但问题的关键是,这些新兴的产业和行业对于整个市场经济而言并不总是正向的影响。如同资本主义发展阶段的自由市场在推动自身飞速发展的同时必然会带来自身不可克服的缺陷,不受限制的智能技术领域的飞速发展也必然会对整个行业甚至整个市场的良好运行造成不可估量的后果。

这些负面的影响反映在市场领域中主要的一个外在表现就是行业的无序竞争。一如上文提及的金融市场内大量产生的新型金融衍生品的无序投放,势必会对传统的金融市场造成冲击。市场总是逐利的,而智能技术刚好又是新的财富聚集的方式和新的经济增长点。因此,对利润的追逐驱使着大量的市场主体和资源涌入该领域,而先进的智能技术会带来更多的财富资源和技术资源,这又促使智能技术领域可以在更长的周期内进一步不断地聚集社会财富。大量资源集中除了能推动智能技术领域的发展之外,对于这些智能技术短期内所带来的资源进行配置时,使用传统的市场配置资源模型往往会出现不恰当的结果。智能技术市场的商机是显性的,它无时无刻不在吸引着逐利性的市场参与者的眼球。但是,智能技术市场又是混乱的,因为技术的发展速度远远超过了市场自身的发展速度,更是远远超越了我们对技术本身的认识和关于合理规制的理念。因此,当技术以日新月异的速度发展而没有留给市场必要的反应和接受时间的时候,混乱就产生了。事实上,这种混乱会使投资的收益变得不可期和不可控。[①] 虽然市场主体天生具有冒险的倾向,但是当一个市场中的风险偏好者远远大于风险厌恶者时,甚至是当这个市场的参与者全部由风险偏好者所组成时,这个市场注定会变得更加具有不稳定性,财富的预期则会变得更为困难。此时,这样的市场就绝对不能再被认为是一个健康的、赢利可期的市场。[②] 当多样化的市场参与者都试图在这股技术洪流中抓住任何一个随机的机会时,不受预先配置计划规制的社会资源就面临着被浪费的危险。同时,这种无秩序的投资虽然从市场端口来看是合理的现象,但是毫无疑问,这并不是智能技术领域长足发展和健康发展的模式。当智能技术领域中每一个参与进来的市场主体都在想尽办法使自身利益最大化而忽略了应有的竞争秩序时,就会导致不可评估的市场风险和技术风险。这种现象在经济学上被称为"合成谬误"[③],它会在很大程度上反过来限制行业的发展。无序的市场竞争终将会导致经济发展的失衡和受限,不论是智能技术领域还是市场上其他传统行业,都势必会受到沉重的打击。

2. 智能技术带来的垄断风险

智能技术的发展一旦和传统市场行业相结合,便可以在短时间内提高整个市场竞争的层次。这个现象本身是好的,但是一旦当这种提高是鸿沟式的跨越时,传统市场很可能出现对先进技术的垄断,从而打乱市场竞争秩序。例如,苹果公司的电子产品中搭载的 Siri 智能语音系统是一项独立的技术。这项来源于美国五角大楼的军事情报部门研发的技术,原本是用于投放到战场上的军事科技,后被苹果公司收购,并被简化成现在的 Siri 语音系统,是非常典型的军事技术民用化。这项技术为苹果用户提供了相对便捷的智能搜索服务,使信息搜索可以完全摆脱键盘输入,甚至 Siri 的语音播放系统可以使搜索结果也彻底摆脱屏幕输出。除此之外,Siri 特有的信息筛选和用户倾向性分析功能,可以实现搜索结果的"智能"化推荐和基于信息反馈的二次搜索,由此实现人与计算机系统

① 之所以说是不可控,是较之于传统的产业发展和既有的营利模式而言的。其实,市场活动都是具有一定风险的,收益和风险都是不可控的。但是,经过长期的市场发育,现有的交易机制已经可以为我们提供一套相对完整并且不断完善的风险控制机制。不过,智能技术的迭代式增长让需要长期发展以逐渐形成防控机制的市场变得落后,风险因此变得未知且不可控。

② 因为很明显,当一个市场中的利润率是 0,或者是收益额永远处于成本额之下时,这个市场应该被自动划入公共产品领域。这虽然不是经济学上对公共物品划分的标准,但是确实是一种有效的识别机制和方法。当一个市场中的利润呈现不规则的大幅度波动时,则也需要我们对这种过分不规律的市场进行相应的干预。

③ 合成谬误,是指对局部来说是对的,对总体来说未必是对的东西。这正如每个人都踮起脚尖来看庆祝游行,虽然某一个人这样做可以使自己看得更清楚一些,但是倘若大家都踮起脚尖的话,结果就是大家都看不清楚。这里指的是,当市场上的每一个智能技术研发者和使用者都在尽可能使自身利益最大化的时候,市场平均利润会因为每一个主体的共同努力而逐渐降低,而技术带来的风险却在直线上升。

的对话。但是，由于存在技术壁垒，全球只有苹果公司拥有 Siri 的专利权。加之苹果产品独特的技术平台，苹果公司在其所有的产品范围内形成了一个封闭式的生态圈，直接关联着每一个苹果用户的使用习惯。换句话来讲，苹果公司以其自身的技术优势在电子产品市场上圈起了一个封闭的操作生态系统，并且在全球范围内有一大批稳定的用户。在这个封闭的生态系统中，苹果公司完全记录和掌握着所有用户的使用偏好甚至是日常记录。加之手机、平板电脑等移动智能设备在人们的日常生活中占据着越来越重要的地位，苹果公司在其生态圈中已经可以完全掌握每一个用户 24 小时的行动数据。当电子产品越来越智能时，也就意味着个人数据越来越透明。我们完全可以以世界历史的发展路径为参照作出相关的智能技术发展预判。世界历史上的圈地运动和海外殖民扩张使得资本主义国家在短时间内完成了资本的原始积累，但是圈地运动被称为羊吃人的运动，海外殖民扩张给任何一个殖民地都带去了屈辱和掠夺，所有这些都带着流血和牺牲。资本原始积累的完成，也就意味着资本主义国家在殖民地掠夺的格局基本稳定下来。以苹果公司为例，基于技术壁垒和独特的技术生态圈，苹果公司掌握着大量的用户数据，它推向市场的每一款产品是否已经彻底成为其私有财富来源？正在 24 小时不间断地为苹果公司提供大量用户数据的这些产品就非常令我们担忧。

3. 产业结构变化

与新的社会资源配置方式一并出现的是市场中产业结构的变化。传统的三大产业在受到智能技术的影响后都出现了深刻的变化。先进的技术在促进生产效率提高的同时也改变了传统的产业模式。就第一产业和第二产业的生产效率而言，智能技术的发展基本上是一种正向的结果。因为这两大产业在本质上都是“生产产业”，不管是农业还是工业，科技的进步在生产效率提升方面的作用都是显著的。但是，更高的生产效率也意味着更少的资源投入，所以如何有效地配置资源就成为重要的一步。智能技术的发展使得资源从粗放生产的领域里解放出来，大量配置到金融领域等短期见效的直接投资领域。这种转变对于传统的产业来讲无疑是一种进步，但是资源聚合而催生的新兴产业则未必能够经得住市场的选择和考验。因此，大量的资源会被浪费，从而出现资源配置的低效率。

笔者认为，就第一和第二产业的生产效率而言，智能技术的发展对产业结构变化的影响多是积极的，关键在于第三产业的产业结构变化。智能技术带来的服务产业的创新是必然的，但是这种创新是否是合适的就非常值得我们思考。新兴产业必然会面临的问题是：发展这个产业是否是正确的？如果是正确的，那么我们应当如何对这个产业进行规制？智能技术的迭代发展催生的新兴产业所带来的技术风险非常类似于生物技术的发展对传统人类道德所提出的挑战——

克隆技术在挑战传统道德,转基因食品的潜在危险性尚未被有效证实。同样的道理,关于智能技术的发展催生的新兴产业是否也是有潜在的风险,我们同样不能够有效证实。因此,当传统的产业结构面临不可知的未来发展路径时,如何正确地看待和规制这些新兴的智能产业,对于任何一个国家的政府而言都是至关重要的问题。

4. 产品质量下降

区别于传统的市场竞争理论,笔者认为,在智能技术市场中,由于缺乏有效的市场竞争秩序规制,某些市场中出现的饱和竞争在某种程度上其实会导致产品质量下降。因为市场上的竞争者在提供智能产品时,在饱和市场中获利已经非常困难,所以从收益和成本的角度去权衡,当投入的成本收不到预期的收益时,成本的投入必然会下降,而这必然意味着产品质量的下降。以 App 开发为例,因为智能技术要和移动端口无缝对接,所以 App 的开发市场在短时间内便达到了饱和状态,各种 App 几乎不需要任何门槛便可以直接上线参与竞争。这种无门槛的市场竞争带来的是市场利润获取的困难,因为有限的市场利润被分散到更多的竞争者手中。各种 App 开发者早已发现继续保持原本的投入成本是一种不经济的投资决策,所以不管是在人力上还是在资金上都倾向于缩减投入。加之缺乏有效的监管,各种低成本高危害的 App 大量充斥着整个电子应用市场。由于用户群体具有不确定性,并且缺乏鉴别能力,庞杂 App 市场更是成为多样化犯罪的"沃土",造成的直接和间接损害难以估量。

(二)消费者权益保护领域

智能技术的发展同样也对传统的消费者权益保护领域提出了新的挑战。很多电子商务使用的"推荐"功能都是借助了名为"亲和性分析"的机器学习技术。这种技术记录并挖掘巨大的用户数据库,从而找到相关的产品。也就是说,它利用自己不断增长的数据存储来改善自己的表现。同时,它构建了一套购买倾向综述,好让经营者对消费者的购物锁定越来越精准。这样做的目的其实只有一个,就是尽可能地获取消费者的财富。所以,从这个层面上讲,任何一个人的个人数据其实都是蕴含了巨大的商业利润的,是有价值的。那么,紧接着就是一个问题:个人数据是否以及能否市场化?这个道理其实很简单:消费者的所有活动数据是其自己创造的。从所有权的角度,我们很容易就能确定收益的所有者,但是实际上,这些数据随时随地在为其他公司创造利润。所以,我们需要讨论两个问题:第一,消费者如何将个人数据掌控在自己的手中?第二,消费者掌握了可以产生利润的个人数据后,能否将它作为有价物投入市场以换取等价的商品或者服务?

民法学在讨论侵犯隐私权时,其实有一个内在的逻辑,前提是被侵犯的标的是属于权利人所有的。当智能技术在冲击消费者的隐私权时,内含的一个逻辑起点就是,消费者的个人数据是归消费者本人所有的。但是,现在非常重要的一点就是,在智能技术快速发展的社会背景下,消费者仍然没有办法完全掌握自己的个人数据,更毋论将个人数据市场化。

除此之外,智能科技的不可知性也是一个非常致命的漏洞。这里所谓的"不可知性"在计算机领域被称为"黑箱"。例如,一台电脑有键盘和显示器,键盘是数据输入端口,显示器则是数据输出端口。当人工智能在接收我们的指令后给予反馈时,其中的过程便很容易出现黑箱。也就是说,我们可以理解输入,也可以理解输出,但是并不理解潜在流程,这种庞大而复杂的计算工具就叫作"黑箱系统"。客观上,我们不得不承认,不可知性是所有使用演进原件的系统都存在的缺点。当事态在我们看不见或者说不能理解的程度上不断发展的时候,任何一个带有不可见的黑箱系统的计算机系统对于我们而言,其实都是一种可见的未知风险。到目前为止的讨论中,我们还仅仅是停留在技术层面。但是,如果退回到广大的消费者视角,我们马上就会发现,事情其实会变得更加复杂和严重,因为广大的消费者在接受智能技术的产品和服务时,更加不会去考虑这个黑箱系统对于自身有什么样的危害。这很正常,因为大多数消费者总是将注意力放在消费品的用户体验上。在传统而保守的消费观念中,用户体验紧紧围绕产品性能展开,而往往不会在意权益保护。就广大的消费者层面而言,黑箱系统其实要比上文提到的更为庞大并更容易被忽略,因为任何一个未知系统都有可能成为消费者权益受侵害的集中领域。虽然我们完全可以通过立法或者确定行业技术标准来保障人工智能产品在投放市场之前就符合更高的安全标准,但是黑箱系统其实并不是人类技术可以解决的问题。换句话讲,黑箱系统的存在正是所谓的不可避免的技术风险。同时,智能科技每朝着我们不可理解的方向发展一步,都是在偏离可测量性,偏离人们对智能程序友好性的善意期待。

四、政府克服技术风险的行为界限

上文中我们已经论及,智能技术的发展是会带来风险的,那么政府对风险的干预就是一种必然。问题的关键在于,政府对智能技术进行干预的时候,如何把握好干预的度,即政府克服技术风险时,其行为界限应该如何划定。

(一) 干预行为的价值取向

基于上文的分析,我们知道政府可以而且应当对智能技术领域进行规制,但是同时也应该认识到,行政权力天生就有膨胀和外化的倾向,如何处理好人治到法治的过渡,如何充分引入市场竞争、保障竞争,如何确保政府的决策是正确的、对资源的配置是高效的,这些都是在政府规制智能技术领域时需要解决的问题。公共利益和个人利益之所以会产生冲突,根本的原因在于,当我们对有限的资源进行配置时,会产生机会成本。所以,对任何一个市场进行干预都要做好权衡取舍。笔者认为,为了追求公共利益,我们可以在一定范围内和程度上牺牲私人利益。是故,在干预智能技术风险时,政府的职权定位应当以市场为主导,以社会福利最大化为政府的行为目标。当政府在进行市场干预行为时,要秉持政策的社会福利最大化导向,以减少社会成本为目标去调节市场主体行为,以市场整体福利最大化为干预的核心价值导向。

我们在对智能技术进行干预的时候,也要保障行业发展的健康和安全。前文已经论及,智能技术发展的风险是未知的,但是这种风险的未知性并不绝对等于风险的不可控性,对于这种不确定性风险的控制,关键就在于将未来不可知的风险直接内部消化。这种直接内化的控制方式主要体现为,智能技术发展要坚守一定的底线。这个底线以道德为基础内涵。在此基础之上,我们试图构建起相应的法律底线。有人将之视为智能技术的安全伞,有人却将之视为智能技术的牢笼和枷锁。但是,笔者认为,不可测风险的可控性正是在于我们设置的这一套规则和底线。我们承认,这些规则和底线由于是在问题产生之前预先设计好的,因此有可能会出现不恰当或者不周延的缺陷。但是,我们绝对不能将整个智能技术行业的发展完全交由自由的市场。因为很显然,绝对的自由并不会导出绝对的发展,对风险的预判和必要的限制才是最明智的选择。因此,技术发展的安全性也注定是政府在调整该产业发展时所必须重视的一个主要方面。

(二) 谨防政府的过度干预

前文已经提及,社会大众对于智能技术的发展是持欢迎态度的,因此催生了大量的市场需求。同时,智能技术领域也可以在短时间内聚集大量的资源,这对于生产者而言也是一个新的利润获取点。所以,市场需求和市场供给在短时间内会出现同步增长的趋势,这些现象归结起来合称"行业发展"。但是,我们也认识到了智能技术发展的不确定性,所以当政府试图对智能技术领域进行规制时,首要的就是把握好规制的度在哪里。市场的需求是繁盛的,甚至在某种程度上,人们对于智能技术的需求是刚性的,如果政府此时对于该行业限制得过于严格,那么至少会出现以下两个结果:首先,从政府权力配置的角度看,对智能技术的过度干预会形成政府在技术领域内的极权制度,这对于任何一个政府的健康发展都是不利的。极权更容易造成政府的失灵现象,比如政府更容易被收买,更容易被大财团“俘获”等。其次，基于市场主体的逐利性，政府的过度干预不仅不能有效地抑制和把控智能技术领域的发展，反而会使智能技术的发展转移到地下，形成更加不受规制的野蛮发展态势，我们想要对其进行规制和风险防范会更为困难。结果就是，这种地下技术不仅会对正当的市场造成严重冲击，甚至会使得整个人类社会暴露在更高的风险之下。[①] 所以，当我们对智能技术在进行规制的时候，必须要认识到技术发展的不可逆性以及庞大的市场需求。同时，对于新兴的产业必须合理地进行引导，而不能因噎废食，严格限制甚至是禁止智能技术的发展。

五、政府克服技术风险的行为方式

（一）引导行业竞争秩序创新

得益于智能技术的发展，智能技术成为新的经济增长方式，会在短时间内吸引大量的社会资源。由于其自身的逐利性，市场主体在进行投资选择和产业活动运作时，其实是不会主动带有价值选择的。当这种不具有任何价值取向的逐利活动和呈迭代式发展的智能技术相结合时，市场中的产业现状和竞争机制都会发生深刻的变化，智能技术进步的风险也会透过市场竞争的方式被进一步放大。因此，政府应该及时作出适当的引导，对社会资源在新兴的智能技术产业中进行合理的配置。

就我国而言，经济增长已然不能再依靠粗放型的外延扩张。人口红利已经消失，人口老龄化给社会经济发展和福利扩大提出了重大的挑战，转变经济增长模式迫在眉睫。另外，从经济学角度看，如果在生产领域内实行粗放型外延扩张的模式，边际收益将不断递减，资源配置将处于严重不合理的状态。因此，我们要转向主要依靠研究和开发新技术来实现科技创新的经济增长模式，从而进一步推动我国国际化战略向全球展开。有学者将科学技术看成是一种公共物品，从而论证政府在保证技术创新和深化知识产权制度改革时的重要作用。[②] 但是，笔者认为，科学技术，尤其是智能技术，不能单纯地视为是一种公共物品。现

---

① 除去上述两个不利影响之外，雷·库兹韦尔始终认为我们不应放弃对人工智能，甚至是超级人工智能的探索，因为“放弃发展是不道德的”。之所以说是不道德的，是因为放弃发展或者大力限制发展智能技术会在很大程度上剥夺智能技术带给我们的重大利益。“面对社会的进步，我们还有很多苦难要去克服，因此我们有道义上的责任去克服它们。”参见〔美〕詹姆斯·巴拉特：《我们最后的发明——人工智能与人类时代的终结》，闾佳译，电子工业出版社 2016 年版。

② 参见刘远翔：《科学技术的政府供给——基于公共物品理论的政府绩效研究》，人民出版社 2016 年版，第 129—163 页。

实已经告诉我们,市场在拥抱技术的同时也在提供技术,并且智能技术领域有着很大的营利空间,是不需要单纯地依靠政府提供或者推动发展的领域和行业。因此,问题的关键在于,政府如何去处理市场在和智能技术结合时产生的风险,以及技术本身携带的风险。

1. 竞争秩序的调整

智能技术的发展在刺激市场活力的同时也会造成市场上产业结构的失衡和竞争秩序的破坏等问题。针对这些问题,我们可以从以下两方面入手进行克服和矫正:

首先,设置智能技术的市场进入门槛,优化资源配置。产业结构失衡其实是资源配置不当在市场终端的外在表现。所以,针对产业结构失衡,政府应该积极引导资源配置,引导社会财富的分配和流向。为了实现资源的合理配比,政府应该在智能技术领域设置相应的市场进入门槛,以保证智能技术领域的参与者水平,而不至于出现“零门槛”的恶性投资和恶性竞争,避免资源的无谓浪费。这里我们要明确的一点是,智能技术本身是有门槛的,但是技术的进步和智能技术的社会化现象已经明确给我们展示出一种趋势:技术市场中的门槛必然会、也正在被迅速降低和打破。这种逐渐降低和消失的门槛虽然会给市场带来更多的竞争者,但是正如上文中所提到的论证结论,市场竞争者饱和对于一个市场来说其实并不是好的现象。我们仍以各种智能 App 的研发市场为例,智能移动端的 App 研发本身是具有技术门槛的,最起码在技术研发之初是这样的。但是,在我们呼吁市场竞争和技术进步的双重动力下,移动端的 App 研发很快达到竞争饱和的状态,这种饱和的竞争状态带来的直接后果是技术研发端口人力资源配置的不优化和产品质量的直线下降。大量的技术研发者投入到 App 的研发领域,除去自由生态系统的壁垒外,这些技术研发者研发出的 App 的线上推广几乎不需要任何的门槛。因此,大量的技术团队参与 App 研发,虽然可以提供多样化的产品选择,但是当同类产品或者可替代产品的数量过于繁多时,其实市场竞争早已饱和,产品质量并不能得到有力保障。当智能技术的发展深入到人们生活的每一个角落时,我们必然要求与自己生活息息相关的每一个产品的质量是符合我们的需要和预期的,因而智能技术领域内的混乱发展和无序竞争,对于智能产品的发展是非常不利的。所以,政府要做好市场上的资源流动引导,在无序竞争的市场中设置好市场进入门槛,通过适当的门槛设置一举多得,既能保障产品的质量满足消费者要求,又能借助产品的质量保障市场竞争秩序,从而保证市场中有限的资源在各个不同领域和部门之间的合理配置。

其次,保障市场竞争秩序。随着智能技术的飞速发展,智能科技和产业结合日益紧密,传统的市场竞争格局必然会被改变。我们接受这种改变,因为这是市场发展的直观表现。“市场经济的原则就是竞争，而这种竞争可以说是在一个未知世界中的发现程序。……从本质上来说，在市场经济中，法律的任务就是保护竞争，因为竞争是最重要的法益。”[①]市场竞争一直都是应该被充分肯定的，这里的肯定不仅包括对正当竞争手段的肯定和保护，也包括对竞争结果的肯定和保护。任何一个经营者市场垄断地位的达成如果是通过合法的市场手段实现的，那么我们就应该尊重这种垄断地位，因为这里的垄断地位代表着该垄断经营者通过优质的产品和服务等方式在市场上获取的绝对优势。我们要规制和警惕的是经营者滥用其优势资源而对市场竞争造成不利影响的情况。比如，消费者在接受经营者提供的智能技术服务时，必然会产生许多个人数据，这些数据能否被经营者妥善处理，就是一个非常容易发生问题的环节。很显然，智能技术领域作为一个新兴行业，也必然要遵循基本的市场竞争规则。所以，我们应该也有能力未雨绸缪，设立起一套完整的智能技术领域内的市场竞争秩序和竞争规则，根据该行业的特殊性，制定有针对性的行业评价标准和市场参与机制，保障市场竞争秩序，打击智能技术领域内的不正当竞争行为。同时，我们要防范在其他行业和领域中运用智能技术展开的不正当竞争行为。以商业秘密为例，市场竞争中的商业秘密对于任何一个竞争者都是有力的筹码，而智能技术的发展对商业秘密的保护也提出了新的挑战，如何更为安全地保护商业秘密不被智能技术窃取就是一个非常重要的发力点。同样地，智能技术本身的发展也势必会带动知识产权保护制度的进一步发展，知识产权主体开始突破传统的行为主体模式，对知识产权保护的创新提出新的要求。所以，多样化的市场竞争秩序在智能技术的背景下必须得到更新和完善，从而确保行业发展的健康态势。

智能技术本身也是一种工具，这为我们规制市场竞争行为提供了更为边界和科学的手段和方法。一如上文分析的智能技术在金融市场监管方面的优势，在规制市场竞争秩序方面我们也可以构建一个实现政策法规和智能技术系统相嵌套的完整规制体系，设置不正当竞争和垄断的模拟评估机制和预警机制，更为全面地衡量市场主体是否达到了受规制的标准。比如，在反垄断案例中，对于相关市场的界定的核心点往往是确定经营者是否构成垄断地位，但是在司法实践中，对于相关市场的界定往往又缺乏有效而全面的数据作支撑。基于智能技术构建起来的数据分析系统直接同销售终端相连接，并且该系统会自我成长，不断收集全新的数据，从而使任何一个经营者的市场占有率、任何一个产品的市场饱和程度都可以直观地展现出来。再如，在经营者集中的案例中，我们完全可以借助智能技术和数据分析来建模分析，从而全面地论证案中的经营者集中是否会

---

① 〔德〕罗尔夫·施托贝尔：《经济宪法与经济行政法》，谢立斌译，商务印书馆 2008 年版。

对市场竞争产生不正当影响,从而为决策者的决策提供更为科学的依据。

2. 加强智能技术市场的管理

防范技术发展本身带来的风险是我们一直在强调的问题。对于越过门槛进入智能技术市场的资源,我们要合理地引导其流向和运作。不违背法律法规是首要前提,在此基础上,我们必须设置一套针对智能技术发展的社会评价标准,甚至可以将其称为一种风险评价或风险防控标准,即设置行业发展的限制。我们必须为智能技术行业的发展设置范围和限制,因为不受任何法律和道德限制的技术发展带来的将是不可估量的灾难。这样的限制主要通过产业结构的调整来实现,因此我们必须明确智能技术在哪些领域是不可以涉足的,在哪些领域是可以涉足但是必须要受到限制的。比如,在政府信息公开方面,智能技术的发展对于整个社会的进步是有好处的,但当智能技术和第三产业中的多个领域相结合时,要做到有的放矢,否则会对社会的发展造成一定的冲击,如机器克隆人引发道德风险问题、色情服务产业的发展扩大范围等。所以,我们必须要明确的发展观是:智能技术的发展是必要的,甚至在将来会成为主要的技术增长点。但是,我们必须要将智能技术的发展风险控制在可控的范围,加强对技术市场的管理和引导,将风险控制在最小范围内。

(二) 消费者权益保护

智能技术背景下对消费者的权益保护其实主要集中在对智能产品本身的监控上。我们在这里所谈的对智能产品本身的监控主要体现在对智能产品的评价机制方面、投放市场的规则方面以及消费者的个人数据保护方面,这三个方面分别对应的是智能产品投放市场之前、投放市场之时以及投放市场之后这三个阶段各自不同的规则。

1. 构建对智能产品的评价系统

既然明确了智能技术会带来的各种显性和隐性风险,那么在有效规制这些风险时,在源头上对智能产品构建起评价机制就很重要。构建评价机制的目的是保障智能产品符合基本的使用性能标准,确保消费者在使用智能产品时是安全的。以人工智能为例,某项人工智能产品在投放市场之前,必须要经过严格的安全性评价,而这样的安全性评价应该包括哪些方面,许多学者和科学家有其各自的观点,但是有两大基本点是达成共识的,即安全性和合道德性。只有对智能技术产品进行严格的评价,才能保障智能产品在投放市场时有合理的安排。比如,经过评价之后,不同评价等级的产品可以根据市场的不同需要进行有差别的投放。这其实非常类似于苹果系统中 Apple Store 为用户提供 App 下载服务时附带的对App进行定位和介绍的评价，如该App是否包含暴力因素、是否适合未成年人购买和下载等。这种评价在某种程度上也是经营者的如实告知义务。

2. 避免智能产品的无差别投放

在完成对智能产品的评价后，智能产品在投放市场时也要进行有差别的投放。这要求政府对智能产品的市场流行进行合理规制，保障智能产品投放时的必要区分。同时，受限制的群体（主要是未成年人）在接触和获取特定的智能产品时必须得到相应的许可。我们由近及远来举例阐述：首先，对于过度竞争的App市场，我们要做到关注消费者群体的差异性，特别是年龄的差异性，改善现在应用市场上繁杂且无差异的投放，给未成年人提供一个良好的网络环境。其次，当社会发展到人工智能阶段时，为了保护特定群体的利益，人工智能产品更应该进行有差别的投放，如考虑拟人化的人工智能机器人能否被未成年人购买和使用，这些机器人中是否搭载有不适宜未成年人接触的服务系统等。

3. 消费者自主选择权的扩张

在全文中，其实在多个地方以不同的角度对这个问题进行过阐述和制度架构。智能技术产品投放市场后，消费者在具体使用过程中对于安全性的一系列要求中，主要就是个人数据的安全性，因为个人数据的产生是必然的。在智能技术背景下，只要有行为就必然会产生数据，我们应该对这些数据进行一个最基本的分类：可被清除的和不可清除的。所谓可清除数据，是指那些对于经营者提供后续服务没有作用的数据，这些数据由于只是单纯的行为痕迹而被视为是可以被彻底清除的数据；不可清除数据指的是对消费者接受后续服务依然有一定存档或者证据作用的数据，这些数据应当被恰当地保留下来。同时，在整个服务完成之后，原本的不可清除数据会变成可清除数据，而这个评价标准应该掌握在消费者本人手中，除去司法或社会公益之考量，任何组织单位和个人不得僭越消费者在数据上的控制权和自主选择权。消费者的自主选择权要在智能技术领域内进行扩大，由消费者自行决定自己的数据要不要反馈给经营者，以便于其决定自己是否接受后续的升级式服务。如果消费者选择拒绝反馈数据，那么经营者无论以什么样的理由、什么样的方式再度获取消费者的信息，都应该被视为是一种侵犯消费者的隐私权和自主选择权的行为。所以，作为一种制度构想，在智能技术时代的消费者个人数据保护方面，消费者的自主选择权应该予以扩大，并且建立有力的权利保护机制。

六、结　　语

传统的经济法基础理论的演进往往都是以市场失灵和政府失灵为逻辑起点，并且在市场和政府这两个力量的权衡取舍中更加注重市场自由的力量。但是，智能技术的发展在推动市场经济发展的过程中也暴露出了其自身所携带的风险，这些技术风险客观存在且独立于市场缺陷，是由技术进步本身所催生的，在具体的市场中有多样化的表现形式。金融市场得益于智能技术的发展有了全新的交易模式，但是多样化的智能金融产品也加剧了金融市场的监管难度。与此同时，智能技术的进步客观上也需要全新的监管理念和监管规则，通过构建金融风险评估系统可以实现对金融市场的实时监管，为政府的监管行为提供技术支撑，也为监管行为厘清了相关的责任界限。在市场竞争秩序和产业结构方面，智能技术改变了传统的竞争秩序，智能技术市场上的过度竞争、产品质量低下以及技术垄断、资源配置低效率等，都是技术进步造成的缺陷，同样需要构建一个市场竞争的测评体系，为市场竞争秩序的规制提供技术支持。在消费者权益保护方面，智能技术的发展和部分行业的饱和竞争导致了智能产品的质量不合格，以及其他侵犯消费者权益的特殊行为，我们应该从投放市场前的技术评估、投放市场时的差别投放、投放市场后的消费者自主选择权的扩大这三个方面，有针对性地对消费者权益保护制度作出适当的更新。技术的进步是不可逆的，历史的发展更是不可逆的，我们对于智能技术的发展应该持健康的观点和态度，在积极接受新技术、挖掘新的经济增长点的同时，也应当保持对技术未知性的警惕性，谨慎选择智能技术的发展领域，有效预防和规制技术飞速发展带来的风险。

我国保险资金入市的法律监管

尤冰宁*

“保险是现代经济的重要产业和风险管理的基本手段，是社会文明水平、经济发达程度、社会治理能力的重要标志。”[①]根据《中国保险业发展“十三五”规划纲要》，到2020年，我国要基本建成保障全面、功能完善、安全稳健、诚信规范的现代保险服务业，使保险成为政府、企业、居民风险管理和财富管理的基本手段。随着我国保险业的迅速发展，保险业资产大量积累。据统计，近年来，我国保险业资产规模年均保持20%的高增长。截至2017年12月末，保险业资产总规模为16.75万亿元，同比上涨10.80%，保险机构资金运用余额为14.92万亿元，同比上涨11.42%。2017年，保险资金实现投资收益8352.13亿元，投资收益率为5.77%，预计利润总额2567.19亿元。固定收益类资产配置比例保持在71%—72%。截至2018年1月，中国保险行业总资产169052.81亿元，资金运用余额150200.07亿元。[②] 与此同时，同期银行存款、债券等固定收益率持续走低，资金运用面临挑战，保险投资收益下滑，保险资产保值增值的压力增大。保监会曾在不同场合强调，要进一步发挥保险公司机构投资者作用，为股票市场长期稳定发展提供有力的支持。“股灾”中，保监会甚至鼓励保险资金增持救市。基于上述原因，保险资金大规模入市，保险机构成为重要的机构投资者。但是，股票市场因保险资金的频频举牌也出现了一系列问题。

---

* 尤冰宁，华东政法大学博士研究生。

① 《国务院关于加快发展现代保险服务业的若干意见》。

② 参见中国保险监督管理委员会：《2018年1月保险统计数据报告》。

一、我国保险资金入市法律监管的演变

(一) 保险资金入市的背景:多观察、多探索,放开前端、管理后端

2005年,我国保险资金被正式准许投资股票市场。经过十几年的发展,保险资金入市规模逐年增加。截至2015年年末,保险业总保险资金入市规模达2万亿元人民币,成为我国股票市场中重要的机构投资者之一。在官方的鼓励下,低利息加上资产荒、万能险与投连险的扩张,加快了保险资金在二级市场频频举牌的节奏。下表显示的是2005—2015年我国保险业投资比例:①

<table>
<tr><th>单位%</th><th>2005</th><th>2006</th><th>2007</th><th>2008</th><th>2009</th><th>2010</th><th>2011</th><th>2012</th><th>2014</th><th>2015</th><th>2016</th></tr>
<tr><td>存款</td><td>36.65</td><td>33.67</td><td>24.41</td><td>26.47</td><td>28.11</td><td>30.21</td><td>32.06</td><td>34.21</td><td>29.45</td><td>27.12</td><td>23.30</td></tr>
<tr><td>国债</td><td>25.48</td><td>20.51</td><td>14.85</td><td>13.77</td><td>10.83</td><td>10.46</td><td>8.59</td><td>7.00</td><td>6.21</td><td>5.37</td><td rowspan="3">34.82</td></tr>
<tr><td>金融债券</td><td>12.81</td><td>15.49</td><td>18.38</td><td>28.65</td><td>23.37</td><td>21.80</td><td>22.50</td><td>21.64</td><td>19.27</td><td>16.15</td></tr>
<tr><td>企业债券</td><td>8.55</td><td>11.93</td><td>10.51</td><td>15.05</td><td>16.23</td><td>17.23</td><td>15.86</td><td>15.90</td><td>17.86</td><td>16.57</td></tr>
<tr><td>股票和证券投资基金</td><td>7.86</td><td>5.13</td><td>9.45</td><td>5.39</td><td>7.37</td><td>5.69</td><td>5.27</td><td>5.29</td><td>4.65</td><td>5.05</td><td>14.07</td></tr>
</table>

截至2016年年末,全国共有保险机构203家,较年初增加9家。其中,保险集团公司12家,新增1家;财产险公司79家,新增6家;人身险公司77家,新增1家;保险资产管理公司22家,新增1家;再保险公司9家;其他机构4家。优先支持中西部省份和贫困地区设立保险公司。推进双向开放,16个国家和地区的境外保险公司在我国设立56家外资保险机构,12家中资保险公司在境外设立38家保险类营业机构。除此之外,保险业总资产15.12万亿元,同比增长22.3%。其中,财产险公司总资产2.4万亿元,同比增长28.5%;人身险公司总资产12.4万亿元,同比增长25.2%;再保险公司总资产2338亿元,同比减少50%;资产管理公司总资产426亿元,同比增长21%。全年实现保费收入3.1万亿元,同比增长27.5%。其中,财产险保费收入8724亿元,同比增长9.1%;寿险保费收入1.7万亿元,同比增长31.7%;健康险保费收入4042亿元,同比增长67.7%;意外险保费收入750亿元,同比增长18%。随着农业保险产品改革继续深化,已有8家保险机构在12个省份开展“保险+期货”模式试点。2016

① 参见游桂云等:《险资举牌资本市场的原因及其影响分析》,载《保险理论与实践》2016年第5期。

年，国内经济下行压力不减，市场环境复杂多变，信用风险、市场风险上升，优质投资项目减少，保险资金配置难度较大。保险业降低了银行存款、债券投资等固定收益类配置比例，大幅增加另类投资。银行存款和债券投资占资金运用余额的比重分别为18.55%和32.15%，较上年分别下降3.23个和2.24个百分点；其他投资（主要是另类投资）占比36.02%，大幅上升7.37个百分点。全年保险资金运用收益7071亿元，同比减少9.4%，平均收益率5.66%，较上年下滑1.9个百分点。①

我国2009年修改的《保险法》第106条明确规定，保险公司的资金可用于银行存款、买卖债券、股票、证券投资基金份额等有价证券。国家通过法律明文规定为保险资金入市解禁。为了让保险资金运用适应市场化经济，保监会自2010年起先后发布三十余项关于保险资金运用的规范性文件，逐步允许将保险资金投入未上市股权、优先股、创业板股票、蓝筹股、集合资金信托计划、不动产、创业投资基金、基础设施、资产证券化产品等，减少保险资金进入市场的行政审批，拓宽保险资金投资范围，鼓励保险资金服务于实体经济。2012年启动的一轮改革中，在“放开前端”的思路下，市场准入、产品定价、投资渠道等全面开放，取消万能险最低保证利率限制，放开分红险预定利率上限，人身险费率实现了完全市场化，由保险公司自行决定。保险资金运用权也交给市场，逐步放开投资渠道。②

2014年2月，为进一步推进保险资金运用体制的市场化改革，保监会开始实施大类资产比例监管，给予保险资金更大的配置自由。保险资金大规模入市，2014年年初至2015年，A股共发生262次举牌，涉及150家上市公司，举牌方耗资近3000亿元。其中，保险机构举牌48家，占比1/3，耗资1700亿元。2015年2月16日，保监会发出通知，按照“放开前端、管理后端”的监管思路，废除2007年开始执行的《万能保险精算规定》，取消万能险不超过2.5%的最低保证利率限制，将万能险产品利率市场化，改由保险公司自行决定。2015年7月8日发布的《中国保监会关于提高保险资金投资蓝筹股票监管比例有关事项的通知》提到，放宽保险资金投资蓝筹股票的监管比例，将投资单一蓝筹股票的比例上限由5%调整为10%，投资权益类资产可进一步增持蓝筹股票，但不高于上季度末总资产的40%。2016年第三季度，保险资金直接入市持股市值的额度达到10353.49亿元，对比2016年第二季度的10029.87亿元，增加了323.62亿元，增加幅度为3.23%。若剔除中国人寿集团所持中国人寿和中国平安保险（集

① 参见中国人民银行金融稳定分析小组：《中国金融稳定报告2017》，中国金融出版社2017年版，第55—59页。

② 参见李永华：《保监会打响险资监管“第一枪”》，载《中国经济周刊》2017年第31期。

团)股份有限公司所持平安银行这两个因素，保险机构2016年第三季度所持股票数达687只，比2016年第二季度的610只增加77只，为历史最高水平。2016年年初，正当保险资金举牌火热之时，保险监管系统对保险资金运用持“多观察、多探索”的态度。保监会仍然强调，要不断深化资金运用市场化改革，进一步拓宽保险资金运用领域和业务范围。据不完全统计，在2011—2016年期间，我国新增保险类公司200多家。2016年，保险业资产总量达15.12万亿元，是2011年6.01万亿元的2.5倍。此间，各种创新也喷涌而出，尤以互联网保险引人注目。2016年新增互联网保险保单61.65亿件，占全部新增保单件数的64.59%。

(二)“宝万之争”引发监管层关注

“宝万之争”是2016年中国资本市场上发生的一个具有重要意义的事件。宝能系借助各种金融渠道，通过对各类杠杆资金的组织，尤其是对资管计划的嵌套使用，耗资430亿元成功收购了万科25%的股权，从而晋升为该公司的第一大股东。由于受到万科管理层的抵制，进而爆发了轰动整个市场的“宝万之争”事件。

1. 保险公司成为实际控制人融资和控制公司的工具

2015年，宝能系旗下的前海人寿保险股份有限公司(以下简称前海人寿)与其他子公司结为一致行动人增持万科股票。前海人寿的四家股东在其历史上均曾为宝能系下属子公司。但是，2010—2014年四年间，宝能系逐个将这四家公司的股权转让给四位自然人控制下的企业，而这四位实际控制人都曾与宝能系有着千丝万缕的联系。前海人寿自2012年成立以来，在保费规模突飞猛进的同时更是大规模投资房地产领域。据前海人寿披露的信息统计，仅仅2014年一年，该公司就发生了10宗重大关联交易，全部投向房地产领域，并且很多都是与宝能集团旗下企业的关联交易。前海人寿作为宝能系旗下钜盛华的一致行动人，通过售万能险积累了大规模保费，为收购万科股份提供了充足的资金。业内人士分析认为，宝能系的钱大致有三个部分：一是前海人寿万能险业务得来的100亿元；二是宝能系多个公司采取俄罗斯套娃式的股权抵押弄来的200亿元，其中多有循环融资；三是以金融产品吸纳通道资金，层层放大，又拿到270多亿元。[①] 宝能系连环股权质押的操作手法是：前海人寿被宝能系旗下的钜盛华质押了9亿股，钜盛华质押了万科7.28亿股，宝能又质押了钜盛华30.98亿股，宝能的实际控制人姚振华又质押了宝能30%的股权。前海人寿已存在沦为实际控制人操纵的融资平台的风险，不排除存在通过举牌和其他关联交易进行利益

① 参见李永华：《保监会打响险资监管“第一枪”》，载《中国经济周刊》2017年第31期。

输送,违规交易的可能性。监管层在前海人寿企图举牌格力电器时及时出手,叫停前海人寿开发万能险新业务,并派驻检查组对前海人寿进行现场检查。

2. 保险资金违规滥用产生系统性风险隐患

"宝万之争"中,宝能系依靠保险资金,以1:4的杠杆率撬动了银行、券商等金融公司的资金支持。这种杠杆背后的风险就是,当万科市值不稳定时,极易引起大规模收购方爆仓,造成并购方资金链的断裂,引发包括保险、证券、银行等在内的资管机构的危险,造成大范围的波动。"宝万之争"中,举牌股票一旦跌破成本被强行平仓,后果将比2015年的股灾更严重。在该案中,宝能控制万科股份的25%,约25亿股,持股成本是16元左右;恒大持股14%,约14亿股,成本是22元左右。鉴于保监会停止了他们的万能险业务,切断了其新的资金源,也剥夺了他们委托投资的权利,举牌保险资金已陷入无米可炊的境地。据第一财经网的消息,2016年前三季退保金猛增4倍,前海人寿退保金共计62.9亿元,金额相当于2012—2015年4年保费收入总和的3.6倍。如果退保潮继续扩展,那么宝能等保险资金的资金链就会出现危机,其持有的25亿股万科中,必须拿出部分平仓,并且还要事先发减持公告。若此,万科24元的股价必然雪崩式下跌。万科的股票价值究竟有几何?按高盛公司的研究报告,万科股价只值15.6元,这就是说万科还将跌30%。就算宝能在16元上方能顺利减持掉一半的股份,另一半便将陷入亏损。更令人担忧的是,当万科股价跌到16元时,恒大持有万科的每股22元成本的300多亿市值,就会出现30%以上的亏损。届时,这两家公司将如何去面对买万能险的投资大众?如果引发广大投资者的追讨危机,这些公司拿什么去赔?如果又出现了强行平仓,导致基金、机构资金面的连锁断裂反应,个股大面积的被强行平仓,岂不又引发一次股灾?

保险机构积极介入公司治理的背后潜藏着一系列系统性风险:一是保险公司大股东突破监管设定的单一股东持股比例上限,滥用股东权,操纵举牌,使保险机构异化为大股东的融资平台;二是保险资金来源于过度开发的万能险产品,其结算利率远高于市场同类产品,资产负债错配风险增大;三是举牌过程中,除运用保险资金外,还运用高杠杆资金配比,更进一步加大风险。因此,保险资金入市如不加以严格管制,将不利于金融稳定。"宝万之争"本质上是一场收购和反收购的战争。宝能系成为第一大股东后,提议罢免万科10名在任董事和2名监事,以更换管理层。监管机构查处宝能,是因为其激进地发行万能险产品,还明确对万科提出了撤换管理层的议案。这些行为存在突破保险机构投资原则的可能性,甚至违背了保险资金投资A股的初衷。如果监管机构不采取行动,将会助长保险资金的冒险行动。2017年2月24日,保监会对前海人寿有关违法案件作出行政处罚。前海人寿向保监会编制提供虚假资料的行为,违反了《保险法》第 86 条,根据该法第 170 条,对前海人寿罚款 50 万元。

(三) 监管思路的转变:保险姓保、监管姓管

2016 年 12 月 13 日,保监会负责人发表"保险业姓保、保监会姓监"的讲话,谈及行业在快速发展中暴露的新问题时明确指出,部分保险公司在资金运用方面资产负债不匹配,集中举牌、跨领域跨境并购、投资激进;少数公司虚假出资和虚假增资,以追求快速扩张;一些公司股东结构、治理结构亟待优化。对于保险投资标的,应当以固定收益类产品为主、股权等非固定收益类产品为辅;股权投资应当以财务投资为主、战略投资为辅;少量的战略投资应当以参股为主。同时,要努力做资本市场的友好投资人,绝不能让保险机构成为众皆侧目的野蛮人,也不能让保险资金成为资本市场的"泥石流"。2016 年年底,保监会"急刹车",万能险被打入"冷宫",保费收入断崖式下跌,新批保险牌照寥若晨星,资产驱动负债型模式终结,保险业野蛮生长时代已经过去。银保监会原副主席陈文辉表示,"保险要姓保",要坚持"监管姓监"的正确定位,进一步突出监管职责,彻底厘清监管与发展的关系,彻底摒弃"本位主义"和"父爱主义"的错误观念,决不能以任何理由放松监管、懈怠监管。

二、我国保险资金入市法律监管存在的问题

"宝万之争"之所以"一石激起千层浪",是因为它反映了中国兼并收购市场的痛点所在:一方面,随着改革开放的深化,中国企业在国际、国内市场上的并购活动日趋活跃;另一方面,与国际上成熟的并购市场相比,国内并购市场的政策法规环境还有待进一步发展完善。

对于保险资金入市的法律监管,保监会现有的监管措施主要集中在以下三个方面:

第一,险资举牌信息披露。2015 年 12 月,保监会发布《保险公司资金运用信息披露准则第 3 号:举牌上市公司股票》和《保险资金运用内部控制指引》,规定了险资举牌应当遵循的披露规则以及应当披露的内容。

第二,险资举牌"去杠杆"。保监会于 2015 年 12 月发布《关于加强保险公司资产配置审慎性监管有关事项的通知》,2016 年 3 月发布《关于规范中短存续期人身保险产品有关事项的通知》,旨在提高综合偿付能力充足率,规范险资运用以及降低运用风险。

第三,规范险企资金来源。2015 年 12 月,保监会发布的《关于进一步规范高现金价值产品有关事项的通知(征求意见稿)》提出,预期产品 60%以上的保

单存续时间在 1 年及 1 年以下的高现金价值产品的年度保费收入应控制在公司投入资本的 1 倍以内。此举旨在继续从源头上限制万能险的发展以及险资的运用。尽管手段频出，但是对于问题的彻底解决还是稍显乏力。[①]

2016 年 11 月 26 日，时任全国人大财政经济委员会副主任委员的吴晓灵在《规范杠杆收购，促进经济结构调整——基于"宝万之争"视角的杠杆收购研究》报告发布会上发表演讲。她指出，保险资金举牌，其中的三个问题最受社会关注：公司治理之争、收购行为之争以及收购资金的组织方式之争。[②]

第一，公司治理之争。公司治理方面，宝能对万科的收购是典型的"敌意并购"，因而双方的争议从一开始就反映在公司治理结构层面，包括董事会决议的合法性、独董的"独立性"等焦点问题。万科之所以被宝能系收购 22.4%的股份，原于其分散的股权结构。管理层未能设计好合伙人制度，致使万科股份容易被大规模收购；也未设计管理层表决权的制度模式，容易出现新大股东上台后跟现任管理层对公司管理理念、发展目标不一致时被更换的现象。万科于 2014 年 4 月推出"事业合伙人"持股计划，原本计划借此激发员工积极性并实现利益共享，却忽视设计防范恶意收购的规则。"宝万之争"这种通过控股股东要求撤换管理层的做法，是涉及市场经济和公司治理规则的典型案例。目前，许多上市公司已开始有针对性地完善自身治理结构，在公司章程中制订反收购条款措施。例如，阿里巴巴通过制度设计保障了创始团队对董事会人选的提名权；华为保障了初创团队的控制权，并通过全员持股构建出更大的合伙人组织。

第二，收购行为之争。在宝能收购万科的过程中，实际控制人持股超过 5%以后，是否存在着信息披露的合规性等问题，包括对收购人信息披露行为的争议、一致行动人问题的争议、万能险与资管计划投票权问题的争议以及万科停牌是否合规的争议等。

第三，资金组织方式之争。收购资金的组织方式是双方争议最激烈的一个领域。宝能系为收购万科公司股权，组织了包括银、证、保在内的各类资金，杠杆率高达 4.2 倍，引发市场广泛关注。争议焦点包括：各类收购资金来源的合法性问题；把万能险产品做成了短期理财产品，短债长投，万能险作为并购资金入市的合理性问题；各种资管计划作为杠杆资金入市的合理性问题等。

归结上述争议，保险资金入市的法律监管主要应当解决对保险资金的运用、如何确保保险资金运用的安全性和收益性问题。保险资金运用的风险大小首先取决于保险机构内部的风险控制体系是否完善，而保险机构内部风险控制体系

① 参见张奇：《论我国险资运用监管与规制》，载《河北青年管理干部学院学报》2018 年第 1 期。

② 参见吴晓灵：《规范杠杆收购促进经济结构调整》，载《清华金融评论》2016 年第 12 期。

的完善依赖于科学的公司治理结构。因此,对保险资金入市的法律监管可以分解为三个层面的问题:一是对保险公司偿付能力的监管;二是对保险资金实际控制人的监管;三是对保险公司介入上市公司公司治理的监管,即保险公司到底是个战略投资者还是个财务投资者。

(一) 对保险公司偿付能力监管存在的问题

保险公司的偿付能力是指保险公司在任何时候履行其所有合同项下义务的能力,它体现了保险公司资产和负债之间的一种关系。偿付能力对保险公司的健康运作来说至关重要,一旦发生偿付能力危机,不仅保险公司无法维持正常经营,被保险人或投保人的利益也会遭到威胁或损害,甚至可能会对国民经济的正常运转和社会稳定产生巨大的破坏作用。保险公司的偿付能力监管已经成为国家对保险业监管的重要目标,也是其监管的核心内容。保险公司偿付能力的经济表现是一定时期内公司资产负债表上资产同未决负债之间的差额,即偿付能力额度(Solvency Margin)。偿付能力额度是保险公司总资产超过总负债的部分。"偿付能力额度"是一个不同于"偿付能力"的概念。偿付能力额度是衡量保险公司偿付能力状况最基础的综合性指标。但是,偿付能力额度仅仅是从资产与负债的数量关系角度静态地评价了保险公司的偿付能力状况。事实上,"偿付能力"这一概念还包括资产的质量与负债的匹配状况,即其内涵还可引申为保险公司的现金资产在任何时点上都足以支付到期债务。

1. 偿二代机制刺激保险公司集中举牌

偿二代是保监会为主动、积极地管理国内保险行业而推出的重大改革和创新。偿二代三大支柱中,第一支柱基于不同资产和负债的风险特征要求持有最低监管资本;第二支柱通过与保险公司风险管理水平相关的附加资本来强化全面风险管理的重要性;第三支柱通过建立一个用于监管汇报和市场披露系统化的机制,强化了外部监管和市场约束对保险公司治理的影响。在偿二代的框架下,一家保险公司的资产负债表所承担的风险水平直接决定了其所需要持有的监管资本金额。在国内利率下行的背景下,更多的保险公司正采取较为激进的资产驱动式的扩张策略。这些公司倾向于在有较高预期收益但是风险更高的金融产品中大幅度投资。因此,这类公司所需持有的监管资本比那些遵循传统保险运营模式的保险公司高很多。

2015 年 2 月,偿二代进入实施过渡期。偿二代下保险公司的各种投资风险类型都反映到资本要求中,包括保险风险、市场风险、信用风险、操作风险等。每一类风险都被细化,并被赋予相应的风险权重。例如,保险机构投资沪深主板股,最低资产基础因子是 0.31,而持有中小板和创业板股票的最低资产基础因子分别是0.41和0.48。持股比例大于20%可以被划为长期股权投资，具体又细分为对子公司的长期股权投资和对合营、联营企业的长期股权投资，最低资产基础因子分别为0.1和0.15。经过对比可知，保险机构投资主板股票且持股到20%，可以降低风险因子，提升偿付能力充足率。这是保险机构集中举牌的重要原因之一。

2. 偿二代机制缺乏风险集中度考量

偿一代以规模为导向，鼓励集中持股。在计算偿付能力充足率时，保险公司持有的上市公司股票，按照账面价值的95%作为认可资产，如果对上市公司的持股比例符合对联营企业、控股子公司持股的标准，则持有的上市公司股票按照权益法核算账面价值的100%作为认可资产。偿二代延续了偿一代的风格，将保险公司投资联营企业、控股子公司的最低资产基础因子设定得比投资普通股票更低，从风险计量上引导保险机构对同一上市公司大规模集中持股。此外，偿二代在量化的市场风险因素中仅包括保险风险、信用风险、市场风险，而市场风险包括利率风险、权益风险、房地产风险、境外资产风险、汇率风险，并没有包括集中度风险。许多保险公司对资产负债匹配管理的决策往往是基于一般经济情形考虑的，但之后的小概率事件的出现可能与预期形成数倍差距，被认为是万分之一概率的风险事件。正是这万分之一的小概率事件将危及保险公司的偿付能力。

近年来，部分中小保险公司通过互联网渠道销售实际存续期限较短、结算利率较高的万能险产品。万能险产品主要投资于股权、不动产、基础设施、信托计划、上市公司股票等长期资产，易引发保险公司的资产负债错配风险和流动性风险。所以，应加强万能险账户的资产配置管理，并通过流动性风险指标加强流动性风险监管。在资产配置管理方面，我国有关保险资金运用和信息披露的现行规定对万能险账户投资缺乏股票、证券、基金投资以外的其他类别资产的投资比例限制、集中度风险监管比例和风险监测比例要求，并且不要求保险公司披露万能险账户配置情况。保监会难以监管开展互联网销售万能险产品业务的保险公司和万能险账户投资可能引发的资产负债错配风险、流动性风险。在风险导向的偿付能力体系中，保监会未将万能险账户作为独立账户进行偿付能力监管，难以通过净现金流、综合流动比率、流动性覆盖率等流动性风险监管指标对开展互联网万能险产品业务的保险公司的流动性风险水平和流动性风险管理行为实施监管。

(二) 实际控制人监管存在的问题

“宝万之争”充分暴露了保险公司可以成为其实际控制人融资和控制上市公

司工具的风险。因此,应当健全保险公司治理结构,规范股东行为,加强对实际控制人的监管,防止实际控制人侵害保险公司、股东、保单持有人的利益。保监会对此态度明确,坚决防止出现大股东操纵的现象,不能使保险机构异化为少数人的融资平台,决不能让保险产品异化成少数人的融资工具,决不能使保险资金成为大股东投资控股的工具。目前,我国法律对保险资金实际控制人的监管存在着如下两个漏洞:

1. 实际控制人缺乏有效的信息披露

《保险法》第108条规定,保险公司应当按照国务院保险监督管理机构的规定,建立对关联交易的管理和信息披露制度。《中国保险监督管理委员会关于修改〈保险公司股权管理办法〉的规定》第10条规定,股东应当向保险公司如实告知其控股股东、实际控制人及其变更情况,并就其与保险公司其他股东、其他股东的实际控制人之间是否存在以及存在何种关联关系向保险公司做出书面说明。保险公司应当及时将公司股东的控股股东、实际控制人及其变更情况和股东之间的关联关系报告中国保监会。但是,现行制度仅通过实际控制人主动报告制度了解实际控制人控制保险公司的情况,实际控制人或保险公司有意隐瞒真实股权结构时,很难有效监管。同时,监管层对实际控制人的监管缺乏有效的信息披露制度。

2. 入市保险资金缺乏穿透式监管

保险资金举牌上市公司运用了多渠道的资金,但这些资金在分业监管的背景下很难被摸清具体流向。例如,实践中保险公司的股东通过"自我注资"的方式,将银行资管计划资金、券商资金转化成自有资金,对保险公司违规增资。这种通过私下协议借债增资的行为往往不为监管部门所察觉。2018年3月,修订后的《保险公司股权管理办法》(以下简称《办法》)以负面清单的方式,明确了不得入股的资金类型,防范用保险资金通过理财方式自我注资、自我投资、循环使用。但是,实际上,保险资金及其一致行动人仍可以通过关联交易的方式规避上述禁止性规定。比如,保险公司先通过关联交易的形式将收购标的的股份从名下转出,设立一家新的公司或者转给其他公司,再和一致行动人进行收购;保险公司可以通过协议控制收购过程,只要交易过程信息披露合规,最终也能达到收购目的。由于目前监管缺乏对违规行为的有效处罚机制,违规成本比较低,不能对保险资金违规行为起到震慑作用。①

前海人寿及一致行动人在举牌过程中,利用复杂的一致行动人集中买卖和金融机构配资方式炒股,掩护"短炒"行为;钜盛华利用收益互换产品换购

① 参见胡鹏:《险资举牌上市公司法律监管规则的反思与完善》,载《商业研究》2017年第9期。

8.04%的万科 A 股。此时的矩盛华无疑享有这 8.04%股份的收益权,但是否由此触发举牌线存在争议。换购股份混淆了矩盛华的实际持股,由此无法得知其是否触发权益变动,造成权益变动报告义务时点混淆。恒大人寿通过压线 5%收购的方式,向二级市场传递信号,激发了收到信号的市场对该公司股票的购买欲望,造成股价上升,恒大也因此获益。以上三者利用权益披露的监管漏洞,"短炒"获利。宝能系在对于万科股权的收购过程中,组织了银、证、保、信各方面的资金,利用 9 个资管计划,杠杆率高达 4.2 倍,形成一致行动人,把各项资金组织规则用到极致。这凸显了监管层对资金来源、一致行动人、资管计划监管的不力。

(三) 保险公司介入上市公司治理的监管

1. 保险公司战略投资者与财务投资者身份定位不明

保险业作为社会风险的管理者和分散者,风险保障才是其本质功能,而投资只是其辅助,绝不可以本末倒置。[①] 相对于战略投资,财务投资的特点是更关注短期获利,一般不派驻董事,不直接参与公司的经营和管理,仅提供资金支持。保险机构应当以财务投资为主,战略投资为辅,才能使保险业不偏离风险保障的主业。[②]

就被举牌公司的治理结构而言,多存在股权结构不合理、股权过于分散的问题。许多处于行业内垄断地位的公司,其第一大股东往往只持有 10%以内的股份。这使得携带大笔资金入市的保险资金的举牌难度大大减小,更容易操控股价的波动幅度,从而使公司获得非正当差价利益。处于发展阶段的公司如果急需资金注入,只能通过不断引入外资分散股权。这些股权高度分散的公司也因此成为保险资金的目标。从公司经营理念角度看,身为传统实体行业的一员,被举牌公司的治理模式与经营理念大多偏向保守的投融资战略,奉行实干的工匠精神,而作为资本代表的保险资金则多偏好利滚利、钱生钱等有大额利润的选择。资本参与公司重要决策,妄图一蹴而就地改变公司文化环境的行为,将促使经营理念与模式发生剧变。在"宝万之争"中,针对宝能系的连续举牌,时任万科董事长的王石明确回应:"不欢迎宝能成为万科第一大股东。"宝能系更是提出召开股东大会,要求罢免万科当时现任的所有董事监事。双方的冲突进一步升级。宝能系与万科管理层交恶,势必会影响到一个优秀的上市公司的经营业绩。类

① 参见张炜:《险资坚持长期投资和价值投资大有可为》,载《中国经济时报》2016 年 12 月 15 日第 3 版。

② 参见傅苏颖:《险资股权投资强化财务投资性质 专家建议加强投资目标管理》,载《证券日报》2017 年 2 月 24 日第 A1 版。

似案例在全球各地都曾发生过。从历史上看,1988 年,私募基金 KKR 公司利用少量自有资金,充分利用保险资金与银行借款,以垃圾债券的方式筹集资金,高杠杆收购了 RJR 纳贝斯克公司。收购完成后,KKR 对标的公司进行了重组拆售,KKR 等金融资本狠赚一笔,标的公司则一蹶不振。金融资本对产业资本的收购,并不意味着产业资本可能得到更好的发展,相反,很有可能仅仅成为金融资本发展的垫脚石。[①]

2. 股东表决权缺乏限制

股东表决权体现为对公司重大事项的决策的支配力。当股东持股比例达到一定程度时,股东表决权可能影响上市公司实质上的股权结构、董事会构成、公司治理生态及生产经营决策,成为实际控制人强化对公司的控制力,争夺公司控制权的秘密武器。我国现行立法中对股东表决权未予以区分且缺乏限制。保险公司举牌上市公司,其身份主要是财务投资者,不应过度介入上市公司的经营活动。因此,对其股东表决权应予以一定的限制,否则保险资金容易沦为实际控制人介入上市公司治理的工具。在我国台湾地区,“中信入主开发金控事件”堪称我国台湾地区的“宝万之争”,亦引发了保险资金介入被投资公司经营的广泛争议。台湾地区“保险法”为此增订第 146 条之 1 第 3 款,禁止保险业行使被投资公司的表决权,以强化保险机构财务投资属性。2007 年 6 月 14 日,“立法院”三读通过“保险法修正案”,强化保险资金投资依照其目的分为财务投资、参与经营及主导经营,并在“保险法”第 146 条之 1 中增订第 3 款规定,保险业投资公开发行股票的,不得有下列情事:(1) 以保险业或其代表人担任被投资公司董事、监察人;(2) 行使表决权支持其关系人或关系人之董事、监察人、职员担任被投资金融机构董事、监察人;(3) 指派人员获聘为被投资公司经理人。增订理由在于,立法者担心保险公司过度介入被投资公司的经营,而使保险资金遭到不当运用。此规定一度被外界视为“中寿条款”。关于该条款中“保险业投资上市公司股票,禁止对被投资公司董监事改选议案行使表决权”的争议在于,保险资金投资股票能否介入被投资公司经营?是否应予限制?限制的理由是否正当?台湾“立法机关”不惜违背同股同权的原理,剥夺保险业在上市公司的表决权,“立法”意旨并非着眼于个案的影响,也不限于维护保险业的稳定,而是决心贯彻“金融与商业分离”原则。“金融与商业分离”原则最早是由“银行与商业分离”原则衍生而来。美国自 1864 年起就立法禁止银行与商业结合。依据美国《金融服务现代化法》第 103 条(a)款规定,金融控股公司与其银行之金融子公司或其关系企业得从事下列金融业务:(1) 本质上之金融业务;(2) 与该金融相关之附属业

---

① 参见张奇:《论我国险资运用监管与规制》,载《河北青年管理干部学院学报》2018 年第 1 期。

务;(3) 辅助型或补充型之金融业务。考虑到金融与商业的区分实在模糊,所以在金融与商业二者的灰色过渡地带中,该法允许金控公司透过其联属企业有限度地从非金融事业转投资,但仍规定不得以求取合理投资报酬为目的,不得参与该投资公司的日常业务经营与管理。[①]

保险资金入市就像一把"双刃剑",一方面,拓宽了保险资金的投资范围,为资本市场提供了充足的流动性支持,提升了资本市场的稳定,改善了资本市场的投资结构。另一方面,带来了新的风险和隐患。对为新型保险产品开发筹集的保险资金的使用操作不当,容易产生资金错配风险;实际控制人利用法律法规存在的漏洞,容易获取超额收益;股票市场信息披露制度不健全,容易引发操纵市场风险。因此,应当全面检视我国保险资金入市法律监管存在的问题并加以完善,将其纳入法治化轨道。在我国保险监管体制中兼顾法的效率与公平,方能促进保险业的健康发展,恢复"保险姓保"的本来面目,真正实现以保险资金助力实体经济的发展。

三、我国保险资金入市法律监管的完善

反思我国保险资金入市法律监管存在的各种问题,为避免再次出现"宝万之争"的惨痛局面,为将保险业监管纳入有序稳定的法治化轨道,切实提升金融风险监管的有效性和公平性,促进保险业稳定健康持续发展,中央出"重拳",对"银保一体"进行监管,使"保险姓保"。在 2018 年国务院机构改革中,银监会和保监会合并,成立中国银行保险监督管理委员会,因为集权化是金融监管体制改革的主基调。这种集权化改革有三个着力点:统一监管制度、统一监管标准、统一执行力度,防止区域间的监管套利;对于开展互联网业务的机构准入应当采取集权化管理,防止产生监管洼地;应建立对于地方金融管理部门的问责机制,压实地方监管责任。

(一) 监管思路:管住前端,放开后端

保险资金大部分为消费者所缴纳的保费,体现为保险公司的负债,而非资产。保险公司应当留存足够的责任保险金,保证自身有足够的偿付能力。保险资金的运用关系保险合同各方利益及社会安定。因此,保险资金的运用应当遵循稳健性、安全性、效益性、流通性四原则。《保险法》第 106 条第 1 款规定,保险

① 参见胡鹏:《金融与商业分离原则下险企股票投资的是与非——由台湾中信入主开发金控争议说开去》,载《中国保险法学研究会 2017 年年会暨国家治理现代化与保险法制创新研讨会论文集(下)》。

公司的资金运用必须稳健,遵循安全性原则。2010年施行的《办法》限制保险公司单一股东持股不得超过20%。2014年,保监会修订《办法》,将该比例上调至51%。2016年12月29日和2017年7月20日,保监会两次对《办法》公开征求意见,历经两年的系统性修订,新《办法》于2018年3月7日发布,自2018年4月10日起实施。新《办法》以问题为导向,将单一股东持股比例上限降至1/3,并对股权实施穿透式监管和分类监管,将条款从原来的37条修改完善到了94条,尽可能涵盖行业发生的一些问题,建立事前披露、事中追查、事后问责的全链条审查问责机制。具体而言,新《办法》作了如下四方面改进:

第一,进一步严格了保险公司的股东准入门槛,将保险公司股东分为四类,分别规定严格的准入条件,并设定市场准入负面清单,提高准入门槛。四类保险公司股东分别为财务Ⅰ类股东(持股少于5%)、财务Ⅱ类股东(持股5%—15%)、战略类股东(持股15%—30%)、控制类股东(持股30%以上,或其出资额、持有的股份所享有的表决权已足以对保险公司股东会、股东大会的决议产生重大影响的股东)。同时,单一大股东持股比例上限由51%降至1/3。再看看各类股东的准入条件:对于战略类股东,从净资产不低于2亿元人民币提升至不低于10亿元人民币。成为控制类股东更是难上加难,如总资产不低于100亿元人民币、最近一年年末净资产不低于总资产的30%等。投资人成为控制类股东的条件更是"严苛",新增的限制条款中有些可谓为资本大鳄"量身定做"的"紧箍咒"。这些准入条件无疑是对那些准备"玩一把就走"的人发出警告。

第二,本着审慎监管的原则,将单一股东持股比例上限由51%降低至1/3,以充分发挥股东的制衡作用,防止不正当利益输送。对保险公司来说,股权过于分散,容易导致"内部人控制"、股东"搭便车"心态等问题,制约公司发展。但是,如果股权过于集中,也不利于发挥制衡作用,容易产生损害小股东利益的问题,甚至有可能进行不正当的利益输送,对保险资金安全性和保单持有人利益构成风险隐患。

第三,明确不得入股的资金类型,防范用保险资金通过理财方式自我注资、自我循环。新《办法》试图建立投资入股之前的规则、投资入股之后的规则和股权监督管理的规则这三方面的规则体系,去解决此前市场中个别公司股权上存在的问题及其诱发的风险。例如,股权结构复杂、实际控制人凌驾于公司治理之上;资本不实,挪用保险资金自我注资、循环使用、虚增资本;违规代持、超比例持股,把保险公司异化为融资平台等。新《办法》还明确投资入股保险公司需使用来源合法的自有资金,投资人不得通过设立持股机构、转让股权预期收益权等方式变相规避自有资金监管规定。同时,以负面清单的方式明确了不得入股的资金类型,着力解决资本不实、虚假出资等问题。

第四，将一致行动人纳入关联方管理，违规股权处置继续。新《办法》加强对保险公司股东的穿透监管和审查，保监会可以对保险公司股东及其实际控制人、关联方、一致行动人进行实质认定。新《办法》第92条对一致行动和一致行动人进行了定义。一致行动是指投资人通过协议、其他安排，与其他投资人共同扩大其所能够支配的一个保险公司表决权数量的行为或者事实。在保险公司相关股权变动活动中有一致行动情形的投资人，互为一致行动人。如无相反证据，投资人有下列情形之一的，为一致行动人：(1) 投资人的董事、监事或者高级管理人员中的主要成员，同时担任另一投资人的董事、监事或者高级管理人员；(2) 投资人通过银行以外的其他投资人提供的融资安排取得相关股权；(3) 投资人之间存在合伙、合作、联营等其他经济利益关系；(4) 中国保监会规定的其他情形。除特殊情形外，同一投资人及其关联方、一致行动人只能成为一家经营同类业务的保险公司的控制类股东，成为控制类股东和战略类股东的家数合计不得超过两家。关于持股年限，新《办法》规定了控制类股东五年内不得转让股权，战略类股东三年内不得转让股权，财务Ⅱ类股东二年内不得转让股权，财务Ⅰ类股东一年内不得转让股权。目的在于防止投资人炒作牌照，倒逼其聚焦保险主业经营。新《办法》还实施穿透监管，将一致行动人纳入关联方管理，明确可以对资金来源向上追溯认定，将保险公司股东的实际控制人变更纳入备案管理，重点解决隐匿关联关系、隐形股东、违规代持等问题。同时，规范股东行为，禁止股东与保险公司有不正当关联交易，不得利用自己的影响获取不正当利益。

(二) 加强信息披露义务

对于信息披露的要求，各国法律不尽相同。就资金来源和资金组织方式而言，美国作为世界上杠杆收购的融资结构发展的十分完善的国家，通过银行贷款提供的有担保债务、并购债券提供的无担保债务、对冲基金提供的夹层债务和自有资金形成的股权资本四方共同负担资金的筹集，避免夹层债务杠杆过大。依托于成熟的银行、保险监管体系与合规的保险品种，美国市场对保险、银行等金融机构的披露要求并不高。为减小压线举牌持续获利的可能，美国制定了比境外主要市场更低的披露出发点。反观资本市场不完善、信用体系不健全、存在权益披露漏洞的中国市场，宜提高金融机构信息披露要求。我国可以通过以下两个途径加强保险公司的信息披露义务：

1. 证券法上的信息披露义务

证券法上对保险公司的信息披露义务主要集中在举牌份额、持股锁定期、禁止内幕交易和操纵市场上。依照《证券法》第86条、《上市公司收购管理办法》第13条，投资者及其一致行动人所持股份达到上市公司已发行股份的5%时，应当在该实施发生之日起3日内编制权益变动报告书,向证监会、证交所提交书面报告,通知上市公司,以后每增持或减少该上市股份的5%时,也应当按照前述规定进行报告并公告。依照《证券法》第47条,禁止持有上市公司股份5%以上的股东将其持有的股票在买入后6个月内卖出,违规卖出的所得收益归该公司所有。另外,依照《上市公司收购管理办法》第74条,以取得上市公司控制权为目的进行举牌,在收购完成后12个月内不得转让持有的股份。保险资金往往具有资金优势、规模优势和信息优势,一举一动都有可能引发中小股民的跟风,造成股票市场的震动。《证券法》第73条和第77条规定,禁止利用内幕信息从事内幕交易,禁止利用资金优势和持股优势操纵市场。实际上,"宝万之争"之前,保险公司股东信息很少对外公开,使得很多公司的股东关联关系盘根错节,造成"一股独大"的现象,公司治理方面风险集中度较高,极易产生与公司实际发展情景不符的"一言堂"情况。

2. 保险法的信息披露义务

2017年8月16日,保监会发布《保险公司信息披露管理办法(征求意见稿)》(以下简称征求意见稿),与此前2010年发布的《保险公司信息披露管理办法》相比,此次的征求意见稿一方面增加了信息披露项目,把重大投资以及投资损失纳入信息披露范围;另一方面将再保险公司、保险资产管理公司、相互制保险组织等纳入信息披露范围之内。征求意见稿对当前监管机构考核的一些核心指标、重大投资项目投资及损失情况、关注度高且风险敞口比较大的产品等信息的披露作出进一步规定。保险公司应当披露的信息,除了基本信息、财务会计信息、风险管理状况信息、保险产品经营信息、偿付能力信息、重大关联交易信息等外,又增加了一项"保险责任准备金"信息。所谓保险责任准备金,是保险公司估计的用于支付未来到期保险金所需的金额,随着业务规模的扩大以及业务结构的变化,责任准备金的提取也呈动态变化。保监会要求披露上一年度准备金评估方面的定性信息和定量信息,按照准备金的类别提供对未来现金流假设、精算假设方法及其结果等。在征求意见稿中,信息披露变化最大的是与投资相关的信息披露,如社会资本投资保险公司股权、保险资金运用及收益情况等。在保险公司治理概要的披露中,此前要求披露持股比例在5%以上的股东及其持股情况,此次新增实际控制人及其控制本公司情况的简要说明,要求保险公司股东大会透明化和主要决议向社会公开,避免违规操作或暗箱操作。除了"被投资""被控股"之外,保险公司的主动投资、投资损失、赔付金额较大也被纳入重大事项之中,征求意见稿要求按照信息披露规定及时披露,如对被投资企业实施控制的重大股权投资;发生单项投资实际投资损失金额超过公司上季度末净资产总额5%的重大投资损失;发生单笔赔案或者同一保险事故涉及的所有赔案实际赔付支出金额超过公司上季度末净资产总额5%的重大赔付;发生对公司净资产和实际营运造成重要影响或者判决公司赔偿金额超过5000万元的重大诉讼案件;发生对公司净资产和实际营运造成重要影响或者裁决公司赔偿金额超过5000万元的重大仲裁事项等。征求意见稿还对业务层面的产品信息披露作出了更详细的规定,此前仅要求披露保费收入居前5位的保险产品的名称及保费规模,而此次的要求更为详细,包括销售渠道、原保费收入或新增交费、退保金,尤其投连险的重要指标也将对外公布。除了保险公司外,再保险公司、保险资产管理公司、相互保险组织等也被纳入了信息披露范围之内。对于未按规定披露信息的,对其直接负责信息披露的主管人员和其他直接责任人员依据法律、行政法规进行处罚。

(三)建立多层次监管体系

保险公司财务投资者和战略投资者的身份各有不同,应实行差异化监管。作为财务投资者时,应遵循分散性投资原则,确保投资风险不会过于集中。因保险机构所投资的是与保险业务相关的企业,两者经营范围较为接近,作为战略投资者时,可发挥保险主业优势进行上下游产业的整合,对战略投资的限制应较为宽松,并允许其主导经营。

近些年,美国上市公司的持股股东中机构投资者所占比例有所上升,由于其股权高度分散,基本上最大投资者持股比均小于或远小于机构投资者持股比。但是,公开透明的监管体系与完善的治理结构使得机构投资者在股东普遍缺乏监督公司的积极性的情况下能够很好地改善公司治理结构,使得资本能够很好地服务实体行业,有效地解决了产融结合的问题。原中国保监会资金运用监管部主任任春生透露,保监会将继续努力推进内外结合,多层次立体化地进行资金运用监管体系建设。下一步,有三方面的重点工作:

第一,更好地引导保险资金服务实体经济。在服务实体经济基础上,进一步引导保险资金主动服务国家重大战略。重点把握供给侧结构性改革、基础设施网络建设、区域协调发展战略、国家重大科技项目、先进制造业和高新技术产业等战略机遇。一直以来,对于保险资金的投向和决策,始终坚持采用法制化和市场化的方式实现。同样,对于服务实体经济和国家战略,并不是简单地为了服务而服务,而是通过市场化的手段进行积极引导。

第二,进一步强化监管和防范风险。不断健全和完善监管制度,及时弥补制度短板和缺陷。推进资产负债管理监管,抓紧研究起草有关政策制度,尽快开始试点实施。推进分类监管,有针对性实施差异化监管。加大穿透监管,特别是对于另类投资,必须穿透到基础、底层资产。同时,发挥保险资产登记交易平台的积极作用。进一步加强对另类投资、信托和私募基金等投资的监管力度,加强股权投资监管,规范境外投资。抓紧研究制定有关细化政策,严格规范保险资金投资地方政府债务,坚决制止“名股实债”等变相举债行为。按照中国人民银行牵头制定的《关于规范金融机构资产管理业务的指导意见》的有关要求,修订完善保险资产管理产品相关制度。

第三,持续深化保险资金运用改革。具体措施包括:(1) 发挥大类资产配置能力、多元化投资能力、长久期资产管理能力和全面审慎风险管理能力,服务好保险主业发展,如支持商业保险养老产品、个人税延型养老保险产品的发展。(2) 进一步丰富风险管理的“工具箱”,推进保险资金运用更多金融衍生产品,对冲和管理投资过程中可能面临的经济周期波动、利率波动以及相关市场波动风险。(3) 研究拓宽保险资金运用参与大宗商品以及长租公寓等领域,进一步优化保险资金配置。

(四) 完善保险公司治理机制

公司治理是一种文化、一种理念,也是一种制度安排。保险资金大量涌入资本市场后,公司治理结构需要改进。反思我国台湾地区执行“金融与商业分离”原则以及“保险法”剥夺保险机构行使被投资公司表决权的行为,均旨在督促保险业负责人应尽善良管理人之注意义务,稳健运用保险资金。这种表决权与收益权相分离机制,反映在公司股东表决权安排机制上即同股不同权。同股不同权是指同一公司的投资者具有不同投票权能的股权安排,[①]表现为双层股权结构或双层股权架构。阿里巴巴等中国互联网高科技企业在美国上市时采用同股不同权的行为,引发热议。境外存在双层股权结构、黄金股、类别股等实践,股权在法律及股东自由意志的安排下,呈现出不同的权利分配状态。[②] 通过同股不同权机制,初创企业的股东持有的股份通过契约安排获得董事高管的任免权、优先退出权、反稀释权、优先认股权等排他权利。同股不同权有利于保护公司创始人和经营团队的话语权,[③]有助于维护上市公司控制权的稳定。由于缺少了控制权争夺的威胁,同股不同权机制虽保障了创始股东长期战略的实现,但可能给投资者带来高昂的代理成本。最重要的是,它与公司法的同股同权的原理相悖,且有悖对股东合法权益平等保护的公平性原则。根据现行制度,同股同权是公司法制定的基本原则,投资者可实际支配的表决权比例是影响上市公司控制权归属的核心元素,拟上市主体股权结构清晰是首次公开发行的基本条件。我国

---

① 参见马一:《股权稀释过程中公司控制权保持:法律途径与边界——以双层股权结构和马云“中国合伙人制”为研究对象》,载《中外法学》2014 年第 3 期。

② 参见缪若冰:《融资财务控制权对公司制度的挑战》,载《法学》2017 年第 11 期。

③ 参见吴晓灵:《规范杠杆收购促进经济结构调整》,载《清华金融评论》2016 年第 12 期。

台湾地区“保险法”在贯彻“金融与产业分离”原则时也因此引发热议，被认为有矫枉过正之嫌。笔者认为，为加强对保险资金入市的法律监管，这种对表决权限制的安排可以从以下两个方面进行推演：

1. 上市公司对保险资金入市的股东表决权采取限制措施

中国证监会2018年工作会议提到，要以服务国家战略、建设现代化经济体系为导向，吸收国际资本市场成熟有效有益的制度与方法，改革发行上市制度，努力增加制度的包容性和适应性，加大对新技术新产业新业态新模式的支持力度。从上市公司控制权市场监管的角度看，优质企业的供给以及证券市场的持续发展，是监管制度制定的重要考量。对保险资金入市的股东表决权进行限制的机理在于维护证券市场的稳定，防止实际控制人利用保险资金入市扰乱正常商业秩序。因此，上市公司对保险资金入市的股东表决权采取限制措施具有正当性与合理性。有别于双层股权架构的设置，对保险公司股东表决权的限制可从以下两种方式进行：一是行使条件。保险公司立足于其财务投资者的身份，只在被投资公司管理者滥权或经营绩效不佳时，才能从维护股东权益角度运用表决权向管理层施压。二是行使程序。监管者可以要求保险公司事先披露表决权行使的政策，声明财务投资时表决权行使的方向、具体内容、利益冲突解决办法，披露内容应当具体明确。

2. 完善保险资金股票投资评估及决策程序

第一，保险公司的设立应有专业发起人。保险业务高度专业且复杂，专业股东参与才能确保保险公司的稳健经营，专业股东能够互相制衡，防止实际控制人掏空保险公司。

第二，强化资产负债管理委员会的功能。保险行业经营风险具有非常大的不确定性，我国监管部门已要求保险公司的董事会下设资产负债管理委员会，成为强化保险公司资产负债管控的常态性组织。但是，对其人员构成仅要求至少应当包含三名董事。这样会使董事会形同虚设。建议增加公司精算、财务、投资、法务等方面的负责人，作为资产负债管理委员会委员，加强建议和监督的职能。

第三，我国《保险法》对保险资金运用违法的处罚存在单位责任和个人责任两种情形。对违法保险机构最高处以罚款80万元的行政处罚，情节严重的可吊销金融牌照。对责任人最高处以罚款10万元并终身禁入保险业的行政处罚。可见，无论是单位责任还是个人责任，《保险法》规定的处罚力度都太轻，相对于动辄上亿元的利润，远不足以震慑保险资金违法行为。我国台湾地区“保险法”对保险资金运用违法的处罚是，若保险公司违反“保险法”令经营业务致资产不足清偿债务，保险机构董监事及高级管理人员对公司的债权人应负连带无限清偿责任（第153条第1款），禁止负连带无限清偿责任负责人处分财产，并限制其出境(第153条第2款)。这里所设定的“无限连带清偿责任”乃督促保险业的负责人必须履行其忠诚尽职的义务,否则需负担很严重的法律责任。[①]

四、结　　语

研究“宝万之争”,并不是要判断分析宝能与万科在并购交易战中的孰是孰非或对错曲直,而是希望能以此为起点,检讨我国法律对保险资金入市监管的不足,并予以完善。我国偿二代机制存在着刺激保险公司集中举牌、缺乏风险集中度考量等缺陷,导致对保险公司偿付能力监管有限。我国法律对入市保险资金缺乏穿透式监管、对实际控制人缺乏有效的信息披露,也导致对保险公司实际控制人的监管流于形式。同时,由于保险公司战略投资者与财务投资者身份定位不明,对股东表决权缺乏限制,致使保险公司不当介入上市公司治理,这也是保险公司异化为实际控制人控制上市公司的主要原因。反思我国保险资金入市法律监管存在的各种问题,为避免再次出现“宝万之争”的惨痛局面,应当将保险业监管纳入有序稳定的法治化轨道。笔者认为,监管思路应当调整为:管住前端,放开后端;从证券法、保险法两个维度加强保险公司信息披露义务的履行;通过对保险公司、保险资金来源、保险公司实际控制人进行穿透性监管,区分保险公司战略投资者和财务投资者角色的不同,建立多层次监管体系;完善保险公司治理机制与保险资金股票投资评估及决策程序,确保保险公司发起人的专业性,强化资产负债管理委员会的功能,设定“无限连带清偿责任”,督促保险业负责人履行其忠诚尽职的义务,借此完善我国保险资金入市的法律监管。

① 参见胡鹏:《金融与商业分离原则下险企股票投资的是与非——由台湾中信入主开发金控争议说开去》,载《中国保险法学研究会2017年年会暨国家治理现代化与保险法制创新研讨会论文集(下)》。